Management-Reihe Corporate Social Responsibility

Herausgegeben von
René Schmidpeter
Dr. Jürgen Meyer Stiftungsprofessur für
Internationale Wirtschaftsethik und CSR
Cologne Business School (CBS)
Köln, Deutschland

Das Thema der gesellschaftlichen Verantwortung gewinnt in der Wirtschaft und Wissenschaft gleichermaßen an Bedeutung. Die Management-Reihe Corporate Social Responsibility geht davon aus, dass die Wettbewerbsfähigkeit eines jeden Unternehmens davon abhängen wird, wie es den gegenwärtigen ökonomischen, sozialen und ökologischen Herausforderungen in allen Geschäftsfeldern begegnet. Unternehmer und Manager sind im eigenen Interesse dazu aufgerufen, ihre Produkte und Märkte weiter zu entwickeln, die Wertschöpfung ihres Unternehmens den neuen Herausforderungen anzupassen sowie ihr Unternehmen strategisch in den neuen Themenfeldern CSR und Nachhaltigkeit zu positionieren. Dazu ist es notwendig, generelles Managementwissen zum Thema CSR mit einzelnen betriebswirtschaftlichen Spezialdisziplinen (z.B. Finanz, HR, PR, Marketing etc.) zu verknüpfen. Die CSR-Reihe möchte genau hier ansetzen und Unternehmenslenker, Manager der verschiedenen Bereiche sowie zukünftige Fach- und Führungskräfte dabei unterstützen, ihr Wissen und ihre Kompetenz im immer wichtiger werdenden Themenfeld CSR zu erweitern. Denn nur, wenn Unternehmen in ihrem gesamten Handeln und allen Bereichen gesellschaftlichen Mehrwert generieren, können sie auch in Zukunft erfolgreich Geschäfte machen. Die Verknüpfung dieser aktuellen Managementdiskussion mit dem breiten Managementwissen der Betriebswirtschaftslehre ist Ziel dieser Reihe. Die Reihe hat somit den Anspruch, die bestehenden Managementansätze durch neue Ideen und Konzepte zu ergänzen, um so durch das Paradigma eines nachhaltigen Managements einen neuen Standard in der Managementliteratur zu setzen.

Weitere Bände in dieser Reihe
http://www.springer.com/series/11764

Suska Dreesbach-Bundy · Barbara Scheck
(Hrsg.)

CSR und Corporate Volunteering

Mitarbeiterengagement für gesellschaftliche Belange

Springer Gabler

Herausgeber
Suska Dreesbach-Bundy
Volunteer Vision GmbH
München, Deutschland

Barbara Scheck
Professorin für Entrepreneurship
Munich Business School GmbH
München, Deutschland

ISSN 2197-4322 ISSN 2197-4330 (electronic)
Management-Reihe Corporate Social Responsibility
ISBN 978-3-662-54091-6 ISBN 978-3-662-54092-3 (eBook)
https://doi.org/10.1007/978-3-662-54092-3

Die Deutsche Nationalbibliothek verzeichnet diese Publikation in der Deutschen Nationalbibliografie; detaillierte bibliografische Daten sind im Internet über http://dnb.d-nb.de abrufbar.

Springer Gabler

Lektorat: Janina Tschech
Einbandabbildung: Michael Bursik

Gedruckt auf säurefreiem und chlorfrei gebleichtem Papier.

Springer Gabler ist Teil von Springer Nature
Die eingetragene Gesellschaft ist Springer-Verlag GmbH Deutschland
Die Anschrift der Gesellschaft ist: Heidelberger Platz 3, 14197 Berlin, Germany

Vorwort des Reihenherausgebers: Corporate Volunteering – eine innovative Brücke zwischen nachhaltiger Unternehmensstrategie und moderner Arbeitswelt

Unsere Wirtschaft wandelt sich aufgrund der Globalisierung und Digitalisierung derzeit in rasender Geschwindigkeit. Internet der Dinge, beschleunigte Innovationszyklen, intensiver Wettbewerb um die besten Talente und Industrie 4.0 werden immer mehr zur Realität. Dieser Druck zu mehr Automatisierung und Steigerung der Arbeitseffizienz wird durch den demografischen Wandel in Europa weiter verstärkt. Die Arbeitswelt der Zukunft wird durch einen geringeren Anteil an jungen Leistungsträgern, Verlängerung der Lebensarbeitszeit, flexible Arbeitsverhältnisse gekennzeichnet sein. Es ist klar zu erkennen, dass in einer solchen Arbeitswelt die Frage nach dem Sinn und der Wirkung des eigenen Handelns an Bedeutung gewinnt und dass klassisch hierarchisches Denken auf dem Rückzug ist. Insbesondere die junge Generation zeichnet sich durch einen starken Wunsch nach mehr individuellen Freiräumen für selbstbestimmtes Arbeiten aus. Aufgrund der Verschmelzung von Privatleben und Beruf begreift sie die Arbeit oft als Weg zur Selbstverwirklichung und möchte daher in ihrer Arbeit einen Beitrag für drängende gesellschaftliche Ziele liefern.

In Anbetracht dieser dynamischen Entwicklungen bedarf es neuer Denk- und Verhaltensweisen sowie eines individuellen und kollektiven Lernprozesses, welche die vermeintlichen Widersprüche zwischen klassischer Arbeitswelt und der zukünftigen Art des nachhaltigen Wirtschaftens auflösen. Dazu bedarf es jedoch einer kooperativen, offenen und toleranten Arbeitsweise, die den gemeinsamen Erfolg aller Mitarbeiter in den Mittelpunkt stellt, sowie neuer Methoden des Wissenstransfers und der innovativen Informationsgewinnung. So ist es auch nicht verwunderlich, dass Unternehmen mittels der Förderung des bürgerlichen Engagements ihrer Mitarbeiter neue Wege formulieren, um gemeinsam eine neue Art des Engagements zu beschreiben. Corporate Volunteering ist ein probates Mittel, um kollektives Wissen aufzubauen und das Wissen im Unternehmen mit dem Umfeld systematisch zu vernetzen. Durch das gemeinsame oft hierarchieübergreifende Engagement und Arbeiten in sozialen bzw. ökologischen Projekten werden Wissen und Erfahrung über Abteilungsgrenzen hinweg und zwischen internen und externen Stakeholdern weitergegeben.

Insbesondere für Führungskräfte ergeben sich neue bzw. veränderte Anforderungen an die Qualität des Leaderships. So werden sich Führungskräfte immer öfter auch selbst führen lassen. Immer dann, wenn die Kompetenzen und Fähigkeiten für eine Problemlösung im Team oder bei anderen Mitarbeitern liegen, zeichnet sich gute Führung durch Wertschätzung und das Zurückstellen der eigenen Meinung aus. Diese neue Art des Führens und Zusammenarbeitens kann in Corporate-Volunteering-Projekten – sozusagen unter realen „Laborbedingungen" – erfahren und geübt werden. Dadurch wird ein gesundes Führungsverhalten und eine wertorientierte Führungskultur im Unternehmen gestärkt. Diese ist in einer immer stärker vernetzen Welt unverzichtbar, um sowohl unternehmerischen als auch gesellschaftlichen Mehrwert zu generieren. Corporate Volunteering unterstützt somit eine dringend benötigte gemeinsame Perspektive und wird ein wichtiger Teil der Fach- und Führungsentwicklung sowie des Lifelong Learning quer über alle Generationen.

Immer mehr Entscheidungsträger und Mitarbeiter erkennen daher, dass mit unternehmerischer Verantwortung nicht nur der defensive compliance-orientierte Ansatz, sondern ein proaktiver an den menschlichen Bedürfnissen orientierter Managementansatz gemeint ist. CSR bedeutet nicht nur, „füge keinen Schaden zu", sondern „generiere Mehrwert für dein Umfeld", das heißt auch, „gestalte die Arbeitswelt und das regionale Umfeld so, dass alle davon profitieren!" Corporate Volunteering ist hierbei ein wichtiges Instrument, um einen integrativen CSR-Ansatz mittels des persönlichen Engagements der Mitarbeiter zu verschränken und somit innovative CSR-Ansätze mit Leben zu füllen. Dieses neue Corporate-Volunteering-Verständnis entwickelt sich im Bezug zur Gestaltung der zukünftigen Arbeitswelten zu einem wichtigen Instrument im strategischen Personalmanagement. Denn aus einer integrativen CSR-Perspektive betrachtet spielen die Mitarbeiter eine herausragende Rolle für den Unternehmenserfolg. Zum einen sind sie Träger der Verantwortung in den täglichen unternehmerischen Prozessen, zum anderen sind sie Mitgestalter der Unternehmenskultur und -strategie und damit sind ihr Wissen und ihre Fähigkeiten die Basis einer nachhaltigen Unternehmensführung.

All diese Perspektiven werden in der vorliegenden Publikation „CSR und Corporate Volunteering" eingehend betrachtet: zum einem durch Diskussion der aktuellen Überlegungen im Bereich Corporate Volunteering, zum anderen durch konkrete Praxisbeispiele. Das Buch stellt damit eine Brücke zwischen dem Themenfeld Corporate Volunteering und der aktuellen CSR-Diskussion dar. Alle Leser sind nunmehr herzlich eingeladen, die in der Publikation dargelegten Gedanken aufzugreifen und für die eigenen beruflichen Herausforderungen zu nutzen. Ich möchte mich last, but not least sehr herzlich bei den Herausgeberinnen Frau Dr. Suska Dreesbach-Bundy und Frau Prof. Dr. Barbara Scheck für ihr großes Engagement, bei Janina Tschech und Eva-Maria Kretschmer vom Springer-Gabler-Verlag für die gute Zusammenarbeit sowie bei allen Unterstützern der Reihe aufrichtig bedanken und wünsche Ihnen, werte Leser, nun eine interessante Lektüre.

Prof. Dr. René Schmidpeter

Die Herausgeberinnen

Prof. Dr. Barbara Scheck Nach dem Studium der Verwaltungswissenschaften beim Auswärtigen Amt und der internationalen Betriebswirtschaftslehre in Paris, Oxford und Berlin, promovierte Barbara Scheck an der TU München bei Frau Professor Dr. Dr. Ann-Kristin Achleitner zum Thema Social Entrepreneurship und wirkungsorientierte Berichterstattung. Von 2012-2016 war sie Inhaberin Inhaberin der Juniorprofessur für Allgemeine Betriebswirtschaftslehre mit Schwerpunkt Social Investing an der Universität Hamburg. Im Juni 2016 folgte sie einem Ruf an die Munich Business School mit einer Professur für Entrepreneurship. Sie ist Mitgründerin des digitalen Corporate-Volunteering-Anbieters Volunteer Vision.

Dr. Suska Dreesbach-Bundy Nach dem Studium der Betriebswirtschaftslehre an der Ludwig-Maximilians Universität München hat Frau Dreesbach-Bundy für zwei Jahre ein unternehmensübergreifendes Kooperationsprojekt im Bereich Corporate Volunteering mitaufgebaut und das Thema Wirkungsmessung betreut. Frau Dreesbach-Bundy hat an der Universität Hamburg zum Thema Professionalisierung von Corporate Volunteering promoviert und im Rahmen ihrer Arbeit die Corporate Volunteering Aktivitäten von 36 Unternehmen evaluiert. Sie ist Mitgründerin und Geschäftsführerin des digitalen Corporate Volunteering-Anbieters Volunteer Vision.

Inhaltsverzeichnis

Wirkungsanalyse und Reporting

Über die Autoren

Michael Alberg-Seberich Beyond Philanthropy – invest impact GmbH, Berlin, Deutschland

Shantala Bauer BASF SE, Teamleitung Betriebliches Eingliederungsmanagement, Ludwigshafen, Deutschland

Annelie Beller PHINEO gAG, Berlin, Deutschland

Bettina Bork cb communication, Neuss, Deutschland

Babette Claas business@school – eine Initiative von THE BOSTON CONSULTING GROUP, München, Deutschland

Kristina Dengler Roland Berger GmbH, München, Deutschland

Suska Dreesbach-Bundy Volunteer Vision GmbH, München, Deutschland

Sunniva Engelbrecht startsocial e.V., Hamburg, Deutschland

Karina Fletcher c/o Freshfields Bruckhaus Deringer LLP, Frankfurt am Main, Deutschland

Claudia Frenzel Corporate Sustainability, KPMG AG Wirtschaftsprüfungsgesellschaft, Berlin, Deutschland

Jürgen Grenz Stiftung Gute-Tat, Berlin, Deutschland

Dorli Harms Centre for Sustainability Management (CSM), Leuphana Universität Lüneburg, Lüneburg, Deutschland

Ulrich Hinz Stiftung der Deutschen Wirtschaft (gGmbH), Berlin, Deutschland

Hannes Jähnert Berlin, Deutschland

Stephan Koch Bundesinitiative UPJ e.V., Berlin, Deutschland

Birgit Kretz Türen Öffnen, ISKA gGmbH, Nürnberg, Deutschland

Peter Kusterer Corporate Citizenship & Corporate Affairs, IBM Deutschland, Ehningen, Deutschland

Reinhard Lang UPJ, Berlin, Deutschland

Lorenz Lauer Stiftung Gute-Tat, Berlin, Deutschland

Nicole Lieb c/o Freshfields Bruckhaus Deringer LLP, Frankfurt am Main, Deutschland

Melanie Lührmann Department of Economics, Royal Holloway, University of London, Egham, Großbritannien

Magdalena Marx ERGO Group AG, Düsseldorf, Deutschland

Caroline Oxley Bereich Gesellschaft | Civil Society, Körber-Stiftung, Hamburg, Deutschland

Katarina Peranić Geschäftsführendes Vorstandsmitglied, Stiftung Bürgermut, Berlin, Deutschland

Heike Poganaz ERGO Group AG, Düsseldorf, Deutschland

Jonathan Przybylski Berlin, Deutschland

Wiebke Rasmussen Teach First Deutschland, Berlin, Deutschland

Michael Regnet Allianz4Good, Allianz, München, Deutschland

Verena Reichl Roland Berger GmbH, München, Deutschland

Lena Röcker startsocial e.V., Hamburg, Deutschland

Mirjam Rossa Bonn, Deutschland

Cornelius Schaub PHINEO gAG, Berlin, Deutschland

Barbara Scheck Professorin für Entrepreneurship, Munich Business School GmbH, München, Deutschland

Thomas Schiller Verband kommunaler Unternehmen e.V., Berlin, Deutschland

Angela Schlenkhoff-Hus Development Manager, Volunteering Matters, London, UK

Claudia Schluckebier Proboneo gGmbH, Hamburg, Deutschland

Dieter Schöffmann Köln, Deutschland

Sandra Schöneborn Unternehmenskooperationen / Corporate Partnerships, Habitat for Humanity Deutschland e.V., Köln, Deutschland

Ellen Sturm UPJ, Berlin, Deutschland

Fabian Suwanprateep Beyond Philanthropy – invest impact GmbH, Berlin, Deutschland

Meike Ullrich Stiftung der Deutschen Wirtschaft (gGmbH), Berlin, Deutschland

Joachim Winter Department of Economics, University of Munich, München, Deutschland

Christoph Zeckra Public Affairs and Community Engagement, Generali Deutschland AG, Berlin, Deutschland

Einführung

Suska Dreesbach-Bundy und Barbara Scheck

Jedes Jahr helfen immer mehr Arbeitnehmer[1] freiwillig mit ihrer Arbeitskraft, ihrem Können und ihrem Wissen sozial Benachteiligten, indem sie Hilfsprojekte in unterschiedlichster Weise unterstützen – und sie tun dies im Rahmen ihrer Beschäftigung und mit dem Einverständnis ihres Arbeitgebers. Dieses bürgerschaftliche Engagement von Mitarbeitern während der Arbeitszeit, das so genannte Corporate Volunteering, zielt darauf ab, die Ressourcen eines Unternehmens durch das soziale Engagement der Beschäftigten für gesellschaftliche Belange einzusetzen. Während Unternehmen in den USA historisch und kulturell bedingt den ehrenamtlichen Einsatz ihrer Beschäftigten institutionell seit den frühen 90er-Jahren in großem Umfang fördern und unterstützen, ist das Thema bei deutschen Arbeitgebern seit der Jahrtausendwende verstärkt präsent: Als Teil der Corporate-Citizenship-Anstrengungen[2] möchten Unternehmen gezielt helfen, sich gewinnbringend für die Gesellschaft einsetzen und als verantwortungsvoller Akteur wahrgenommen werden.

Neben der signifikanten sozialen Wirkung, die durch Mitarbeiterengagement geschaffen werden kann, profitieren Unternehmen jedoch auch intern von detaillierteren Einblicken in Märkte und Kundensegmente sowie einem Kompetenzzuwachs auf Seiten der Beschäftigten. Nicht zuletzt angetrieben von Erwartungen der Generation Y, die gesell-

[1] Aus Gründen der besseren Lesbarkeit verwenden wir in diesem Buch überwiegend das generische Maskulinum. Dies impliziert immer beide Formen, schließt also die weibliche Form mit ein.
[2] Unter Corporate Citizenship versteht man das systematisch betriebene bürgerschaftliche Engagement von Unternehmen. Es umfasst neben Spenden-, Sponsoring- und Stiftungsaktivitäten auch die Förderung des freiwilligen gemeinnützigen Einsatzes von Mitarbeitern.

S. Dreesbach-Bundy (✉)
Volunteer Vision GmbH
Amalienstraße 87, 80799 München, Deutschland
E-Mail: suska.dreesbach@volunteer-vision.com

B. Scheck
Professorin für Entrepreneurship, Munich Business School GmbH
Elsenheimerstraße 61, 80687 München, Deutschland

S. Dreesbach-Bundy und B. Scheck (Hrsg.), *CSR und Corporate Volunteering*,
Management-Reihe Corporate Social Responsibility,
https://doi.org/10.1007/978-3-662-54092-3_1

schaftliche Verantwortung des Arbeitgebers ebenso einfordert wie vielfältige Entwicklungsmöglichkeiten, erlebt das Konzept des Corporate Volunteering aktuell zunehmendes Interesse. So würden zwei Drittel der akademischen Berufseinsteiger einen Teil ihrer Arbeitszeit gerne für gemeinnützige Zwecke einsetzen und es ist bereits von der „Generation Volunteers" die Rede. Corporate Volunteering ist damit kein neues Phänomen, aber eines, das gut in die heutige Zeit und die Bedürfnisse unserer Gesellschaft zu passen scheint und das traditionelle private Ehrenamt um berufliches Engagement ergänzt.

Doch was verbirgt sich konkret hinter dem Phänomen des Corporate Volunteering? Welche Formate werden von Unternehmen umgesetzt, wie werden diese organisiert und evaluiert? Wie können Corporate Volunteering-Angebote die Nachhaltigkeitsstrategie eines Unternehmens sinnvoll ergänzen zum Nutzen der Gesellschaft wie auch der Mitarbeiter und Unternehmen? Der vorliegende Herausgeberband adressiert diese Fragestellungen und möchte einen umfassenden Einstieg und Grundlagen zum Thema Corporate Volunteering bieten, der multiple Perspektiven von Wissenschaftlern, Praktikern sowie sozialen Organisationen verbindet und sowohl akademische wie praktische Erkenntnisse aufzeigt, um diese für einen größeren Leserkreis nutzbar zu machen.

Aufbau

Um das breite Spektrum relevanter Aspekte übersichtlich präsentieren zu können, gliedert sich der vorliegende Band in fünf Kapitel. Überlegungen zur strategischen Relevanz von Corporate Volunteering im Rahmen kohärenter Nachhaltigkeits- und Personalstrategien werden in Kapitel B über zwei Artikelbeiträge diskutiert: Dorli Harms von der Leuphana Universität Lüneburg richtet den Blickwinkel auf die Triade Unternehmen, Mitarbeiter und gemeinnützige Organisationen und zeigt Nutzen und Herausforderungen von Corporate-Volunteering-Aktivitäten unter gleichzeitiger Betrachtung des übergeordneten Konzeptes Corporate Citizenship und Corporate Social Responsibility auf. Miriam Rossa von der Universität Eichstätt-Ingolstadt und Jonathan Przybylski von PHINEO diskutieren kritische Erfolgsfaktoren für eine Nutzenmaximierung von Corporate Volunteering für das betriebliche Personalmanagement.

Im Anschluss werden in Kapitel C Corporate Volunteering-Aktivitäten, Formate sowie Trends in Deutschland dargestellt. Das Kapitel wird eingeleitet von Dieter Schöffmann von VIS a VIS, der auf die ersten Corporate Volunteering Bewegungen, Treiber und Akteure in Deutschland sowie internationale Impulse zurückblickt. Ellen Sturm und Reinhard Lang von der UPJ vertiefen diese Perspektive mit einer systematischen Abgrenzung der Begrifflichkeiten Corporate Volunteering, Corporate Citizenship und Corporate Social Responsibility sowie einem strukturierten Überblick der relevantesten Projektformate, Ziele, Vorteile, Kooperationspartner und Akteure im Feld. Angela Schlenkhoff-Hus von Volunteering Matters schlägt die Brücke hin zum internationalen Vergleich und gibt einen Einblick in die geographischen Unterschiede in der Entwicklungsreife und die Rahmenbedingungen von Corporate-Volunteering-Aktivitäten. Die Überleitung zu den jüngsten Corporate Volunteering-Trends schaffen Sunniva Engelbrecht, Caroline Oxley und Lena Röcker von startsocial, die über die Chancen und Herausforderungen von kompetenzbasiertem Engagement berichten. Christoph Zeckra von der Generali Deutschland beschreibt die Chancen eines gleitenden Übergangs aus der Erwerbstätigkeit in den Dritten Sektor mit dem Format Senior Corporate Volunteering. Katarina Peranic von der Stiftung Bürgermut skizziert den strategischen Einsatz von digitalen Medien im Formattyp Online Corporate Volunteering. Hannes Jähnert, Experte aus dem Bereich Online-Volunteering, vertieft die Diskussion um die Digitalisierung des bürgerschaftlichen Engagements und gewährt Einblicke in das mögliche Anwendungsspektrum und Potenziale für Unternehmen. Fabian Suwanprateep und Michael Alberg-Seberich von Beyond Philantropy diskutieren den sozialökologischen, finanziellen und strategischen Mehrwertes der Aktivitätskombination Corporate Impact Investing und Corporate Volunteering. Andre Koch von der UPJ schließt das Kapitel mit einem Beitrag über die Chancen des Organisations- und Personalentwicklungskonzeptes Engagementlernen.

Darauf aufbauend geht Kapitel D im Detail auf die verschiedenen Akteure ein, spezifisch auf Unternehmen, Kooperationspartner im sozialen Sektor sowie existierende Intermediäre und Netzwerke: Ulrich Hinz und Meike Ullrich von der Stiftung der Deutschen Wirtschaft berichten über ihre Erfahrungen mit Unternehmenskooperationen im Bereich Corporate Volunteering anhand des erfolgreichen gemeinnützigen Förderprogramms Studienkompass. Babette Claas und Bettina Bork von der Bildungsinitiative business@school der internationalen Unternehmensberatung The Boston Consulting Group leiten konkrete Handlungsempfehlungen für erfolgreiche Kooperationsvorhaben im Corporate Volunteering-Kontext her. Sandra Schöneborn von Habitat for Humanity Deutschland gewährt einen Einblick in ihre Forschung über die Wirkungen und Nutzenanalyse unterschiedlicher Corporate Volunteering-Maßnahmen. Wiebke Rasmussen von Teach First Deutschland setzt sich mit dem „triple-win" und somit dem Nutzenpotential von Corporate Volunteering für Unternehmen (Business Case), die Non-Profit-Organisation selbst (Non-Profit Business Case) und den eigens verfolgten Zweck (Social Case) auseinander. Claudia Schluckebier von Proboneo gewährt einen Einblick in wichtige Gestaltungselemente von Corporate Volunteering sowie die Relevanz und das Vorgehen bei der Selektion der geeigneten sozialen Organisation. Geschlossen wir das Kapitel von Experten aus dem Bereich Mittler/Intermediäre und Netzwerke durch Beiträge von Jürgen Grenz und Lorenz Lauer von der Stiftung Gute-Tat, Ellen Sturm vom UPJ-Netzwerk, Kristina Dengler vom Netzwerk Unternehmen für München sowie Birgit Kretz vom Zentrum Aktive Bürger in Nürnberg und dem Nürnberger Corporate Volunteering Netzwerk Unternehmen Ehrensache.

Kapitel E illustriert die operative Umsetzung von und erforderlichen Prozesse für Corporate Volunteering in Unternehmen anhand praktischer Beispiele und Erfahrungswerte. Praxisnahe Artikel von Magdalena Marx und Heike Poganaz von der ERGO Group, Karina Fletcher und Nicole Lieb von Freshfields Bruckhaus Deringer, Claudia Frenzel von der KPMG, Shantala Bauer und Thomas Schiller von der BASF, Peter Kusterer von IBM Deutschland und Michael Regnet von der Allianz zeigen mannigfaltige Perspektiven und Erfahrungsberichte aus dem Bereich Corporate Volunteering auf und berichten von der Durchführung und dem Mut zu innovativen neuen Ansätzen, der Vor- und Nachbereitung von Pilotprojekten, der richtigen Vorbereitung von teilnehmenden Mitarbeitern, der Relevanz von trisektoralen Kooperationen und Programmevaluationen, der hohen Bedeutsamkeit von Netzwerken und der Einbindung von Expertise aus dem dritten Sektor, den Auswirkungen von Corporate Volunteering auf die Personalentwicklung sowie die eigene Unternehmensmarke.

Die Evaluation von durchgeführten Programmen und die Analyse der erreichten gesellschaftlichen Wirkung als übergeordnete Zielsetzung jeglicher Engagementaktivitäten stehen im Fokus des letzten Kapitels. Annelie Beller, Antonia Carl und Cornelius Schaub von PHINEO zeigen auf, wie Corporate Volunteering Aktivitäten mithilfe der IOOI-Logik wirkungsvoll geplant, umgesetzt und hinsichtlich ihrer Wirkung analysiert werden können. Melanie Lührmann von der Royal Holloway University und Joachim Winter von der LMU München geben Einblick in die Evaluation der Corporate Volunteering Initiative My Finance Coach und zeigen kausale Wirkungsmechanismen auf. Suska Dreesbach fokussiert sich in ihrem Beitrag auf die Messung des betrieblichen Mehrwerts von Corporate Volunteering.

Alle Beiträge illustrieren die jeweiligen Themenschwerpunkte anhand von Beispielen und enthalten umfangreiche Quellenverzeichnisse zum Nachschlagen weiterer Details.

Ausblick

Corporate Volunteering stellt eines der jüngsten Handlungsfelder im Bereich der Corporate-Social-Responsibility-Anstrengungen von Unternehmen dar, das große Potenziale für innovative, globale Formate sowie für richtungsweisende Formen der Zusammenarbeit über sektorale Grenzen hinweg bietet.

Hinsichtlich neuartiger Formen der Zusammenarbeit lässt sich eine Entwicklung weg von konkurrierenden isolierten Projektangeboten hin zu verschiedenen Kooperationsmodi beobachten. So hat bspw. die Flüchtlingskrise den Bereich „zusammenrücken" lassen: Austausch und Vernetzung untereinander sind intensiver geworden und es sind in kürzester Zeit zahlreiche Netzwerke mit hunderten Unternehmensmitgliedern im Bereich Mitarbeiterengagement entstanden. Umfang, Brisanz und Schwierigkeit der aktuellen Migrationsthematik haben dabei den Akteuren in aller Deutlichkeit gezeigt, dass gewissen Herausforderungen nur gemeinsam begegnet werden kann. In diesem Zusammenhang hat sich auch die sektorübergreifende Kooperation zwischen Wirtschaft und Sozialsektor intensiviert und Non-Profit-Organisationen greifen mit einer immer höheren Selbstverständlichkeit auf Corporate Volunteering als Ressource zurück. Dies ist hoffentlich eine Entwicklung, die über die aktuelle Krise hinaus anhalten und Synergieeffekte ausschöpfen wird.

Im Bereich der Formate sind unter anderem digitale Ansätze als großer Trend zu erkennen; zum einen adressieren Onlineangebote die Bedürfnisse sog. „digital natives": eingebettet in ihre Lebenswelt, räumlich unabhängig mit zahlreichen Möglichkeiten für internationalen Austausch; zum anderen trifft der Digitalisierungstrend auf eine Gruppe von Senioren, die zunehmend internetaffin ist und sich gegen Ende der Berufstätigkeit bzw. am Übergang von Beruf zu Ruhestand sozial engagieren möchte (im Angelsächsischen bezeichnet als „encore career"). Die Entwicklung globaler Angebote wird vorangetrieben durch eine zunehmend weltweit vernetzte Mitarbeiterschaft, die nicht nur gemeinsam an betrieblichen, sondern auch an gesellschaftlichen Herausforderungen arbeiten möchte.

Corporate Volunteering wird jedoch auch Implikationen für zukunftsorientiertes Personalmanagement haben: Aufgrund der vielfältigen Entwicklungsmöglichkeiten im Kompetenzbereich wird Engagement für gesellschaftliche Themen sicherlich zum festen Bestandteil des zeitgemäßen Profils einer Führungskraft werden. Im Kontext moderner Rekrutierungsstrategien, entsteht durch Corporate-Volunteering-Angebot eine Chance der Positionierung für Unternehmen als Arbeitgeber mit authentischen Konzepten für Mitarbeiterentwicklung. Durch ernsthaftes Engagement für gesellschaftliche Belange kann zudem Vertrauen zu potenziellen Bewerbern wie auch Kunden aufgebaut oder wiedergewonnen werden.

Damit Corporate Volunteering das oben beschrieben Potenzial entfalten kann und sich nicht zu einer kurzlebigen Modeerscheinung entwickelt, bedarf es jedoch einer strategischen und langfristigen Einbettung in die übergreifende Corporate Responsiblity- und Personalentwicklungsstrategie sowie der Ausstattung mit entsprechenden finanziellen Ressourcen. Um die Finanzierung aus betrieblichen Mitteln zu legitimeren und die Glaubwürdigkeit sowie Langfristigkeit eines Engagements zu fördern, muss verstärkt auch noch die Wirkung auf gesellschaftlicher wie Unternehmensebene transparent gemacht werden. Die sozialen wie auch unternehmensspezifischen Ergebnisse von Corporate Volunteering konnten zwar mittlerweile in zahlreichen Studien nachgewiesen werden, das Thema Impact Measurement wird zukünftig jedoch wahrscheinlich eine noch stärkere Rolle ein nehmen.

Wir haben im Rahmen der Entstehung dieses Sammelbands ein hohes Interesse und viel Leidenschaft beim Thema Corporate Volunteering gespürt und deuten dies als ein positives Zeichen für zukünftige Kooperationen zwischen Unternehmen und sozialen Kooperationspartnern zum Wohle aller und bedanken uns ganz herzlich bei all unseren Beitragenden für die Möglichkeit, mit diesem Herausgeberband einen Beitrag für das Corporate Volunteering-Feld leisten zu dürfen. Insbesondere möchten wir uns bei Janina Tschech und Michael Bursik für die Betreuung im Rahmen dieses Vorhabens und bei René Schmidpeter für das Vertrauen bedanken. Auf der Autorenseite bedanken wir uns besonders bei Reinhard Lang für den wertvollen Austausch. Wir wünschen Ihnen viel Freude und Inspiration mit diesem Buch. Mögen Sie aus den einzelnen Beiträgen möglichst viele Anregungen und Ideen gewinnen und erfolgreich in Ihrem Umfeld umsetzen.

Literatur

Absolventa (2016) ABSOLVENTA Umfrage unter 4330 Berufsstartern. https://www.jobnet.de/presse/generation-volunteers. Zugegriffen: 13. Juni 2017

Deloitte Touche Tohmatsu Limited (2016) The 2016 Deloitte Millennial Survey. Winning over the next generation of leaders

Dr. Suska Dreesbach-Bundy: Nach dem Studium der Betriebswirtschaftslehre an der Ludwig-Maximilians-Universität München hat Frau Dreesbach-Bundy für zwei Jahre ein unternehmensübergreifendes Kooperationsprojekt im Bereich Corporate Volunteering mitaufgebaut und das Thema Wirkungsmessung betreut. Frau Dreesbach-Bundy hat an der Universität Hamburg zum Thema Professionalisierung von Corporate Volunteering promoviert und im Rahmen ihrer Arbeit die Corporate-Volunteering-Aktivitäten von 36 Unternehmen evaluiert. Sie ist Mitgründerin und Geschäftsführerin des digitalen Corporate-Volunteering-Anbieters Volunteer Vision.

Prof. Dr. Barbara Scheck: Nach dem Studium der Verwaltungswissenschaften beim Auswärtigen Amt und der internationalen Betriebswirtschaftslehre in Paris, Oxford und Berlin, promovierte Barbara Scheck an der TU München bei Frau Professor Dr. Dr. Ann-Kristin Achleitner zum Thema Social Entrepreneurship und wirkungsorientierte Berichterstattung. Von 2012–2016 war sie Inhaberin der Juniorprofessur für Allgemeine Betriebswirtschaftslehre mit Schwerpunkt Social Investing an der Universität Hamburg. Im Juni 2016 folgte sie einem Ruf an die Munich Business School mit einer Professur für Entrepreneurship. Sie ist Mitgründerin des digitalen Corporate-Volunteering-Anbieters Volunteer Vision.

Strategische Relevanz von Corporate Volunteering

Strategische Relevanz von Corporate Volunteering

Dorli Harms

1 Einleitung

Corporate Volunteering (CV) bezeichnet das gesellschaftliche Engagement von Unternehmen, in dem durch ein Zurverfügungstellen von Ressourcen das ehrenamtliche Engagement von Mitarbeitenden in und außerhalb der Arbeitszeit unterstützt wird (Dresewski et al. 2008; Gentile 2012). Dieses Engagement findet nicht nur in der Unternehmenspraxis Anklang, sondern auch die Wissenschaft widmet sich diesem z. B. im Diskurs zu Unternehmen als Bürger, in Untersuchungen zu Nachhaltigkeitsmanagement und zu individuellem freiwilligen, gesellschaftlichen Engagement (Gentile et al. 2011; Schaltegger et al. 2013, S. 33 f.; Wehner et al. 2007). Aktionstage von Mitarbeitenden, Pro-bono-Consulting oder unternehmensseitig geförderte Entwicklungsprojekte sind beispielhafte Formate des CV, die bereits in ihrer Begrifflichkeit die Idee des aktiven Mitgestaltens durch das Engagement von Mitarbeitenden für die Gesellschaft zum Ausdruck bringen. Verstanden als Dreiklang und Zusammenspiel von Unternehmen, Mitarbeitenden und einer gemeinnützigen Organisation werden unterschiedliche Nutzenpotenziale des CV wie Reputationsgewinn, individuelle Kompetenzentwicklung und Perspektivenwechsel benannt (Gentile et al. 2011; Plewa et al. 2015; Samuel et al. 2013). Demgegenüber zeigen sich aber auch mögliche Probleme wie Konflikte durch heterogene Zielsetzungen der Akteure, Aufbau sozialen Drucks zur Teilnahme oder ungleiche Machtverhältnisse (Samuel et al. 2013; Siegmund 2010). Ein durchdachtes und geplantes Vorgehen bei der Initiierung, Durchführung und Nachbereitung von CV-Aktivitäten, bei denen auch die Blickwinkel der verschiedenen beteiligten Akteure berücksichtigt werden, ist somit geboten.

D. Harms (✉)
Centre for Sustainability Management (CSM), Leuphana Universität Lüneburg
Universitätsallee 1, 21335 Lüneburg, Deutschland
E-Mail: dharms@uni.leuphana.de

S. Dreesbach-Bundy und B. Scheck (Hrsg.), *CSR und Corporate Volunteering*,
Management-Reihe Corporate Social Responsibility,
https://doi.org/10.1007/978-3-662-54092-3_2

Wenngleich im CV-Kontext auch das Win-Win-Win-Argument für die beteiligten Akteure herangezogen wird (für eine Diskussion siehe z. B. Caligiuri et al. 2013), zeigen aus der Sicht einer Non-Profit-Organisation (NPO) beispielsweise Samuel et al. (2013) in ihrer qualitativen Studie, dass diese dreifache Nutzenerwartung (bisher) nur bedingt der Realität entspricht. Lorenz et al. (2012) führen weiterhin an, dass die Erwartungen an CV-Nutzen teilweise zu abstrakt und nur längerfristig erfüllbar sind und vielmehr beim Engagement z. B. die individuelle Sinnstiftung der Freiwilligen zu berücksichtigen ist. Im Interesse dieses vorliegenden Beitrags zur strategischen Relevanz von CV ist es somit auch, die verschiedenen Akteursperspektiven auf CV näher zu beleuchten und zu reflektieren. So offenbart die Literatur zu CV, dass häufig die Unternehmenssicht eingenommen wird (Gentile et al. 2011). Dies ist auch der Ausgangspunkt dieses Beitrags. Allerdings soll nicht vernachlässigt werden, dass die Perspektiven der individuellen Mitarbeitenden sowie der gemeinnützigen Organisationen als ebenfalls zentrale Akteure im CV-Zusammenspiel von wesentlicher Bedeutung sind.

Ursprünglich im angelsächsischen Sprachraum bereits zu Beginn des 20. Jahrhunderts entstanden, hat sich der CV-Begriff in Deutschland insbesondere seit Mitte der 1990er-Jahre herausentwickelt (Basil et al. 2009; Pinter 2008; Schäfer 2009). Verschiedene Initiativen und Netzwerke wurden in diesen Jahren im deutschsprachigen Raum gegründet (Althaus 2013; Ettlin 2008; für Beispiele siehe Infokasten unter A). Auf individueller Unternehmensebene lassen sich zudem mehrere Beispiele finden, bei denen Firmen eigene CV-Konzepte entwickelt haben (Schöffmann 2008; für Beispiele siehe Infokasten unter B). Dabei initiieren sowohl Groß- als auch Kleinunternehmen entsprechende CV-Aktivitäten (Christen Jakob 2012; Plewa et al. 2015; Schöffmann 2008). Eine Studie aus 2010/2011 unter Unternehmen in Deutschland verdeutlicht aber auch Unterschiede. So sehen Großunternehmen in CV aus personalpolitischer Sicht hinsichtlich Recruiting und Mitarbeiterbindung eher eine Differenzierungsmöglichkeit als die kleineren Unternehmen (American Chamber of Commerce Germany und Roland Berger Strategy Consultants 2011). Vor dem Hintergrund, dass CV ebenfalls als ein Instrument der Personal- und Organisationsentwicklung verstanden wird, ist es nicht erstaunlich, dass sich mit Blick auf die Praxis entsprechende Untersuchungen und Ratgeber finden lassen (Pinter 2008; Przybylski 2013).

Beispiele für CV-Initiativen und -Netzwerke

A) unternehmensunabhängig

- UPJ e. V.: Unternehmen Partner der Jugend; 1996 in Deutschland gegründetes Netzwerk von Unternehmen sowie gemeinnützigen Mittlerorganisationen, www.upj.de
- Seitenwechsel: seit 1994 zunächst schweizerisches Projekt, welches seit 2000 auch in Deutschland durchgeführt wird, www.seitenwechsel.com

- Agentur mehrwert: wurde 2000 initiiert, um Lebenswelten verschiedener Akteure miteinander zu verknüpfen, www.agentur-mehrwert.de
- WIE – Wirtschaft. Initiative. Engagement: Netzwerk, in dem sich Unternehmen für die Förderung des bürgerschaftlichen Engagements zusammengeschlossen haben, www.cccdeutschland.org/de/wie
- GIZ: fürs internationales CV-Engagement vermittelt die Deutsche Gesellschaft für Internationale Zusammenarbeit (GIZ) GmbH Projektplätze in Entwicklungs- und Schwellenländern, www.giz.de/Wirtschaft/de/html/2285.html

B) unternehmensspezifisch

- Initiative ‚Miteinander im Team (MIT)': der Konzern Henkel KGaA hat 1998 für Mitarbeitende sowie Pensionäre gegründet (Fischer und Büchler 2008, S. 251 f.)
- Verein ‚1000 Tage Urlaub für Kinder': das mittelständische Unternehmen b+d promotions organisierte 1997 erstmals eine einmal jährlich stattfinde Sommerfreizeit für Kinder, www.bplusd.de/de/ueber_uns/1000_Tage_Urlaub.html

Als Einstieg in die Thematik bleibt in diesem Beitrag festzuhalten, dass CV – einhergehend mit einem breit angelegten Verständnis – ein facettenreiches Spektrum an Ausgestaltungsmöglichkeiten umfasst. Parallel dazu lässt sich in den vergangenen Jahren eine zunehmende Aufmerksamkeit für das Themenfeld erkennen (Herzig 2006; Rodell et al. 2016; van Schie et al. 2011). Um CV als sich entwickelndes Phänomen noch umfassender z. B. hinsichtlich bürgerschaftlichen Engagements für die Gesellschaft und das (unternehmerische) Nachhaltigkeitsmanagement zu beleuchten, wird im Folgenden entsprechend eine vertiefende begriffliche Einordnung vorgenommen.

2 Einbettung von Corporate Volunteering in den Diskurs unternehmerischer Nachhaltigkeit

2.1 Annäherung einer Begriffsbestimmung

Parallel zum breiten Spektrum an CV-Aktivitäten und -Initiativen sind unterschiedliche Schwerpunktsetzungen in der CV-Literatur zu erkennen, z. B. zu Gemeinsamkeiten und Unterschieden von Corporate und Non-Profit bzw. Private Volunteering, zu Motiven für CV oder länderbezogene Untersuchungen (z. B. Blumberg und Scheubel 2007; American Chamber of Commerce Germany und Roland Berger Strategy Consultants 2011; Lorenz et al. 2012; do Paço et al. 2013). Diese unterschiedlich gelagerten Ausrichtungen existieren zudem parallel zu einer Bandbreite an Definitionen (für eine Übersicht siehe z. B. Gentile 2012; Rodell et al. 2016). Wird dabei der Frage nachgegangen, was verschiedene

CV-Definitionen eint, werden Gemeinsamkeiten wie die Erfüllung gemeinnütziger Zwecke durch Unternehmen, der Einsatz von Mitarbeitenden und eine Freiwilligkeit inklusive Unentgeltlichkeit herausgearbeitet (Schöneborn 2015, S. 81 ff.; Wehner et al. 2007). Das CV-Engagement lässt sich dabei in den Kontext von Corporate Citizenship (CC) einordnen, das wiederum als „The Art of Giving Back to the Community" (Mutz und Korfmacher 2003, S. 51) verstanden werden kann. Wie die Abb. 1 im mittleren Bereich illustriert, können dem CC neben CV zudem Corporate Giving und Corporate Foundation zugeordnet werden, wobei ebenso Mischformen zwischen diesen drei Formen existieren (Mutz und Korfmacher 2003).

CC selbst folgt dem Verständnis, dass „Unternehmen als Bürger unter ‚Gleichen' bzw. als Mitglieder einer lokalen Gemeinschaft mit Rechten und Pflichten" (Wehner et al. 2007) angesehen werden. Damit wird neben einer Gewinnerzielungsabsicht von Unternehmen eine Gemeinwohlorientierung gestellt (Schöneborn 2015, S. 63). Diese Bedeutungsveränderung geht auf die 1990er-Jahre zurück (siehe auch Kap. 1), in denen in Deutschland das öffentliche Interesse an wirtschaftlichen und gleichzeitig globalen Fragen stieg, während entsprechende staatliche Handlungen und Entscheidungen an Bedeutung verloren (Backhaus-Maul et al. 2010). Zu bedenken ist in diesem Zusammenhang aber auch, dass im Gegensatz z. B. zum US-amerikanischen System in Deutschland ein weit zurückreichendes sozialstaatliches sowie unternehmerisches gesellschaftliches Engagement existiert. In diesem Zusammenhang und unter Berücksichtigung der Entwicklung vergangener Jahre konstatieren Backhaus-Maul et al. (2010, S. 18 f.) „Gesellschaftliches Engagement von Unternehmen ist in Deutschland einerseits (immer noch) staatlich reguliert und anderer-

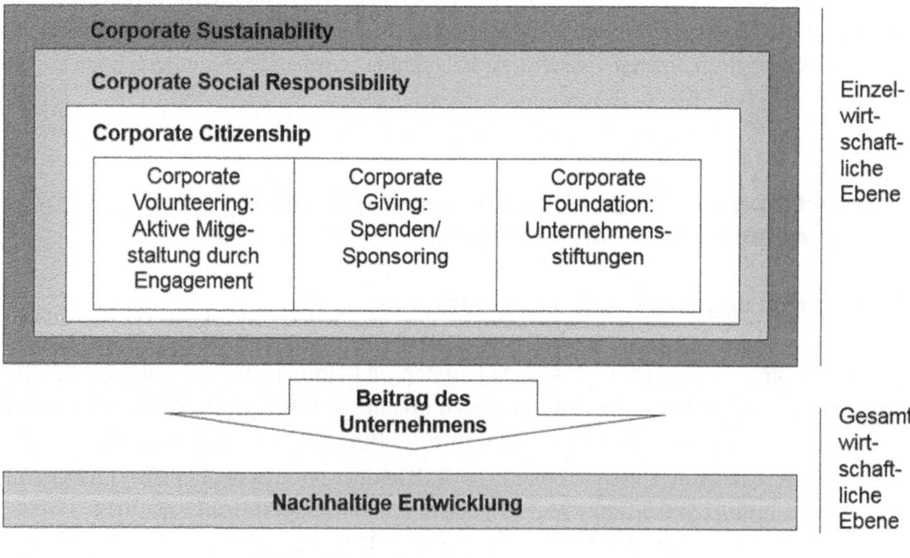

Abb. 1 Verknüpfung von CS, CSR und CC aus Unternehmensperspektive. (In Anlehnung an Loew et al. 2004, S. 72; Mutz und Korfmacher 2003, S. 51)

seits – für einen nennenswerten Teil deutscher Unternehmen – eine in der Unternehmenstradition und -kultur begründete Selbstverständlichkeit."

Wie die Abb. 1 weiterhin veranschaulicht, ist CC im Sinne gesellschaftlichen Handelns wiederum eingebettet in die Debatte um eine Verantwortungsübernahme für das entsprechende Handeln. Diese Debatte wird auch unter dem Begriff Corporate Social Responsibility (CSR) geführt, wenngleich an dieser Stelle nicht detaillierter auf die mannigfaltigen Definitionen eingegangen werden soll und auf die Herausforderungen und Lösungsansätze zur Definitionsfindung (für eine weiterführende Diskussion siehe z. B. Dahlsrud 2008; Sheehy 2015). Nicht unerwähnt bleiben soll allerdings, dass in Deutschland die CSR-Debatte auch von Entwicklungen auf (kontinental-)europäischer Ebene beeinflusst wird. So hat die Europäische Kommission erstmals 2001 und in letzter Fassung 2011 für CSR eine Definition formuliert, in der u. a. die Aspekte Unternehmensverantwortung, (soziale, ökologische und ethische) Auswirkungen auf die Gesellschaft, Forderung nach unternehmerischem CSR-Management und Einhaltung von Rechts- und Tarifvorgaben adressiert werden (Loew und Rohde 2013, S. 6 f.).

Eng mit CSR verknüpft ist der Begriff Corporate Sustainability (CS, deutsch: unternehmerische Nachhaltigkeit), der die Integration der ökologischen, sozialen und ökonomischen Dimension in das unternehmerische Handeln betont. Teils synonym verwendet, ist es nicht leicht, CS und CSR voneinander abzugrenzen, da beide in der Unternehmenspraxis ähnlich ausgestaltet sein können. Unterschiede zeigen sich jedoch z. B. darin, dass CSR die Unternehmensrolle in der Gesellschaft und eine Verantwortungsübernahme hervorhebt, während bei unternehmerischer Nachhaltigkeit, die Integration von Umwelt- und Sozialaspekten in das Kerngeschäft und das Schaffen eines Business Case for (Corporate) Sustainability im Zentrum stehen (Hasenmüller 2012, S. 19 ff.; Schaltegger 2011a; für eine tiefergehende Diskussion siehe auch Schaltegger 2011a). Als treibende Kräfte eines entsprechenden Business Case werden Effizienzsteigerung, Innovation, Kostensenkung, Risikobeherrschung, Umsatzsteigerung, Geschäftsmodellinnovation, Reputationssteigerung und Mitarbeitermotivation als Ansätze diskutiert (Schaltegger et al. 2012, S. 34 f.), die auch jeweils mit CV-Aktivitäten in Beziehung gebracht werden können. So kann z. B. ein Aktionstag in einer Umweltorganisation den Mitarbeitenden neue Impulse geben und Innovationen fördern. Eine systematische Prüfung von CV-Maßnahmen hinsichtlich einer Wirkung auf die Business Case-Treiber ist somit zweckmäßig, um fördernde bzw. hinderliche Wirkungen auf den Unternehmenserfolg zu analysieren (Schaltegger 2011b). Um eine Einbettung von CSR in CS noch näher zu beschreiben, lässt sich zusammenfassen: „Corporate Sustainability bricht das Leitbild der nachhaltigen Entwicklung methodisch-konzeptionell auf die Unternehmensperspektive herunter. [CSR schafft Aufmerksamkeit für die Bedeutung außermarktlicher Themen und eines gesellschaftlichen Verantwortungsverständnisses]." (Schaltegger 2011a, S. 185 f.)

Gemeinsam ist den Begriffen CV, CC, CSR und CS, dass diese mit direktem Unternehmensbezug auf einzelwirtschaftlicher Ebene verortet sind. Nachhaltige Entwicklung im Sinne des Brundtland-Berichts kann demgegenüber der gesamtwirtschaftlichen Ebene zugeordnet werden. Verbunden sind diese beiden Ebenen durch einen entsprechenden unternehmerischen Beitrag (Loew et al. 2004, S. 71; siehe Abb. 1). Der unternehmerische Beitrag kann dabei als solcher verstanden werden, der zu einer (individuellen) nachhaltigkeitsorientierten Unternehmens- und Geschäftsentwicklung beiträgt sowie zu einer nachhaltigen Entwicklung von Wirtschaft und Gesellschaft (Schaltegger und Burritt 2005). Die Entwicklung nachhaltiger Geschäftsmodelle, Ressourceneffizienzmaßnahmen oder auch Engagement für und von Mitarbeitende/n, das mit dem Kerngeschäft verbunden ist und gleichzeitig der Gesellschaft zu Gute kommt, sind hier denkbare Beispiele.

Nachdem mit Bezug auf Abb. 1 die Termini zumindest in ihren Grundzügen umrissen und in einen (begrifflichen) Gesamtzusammenhang gesetzt wurden, ist bei dem vollzogenen Einordnungsversuch anzumerken, dass die Begriffe zwar zu einem gewissen Grad abgrenzbar sind, aber in der Unternehmenspraxis und Wissenschaft aufgrund z. B. unterschiedlicher Rahmenbedingungen und Verständnisse nicht trennscharf verwendet werden. Nach der begrifflichen Einordnung konzentrieren sich die nächsten Abschnitte vornehmlich auf CV als Phänomen, bei dem mindestens drei Akteure (Unternehmen, Mitarbeiter/in und gemeinnützige Organisation) zusammenwirken und interagieren.

2.2 Gesellschaftliches Engagement durch (Inter-)aktion

Interaktion kann im sozialen Kontext als eine gemeinsame bzw. reziproke Aktion definiert werden, an der zwei und mehrere Akteure beteiligt sind. Dabei ergeben sich mögliche gegenseitige Abhängigkeiten. Gleichzeitig bietet die Interaktion den potenziellen Mehrwert, dass durch das Zusammenspiel der Akteure Neues erwächst, das durch einen Akteur allein nicht möglich wäre. Angelehnt ist dieses Verständnis an einer Definition zu komplexen, verflochtenen Systemen (Harms 2014, S. 7; Siggelkow 2002). Zur weiteren Veranschaulichung zeigt Abb. 2 zum einen, welche drei Akteure beim CV im Kern [7] zusammenwirken. Zum zweiten verbildlicht die Grafik zu den drei Akteursperspektiven mögliche Bereiche der Interaktion [4–6] und der akteursbezogenen Aktion [1–3]. Komplementiert

Abb. 2 Gesellschaftliches Engagement aus Akteursperspektive durch (Inter-)aktion

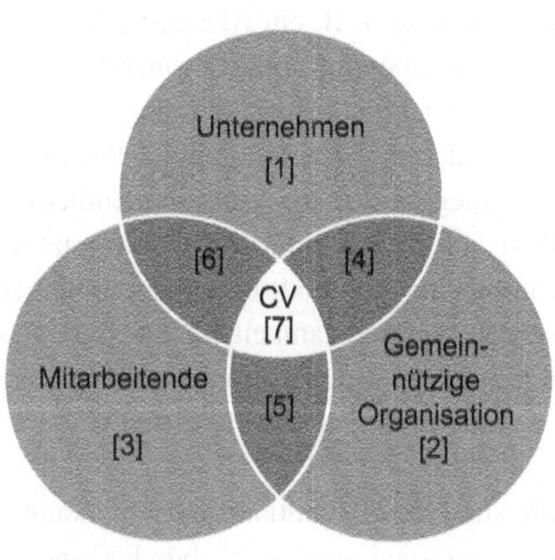

wird die Abbildung durch Tab. 1, in der Beispiele für gesellschaftliches Engagement der Akteure bezogen auf die Bereiche 1–7 verbunden mit weiterführenden Website-Links aufgeführt sind.

Das Zusammenwirken von Akteuren, wie es im CV stattfindet, ist nicht allein auf dieses Phänomen begrenzt. So wird Interaktion z. B. auch im Kontext von unternehmerischer Nachhaltigkeit hervorgehoben, da verschiedene Stakeholder zusammenwirken (müssen), um eine umfassende Transformation hin zu einer nachhaltigen Entwicklung zu ermöglichen (Beckmann und Schaltegger 2014). Damit sind sehr unterschiedliche Stakeholder wie Kunden, Lieferanten, Investoren oder auch Mitarbeitende und NPOs angesprochen. CV kann in diesem Zusammenhang auch als ein Teil unternehmerischer Nachhaltigkeit und als Instrument des (unternehmerischen) Nachhaltigkeitsmanagements verstanden werden (BMU et al. 2007, S. 97 ff.). Eine internationale Studie in elf Ländern verdeutlicht zudem, dass CV zu den zehn bekanntesten und zehn am häufigsten angewendeten (von insgesamt 79) Instrumenten des Nachhaltigkeitsmanagements zählt. Weiterhin veranschaulicht die Studie, dass CV als Instrument in angelsächsischen Ländern bedeutsamer ist als z. B. in Deutschland (Schaltegger et al. 2013, S. 33 f.).

Tab. 1 Beispiele für gesellschaftliches Engagement aus Akteursperspektive durch (Inter-)aktion

Nr.	Beispiel für gesellschaftliches Engagement	Weiterführende (praxisorientierte) Quellen*
1	Unternehmensstiftungen	Zur Rolle von Unternehmensstiftungen siehe z. B. www.forum-csr.net/News/2792/Unternehmensstiftungen.html
2	(Internationales) Engagement für soziale, kulturelle und ökologische Themen	Für eine Übersicht von NPOs: topnonprofits.com/lists/best-nonprofits-on-the-web/
3	Private Initiative, z. B. Nachbarschaftsengagement, Besuchsdienste	Information zu Unterstützung von Hilfsprojekte, die auf Basis privater bzw. individueller Initiative entstanden sind: www.gute-tat.de/
4	Corporate Giving i.S.v. Spenden an NPO	Studie zu Spenden von Unternehmen in Deutschland (aus 2005): www.aktive-buergerschaft.de/fp_files/StudienBerichte/bg_forsa_csr_in_deutschland_2005.pdf
5	Ehrenamt in Verbindung mit einer NPO, z. B. ein soziales/ökologisches Jahr	Übersicht der Bundesarbeitsgemeinschaft der Freiwilligenagenturen zu verschiedenen Einrichtungen: www.bagfa.de/freiwilligenagenturen
6	Qualifizierung von Mitarbeitenden, z. B. zur Suchtprävention	Website der dt. Hauptstelle für Suchtfragen: www.dhs.de/
7	Corporate Volunteering	Ratgeber für Corporate Volunteering in Unternehmen: https://www.phineo.org/downloads/PHINEO_Ratgeber_Corporate_Volunteering.pdf

* Zugriff jeweils: 27.07.2017

Ergänzend zur dargelegten unternehmenspraktischen Umsetzung von CV soll im Folgenden dessen strategische Relevanz näher beleuchtet werden.

3 Strategische Relevanz aus Akteursperspektive

Strategische Relevanz wird hier verstanden als bedeutend für längerfristige Planungen und umsichtige Entscheidungen. Wenn in diesem Beitrag die strategische Relevanz von CV thematisiert wird, soll zunächst von der unternehmerischen Perspektive (Abschn. 3.1) ausgegangen werden, ohne jedoch die individuelle des/der Mitarbeitenden (Abschn. 3.2) und die von NPOs (Abschn. 3.3) außen vor zu lassen. Mögliche weitere Akteursperspektiven wie von Intermediären, politischen Akteuren oder Forschungseinrichtungen, die in diesem Sammelband auch thematisiert werden, sollen hier nicht im Fokus stehen; sie stehen allerdings mit den entsprechenden anderen Akteuren des CV in Beziehung bzw. Wechselwirkung.

3.1 Unternehmenssicht

In Teilen ähnlich der Argumentation zur gestiegenen strategischen Relevanz unternehmerischer Nachhaltigkeit aufgrund veränderter Erwartungshaltung von Stakeholdern sowie einer Ressourcenverknappung (Huber 2014, S. 37) stellen Wehner und Gentile (2012, S. 22) zur strategischen Bedeutung von CV für Unternehmen fest:

> Als Teil und Ausdruck der sozialen Verantwortung des Unternehmens wird mit CV mehr als nur eine philanthropische Haltung der Unternehmen zum Ausdruck gebracht. Zunehmend wird damit auch eine strategische Relevanz verbunden, welche im Zusammenhang mit der Legitimation unternehmerischen Handelns nicht nur von den Unternehmen in Eigeninteresse gezeigt wird. Sie wird vermehrt auch von unterschiedlichen Akteuren eingefordert, durch zivilgesellschaftliche Akteure aufgrund von Ressourcenknappheit (z. B. die Rekrutierung von Freiwilligen oder das Beschaffen finanzieller Mittel), aufgrund einer verstärkten Sensibilisierung potenzieller Mitarbeitenden [...], bei der Auswahl eines geeigneten Arbeitgebers, durch kritische Konsumenten oder im Rahmen einer politischen Agenda.

Argumente für unternehmerisches Interesse an CV lassen sich z. B. in Beweggründen und denkbaren Vorteilen finden. Dazu zählen z. B. ein möglicher zweckgebundener, transparenter Einsatz von Spenden i. S. v. Corporate Giving, Reputationsverbesserung und personalbezogener Nutzen wie Stärkung der Mitarbeiteridentifikation mit dem Unternehmen, Weiterqualifizierung und Verbesserung der Arbeitgeberattraktivität (Fischer und Büchler 2008; Herzig 2006, S. 62). Damit verbunden können in der Unternehmenspraxis verschiedene Bereiche wie die CSR-Abteilung, die Unternehmenskommunikation und das Personalmanagement in die Planung, Durchführung und Nachbereitung von CV-Aktivitäten übergeordnet involviert sein.

Aus organisatorischer Sicht ist zudem festzuhalten, dass CV im Grunde sämtliche Hierarchieebenen adressiert. Nicht nur, dass sich die Geschäftsführung und der/die jeweilige Vorgesetzte mit dem Engagement der Mitarbeitenden einverstanden zeigen und die notwendigen (zeitlichen) Ressourcen zur Verfügung stellen sollten. Diese Mitglieder des Top-Managements können im Rahmen von CV auch selbst aktiv sein und damit eine Vorbildfunktion einnehmen, die Mitarbeitende für das entsprechende Engagement motivieren kann (Schöffmann 2008). Potenzielle Probleme einer solchen gemeinschaftlichen Aktivität können allerdings z. B. aufgrund unterschiedlicher Erwartungen und individueller Voraussetzungen oder Fragen der impliziten oder expliziten Verpflichtung zur Teilnahme an CV-Aktionen entstehen. Da solche Aspekte die praktische Umsetzung von CV im Unternehmenskontext beeinflussen können (Schöneborn 2015, S. 87), bedürfen sie bei einer strategischen Konzeptionierung von CV einer entsprechenden Berücksichtigung.

Im Hinblick auf eine strategische Ausrichtung von CV und das Mitarbeiterengagement wird z. T. auch von (dem Oxymoron) strategischer Philanthropie gesprochen, d. h. Unternehmensaktivitäten zur Übernahme von Verantwortung, die mit den Geschäftszielen und dem Kerngeschäft verknüpft sind (Gentile et al. 2011; Schunk 2009, S. 110). Wird so in der Literatur aus einer strategieorientierten Managementsicht mit einem instrumentellen Verständnis argumentiert, kommen individuelle Erfahrungen, die Betrachtung sozialer Komplexität und eine vorstellbare Mehrdeutigkeit von CV nur begrenzt zur Geltung. Daher wird ergänzend zur Unternehmenssicht eine stärker Stakeholder-orientierte Betrachtungsweise von CV angeregt (Gentile et al. 2011; Lorenz et al. 2011). Daran angelehnt widmet sich der folgende Abschnitt dem CV-Phänomen stärker aus Sicht der Mitarbeitenden.

3.2 Sicht von Mitarbeitenden

Mitarbeitende, die sich in CV-Aktivitäten engagieren, sind zum einen Unternehmensangehörige, zum anderen aber auch Freiwillige, die sich ebenfalls im außerberuflichen Umfeld zu gesellschaftlichen Belangen einbringen können (Gentile et al. 2012). Bezogen auf Deutschland zeigt der Freiwilligen-Survey 1999, 2004 und 2009 für alle drei Erhebungszeiträume mit leicht steigender Tendenz, dass sich etwa ein Drittel der Bevölkerung freiwillig engagiert. Weiterhin zeigt die Studie ein häufigeres Engagement von Berufstätigen gegenüber z. B. Rentnern und Erwerbslosen (BMFSFJ 2010, S. 8 und 74).

Die persönlichen Motive, sich freiwillig und unentgeltlich für das Gemeinwesen zu engagieren, lassen sich nach Clary und Snyder (1999) mit den folgenden Funktionen von Volunteering beschreiben, unabhängig davon, ob dies privat oder unternehmensbezogen initiiert ist: Ausdruck von Werten, Lernen, Wachstum/Verbesserung, Karriere, soziale Bindung und Schutz z. B. vor Schuldgefühlen (ähnlich auch van Schie et al. 2012, S. 73).

> Kernbotschaft ist, dass verschiedene Freiwillige in dieselbe Aktivität eingebunden sein können, während die jeweilige psychologische Funktion eine andere sein kann. Auch kann ein freiwilliges Engagement für eine Person verschiedene Funktionen gleichzeitig erfüllen (van Schie et al. 2012, S. 72).

Werden die Motive für freiwilliges Engagement danach unterschieden, ob dies privat oder unternehmensbezogen initiiert ist, zeigt sich, dass in beiden Fällen der Ausdruck von Werten am relevantesten ist und Karriere im Verhältnis dazu am wenigsten relevant. Weiterhin zeigt die Untersuchung, dass die Motivation für ein Engagement bei Private bzw. Non-Profit Volunteering bezüglich aller sechs Funktionen deutlich höher liegt als bei Corporate Volunteering, mit Ausnahme der Funktion Lernen. Diesbezüglich bewerten beide Gruppen Lernen durch Praxisanwendung und Erfahrung in Verbindung mit freiwilligem Engagement ähnlich (do Paço et al. 2013). Lernen im Zuge von CV-Aktivitäten wird z. T. auch in den Kontext von Kompetenzentwicklung bzw. Personalentwicklung und emotionalem sowie informellem Lernen gestellt (Bartsch 2010; Schröder 2010). Im Hinblick auf eine sich verändernde Arbeitswelt wird CV zudem z. B. in Verbindung mit einer erfolgreichen Work-Life-Integration und einem Sozialleben am Arbeitsplatz gesehen (Gentile et al. 2011).

Zu berücksichtigen bleibt dabei, dass CV-Aktivitäten nicht auf einzelne Mitarbeitende beschränkt sind und somit auch zwischenmenschliche Aspekte wie mögliches gemeinsames Lernen, eine Ausstrahlung der Motivation für Engagement auf andere, aber auch mögliche negative Ausprägungen wie Vergleichen in Verbindung mit Missgunst oder auch eine gewollte Abgrenzung gegenüber anderen zum Vorschein kommen können. Wie bereits erwähnt, kommt Vorgesetzten dabei eine nicht unwesentliche Rolle zu (siehe Abschn. 3.1), wenn sie ein CV-Engagement befürworten und z. B. mit dem jeweiligen Mitarbeitenden abstimmen, welche konkreten CV-Aktivitäten mit welcher NPO für das persönliche Lernen zielführend sein können.

Die Sicht von NPOs auf die strategische Relevanz von CV wird im nächsten Abschnitt beleuchtet.

3.3 NPO-Sicht

Für NPO, die per definitionem nicht als Formalziel einer Gewinnerzielungsabsicht, sondern primär einer Sachzielorientierung folgen (Badelt et al. 2007), haben CV-Aktivitäten damit einhergehend eine andere strategische Relevanz als z. B. für Unternehmen. So wird argumentiert, dass die Zusammenarbeit mit Unternehmen von strategischer Notwendigkeit für NPOs ist, da letztere eine finanzielle Unterstützung und personelle Beteiligung benötigen. Die Zusammenarbeit mit Unternehmen ist damit von entsprechender Relevanz, wobei eine nachvollziehbare strategische Ausrichtung sowie Offenheit aller beteiligten CV-Akteure auf einer Meta-Ebene als wichtig erachtet werden (Austin 2000; Samuel et al. 2013).

Basierend auf Experteninterviews unter acht schweizerischen NPOs analysieren Samuel et al. (2013) im Zuge von CV-Aktivitäten Nutzen und Herausforderungen für NPOs bei der Zusammenarbeit mit Unternehmen. Dabei zeigt sich, dass ein in der Literatur diskutierter möglicher Nutzen (z. B. Bartsch 2010; Caligiuri et al. 2013; Gentile 2012) wie das Zurückgreifen auf personelle/körperliche Ressourcen, neue Erfahrungen für NPOs, Einflussnahme auf Unternehmenswerte und erweiterter Zugang zu finanzieller Unterstützung zwar teilweise vorzufinden sind. Es wird aber auch deutlich, dass dieser teilweise aber nur bedingt zur Geltung kommt und sogar zusätzliche Probleme wie das Kreieren von zusätzlicher Arbeit bedeuten kann. Weiterhin wurden mögliche Herausforderungen der Zusammenarbeit wie eine mögliche Anhängigkeit, Reputationsrisiken, Kosten der Kooperation und wenig qualifizierte Volunteers analysiert (z. B. Gentile 2012; Siegmund 2010). Hier zeigt die Studie von Samuel et al. (2013) für NPOs beispielsweise, dass keine finanzielle Abhängigkeit besteht, aber Machtunterschiede deutlich werden. Die weiteren Herausforderungen ließen sich darüber hinaus (zumindest) in Ansätzen identifizieren, wobei insbesondere für sozial ausgerichtete NPOs der Einsatz von Laien und nicht entsprechend qualifizierten Personen eine Herausforderung darstellt. Als Ergebnis dieser Studie von Samuel et al. (2013) wird für CV-Aktivitäten empfohlen, Ziele und Erwartungen aller Akteure klar zu definieren, eine Strategie zu implementieren und deren Umsetzung monetär und nicht-monetär zu messen sowie generell CV-Projekte im Sinne eines kontinuierlichen Verbesserungsprozesses zu evaluieren.

Mit Blick auf NPOs ist zudem zu berücksichtigen, dass für das Erreichen der Sachziele und der jeweiligen Interessen z. T. Experten/innen mit spezifischem Wissen in diesen Organisationen tätig sind, da es auch in der Natur einer NPO liegt, sich Aufgaben zu widmen, die weder vom Staat noch von Unternehmen (hinreichend) zielführend übernommen werden. Eine unterschiedliche Interessenslage von NPOs und Unternehmen muss jedoch keinen Widerspruch darstellen. Daran anknüpfend lässt sich allerdings eine stärker partnerschaftlich ausgerichtete Zusammenarbeit empfehlen, welche idealtypisch die NPO-Perspektive gleichberechtigt mit den anderen Akteursperspektiven zusammenführt (Siegmund 2010).

Um hier das Entwickeln einer gemeinsamen Zielsetzung von CV und beispielsweise auch eine inhaltliche und organisatorische Annäherung zu fördern, kann es sich anbieten, mit Vermittlungsagenturen in Austausch zu treten, die als Intermediäre agieren (Gentile 2012). Weiterhin sind z. B. Netzwerke unter NPOs auch in Verbindung mit Unternehmen denkbar, die einen (Erfahrungs-)Austausch begünstigen.

4 Fazit und Ausblick

Indem in diesem Beitrag zur strategischen Relevanz von CV aus unterschiedlichen Blickwinkeln die Triade Unternehmen, Mitarbeitende und NPO betrachtet wird, deutet sich an, dass dieses Themenfeld nicht nur komplex ist, sondern auch mehrdeutig verstanden und diskutiert werden kann (Gentile et al. 2011). Mögliche Ansätze, die beispielsweise zu einer stakeholder-orientierten Betrachtungsweise von CV anregen, bergen dahingehend ein Integrationspotenzial, dass eine holistische Betrachtung betont wird, die über eine instrumentelle Herangehensweise an CV hinausgeht. Es bedarf zwar auch noch einer umfassenden Weiterentwicklung operativer Aspekte wie einer (z. B. von den Akteuren gemeinsam durchgeführten) Messung und Bewertung von CV, wie sie auch z. B. hinsichtlich CC, CSR und unternehmerischer Nachhaltigkeit herausfordernd ist (Schunk 2009, S. 86 f.). Mit einer breiter angelegten Weiterentwicklung von CV, die über die Argumentation von Effektivität und Effizienz hinausgeht, könnten aber auch die individuelle Ebene, eine stärkere Kooperation, partizipative Prozesse im CV usw. umfassender adressiert werden (Gentile et al. 2011). Dabei ist auch zu berücksichtigen, dass verschiedene Weiterentwicklungen und Änderungen in der Wirkungsentfaltung Zeit benötigen und sich Kooperationen und Projekte auch über die Zeit verändern können.

Zur strategischen Relevanz von CV gehört zudem ein weiterer Diskurs z. B. zur möglichen Verantwortungsübernahme durch Unternehmen in einer sich global und lokal verändernden Welt und eine Kombinierbarkeit von Freiwilligkeit und Freiheit für die Mitarbeitenden gegenüber der ökonomischen Logik in Unternehmen. Wenn sich das Rollenverständnis von Unternehmen in der Gesellschaft, von Mitarbeitenden im Unternehmen sowie von NPOs im internationalen Kontext ändert, sind diese Entwicklungen zudem bei der Relevanz und in den Handlungsfeldern von CV zu berücksichtigen.

Literatur

Althaus M (2013) Unternehmen und Grassroots-Lobbying. In: Speth R (Hrsg) Grassroots-campaigning. Springer, Wiesbaden, S 61–89

American Chamber of Commerce Germany, Roland Berger Strategy Consultants (2011) Corporate Volunteering in Deutschland: Ergebnisse einer Befragung von Unternehmen in Deutschland. Frankfurt: AmCham Germany, Roland Berger Strategy Consultants. www.amcham.de/fileadmin/user_upload/user_upload_alt/Presse/2011/Corporate_Volunteering_Studie_2011_Final.pdf. Zugegriffen: 24. Mai 2017

Austin JE (2000) Strategic collaboration between nonprofits and businesses. Nonprofit Volunt Sect Q 29(Supplement 1):69–97

Backhaus-Maul H, Biedermann C, Nährlich S, Polterauer J (2010) Corporate Citizenship in Deutschland. Die überraschende Konjunktur einer verspäteten Debatte. In: Backhaus-Maul H, Biedermann C, Nährlich S, Polterauer J (Hrsg) Corporate Citizenship in Deutschland. Bilanz und Perspektiven, 2. Aufl. VS, GWV, Wiesbaden, S 15–49

Badelt C, Meyer M, Sima R (2007) Die Wiener Schule der NPO-Forschung. In: Badelt C, Meyer M, Simsa R (Hrsg) Handbuch der Nonprofit Organisation. Strukturen und Management, 4. Aufl. Schäffer-Poeschel, Stuttgart, S 3–16

Bartsch G (2010) Corporate Volunteering – ein Blickwechsel mit Folgen. In: Backhaus-Maul H, Biedermann C, Nährlich S, Polterauer J (Hrsg) Corporate Citizenship in Deutschland. Bilanz und Perspektiven, 2. Aufl. VS, GWV, Wiesbaden, S 323–334

Basil DZ, Runte MS, Easwaramoorthy M, Barr C (2009) Company support for employee volunteering: a national survey of companies in Canada. J Bus Ethics 85(Supplement 2):387–398 (Corporate Social Responsibility Implementation)

Beckmann M, Schaltegger S (2014) Unternehmerische Nachhaltigkeit. In: Heinrichs H, Michelsen G (Hrsg) Nachhaltigkeitswissenschaften. Springer Spektrum, Berlin Heidelberg, S 321–367

Blumberg M, Scheubel V (2007) „Corporate Volunteering" als Instrument der Organisationsentwicklung in Deutschland. Brands & Values, Bremen

BMFSFJ – Bundesministerium für Familie, Senioren, Frauen und Jugend (2010) Hauptbericht des Freiwilligensurveys 2009. Zivilgesellschaft, soziales Kapital und freiwilliges Engagement in Deutschland 1999 – 2004 – 2009. Berlin: BMFSFJ. www.bmfsfj.de/blob/93170/73111cb56e58a95dacc6fccf7f8c01dd/3--freiwilligensurvey-hauptbericht-data.pdf. Zugegriffen: 24. Mai 2017

Bundesumweltministerium (BMU), Econsense & Centre for Sustainability Management (CSM) (2007) Nachhaltigkeitsmanagement in Unternehmen. Von der Idee zur Praxis: Managementansätze zur Umsetzung von Corporate Social Responsibility und Corporate Sustainability. Berlin/Lüneburg: BMU, econsense & CSM, 3. Auflage. fox.leuphana.de/portal/files/1174686/BMU_Nachhaltigkeitsmanagement_in_Unternehmen.pdf. Zugegriffen: 24. Mai 2017

Caligiuri P, Mencin A, Jiang K (2013) Win–win–win: the influence of company-sponsored volunteerism programs on employees, NGOs, and business units. Pers Psychol 66(4):825–860

Clary EG, Snyder M (1999) The motivations to volunteer: theoretical and practical considerations. Curr Dir Psychol Sci 8(5):156–159

Dahlsrud A (2008) How corporate social responsibility is defined: an analysis of 37 definitions. Corp Soc Responsib Environ Manag 15(1):1–13

Dresewski F, Kromminga P, Lang R (2008) Jugend und Sozialese. In: Habisch A, Schmidpeter R, Neureiter M (Hrsg) Handbuch Corporate Citizenship. Corporate Social Responsibility für Manager. Springer, Berlin Heidelberg, S 379–386

Ettlin T (2008) Secondment. In: Habisch A, Schmidpeter R, Neureiter M (Hrsg) Handbuch Corporate Citizenship. Corporate Social Responsibility für Manager. Springer, Berlin Heidelberg, S 269–275

Fischer M, Büchler C (2008) Corporate volunteering II. In: Habisch A, Schmidpeter R, Neureiter M (Hrsg) Handbuch Corporate Citizenship. Corporate Social Responsibility für Manager. Springer, Berlin Heidelberg, S 251–257

Gentile G-C (2012) Corporate Volunteering und seine Facetten. In: Wehner T, Gentile G-C (Hrsg) Corporate Volunteering. Unternehmen im Spannungsfeld von Effizienz und Ethik. Gabler Springer, Wiesbaden, S 55–64

Gentile G-C, Lorenz C, Wehner T (2011) Introduction: a humanistic stance towards CV – taking a critical perspective on the role of business in society. Int J Bus Environ 4(2):107–120

Gentile G-C, Lorenz C, Wehner T (2012) Citizenship als organisationale Gestaltungsverantwortung. In: Wehner T, Gentile G-C (Hrsg) Corporate Volunteering. Unternehmen im Spannungsfeld von Effizienz und Ethik. Gabler Springer, Wiesbaden, S 155–170

Harms D (2014) Forms of interaction in sustainable supply chain management: an analysis of organisational spheres. Leuphana Universität Lüneburg, Lüneburg

Hasenmüller M-P (2012) Herausforderungen im Nachhaltigkeitsmanagement. Der Beitrag der Pfadforschung zur Erklärung von Implementationsbarrieren. Springer Gabler, Wiesbaden

Herzig C (2006) Corporate volunteering in Germany: survey and empirical evidence. Int J Bus Environ 1(1):51–69

Huber R (2014) Nachhaltigkeitsorientierte Anreizsysteme. Eine empirische Analyse zu Gestaltung und Verhaltenswirkungen. Eul, Lohmar

Jakob CM (2012) Corporate Social Responsibility in Schweizer KMU. In: Wehner T, Gentile G-C (Hrsg) Corporate Volunteering. Unternehmen im Spannungsfeld von Effizienz und Ethik. Gabler Springer, Wiesbaden, S 183–202

Loew T, Rohde F (2013) CSR und Nachhaltigkeitsmanagement. Definitionen, Ansätze und organisatorische Umsetzung im Unternehmen. Berlin: Institute for Sustainability. www.4sustainability.de/fileadmin/redakteur/bilder/Publikationen/Loew_Rohde_2013_CSR-und-Nachhaltigkeitsmanagement.pdf. Zugegriffen: 24. Mai 2017

Loew T, Ankele K, Braun S, Clausen J (2004) Bedeutung der internationalen CSR-Diskussion für Nachhaltigkeit und die sich daraus ergebenden Anforderungen an Unternehmen mit Fokus Berichterstattung. Endbericht. Berlin/Münster: IÖW. www.upj.de/fileadmin/user_upload/MAIN-dateien/Themen/Einfuehrung/ioew_csr_diskussion_2004.pdf. Zugegriffen: 24. Mai 2017

Lorenz C, Gentile G-C, Wehner T (2011) How, why, and to what end? Corporate volunteering as corporate social performance. Int J Bus Environ 4(2):183–205

Lorenz C, Gentile G-C, Wehner T (2012) Gegen „Win-Win", für Sinnstiftung: Zu den CV-Beweggründen. In: Wehner T, Gentile G-C (Hrsg) Corporate Volunteering. Unternehmen im Spannungsfeld von Effizienz und Ethik. Gabler Springer, Wiesbaden, S 143–154

Mutz G, Korfmacher S (2003) Sozialwissenschaftliche Dimensionen von Corporate Citizenship in Deutschland. In: Backhaus-Maul H, Brühl H (Hrsg) Bürgergesellschaft und Wirtschaft – zur neuen Rolle von Unternehmen. Deutsches Institut für Urbanistik, Berlin, S 45–62

do Paço A, Agostinha D, Nave A (2013) Corporate versus non-profit volunteering – do the volunteers' motivations significantly differ? Int Rev Public Nonprofit Mark 10(3):221–233

Pinter A (2008) Corporate Volunteering als Instrument zur strategischen Implementierung von Corporate Social Responsibility. In: Müller M, Schaltegger S (Hrsg) Corporate Social Responsibility. Trend oder Modeerscheinung? oekom, München, S 193–209

Plewa C, Conduit J, Quester PG, Johnson C (2015) The impact of corporate volunteering on CSR image: a consumer perspective. J Bus Ethics 127(3):643–659

Przybylski J (2013) GEMEINSAM STARK. Ratgeber für wirkungsvolles Corporate Volunteering in Unternehmen. Berlin: PHINEO gAG. www.phineo.org/downloads/PHINEO_Ratgeber_Corporate_Volunteering.pdf. Zugegriffen: 24. Mai 2017

Rodell JB, Breitsohl H, Schröder M, Keating DJ (2016) Employee volunteering. A review and framework for future research. J Manage 42(1):55–84

Samuel O, Wolf P, Schilling A (2013) Corporate volunteering: benefits and challenges for nonprofits. Nonprofit Manag Leadersh 24(2):163–179

Schäfer CK (2009) Corporate Volunteering und professionelles Freiwilligen-Management. Eine organisationssoziologische Betrachtung. VS, Wiesbaden

Schaltegger S (2011a) Von CSR zu Corporate Sustainability. In: Sandberg B, Lederer K (Hrsg) Corporate Social Responsibility in kommunalen Unternehmen. Wirtschaftliche Betätigung zwischen öffentlichem Auftrag und gesellschaftlicher Verantwortung. VS, Springer, Wiesbaden, S 187–199

Schaltegger S (2011b) Centre for sustainability management: philantropie vs. business case for sustainability. In: AmCham Germany, F.A.Z. Institut (Hrsg) Corporate Responsibilty 2011, Corporate Volunteering – Freiwilliges Engagement von Unternehmen und Gesellschaft. ACC Verlag, Frankfurt am Main, S 22–26

Schaltegger S, Burritt R (2005) Corporate sustainability. In: Folmer H, Tietenberg T (Hrsg) The international yearbook of environmental and resource economics 2005/2006, a survey of current issues. Edward Elgar, Cheltenham, S 185–222

Schaltegger S, Hörisch J, Windolph SE, Harms D (2012) Praxisstand und Fortschritt des Nachhaltigkeitsmanagements in den größten Unternehmen Deutschlands. Lüneburg: Center for Corporate

Sustainability Management. www2.leuphana.de/csm/CorporateSustainabilityBarometer2012.pdf. Zugegriffen: 24. Mai 2017

Schaltegger S, Harms D, Hörisch J, Windolph SE, Burritt R, Carter A, Truran S, Crutzen N, Ben Rhouma A, Csutora M, Tabi A, Kokubu K, Kitada H, Haider MB, Kim J-D, Lee K-H, Moneva JM, Ortas E, Alvarez-Etxeberria I, Daub C, Schmidt J, Herzig C, Morelli J (2013) International corporate sustainability barometer. An empirical analysis in 11 countries. Lüneburg: center for corporate Sustainability management. www2.leuphana.de/csm/InternationalCorporateSustainabilityBarometer.pdf. Zugegriffen: 24. Mai 2017

van Schie S, Guentert ST, Wehner T (2011) No corporate volunteering without volunteers. Int J Bus Environ 4(2):121–132

van Schie S, Wehner T, Güntert ST (2012) Freiwilligenarbeit als Bürger oder Mitarbeitende: Das Gleiche in Grün? In: Wehner T, Gentile G-C (Hrsg) Corporate Volunteering. Unternehmen im Spannungsfeld von Effizienz und Ethik. Gabler Springer, Wiesbaden, S 67–78

Schöffmann D (2008) Corporate volunteering III. In: Habisch A, Schmidpeter R, Neureiter M (Hrsg) Handbuch Corporate Citizenship. Corporate Social Responsibility für Manager. Springer, Berlin Heidelberg, S 259–267

Schöneborn S (2015) Cui bono est? – Theorie und Empirie des Corporate Volunteering aus deutscher Perspektive. Universität Köln, Köln

Schröder T (2010) Betriebliche Weiterbildung als Beitrag für eine Corporate Social Responsibility. In: Theis F, Klein S (Hrsg) CSR-Bildung. Corporate Social Responsibility als Bildungsaufgabe in Schule, Universität und Weiterbildung. VS, GWV, Wiesbaden, S 162–174

Schunk S (2009) Unternehmensverantwortung und Kennzahlen. Bewertung und Darstellung von Corporate Citizenship-Maßnahmen. Metropolis, Marburg

Sheehy B (2015) Defining CSR: Problems and Solutions. J Bus Ethics 131(3):625–648

Siegmund K (2010) Corporate Volunteering in Partnerschaften – Zur Notwendigkeit eines Paradigmenwechsels aus NPO-Sicht. In: Klein S, Siegmund K (Hrsg) Partnerschaften von NGOs und Unternehmen. Chancen und Herausforderungen. VS, Springer, Wiesbaden, S 61–69

Siggelkow N (2002) Evolution toward Fit. Adm Sci Q 47(1):125–159

Wehner T, Gentile G-C (2012) Inhalt und Aufbau des Buches. In: Wehner T, Gentile G-C (Hrsg) Corporate Volunteering. Unternehmen im Spannungsfeld von Effizienz und Ethik. Gabler Springer, Wiesbaden, S 21–29

Wehner T, Gentile G-C, Güntert ST (2007) Bürgersinn. In: Moser K (Hrsg) Wirtschaftspsychologie. Springer, Heidelberg, S 337–355

Dr. Dorli Harms ist seit 2008 ist als wissenschaftliche Mitarbeiterin am Centre for Sustainability Management (CSM) der Leuphana Universität Lüneburg tätig und hat zu Interaktionsformen im Sustainable Supply Chain Management promoviert. Seit 2014 ist sie am CSM Studiengangskoordinatorin und Teamleiterin des berufsbegleitenden Weiterbildungsstudiengangs MBA Sustainability Management, des weltweit ersten MBA Studiengangs zu Nachhaltigkeitsmanagement. Zudem hat sie u.a. in Forschungsprojekten zur Umsetzung unternehmerischer Nachhaltigkeit sowie zu Konzepten und Instrumenten des Nachhaltigkeitsmanagements mitgearbeitet. Die Forschungsinteressen von Frau Harms liegen in den Bereichen Corporate Sustainability, CSR, Sustainable Supply Chain Management sowie Organisations- und Kompetenzentwicklung.

Vorausgegangen war ein Studium der Betriebswirtschaftslehre (Schwerpunkte Umweltmanagement und Wirtschaftliche Auslandsbeziehungen Spanisch) an der Leuphana Universität Lüneburg und der Universidad La Rioja (Spanien). Darüber hinaus verfügt sie aufgrund ihrer ursprünglich dualen Ausbildung an der Wirtschaftsakademie Hamburg und anschließenden Tätigkeiten in Dienstleistungs- und Industrieunternehmen über mehrjährige praktische Berufserfahrung.

CV for HR: Potentiale von Corporate Volunteering für das Humanressourcenmanagement

Mirjam Rossa und Jonathan Przybylski

1 *Corporate Volunteering* und Personalmanagement

Für die Attraktivität eines Arbeitgebers reichen Marketingmaßnahmen zur Stärkung des Employer Branding allein nicht mehr aus. Das tatsächliche Handeln – und damit die sozialen und gesellschaftlichen Aktivitäten – rücken zunehmend in den Fokus. Sinnstiftende, erfüllende Arbeitsinhalte, gesellschaftlich verantwortliches Agieren, eine ausgewogene Balance zwischen Arbeit und Privatleben sowie die Unterstützung des Privaten durch den Arbeitgeber sind heute wichtige Merkmale beliebter Arbeitgeber. Maßgeschneiderte und individuelle Lösungen – beispielsweise in Form eines lebensereignisorientierten Personalmanagements (Armutat et al. 2008) – sind gefordert.

Im Unternehmen sind es insbesondere die Personalabteilungen, die auf diese Herausforderungen reagieren müssen. Sie sind verantwortlich dafür, dass das Unternehmen als Arbeitgeber attraktiv ist und bleibt. Und dies sowohl für zukünftige als auch für aktuell Beschäftigte.

Das Instrument des *Corporate Volunteering* (CV) bietet dem Personalmanagement[1] eine zusätzliche Möglichkeit, einen wertvollen Beitrag zur unternehmerischen Performance und Arbeitgeberattraktivität zu leisten – und gleichzeitig eine Brücke zwischen Arbeitswelt und Gesellschaft zu schlagen. Der Perspektivwechsel, der im Umgang mit neuen Zielgruppen entsteht, oder die Übertragung der im Engagement erlernten Fähigkeiten auf den Arbeitskontext stehen exemplarisch für den möglichen Nutzen, den CV für die

[1] In diesem Artikel werden die Begriffe Personalmanagement und Human Ressource Management (HRM) synonym verwendet.

M. Rossa (✉)
Kurfürstenstraße 46, 53115 Bonn, Deutschland
E-Mail: mirjamrossa@gmail.com

J. Przybylski
Borsigstraße 29, 10115 Berlin, Deutschland

S. Dreesbach-Bundy und B. Scheck (Hrsg.), *CSR und Corporate Volunteering*,
Management-Reihe Corporate Social Responsibility,
https://doi.org/10.1007/978-3-662-54092-3_3

Personalentwicklung generieren kann. Im Folgenden soll daher gezeigt werden, warum Personalverantwortliche Corporate Volunteering nicht als reine Philanthropie, sondern als eine für die Personalentwicklung förderliche Maßnahme verstehen sollten.

1.1 Die Rolle der Personalmanagements im Unternehmen

Das Personalmanagement oder Human Ressource Management (HRM) ist die Funktion im Unternehmen, die auf den arbeitenden Menschen beziehungsweise die menschliche Arbeit fokussiert ist (Kolb et al. 2010, S. 3). Ihr Ziel ist es, „im Unternehmen eine Ausstattung mit Humanressourcen zu schaffen, die es ermöglicht, den gegenwärtigen und zukünftigen Problemstellungen und Anforderungen des Unternehmens gerecht zu werden" (Ringlstetter und Kaiser 2008, S. 3). Dabei geht es um alle Lebensphasen der Laufbahn eines Mitarbeiters: Von der Personalplanung über das Personalmarketing und die Auswahl zum *Onboarding*, also den ersten Monaten eines neuen Mitarbeiters im Unternehmen. In der Beschäftigungsphase im Unternehmen selbst stehen dann Gestaltungsfragen der Bindung und Motivation, des Performancemanagements und der Personalentwicklung im Vordergrund. Der Ausstieg – durch Freisetzung oder Rente – schließt den Lebenszyklus eines Beschäftigten im Unternehmen.

Damit hat das HRM eine hohe Relevanz für den Unternehmenserfolg – sofern es entsprechend strategisch ausgerichtet und in das Unternehmen eingebunden ist (Scholz 2013; Bartscher et al. 2012, S. 53). Als „Business Partner" (Ulrich 1997, S. 38) – so hat es David Ulrich bereits 1997 formuliert – stellt ein derartiges Personalmanagement sicher, dass die Beiträge der Mitarbeiter bezüglich ihrer Leistungsbereitschaft und Leistungsfähigkeit und somit ihr Beitrag zur Wettbewerbsfähigkeit des Unternehmens auf einem hohen Niveau bleiben (Ulrich et al. 2012).

In der Praxis wird die Ausübung dieser strategischen Rolle jedoch oftmals durch Kostendruck und die Dominanz administrativer Aufgaben konterkariert (Schwuchow 2013, S. 150). Eine solche Begrenzung der Personalfunktionen zeigt sich beispielsweise in klar abgegrenzten Funktionszuschnitten[2], die den Handlungsspielraum der Personalverantwortlichen mitunter erheblich einschränken.

So wird leicht nachvollziehbar, warum auch relevante Teilbereiche der unternehmerischen gesellschaftlichen Verantwortung – wie das CV – nur selten in das Blickfeld der Personalverantwortlichen gelangen, oder sogar strategisch dort verankert sind. Mit entsprechenden Freiräumen und einem Verständnis als Business Partner ließen sich im HRM jedoch zahlreiche positive Effekte durch CV-Maßnahmen generieren.

[2] Beispielsweise bei einem Outsourcing der Personalfunktionen in einem „Shared Service Center", oder einer Fokussierung auf strategische Einzelaufgaben in einem „Center of Excellence".

1.2 Nutzen von *Corporate Volunteering* aus der HRM-Perspektive

Bislang sehen Unternehmen im Instrument CV vornehmlich einen Beitrag ihrer gesellschaftlichen Verantwortung. Diese richtet sich zumeist *nach außen*, auf die Umwelt des Unternehmens und die Gesellschaft. Tatsächlich lassen sich zahlreiche positive Effekte von CV-Maßnahmen nachweisen, die auf das Unternehmen und dessen Rolle und Sichtbarkeit in der Gesellschaft einzahlen: Häufig wird in diesem Zusammenhang der *Imagegewinn* (Blohm 2010; Caudron 1994; Hoeffler und Keller 2002; Laabs 1993; Miller 1997; Peloza und Hassay 2006) genannt, der gleichzeitig positiv auf die Gewinnung neuer Mitarbeiter oder die Kundenbindung wirken kann (Maignan 2001; Marin et al. 2009; Vock et al. 2014). Auch zahlt dieser Imagegewinn durch CV auf den finanziellen Erfolg von Unternehmen ein (Carroll und Buchholtz 2000; Coldwell 2001; Preston und O'Bannon 1997). Weitere Studien bestätigen, dass sektorenübergreifende Kooperationen (zu denen CV gehört) *neues Sozialkapital* entstehen lassen (Haski-Leventhal et al. 2010; Muthuri et al. 2009; Schwarz 2013) und Unternehmen den Zugang zu Netzwerken (z. B. zur lokalen Politik) erleichtern oder ermöglichen können (Pearce und Doh 2005; Seitanidi und Lindgreen 2010; Seitanidi 2010). Die durch CV-Maßnahmen gestärkte Bindung zum Unternehmensumfeld kann die Marktintelligenz des Unternehmens ausweiten und Innovation und Entwicklung vorantreiben (Googins und Rochlin 2000; Milne et al. 1996). Letztlich wird so die *Wettbewerbsfähigkeit* des Unternehmens gestärkt (Porter und Kramer 2002).

Daneben wirken CV-Maßnahmen in erheblichem Maße auch *nach innen* – auf die Unternehmenskultur und die Beschäftigten selbst. Mit dem Satz „We were searching for employees, but people turned up instead" (Roddick 2000, S. 55) deutet die Gründerin von The Body Shop, Anita Roddick, an, worum es geht. Die unternehmerische Verantwortung, die in die Gesellschaft wirken soll, hat ebenfalls Einfluss auf die Haltungen, Einstellungen sowie die Kompetenzen und Fähigkeiten der Mitarbeiter im Unternehmen selbst. Diese Effekte werden leicht übersehen, lassen sich aber ebenso über wissenschaftliche Forschung belegen. Insbesondere zwei Dimensionen stehen dabei im Vordergrund, die die meisten Effekte subsumieren und die in ihrem Zusammenspiel über die Qualität der Arbeitsleistung von Mitarbeit entscheiden: Die Qualifikation, bestehend aus den *Kompetenzen und Fähigkeiten sowie dem Wissen des Mitarbeiters* einerseits sowie dessen *Arbeitsmotivation und Einstellungen* andererseits (Ringlstetter und Kaiser 2008, S. 8). Beides soll im Folgenden ausführlicher erläutert werden.

Steigerung von Qualifikation

CV-Maßnahmen bringen den Teilnehmer aus seinem Arbeitskontext heraus und – üblicherweise – mit Menschen in Kontakt, die sich für die Verbesserung einer gesellschaftlichen Situation einsetzen. Dabei erleben sie ein anderes Umfeld und andere Rahmen- und Arbeitsbedingungen. Bereits diese Möglichkeit zum Perspektivwechsel stellt einen Mehrwert dar (Drexler und Endres 2007; Pless et al. 2011). Studien bestätigen, dass in den informellen Lernkontexten des CV – Lernen steht selten formal im Mittelpunkt solcher

Maßnahmen – verschiedene *berufsrelevante Kompetenzen* (Booth et al. 2009; Geroy et al. 2000; Peterson 2004), darunter kommunikative (Booth et al. 2009) und weitere interpersonelle (Booth et al. 2009; Glomb et al. 2011) Kompetenzen, gefördert werden. Finden die CV-Maßnahmen in einem internationalen Umfeld statt, kommt es zusätzlich zu einem Ausbau der interkulturellen Kompetenz (Hamm 2009; Marquis und Kanter 2010; Pless et al. 2011).

Für das kollegiale Miteinander und das *Arbeiten in Teams* bieten CV-Settings, die im Team stattfinden wie *Social Days*, praktische Lernerfahrungen. Sie unterstützen die Wertschätzung der kollegialen Zusammenarbeit und können damit deren Qualität erhöhen (Fifka 2011, S. 62; Marquis und Kanter 2010; Muthuri et al. 2009, S. 82 f.; Habisch 2006; Hamm 2009; Peterson 2004; Pless et al. 2011; Schöffmann 2008). Der dortige Aufbau von Gemeinschaftsgefühl und gegenseitigem Vertrauen hilft dabei, mögliche Teamkonflikte zu überwinden, die einem produktiven Arbeiten im Weg stehen (Kolb et al. 2010).

Da die im CV gemachten Erfahrungen nicht in Trainingssituationen, sondern im echten Leben stattfinden, werden die Teilnehmer dort mitunter mit Erlebnissen konfrontiert, die zur Entwicklung ihrer Persönlichkeit beitragen (Bhattacharya und Sankar 2004; Hamm 2009; Marquis und Kanter 2010; Pless et al. 2011). Ist das CV-Format so gewählt, dass es Führungserfahrungen der Teilnehmer ermöglicht, können *relevante Führungskompetenzen* ausgebaut werden (Deloitte 2013; Hamm 2009; Laabs 1993; Marquis und Kanter 2010). Hierzu zählen Forscher explizit die Erhöhung des moralischen Führungsverhaltens (Blohm 2010; Pless et al. 2011) beziehungsweise „ethical literacy" (Pless et al. 2011).

Ein Ausbau der erwähnten Kompetenzen und Fähigkeiten sowie die praktischen Lernerfahrungen machen den „instrumentellen Mehrwert" des CV für die teilnehmenden Mitarbeitenden aus (Austin und Seitanidi 2012, S. 948). Er führt potenziell zur Erhöhung der Leistungsfähigkeit der Beschäftigten – und deren *Employability*.

Arbeitsmotivation und Einstellungen

Der Einsatz für die Gesellschaft ist mit einem hohen moralischen Wert unterlegt. Durch sinnstiftende Arbeit – und deren Ermöglichung durch das Unternehmen – kann ein emotionaler oder psychologischer Mehrwert für die Teilnehmer geschaffen (ebd.) und damit ein Bereich angesprochen werden, der von hoher Relevanz für Arbeitgeber ist: die *Leistungsbereitschaft der Arbeitnehmer*.

Verschiedene Studien konnten für zahlreiche Aspekte dieser Leistungsbereitschaft positive Auswirkungen von CV-Maßnahmen feststellen (Abb. 1), so z. B. auf die (Arbeits-) Motivation (Bartel 2001; Googins und Rochlin 2000; Jones 2010; Pearce und Doh 2005), die Einstellung zur Arbeit (Caudron 1994; Laabs 1993; Miller 1997) beziehungsweise die Arbeitszufriedenheit (Brenner 2010; Tuffrey 1997; Valentine und Fleischman 2008). Einher gehen eine stärkere Identifikation mit dem Unternehmen (Bartel 2001; Habisch 2006, S. 233; Jones 2010) und ein erhöhtes Engagement dafür (Caligiuri et al. 2012; Hamm 2009; Marquis und Kanter 2010; Gilder et al. 2005; Jones 2010). Auch wächst die Loyalität gegenüber dem Arbeitgeber (Gilder et al. 2005; Kim et al. 2010; Peterson 2004). HRM kann CV also gezielt als Retentionsmaßnahme für wertvolle Mitarbeitende nutzen (Bhat-

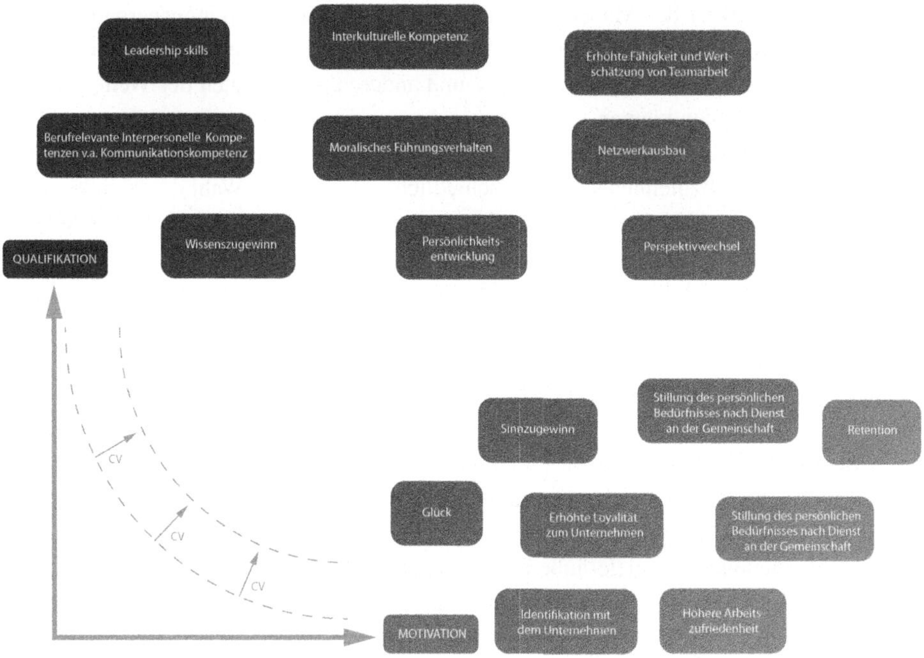

Abb. 1 Leistungssteigerung durch *Corporate Volunteering*. (Quelle: Eigene Darstellung in Anlehnung an Ringlstetter und Kaiser 2008, S. 8. Technische Unterstützung bei der Erstellung der Grafik durch Elena Tschaffon, hallo@elenarakete.de)

tacharya et al. 2008; Booth et al. 2009; Brenner 2010; Carroll und Buchholtz 2000; Hamm 2009; Jones 2010; Marquis und Kanter 2010).

Zusätzlich können die Teilnehmer mitunter sehr persönliche Gewinne aus dem Engagement ziehen, sei es der Zugewinn an Sinn (Lorenz et al. 2012; Pajo und Lee 2011) oder Glück (Frey 2008, S. 79 ff.). Ein Mehrwert entsteht für das Unternehmen dabei v. a. dann, wenn die durch CV erhöhte Motivation in die Kernarbeit übertragen wird und dort zu einer besseren Arbeitsleistung führt (Bartel 2001; Jones 2010). Ebenso kann dies der Fall sein, wenn die Begeisterung der Mitarbeiter für das Unternehmen eine positive Auswirkung auf Kunden hat (Kolk et al. 2010; Vock et al. 2014).

1.3 Vom transaktionalen zum transformationalen *Corporate Volunteering*

Das Eintreten dieser positiven Wirkungen des CV ist allerdings nicht voraussetzungsfrei: Bereits im Begriff „Corporate Volunteering" zeigt sich das Spannungsfeld zwischen Freiwilligkeit („Volunteering") und Ergebnisoffenheit einerseits und Personalmaßnahme andererseits („Corporate", das hier sinnbildlich für den unternehmerischen Nutzen und die

Plan- und Messbarkeit der Maßnahmeneffekte steht). Dieses Spannungsverhältnis lässt sich nicht auflösen, sondern muss durch HRM passend ausbalanciert werden – beispielsweise, in dem die Mitarbeiter zwischen CV und anderen Maßnahmen der Weiterbildung gleichberechtigt wählen können.

Ebenso können die Motive des Mitarbeiters, an einer CV-Maßnahme teilzunehmen oder diese bewusst abzulehnen sehr unterschiedlich sein: Von der Wahl des Tätigkeitsfeldes, über die Art der Tätigkeit, über den Zeitpunkt (z. B. als Möglichkeit, neue Kollegen nach einem Standortwechsel kennenzulernen), zur Vorbereitung auf den Übergang in den Ruhestand, zur Weiterbildung oder als Chance, Führungsfähigkeiten zu trainieren. Die Palette der Gründe ist breit. Grundsätzlich zeigt sich, dass das Engagement maßgeblich durch den Wunsch nach Selbstbestimmung und von individuellen Werten beeinflusst wird. Es muss zum jeweiligen Teilnehmer passen und diesem Sinn stiften.

Für das HRM bedeutet das: Eine Einordnung in klassische Weiterbildungskataloge – mit dem Anspruch einer vergleich- und wiederholbaren Überprüfbarkeit – ist wenig erfolgversprechend. Ob ein CV-Programm beispielsweise bei einer zweiten Durchführung die gleichen Effekte aufweist, ist kaum vorhersehbar – zu individuell sind die Erfahrungen des Engagements, zu viele äußere und wenig planbare Einflüsse wirken beim CV. Schließlich hängt der Erfolg einer CV-Maßnahme auch entscheidend von der Qualität der Kooperation mit der durchführenden Partnerorganisation aus der Zivilgesellschaft oder der entsprechenden Mittlerorganisation ab. Hier kann die Begleitung durch einen professionellen HRM-Trainer mit CV-Erfahrung qualitätssichernd wirken.

Weitergehend: Ein CV im transaktionalen Führungsverständnis im Sinne eines Austausches von Leistung und Gegenleistung[3] verkennt den eigentlichen Charakter des Instruments – und insbesondere den der Menschen, die das Engagement ausüben sollen. Vielmehr braucht es ein „transformationales Volunteering" (Cohen 2010, S. 231), das die Veränderungen in der Haltung, der Einstellung und den Kompetenzen der Volunteers positiv aufgreift und wertschätzt. Dieses durch und durch positive Menschenbild verlangt nach einer Unternehmenskultur, für die das HRM den passenden Nährboden bereiten kann. So verstanden ist CV weit mehr als Philanthropie: es ist die Befähigung von Menschen (im Unternehmen) zu aktiven Bürgern in ihrer Community bzw. in der Gesellschaft. Und damit auch zu aktiveren Unternehmensbürgern (Cohen 2010, S. 215)

2 *Corporate-Volunteering-Formate* im HRM-Lifecycle

Betrachten wir CV als Erweiterung der Toolbox des HRM so können unterschiedliche CV-Maßnahmen komplementär zu den bestehenden Formaten der Aus- und Weiterbildung (Kolb et al. 2010, S. 491 ff; Scholz 2011, S. 353) Anwendung finden. Dabei kann CV das Angebot traditioneller HRM-Maßnahmen in allen Lebensphasen eines Mitarbeiters und

[3] Zum Beispiel das Geben von Zeitstunden gegenüber dem Reputationsgewinn oder das Streichen einer Kita-Wand gegenüber dem Gewinn an Spaß.

Personalfunktionen im Unternehmen unterstützen. Eine erste, einfache Unterscheidung lässt sich anhand des Zeitpunktes, an dem sich Mitarbeiter im Unternehmen befinden, vornehmen: Zunächst sind dies die Tätigkeiten, die zu einer Beschäftigung hinführen „into-the-job" (Kolb et al. 2010, S. 491; Scholz 2011, S. 352) wie Rekrutierung, Ausbildung und weitere. Sobald Mitarbeiter dann Teil der Stammbelegschaft sind, bieten sich weitere Möglichkeiten der Personalentwicklung „along-the-job" (Scholz 2011, S. 352) an. Abschließend bleibt noch das vom Unternehmen wegführende Training „out-of-the-job" (Kolb et al. 2010, S. 507) zu erwähnen. Hier wird auf das Verlassen des Unternehmens – sei es durch einen Jobwechsel oder den Eintritt in den Ruhestand – vorbereitet (Scholz 2011, S. 351). CV kann an allen drei Stationen das Angebot traditioneller HRM-Maßnahmen unterstützen. Im Folgenden wird exemplarisch auf einige mögliche Ausprägungen entlang dieser Stationen eingegangen.

2.1 *Into-the-job*: *Corporate Volunteering* in der Werbung, Rekrutierung und Auswahl von Personal

Im begrifflichen Verständnis des CV handelt es sich um Maßnahmen, in denen sich Mitarbeiter über den Rahmen ihrer betrieblichen Tätigkeiten hinaus gesellschaftlich engagieren. Streng genommen fallen Aktivitäten, die im Bereich des Personalmarketings beziehungsweise der Rekrutierung liegen, nicht unter diese Definition. Dennoch bestehen für das HRM Anknüpfungspunkte.

Eine Vielzahl von Studien und Trendforschungen kommen zu dem Schluss, dass interessante Aufgaben und ein gutes Betriebsklima (Hays 2016, S. 3) sowie sinnstiftende Arbeit und die Übernahme gesellschaftlicher Verantwortung für die Auswahl des Arbeitgebers insbesondere bei jüngeren Menschen eine immer wichtiger werdende Rolle spielen (s. o.).

Für den Rekrutierungsprozess im Kampf um junge Talente bedeutet dies: Für ein gutes *Employer Branding* gehört das Angebot gesellschaftlichen Engagements dazu. Zahlreiche Unternehmen kooperieren bereits mit Hochschulen und Schulen, um die nachfolgende Talentgeneration möglichst frühzeitig zu erkennen und anzusprechen. Dabei lohnt sich der Blick in universitäre Freiwilligenprogramme. Teilnehmer dieser Angebote bringen gleich die geforderten Fähigkeiten und Kompetenzen von Projektmanagementskills über Kommunikationsstärke bis zu ersten Führungserfahrungen mit. Die studentische Organisation „RockYourLife!" beispielsweise bietet bundesweit Mentorenprogramme für Studierende an. Ein ungeahnter Talentepool. Auch Teachfirst sucht an den Hochschulen nach *High Potentials*, die zunächst an Brennpunktschulen unterrichten, bevor sie dann in ihre eigentlichen Berufe gehen. Auch hier werden bereits die in Unternehmen dringend benötigten Kompetenzen erworben.

Bei der Personalauswahl können Bewerber und Mitarbeiter sich – z. B. im Rahmen eines *Social Days* – bereits vor dem Einstieg ins Unternehmen kennenlernen. Die potenziellen neuen Beschäftigten lassen sich in einem ungewohnten Umfeld testen, etwa auch, ob sie zu den bestehenden Teams passen. Gerade niedrigschwellige CV-Maßnahmen können dazu geeignet sein, andere Seiten eines Bewerbers als im Vorstellungsgespräch oder Assessmentcenter zu erfahren.

Vielfach klagen Unternehmen darüber, dass sie immer weniger und auch oft nicht ausreichend qualifizierte Jugendliche als Bewerber für ihre Ausbildungsplätze finden. Gerade die informellen Lernkontexte des CV sind dazu geeignet, Jugendliche in der Entwicklung ihrer Schlüsselkompetenzen zu unterstützen. Die Heidelberger Druckmaschinen AG beispielsweise hat versuchsweise jungen Azubis ermöglicht, sich in einem Hospiz für Demenzerkrankte zu engagieren. Die Idee: Nicht nur die technische Ausbildung an der Maschine ist wichtig. Im Kunden- oder Kollegenkontakt spielen Kommunikationsfähigkeit, Empathie und die Übernahme anderer Perspektiven eine entscheidende Rolle. Skills, die im Engagement trainiert werden konnten.

2.2 *Along-the-job*: *Corporate Volunteering* in der Qualifikation und Motivation von Mitarbeitern

CV kann die Leistungsfähigkeit und Leistungsbereitschaft von Mitarbeitern im Unternehmen stärken (s. o.). Als Anknüpfungspunkte für das HRM bieten sich hierzu Maßnahmen an, die entweder Kompetenzen und Fähigkeiten entwickeln oder motivierend wirken.

CV in der Mitarbeiterqualifikation

Wie bei jeder qualifizierenden Maßnahme der Personalentwicklung, sollte auch bei CV, das auf die Steigerung von Kompetenzen oder Wissen der teilnehmenden Mitarbeiter ausgelegt ist, der Einsatz gut geplant, begleitet und nachbereitet werden. Jede CV-Maßnahme in diesem Bereich beginnt daher idealerweise mit einer Bedarfsanalyse, der „training needs analysis" (Salas et al. 2012, S. 80). Diese beinhaltet für jeden Teilnehmer eine Erfassung seiner Tätigkeiten und ihres spezifischen Qualifikationsprofils, die „job-task analysis", die spezifischen Bedürfnisse des Unternehmens, die „organization analysis", sowie die Erstellung eines Persönlichkeits- und Erwartungsprofils, die „person analysis" (ebd., S. 80 ff.). Anhand der Ergebnisse einer solchen Bedarfsanalyse können die zu erwartenden Lerneffekte, die konkrete Ausgestaltung und Durchführung der Trainingsmaßnahme, die Form der Trainingsevaluation sowie der Einfluss der betrieblichen Spezifika auf die Trainingseffektivität im Vorfeld besser benannt und gesteuert werden (ebd., S. 80). Zu einer professionellen Begleitung gehört es auch, den Teilnehmer auf die Spezifika und Herausforderungen des Einsatzes vorzubereiten. So kann beispielsweise der Umgang mit kranken oder sterbenden Menschen – etwa in einem Hospiz – psychisch heraus- oder sogar überfordernd sein. Reflexionsrunden während und nach der Maßnahme stellen sicher, dass Belastungen erkannt und bearbeitet und das Engagement erfolgreich durchgeführt werden kann. Darüber unterstützt dieser Austausch – beispielsweise durchgeführt von einem Coach – den Transfer des Erlernten an den Arbeitsplatz.

CV bietet beim *Erwerb von Kompetenzen und Wissen* verschiedene Vorteile gegenüber klassischen Maßnahmen der Personalentwicklung und Mitarbeiterförderung. Der *Lerntransfer* wird hier dadurch gefördert, dass die Teilnehmer in authentischen Situationen arbeiten und mit komplexen Herausforderungen konfrontiert sind (Blohm 2010, S. 69; Prenzel und Mandl 1993), für die sie notwendigerweise direkt, schnell und pragmatisch adäquate Strategien und Lösungen finden müssen. Dadurch kann es zu Lerneffekten kommen, die dann durch Reflexion und Evaluation des persönlichen Problemlösungsverhaltens als erweitertes Können und Wissen für die Arbeit im Unternehmen zur Verfügung stehen (Blohm 2010, S. 69 ff.).

Diesen Mechanismus nutzen bereits viele Unternehmen, die CV-Formate gezielt zur Förderung der individuellen Stärken und Potenziale ihrer Mitarbeiter einsetzen. So entsendet beispielsweise IBM seit 2008 im Rahmen des Programms *Corporate Service Corps* Fachkräfte in Projekte in Schwellen- und Entwicklungsländer (Marquis und Kanter 2010, S. 1; Hamm 2009, Schwuchow 2013, S. 157). Die international zusammengesetzten Teams begleiten dort Projekte von sozialen Organisationen, Initiativen, Sozialunternehmern oder NGOs. Die Teilnehmer werden von dem Unternehmen vor, während und nach dem Einsatz begleitet und unterstützt. IBM zielt mit dem Programm auf die Entwicklung von Führungskompetenzen ab, die im Projekt erlernt werden sollen. Die Fachkräfte sind gefordert, in einem anderen Land in kurzer Zeit effektiv in multinational besetzten Teams zusammenzuarbeiten. Dabei testen sie ihre Fähigkeiten außerhalb ihrer Kerntätigkeit und außerhalb ihres Sektors und erhalten dafür fachliches und verhaltensbezogenes Feedback. Das Programm wurde mittlerweile umfassend evaluiert und konnte bei den Teilnehmern Verbesserungen in den Bereichen Führungskompetenzen, interkulturelle Kompetenz, Teamfähigkeit sowie der Fähigkeit zum innovativen Denken nachweisen. Auch die Bindung an das Unternehmen wurde gestärkt (Marquis und Kanter 2010).

Viele weitere Unternehmen haben für sich erkannt, dass sie alternative Wege in der Entwicklung ihrer *High Potentials* brauchen und dass Führungskräfte die größten Lernerfolge dann verzeichnen, wenn man sie mit herausfordernden Aufgaben konfrontiert (Quinones et al. 1995). Daher können insbesondere kompetenzbasierte CV-Maßnahmen – auch *skills-based volunteering* oder *skilled volunteering* genannt – eine interessante Erweiterung des Maßnahmenportfolios der Entwicklung von Führungskräften darstellen. *The Ulysses Experience* von PricewaterhouseCoopers (Habisch 2006, S. 231; Pless et al. 2011) oder *Global Health Fellows* von Pfizer (Pfizer Inc. 2015; Allen et al. 2011, S. 60 ff.; Scott et al. 2010; Vian et al. 2007) sind weitere Beispiele dafür, wie solche innovativen Programme durch international tätige Großunternehmen genutzt werden. Sie sind in die Weiterbildungsportfolios ihrer Unternehmen eingebettet und stellen so den strategischen Anschluss an die unternehmerischen Ziele her (Blohm 2010, S. 63).

CV in der Mitarbeitermotivation

Neben der Förderung der Leistungsfähigkeit hat CV das Potenzial, positiv auf *Einstellungen und Motivation* der teilnehmenden Mitarbeiter zu wirken. Es eröffnet ihnen komplementäre Lern- und Erfahrungsräume und trägt dazu bei, persönliche Ausgeglichenheit sowie ein verbessertes Selbst- und Umweltverhältnis zu erfahren (Habisch 2006, S. 225). Dahinter liegt die Annahme, dass – ähnlich wie bei Auslandseinsätzen, die zu einer stärkeren Bindung von Mitarbeitern an das Unternehmen führen können – das Engagement die eigene Tätigkeit für das Unternehmen als interessanter und abwechslungsreicher wahrnehmen lässt und so zu einem „job enrichment" führt (Scholz 2011, S. 466). Die im Zusammenhang mit privater Freiwilligenarbeit gewonnenen Erkenntnisse lassen hier auf eine Verbindung zwischen Lebenszufriedenheit und beruflicher Leistungsfähigkeit schließen (Habisch 2006, S. 232 f.)

Das HRM kann CV-Programme gezielt als Belohnung für wertvolle Mitarbeiter einsetzen, beispielsweise für Führungskräfte, die viele Jahre Verantwortung übernommen haben und die auf diesem Weg Anerkennung für ihre bisherige Leistung für das Unternehmen erhalten. Eine derartige, nicht auf eine konkrete Einzelleistung bezogene Belohnung kann die intrinsische Motivation steigern und sich – als Übertragungseffekt beziehungsweise „spill-over" (Wehner und Gentile 2012, S. 77) – wiederrum positiv auf die Arbeitsleistung des Beschäftigten in seiner Kerntätigkeit auswirken.

Beispielhaft lassen sich hier die Ergebnisse aus dem Programm *Partners in Leadership* aufführen. Hier geben Unternehmen wie Deutsche Bank, KPMG und Aurubis ausgewählten Führungskräften die Möglichkeit, sich in einer einjährigen Partnerschaft auf Augenhöhe regelmäßig mit dem Leiter einer öffentlichen Schule über das Thema Mitarbeiterführung und angrenzende Bereiche auszutauschen. Die Mehrzahl der Teilnehmer empfindet die Programmteilnahme als persönliche Bereicherung und ist dem Unternehmen dankbar für die Möglichkeit und die vielfältige Unterstützung des Engagements. Stolz auf den gesellschaftlichen Einsatz des eigenen Unternehmens kommt auf. Die an den Schulen erfahrene direkte Anerkennung und Wertschätzung wird als motivationssteigernd wahrgenommen (Rossa 2016, S. 169 f.)

Das CV größerer Gruppen, beispielsweise einer ganzen Abteilung im Rahmen eines *Social Days*, bietet das Potenzial, die Stimmung der Belegschaft zu verbessern. Beim gemeinsamen Bau eines Spielplatzes, dem Renovieren einer Sozialeinrichtung oder dem Tagesausflug mit einer Gruppe körperbehinderter Heimbewohner erleben die Mitarbeiter ihre Kollegen in neuem Licht. Ähnlich wie bei einem Betriebsausflug ergeben sich neue Gespräche, bisher unbekannte Fähigkeiten werden entdeckt, Bekanntschaften und Freundschaften geschlossen oder vertieft. Zusätzlich zum gestärkten Zusammenhalt der Gruppe kann durch die Abwechslung vom Arbeitsalltag sowie durch die konkrete Bewältigung einer gemeinnützig relevanten, sinnvollen Aufgabe der einzelne Mitarbeiter einen Motivationsschub erfahren, der sich auch in den Arbeitsalltag überträgt.

Wird die Tätigkeit von den Mitarbeitern als gesellschaftlich relevant und sinnvoll angesehen, wird der Anstoß dazu positiv mit dem Unternehmen in Verbindung gebracht. Die Identifikation steigt. Dies gilt mitunter auch für Mitarbeiter, die nicht selbst an dem Engagement teilgenommen haben, aber von den positiven und schönen Erlebnissen ihrer Kollegen erzählt bekommen. Der Auswahl des Engagementeinsatzes kommt damit eine erhebliche Bedeutung zu. Für das HRM ist dies oft eine große Hürde, da das Wissen um gute Engagementprojekte fehlt. Ein erster Schritt könnte daher eine Befragung der Belegschaft beziehungsweise die Beteiligung der Mitarbeiter an der Projektauswahl sein.

Das sehr geläufige Format eines *Social Days* wird von vielen Unternehmen genutzt, beispielsweise von GlaxoSmithKline. Im Rahmen des *Orange Day* leisten mehrere Hundert Innendienstmitarbeiter praktische Hilfe für gemeinnützige Organisationen im Form von Renovierungs- oder Reinigungsarbeiten oder nehmen an Ausflügen mit und Besuchen von Personen aus sozialen Randgruppen teil. Ziel ist die punktuelle Unterstützung von gemeinnützigen Organisationen im lokalen Umfeld des Standorts der jeweiligen Niederlassung. Außerdem sollen außergewöhnliche Erlebnisse und Begegnungen für die Mitarbeiter ermöglicht werden (GlaxoSmithKline 2017).

2.3 *Out-of-the-job*: *Corporate Volunteering* im Übergang vom Erwerbsleben in den Ruhestand

Auch für ältere Beschäftigte – selbst für Pensionäre – kann CV sinnstiftend eingesetzt werden. Der demografische Wandel trägt dazu bei, dass Personalverantwortliche mit alternden Belegschaften und einer Generationenvielfalt im Unternehmen umgehen müssen. Die Potenziale der Älteren werden dabei nur selten wahrgenommen, noch seltener wertgeschätzt und in unzureichendem Maße genutzt (Bertelsmann Stiftung und Phineo 2012).

Dabei verspricht insbesondere der Wissenstransfer zu Jüngeren durch den Aufbau altersgemischter Teams oder durch Mentorenansätze hohes Potenzial. CV-Formate können diesen unterstützen und einüben. Ältere Beschäftigte erfahren hier, was es heißt, Wissen an Jüngere weiterzugeben und können dies im Unternehmen zielführender und sinnstiftender einbringen.

Gerade Ältere, die bislang wenige Berührungspunkte mit Volunteering hatten, können positiv irritiert und motiviert werden. Durch die ihnen unbekannten Formen des Lernens werden Lernentwöhnung und Monotonie des üblichen Weiterbildungskatalogs überwunden und Veränderungs- und Innovationskompetenz erhalten.

Ein gutes Beispiel dafür, wie die Einbindung von Pensionären in CV-Programme auf die Reputation eines Unternehmens einzahlen kann, ist die Allianz SE: Sie kooperiert mit dem gemeinnützigen Verein startsocial e. V., der soziale Projekte durch die Einbindung ehrenamtlicher Coaches unterstützt. Dabei können auch explizit bereits ausgeschiedene Mitarbeiter des Unternehmens teilnehmen. Dieses reagiert damit auf deren hohe Nachfrage und schafft eine Brücke in die Nacherwerbsphase. Ehemalige werden weiterhin als „Allianzer“ wahrgenommen und tragen mit ihrem Engagement nicht unerheblich zu einem positiven Reputationseffekt bei. In eine ähnliche Kerbe schlägt auch „Zeit für Neues“, ein Angebot der Freiwilligenagenturen in Berlin, Köln und Essen: Hier bietet ein externer Dienstleister Möglichkeiten zum Engagement in sozialen Organisationen für die älteren Beschäftigten an. Das Versprechen: Durch die Vermittlung des Gefühls, gebraucht zu werden, können auch neue Perspektiven und Motivation entstehen und Übergänge in die Nacherwerbszeit flexibler gestaltet werden.

3 Conclusio & Ausblick

Gesellschaftliches Engagement von Unternehmen, das die Mitarbeiter einbindet, wirkt nicht nur nach außen in die Gesellschaft, sondern hat automatisch Einfluss auf die Beschäftigten und das Unternehmen selbst. Dabei bieten sich Chancen insbesondere im Hinblick auf die Qualifizierung und Bindung wichtiger Beschäftigtengruppen – und zwar in allen Phasen, in denen Menschen mit dem Unternehmen in Beziehung treten.

Es ist daher erstaunlich, dass Personalverantwortliche – deren Kernaufgabe im Erhalt und der Steigerung von Leistungsfähigkeit und Leistungsbereitschaft der Mitarbeiter liegt – nur selten um diese Effekte wissen, sie in ihrer Arbeit berücksichtigen oder – idealerweise – damit strategisch planen. Viel spricht deshalb dafür, CV stärker in die personalpolitischen Überlegungen einzubeziehen und strategisch an den Unternehmenszielen auszurichten. Aber: Das Instrument ist kein kostengünstiger Ersatz für andere Maßnahmen der Personalentwicklung, sondern vielmehr eine wirkungsvolle Ergänzung. Seine besonderen Anforderungen machen es zugleich voraussetzungs- wie kraftvoll.

Der Einsatz von CV im Personalmanagement setzt Offenheit der Verantwortlichen und der Teilnehmer voraus – für den Prozess und für das Ergebnis. Damit kann und muss die Erwartungshaltung eine andere sein, als man sie möglicherweise an andere, leichter messbare Weiterbildungsseminare legen könnte.

Die Freiwilligkeit als Kernelement des CV ist nur schwer mit einer Einordnung in feste Weiterbildungs- oder Teameventkataloge vereinbar. Daher ist auch nicht davon auszugehen, dass mit dem CV alle Mitarbeiter erreicht werden können. Ähnlich wie bei traditionellen Maßnahmen der Personalentwicklung profitieren vornehmlich diejenigen, die Offenheit, Lernbereitschaft und -interesse mitbringen. Also diejenigen, die für das Lernen und den Lerntransfer zurück ins Unternehmen die notwendige Disposition bereits aufzeigen (Rossa 2016, S. 177 ff.)

Das Instrument CV verlangt nach Kommunikation, Überzeugung und Austausch – zwischen den Abteilungen, mit den Führungskräften und mit den Beschäftigten selbst. Damit zeigt das Instrument aber auch seine wahre Stärke: Es verbindet die Menschen im Unternehmen miteinander und mit der Gesellschaft außerhalb des Unternehmens. Es öffnet das Unternehmen für gesellschaftliche Fragestellungen, Ideen und Perspektiven. Und entwickelt nebenbei die Beschäftigten zu mündigen und wachen Unternehmensbürgern.

Literatur

Allen K, Galiano M, Hayes S (2011) Global companies volunteering globally: The final report of the Global Corporate Volunteering Research Project

Armutat et al (2008) Lebensereignisorientiertes Personalmanagement –Eine Antwort auf die demografische Herausforderung. DGFP Praxis Edition, Gütersloh

Austin JE, Seitanidi MM (2012) Collaborative value creation: a review of partnering between Nonprofits and businesses. part 2: partnership processes and outcomes. Nonprofit Volunt Sect Q 41(6):929–968

Bartel CA (2001) Social comparison in boundary-spanning work: Effects of community outreach on members' identity and identification. Adm Sci Quaterly 46:379–413

Bartscher T, Stöckel J, Träger T (2012) Grundlagen Personalmanagement. Theoretische Konzepte und praktische Anwendung, 1. Aufl. Pearson Studium, München. (Imprint von Pearson Deutschland (Pearson Studium – Economic BWL))

Bertelsmann Stiftung, Phineo gAG (2012) Den demographischen Wandel gemeinsam gestalten! Kooperationen zwischen Wirtschaft und Zivilgesellschaft – zwei Welten, eine Herausforderung

Bhattacharya CB, Sankar S (2004) Doing better at doing good: when, why, and how consumers respond to corporate social initiatives. Calif Manage Rev 47(1):9–24

Bhattacharya CB, Sen S, Korschum D (2008) Using corporate social responsibility to win the war for talent. Sloan Manage Rev 49(2):36–45

Blohm, Gesche (2010) Psychological Aspects of Corporate Volunteering – Psychologische Wirkfaktoren von Corporate Volunteering. Dissertation. Ludwig-Maximilians-Universität, München

Booth JE, Park KW, Glomb TM (2009) Employer-supported volunteering benefits, gift exchange among employers, employees and volunteer organizations. Hum Resour Manage 48(2):227–249

Brenner BK (2010) Instituting employee volunteer programs as part of employee benefit plans yields tangible business benefits. J Financ Serv Prof 64(1):32–35

Caligiuri P, Mencin A, Jiang K (2012) Win-Win-Win: the influence of company-sponsored Volunteerism programs on employees, NGOs, and business units. Pers Psychol 2015/66:1–36

Carroll AB, Buchholtz AK (2000) Business and society Bd. 5. South Western Cengage Learning, Ohio

Caudron S (1994) Volunteer efforts offer low-cost training options. Pers J 73(6):39–44

Cohen E (2010) CSR for HR – A necessary partnership for advancing responsible business practices

Dal Coldwell (2001) Perceptions and expectations of corporate social responsibility: theoretical issues and empirical findings. South African J Bus Manag 32:49–54

Deloitte (2013) Deloitte volunteer IMPACT survey. http://www2.deloitte.com/content/dam/Deloitte/us/Documents/us-citizenship-2013-impact-survey-skills-based-volunteerism.pdf. Zugegriffen: 02. Jan. 2015

Drexler B, Endres E (2007) „Learning on the job – of another“ Wissenskooperationen zwischen sozialen Organisationen und Wirtschaftsunternehmen. Wirtschafspsychologie (1):23–30

Drucker PF (1992) The new society of organization. Harv Bus Rev 70(5):95–104

Fifka MS (2011) Corporate Citizenship in Deutschland und den USA. Gemeinsamkeiten und Unterschiede im gesellschaftlichen Engagement von Unternehmen und das Potential eines transatlantischen Transfers, 1. Aufl.

Frey BS (2008) Happiness. A revolution in economics. The MIT Press Cambridge, Massachusetts London, England. (in collaboration with Alois Stutzer, Matthias Benz, Stephan Meier, Simon Luechinger, and Christine Benesch)

Geroy GD, Wright PC, Jacoby L (2000) Toward a conceptual framework of employee volunteerism: an aid for the human resource manager. Manag Decis 38(4):280–287 de Gilder D, Schuty TNM, de Breedijk M, Valentine S, Fleischman G (2005) Effects of an employee volunteering program on the work force: The ABN-MRO case. J Bus Ethics 82(61):143–152

GlaxoSmithKline (2017) Gesellschaftliche Verantwortung: Soziales Engagement in Deutschland. https://de.gsk.com/de-de/verantwortung/soziales-engagement-deutschland/orangeday/unser-orangeday-archiv/. Zugegriffen: 31. Juli 2017

Glomb TM, Bhave DP, Miner AG, Wall M (2011) Doing good, feeling good: examining the role of organizational citizenship behaviors in changing mood. Pers Psychol 64/2011:191–223

Googins BK, Rochlin SA (2000) Creating the partnership society: understanding the rhetoric and reality of cross-sectoral partnerships. Bus Soc Rev 105(1):127–144

Habisch A (2006) Corporate Volunteering als Element des Positive Organizational Scholarship. In: Ringlstetter M, Kaiser S, Müller-Seitz G (Hrsg) Positives Management: zentrale Konzepte und Ideen des Positive Organizational Scholarship, S 221–236

Hamm S (2009) The World is IBM's Classroom. Business Week, 11.03.2009

Haski-Leventhal D, Meijs LCPM, Hustinx L (2010) The third-party model: enhancing volunteering through governments, corporations and educational institutes. J Soc Policy 39(1):139–158

Hays AG (Hrsg) (2016) HR-Report 2015/2016 – Schwerpunkt Unternehmenskultur

Hoeffler S, Keller KL (2002) Building brand equity through corporate societal marketing. J Public Policy Mark 21(1):78–89

Jones DA (2010) Does serving the community also serve the company? Using organizational identification and social exchange theories to understand employee responses to a volunteerism programme. J Occup Organ Psychol 83(4):857–878

Kim H-R, Lee M, Lee H-T, Kim N-M (2010) Corporate social responsibility and employee–company identification. J Bus Ethics 95(4):557–569

Kolb M, Burkart B, Zundel F (2010) Personalmanagement. Grundlagen und Praxis des Human Resources Managements, 2. Aufl. Gabler, Wiesbaden

Kolk A, Dolen W, Vock M (2010) Trickle effects of cross-sector social partnerships. J Bus Ethics 94(S1):123–137

Laabs JJ (1993) Community service helps UPS develop managers. Pers J 1993(10):90–98

Lorenz C, Gentile G-C, Wehner T (2012) Gegen „Win-Win", für Sinnstiftung: Zu den CV-Beweggründen. In: Wehner T, Gentile G-C (Hrsg) Corporate Volunteering. Unternehmen im Spannungsfeld von Effizienz und Ethik. Springer Gabler, Wiesbaden, S 143–154

Maignan I (2001) Consumers' perceptions of corporate social responsibilities: a cross-cultural comparison. J Bus Ethics 30(1):57–72

Marin L, Ruiz S, Rubio A (2009) The role of identity salience in the effects of corporate social responsibility on consumer behavior. J Bus Ethics 84(1):65–78

Marquis C, Kanter RM (2010) IBM: the corporate service coprs. Harvard Business School Case. Harvard Business School, Boston

Miller WH (1997) Volunteerism: a new strategic tool. Ind Week 246(16):13–16

Milne GR, Iyer ES, Gooding-Williams S (1996) Environmental organization alliance relationships within and across nonprofit, business, and government sectors. J Public Policy Mark 15(2):203–215

Muthuri JN, Matten D, Moon J (2009) Employee volunteering and social capital: contributions to corporate social responsibility. Br J Manag 20(1):75–89

Pajo K, Lee L (2011) Corporate-sponsored volunteering: a work design perspective. J Bus Ethics 99(3):467–482

Pearce JA, Doh JP (2005) The high impact of collaborative social initiatives. Sloan Manage Rev 46(3):30–38

Peloza J, Hassay DN (2006) Intra-organizational volunteerism: good soldiers, good deeds and good politics. J Bus Ethics 64(4):357–379

Peterson DK (2004) Benefits of participation in corporate volunteer programs: employees' perceptions. Pers Rev 33(6):615–627

Pfizer Inc. (2015) Global Health Programs. http://www.pfizer.com/responsibility/global_health/global_health_fellows. Zugegriffen: 31. Juli 2017

Pless N, Maak T, Stahl G (2011) Developing responsible global leaders through international service-learning programs: the Ulysses experience. Acad Manag Learn Educ 10(2):237–260

Porter ME, Kramer M (2002) The competitive advantage of corporate philanthropy. Harv Bus Rev 12(80):57–68

Prenzel M, Mandl H (1993) Transfer of learning from a constructivest perspective. In: Duffy TM, Lowyck J, Jonassen DH (Hrsg), Designing environments for constructive learning. Berlin/New York, S 311–326

Preston LE, O'Bannon DP (1997) The corporate social-financial performance relationship: a typology and analysis. Bus Soc 36:419–429

Quinones MA, Ford JK, Teachout MS (1995) The relationship between work experience and job performance. Personnel Psychology 48:887–910

Ringlstetter MJ, Kaiser S (2008) Humanressourcen-Management

Roddick A (2000) Business as unusual – the triumph of Anita Roddick

Rossa M (2016) Corporate Skills-Based Volunteering für Führungskräfte: Effekte, Einflussfaktoren, strategische Nutzung. Eine qualitative Analyse. https://opus4.kobv.de/opus4-ku-eichstaett/frontdoor/index/index/docId/336. Zugegriffen: 31. Juli 2017

Salas E, Tannenbaum SI, Kraiger K, Smith-Jentsch KA (2012) The science of training and development in organizations: what matters in practice. Psychol Sci Public Interest 13(2):74–101

Schöffmann D (2008) Corporate Volunteering III. In: Habisch A, Schmidpeter R, Neureiter M (Hrsg) Handbuch corporate citizenship. corporate social responsibility für manager. Springer, Berlin, S 259–267

Scholz C (2011) Grundzüge des Personalmanagements, 1. Aufl. Verlag Franz Vahlen, München

Scholz C (2013) Die kompetenzgeführte Personalabteilung. In: Gutmann J, Schwuchow K (Hrsg) Personalentwicklung. Themen, Trends, Best Practices 2014, 2. Aufl., S 19–29

Schwarz C (2013) Soziales Kapital in Bildungspartnerschaften. Kovač, Hamburg

Schwuchow K (2013) Personal 2020: Trends und Zukunftsstrategien. In: Gutmann J, Schwuchow K (Hrsg) Personalentwicklung. Themen, Trends, Best Practices 2014, 2. Aufl., S 149–159

Scott N, Kumar P, Pfaff M, Beard J (2010) Pfizer Global Health Fellows Program. Summary Narrative Evaluation Report. Rounds 9 and 10. http://www.pfizer.com/files/philanthropy/bu_full_report.pdf. Zugegriffen: 31. Juli 2017

Seitanidi MM (2010) The politics of partnerships. A critical examination of nonprofit-business partnerships. Springer Science+Business Media, New York, NY

Seitanidi MM, Lindgreen A (2010) Editorial: cross-sector social interactions. J Bus Ethics 94(S1): 1–7

Tuffrey M (1997) Employees and the community: How successful companies meet human resource needs through community involvement. Career Dev Int 1(2):33–35

Ulrich D (1997) Human resource champions. The next agenda for adding value and delivering results. Harvard Business School Press, Boston, MA, USA

Ulrich D, Younger J, Brockbank W, Ulrich M (2012) HR from the outside in. Six competencies for the future of human resources. Mcgraw-Hill, Norwood

Valentine S, Fleischman G (2008) Professional ethical standards, corporate social responsibility, and the perceived role of ethics and social responsibility. J Bus Ethics 82(3):657–666

Vian T, McCoy K, Richards SC, Connelly PJ, Feeley F (2007) Corporate Social Responsibility in Global Health: The Pfizer Global Health Fellows International Volunteering Program. Human Resource Planning 30(1):30–35.

Vock M, Dolen W, Kolk A (2014) Micro-level interactions in business-nonprofit partnerships. Bus Soc 53(4):517–550

Wehner T, Gentile Gian-Claudio (Hrsg) (2012) Corporate Volunteering. Unternehmen im Spannungsfeld von Effizienz und Ethik. Wiesbaden

Dr. Mirjam Rossa, geboren am 22.04.1983; 2003–2010 Studium der Romanischen Philologie (Spanisch/Portugiesisch) und Politischen Wissenschaft sowie der Interkulturellen Kommunikation an der Ludwig-Maximilians-Universität München (LMU), 2010–2015 Promotion an der Katholischen Universität Eichstätt-Ingolstadt, Fakultät für Wirtschaftswissenschaften (Ingolstadt School of Management) gefördert durch ein Vollstipendium der Bischöflichen Studienförderung Cusanuswerk; Geschäftsführung der Interkulturellen Beratungsstelle für Internationale Studierende an der LMU München. Tätigkeit als freie interkulturelle Trainerin mit „KulturLernen" (u. a. TU München, LMU München, Hochschule Hof) sowie als Begleiterin für das internationale Besucherprogramm des Auswärtigen Amts/Goethe-Instituts. Seit August 2015 Referentin in der Bischöflichen Studienförderung Cusanuswerk mit den Schwerpunkten Evaluation, Auswahl- und Bildungsarbeit.

Jonathan Przybylski, geboren am 12.08.1974; 1996–2005 Studium der Politikwissenschaften, Wirtschaftspolitik, angewandte Kulturwissenschaften sowie Betriebswirtschaftslehre an der Westfälischen Wilhelms-Universität Münster (WWU); 2005–2006 Reiseleiter in Chile und Argentinien; 2006-2010 Projektmanager mit den Schwerpunkten Unternehmenskultur, Arbeitsmarkt- und Personalpolitik sowie Zivilgesellschaft bei der Bertelsmann Stiftung in Gütersloh; 2010–2017 Analyst und systemischer Berater für strategische Philanthropie bei der gemeinnützigen PHINEO AG in Berlin. Seit April 2017 Referent für Nachhaltigkeit bei der VONOVIA SE in Bochum.

Corporate Volunteering in Deutschland

Corporate Volunteering in Deutschland

Dieter Schöffmann

1 Einleitung

Seit gut 20 Jahren ist der Autor mit der Bürgerrolle von Unternehmen (Corporate Citizenship) und den Potenzialen des finanziellen (Corporate Giving) und persönlichen (Corporate Volunteering) Unternehmensengagements befasst: beratend, Konzepte und Projekte entwickelnd, vermittelnd, beobachtend, studierend, analysierend und publizierend. Mit Eigenprojekten auf eigene Rechnung sowie für Kunden aus der Wirtschaft, dem gemeinnützigen Sektor, der Öffentlichen Hand und der Stiftungsbranche. Hinzu kommen die Erfahrungen mit dem eigenen Unternehmen als Corporate Volunteer.

Mit diesem Erfahrungshintergrund leistet der folgende Beitrag einen Rückblick auf die Anfänge des Corporate Volunteering in Deutschland sowie auf die internationalen Impulse, die hierzu beigetragen haben.

Eine Betrachtung der unterschiedlichen Verständnisse, Begrifflichkeiten und Formen, die sich alle mit Corporate Volunteering verbinden lassen, weist darauf hin, dass in diesem Themenkontext heutzutage ein differenzierterer Sprachgebrauch angesagt wäre.

Zur Weiterentwicklung von Corporate Volunteering in Deutschland tragen die Unternehmen mit ihren MitarbeiterInnen, einschlägige Mittlerorganisationen, gemeinnützige Organisationen und Kommunen bei. Wie und warum, wird kurz skizziert.

Schließlich werden drei Aspekte gesellschaftlicher Unternehmensverantwortung (Corporate Social Responsibility) identifiziert, die sich aus einer Corporate-Volunteering-Praxis ergeben und eng mit dem Volunteering-Thema verbunden sind bzw. denen Unternehmen mit einer solchen Engagementpraxis begegnen können.

Dieser Beitrag ist keine distanzierte Draufsicht auf das Thema. Er ist vielmehr geprägt von einem fundierten persönlichen Einblick in die Entwicklung dieses Handlungsfeldes,

D. Schöffmann (✉)
Johannisstraße 79, 50668 Köln, Deutschland
E-Mail: ds@visavis-wirkt.de

S. Dreesbach-Bundy und B. Scheck (Hrsg.), *CSR und Corporate Volunteering*, Management-Reihe Corporate Social Responsibility,
https://doi.org/10.1007/978-3-662-54092-3_4

in die Entwicklung von einzelnen Unternehmen, in das Auf und Ab von politischen Initiativen u. a. m.. Auf diese Weise werden einerseits Entwicklungen und Aspekte beschrieben, die sich übergreifenden empirischen Studien eher verschließen. Zugleich werden auf diese Weise vermutlich nicht alle Treiber und Akteure hinreichend gewürdigt, die – neben den hier genannten – zur Entwicklung von „Corporate Volunteering in Deutschland“ beigetragen haben könnten.

2 Anfänge

Mitte der 1990er-Jahre war Corporate Volunteering in Deutschland weder als Begriff bekannt noch in einem wahrnehmbaren Umfang Praxis. Am ehesten dürfte ein solches „Unternehmensengagement mit Kompetenz und Personal“ für gemeinnützige Anliegen bei kleinen und mittelständischen Unternehmen praktiziert worden sein: Wenn die KiTa in der Nachbarschaft eine praktische Unterstützung bei der Gestaltung des Außengeländes benötigte, dann hat der Kleinbetrieb mit seinen Mitarbeitern mit angepackt, ohne diesem Engagement einen besonderen Namen zu geben.

Zu dieser Einschätzung kam auch die allererste für Deutschland durchgeführte Recherche zu diesem Thema:

> Eine explizit formulierte und praktizierte Unterstützung des Ehrenamtes durch Unternehmen, besonders in Form von öffentlicher Würdigung und Anerkennung, einer bewußten und gezielten Förderung oder gar Freistellung zur Wahrnehmung freiwilligen und unentgeltlichen Engagements von Bürger/innen, gehört nicht zum Selbstverständnis, geschweige denn zur Praxis deutscher Unternehmen (Janning und Bartjes 1999, S. 56).

Auf die (fach-)öffentliche Agenda kam das Thema „Corporate Volunteering“ um die Jahrtausendwende durch folgende Ereignisse bzw. Akteure:

- Der Ideenwettbewerb „USable“, mit dem die Körber Stiftung über mehrere Jahre Ideen, die aus den USA nach Deutschland (und umgekehrt) übertragen werden sollten, mit Geldpreisen und Öffentlichkeitsarbeit belohnte (in diesem Fall der Wettbewerb 1999/ 2000).
- Das 1999 gegründete und bis ca. 2005 bestehende Dienstleister- und Expertennetzwerk „fundus – Netz für Bürgerengagement“.
- Die Enquete-Kommission „Zukunft des Bürgerschaftlichen Engagements“ des Deutschen Bundestages (Konstituierung Februar 2000 – Ergebnisbericht Juni 2002) (Enquete-Kommission 2002).
- Das Internationale Jahr der Freiwilligen 2001.
- Der 1996 gegründete gemeinnützige Verein „Unternehmen: Partner der Jugend“ (UPJ).

Im Jahr 2000 erhielt der Autor gemeinsam mit Ulla Eberhard (Geschäftsführerin der Kölner Freiwilligen Agentur e. V.) von der Körber Stiftung den Hauptpreis des USable-

Ideenwettbewerbs verliehen, und zwar für die Idee, die US-amerikanische Corporate-Volunteering-Praxis auf Deutschland zu übertragen. Die Ausarbeitung der Idee basierte vor allem auf den Ergebnissen von zwei selbstorganisierten Recherchetouren durch die USA in den Jahren 1996 und 1999.[1] Als ersten Schritt zur Umsetzung dieser Idee förderte die Körber Stiftung anschließend die Durchführung der „Marketing- und Machbarkeitsstudie ‚Corporate Volunteering in Deutschland und Köln'", die gemeinsam von der damaligen Agentur des Autors[2] und der Kölner Freiwilligen Agentur durchgeführt wurde. Die Studienergebnisse (VIS a VIS 2001) wurden schließlich mit einer weiteren Unterstützung durch die Stiftung als Buch veröffentlicht (Schöffmann 2001a). Damit lag ein erstes umfassendes, unter anderem auf der Befragung von 75 Unternehmen in Deutschland sowie internationalen Literaturrecherchen basierendes, Werk zum Thema Corporate Volunteering vor.

Für die Kölner Freiwilligen Agentur war die Arbeit an der Studie zugleich eine Gelegenheit, ein entsprechendes Vermittlungsangebot für Unternehmen und gemeinnützige Organisationen zu entwickeln.

Unternehmen, die an den Fokusgruppengesprächen im Rahmen der Studie teilgenommen hatten, fanden das gegenseitige Kennenlernen so interessant, dass sie das Interesse an weiteren solchen Gesprächen äußerten. Aus diesem Anlass fand im März 2001 erstmals der „Corporate-Citizenship-Gesprächskreis Köln-Bonn" statt, der inzwischen als „Corporate-Citizenship-Club" für die Regionen Rhein-Ruhr und Rhein-Main halbjährlich veranstaltet wird.[3] Der CC-Club war das erste Unternehmensnetzwerk dieser Art in Deutschland, dem inzwischen weitere lokale, regionale und bundesweite Netzwerke folgten.

Ebenfalls angeregt durch die US-Recherchetour 1996 wurde vom Autor gemeinsam mit Kolleginnen und Kollegen die Idee eines Dienstleister- und Expertennetzwerks rund um Aspekte des Bürgerengagements verfolgt. Dies führte schließlich Anfang 1999 zur Gründung des „fundus – Netz für Bürgerengagement". Zu den Mitgründern zählten u. a. Heinz Janning (Bremen) und Henk Kinds (Niederlande), die auch intensiv das Thema Corporate Volunteering verfolgten. Die erste Maßnahme des bis ca. 2005 bestehenden Netzwerks war die Herausgabe der deutschen Übersetzung einer von David Halley (UK, Business in the Community) verfassten Broschüre zum „gemeinnützigen Arbeitnehmer-

---

[1] Die Tour 1996 (gemeinsam mit Heinz Janning und Katja Bakarinow) fand zum Schwerpunktthema „Freiwilligenmanagement" statt und führte u. a. zu United Way of America und zur Points of Light Foundation, die jeweils ihre umfassenden Erfahrungen mit dem Corporate Volunteering vermittelten. Die Tour 1999 fand zum Schwerpunktthema „Kampagnen" statt, bot aber auch die Gelegenheit, das Thema Corporate Volunteering u. a. bei Gesprächen mit United Way-Gliederungen und der Points of Light Foundation zu vertiefen.

[2] VIS a VIS Agentur für Kommunikation GmbH, Köln. Gesellschaftergeschäftsführer: Dieter Schöffmann.

[3] Infos zu den Corporate Citizenship-Clubs im Internet: www.visavis-wirkt.de/veranstaltungen/cc-club (30.03.16).

engagement" (Halley 1999). Hiermit wurden vor allem britische Erfahrungen und Konzepte des Employee Community Involvement publiziert.

Im Februar 2000 wurde vom Deutschen Bundestag die „Enquete-Kommission ‚Zukunft des Bürgerschaftlichen Engagements'" eingesetzt, die sich auch mit Fragen des gesellschaftlichen Unternehmens- und Mitarbeiterengagements (Corporate Citizenship und Volunteering) befasste. Die Kommission empfahl, Unternehmen als Akteure in der Bürgergesellschaft zu stärken (Enquete 2002, S. 22 f.). Eine weitere Empfehlung zielte darauf ab, die Vernetzung der verschiedenen Akteure in diesem Handlungsfeld zu verbessern (Enquete 2002, S. 479). Diese Empfehlung wurde auf Bundesebene vom später gegründeten „Bundesnetzwerk Bürgerschaftliches Engagement" (BBE)[4] aufgegriffen, das sich als „trisektorales Netzwerk" aus gemeinnützigen Organisationen, der Öffentlichen Hand und Unternehmen etabliert hat.

Das von der UNO beschlossene Internationale Jahr der Freiwilligen 2001 (IJF2001) wurde auch in Deutschland intensiv begangen. Zum Auftakt (ab ca. Oktober 2000) sowie während des Jahres 2001 fanden verschiedene Veranstaltungen zum Thema „Corporate Citizenship" statt (Geschäftsstelle Internationales Jahr der Freiwilligen im Deutschen Verein für öffentliche und private Fürsorge 2002, S. 61 ff.). Im Oktober 2001 fand schließlich eine Expertentagung unter dem Titel „Corporate Citizenship in Deutschland – Zwischenbilanz und Perspektiven" statt.

Neben diesen Veranstaltungen diente eine Praxisdokumentation zum Corporate Volunteering der publizistischen Förderung des Themas. Die erste Ausgabe erschien im März 2001 (BMFSFJ 2001) und wurde bis 2010 (VIS a VIS 2010a) mit regelmäßigen Aktualisierungen und Erweiterungen fortgeführt[5].

Mit einem ca. 1992 beginnenden Vorlauf wurde 1996 der vom Unternehmensberater Bernhard von Mutius und anderen initiierte Verein „Unternehmen: Partner der Jugend" (UPJ)[6] gegründet. Fokussierte UPJ anfangs auf die Anregung von Sponsoringpartnerschaften zwischen Organisationen und Einrichtungen der Jugendarbeit einerseits und Unternehmen andererseits, entwickelte er sich – mithilfe öffentlicher Förderungen durch das BMFSFJ u. a. – etwa ab 1999 nach und nach zum bundesweiten gemeinnützigen Ansprechpartner und Mittler für das Corporate-Citizenship-Engagement von Unternehmen – mit einem bundesweiten Netzwerk von Unternehmen und von gemeinnützigen Mittleragenturen in diesem Feld.

---

[4] www.b-b-e.de (30.03.16).

[5] In den ersten Jahren wurde die Praxisdokumentation im Auftrag des Bundesministeriums für Familie, Senioren, Frauen und Jugend (BMFSFJ) veröffentlicht. Nachdem diese Finanzierung beendet wurde, setzte die Agentur des Autors die Recherche und Veröffentlichung bis 2010 auf eigene Kosten fort.

[6] www.upj-online.de (30.03.16).

3 Internationale Impulse

In den zuvor beschriebenen Anfangszeiten spielten vor allem Vorbilder aus dem Ausland eine große Rolle. Prägend waren insbesondere Praxisvorbilder aus den USA, UK, der Schweiz und den Niederlanden. Eingang in das deutsche Denken und Handeln fanden diese Vorbilder durch Veröffentlichungen (s. oben), Studienreisen,[7] Medienberichterstattung und nicht zuletzt durch die Globalisierung[8] des Engagements von ausländischen Konzernen mit Unternehmungen in Deutschland bzw. von Managern deutscher Konzerne mit einschlägigen Auslandserfahrungen.[9]

3.1 USA

Die schon erwähnte Marketing- und Machbarkeitsstudie zum Corporate Volunteering kam zu dem Schluss, dass die

> USA [..] als das Mutterland des Corporate Volunteering betrachtet werden [können]. Sowohl bei Recherchereisen durch die USA (1996 und 1999) als auch bei den jetzt durchgeführten Experteninterviews stimmten die Eindrücke, Hinweise und Einschätzung überein, dass diese Art des Unternehmens- und Personalengagements von der Idee und grundsätzlichen Ausgestaltung aus den USA stammt (VIS a VIS 2001, S. 12).

Interessante Hinweise zu den Gründen hierfür gaben die für die Studie durchgeführten Experteninterviews, die darauf hinwiesen (VIS a VIS 2001, S. 12 f.), dass

- ein relativ hoher Bevölkerungsanteil von über 50 % regelmäßig zur Kirche gehe und sich im Gemeindekontext engagiere. Dies gebe dem gemeindebezogenen Corporate Volunteering eine Grundlage (David Halley, Business in the Community, UK),
- es im Vergleich zu Europa einen geringeren staatlichen Einfluss etwa im Wohlfahrtsbereich und eine niedrigere Steuerquote gebe. Für Bürger bedeute dies: Wenn etwas getan werden muss, dann muss man es selbst in die Hand nehmen (Mike Tuffrey, The Corporate Citizenship Company, UK),

[7] Abgesehen von den selbstorganisierten Recherchetouren des Autors insbesondere in die USA (1992, 1996, 1999 und 2006) mit einem jeweils kleinen Kreis von KollegInnen, spielten und spielen hier die Studienfahrten in die Niederlande und nach England eine große Rolle, die Henk Kinds, Community Partnership Consultants, NL, seit über 15 Jahren für gemeinnützige Organisationen, Kommunalpolitik und -verwaltung und andere mehr organisiert.

[8] Von den 34 Unternehmen, die bei der CV-Studie 2001 angaben, dass sie Corporate Volunteering in der einen oder anderen Form praktizieren, gaben 11 bzw. 26 % an, dass der Anstoß hierzu von der Konzernmutter kam (VIS a VIS 2001, S. 30).

[9] So soll die 1998 gestartete MIT-Initiative der Henkel AG & Co. KGaA zur Förderung des privaten Mitarbeiterengagements durch Unternehmensspenden auf einschlägige USA-Erfahrungen eines Vorstandsmitglieds zurückgehen. Siehe auch Fußnote 36.

- in der Pioniergeschichte der USA meistens zuerst die Wirtschaft vor Ort war und dann erst die Regierung bzw. eine öffentliche Verwaltung folgte (Mike Tuffrey, The Corporate Citizenship Company, UK),
- Bürgerengagement in den USA eine kulturelle Selbstverständlichkeit sei, was dazu führe, dass Mitarbeiter von ihren Unternehmen regelrecht die Unterstützung ihres privaten Bürgerengagements einforderten und fragten, welche Engagementmöglichkeiten ihnen das Unternehmen biete (Holger Backhaus-Maul).

Die USA sind also ein „Naturtalent" des Corporate Volunteering. Dieses urwüchsige und eher philanthropische Unternehmensengagement hat wohl in den 1990er-Jahren einen Umbruch erfahren[10] hin zu einer ziel- bzw. nutzenorientierteren und professionalisierteren Ausgestaltung des Engagements und der Bildung von engagementförderlichen Infrastrukturen. Eine wesentliche Rolle scheinen hierbei die „Points of Light Foundation",[11] „United Way of America"[12] und die Gründung von „City Cares"-Agenturen[13] gespielt zu haben. Sie waren meist die ersten Anlaufadressen bei Recherchen zum Corporate Volunteering in den USA. Und sie gaben bereitwillig umfangreiche und systematisierte Praxisanleitungen zu diesem Themenfeld weiter.

Vor diesem Hintergrund ist es nicht verwunderlich, dass über Jahre vor allem die USA als gutes Vorbild für das Corporate Volunteering galt. Dies war allerdings in der hiesigen gemeinnützigen und sozialpolitischen Szene nicht unbedingt von Vorteil, da eigentlich niemand in Deutschland „amerikanische Verhältnisse" haben wollte, die für einen gering entwickelten Sozialstaat stehen.

3.2 UK

Ein erster systematischer transatlantischer Transfer der US-Praxis nach Europa fand in den 1990er-Jahren ins Vereinigte Königreich (United Kingdom, UK) statt (VIS a VIS 2001, S. 17 ff.). Statt von „Corporate Volunteering" wurde hier vom „Employee Community Involvement" (ECI) gesprochen. Förderlich für die Übertragung war die traditionell starke Verbindung zwischen UK und den USA und die lange Tradition des Bürgerenga-

[10] Soweit ich mich an einschlägige Artikel im „Chronicle of Philanthropy" aus den 1990er-Jahren erinnere.

[11] www.pointsoflight.org (30.03.16).

[12] www.unitedway.org (30.03.16).

[13] Zum Beispiel: www.newyorkcares.org (30.03.16) – Die erste City Cares-Agentur wurde 1987 „von einer Gruppe von Menschen gegründet, die zu eher ungewohnten Zeiten außerhalb der Arbeitszeit nach Möglichkeiten freiwilligen Engagements suchten und nichts fanden. Die Idee damals: ‚team-based volunteering' in nachbarschaftlichen Zusammenhängen. Heute [2006] arbeiten bei NYC 47 Vollzeitkräfte in fünf Büros. Das ‚Erfolgsmodell' NYC hat dazu geführt, dass in 58 Städten der USA gleiche Organisationen gegründet wurden." – Aussagen von Gary Bagley, Jenifer Gonzalez und Mary Beaty von New York Cares im Gespräch mit Ulla Eberhard, Dr. Gerd Placke und Dieter Schöffmann am 7. August 2006 in New York. Aus dem unveröffentlichten Gesprächsprotokoll.

gements in UK. Zugleich musste in den Unternehmen noch Überzeugungsarbeit für diese Art des Engagements geleistet werden.[14] Daher wurden hier stärker als in den USA die Nutzenpotenziale dieses Engagements herausgearbeitet und Ansätze einer systematischen Evaluierung entwickelt. Ebenso wurde hier die Nutzung des ECI-Engagements für die Personalentwicklung wohl erstmals systematischer herausgearbeitet.[15]

Zentraler Akteur für die Überzeugungsarbeit bei den Unternehmen und die Verbreitung und Weiterentwicklung dieses Engagements war und ist „Business in the Community"[16] (BitC) eine wesentlich von Unternehmen getragene Organisation, die 1982 gegründet wurde.[17] Bei BitC war wiederum David Halley für das internationale Netzwerken und die Verbreitung der ECI-Erfahrungen auf dem Kontinent verantwortlich. Er war ursprünglich als Vertriebsmanager für IBM tätig und hat dann im Rahmen des Secondment[18]-Programms von IBM ein Jahr für das „Action Research Center" – dem Vorläufer von BitC – gearbeitet. Schließlich ist er bei BitC geblieben und hat unter anderem das um die Jahrtausendwende für einige Jahre bestehende europäische Cecile[19]-Netzwerk aufgebaut und gemanagt. In dieser Zeit hat er wesentlich zur Qualifizierung und Inspiration von gemeinnützigen und (vereinzelt) gewerblichen Mittlern rund um das Unternehmensengagement mit Kompetenz und Personal beigetragen. Die von ihm verfasste und von der EU-Kommission und Unternehmen geförderte Publikation zum „Employee Community Involvement" wurde in mehreren europäischen Ländern veröffentlicht (in Deutschland: Halley 1999).

Aus dem Cecile-Netzwerk heraus wurde 2004 – mit Förderung durch die EU-Kommission – die ENGAGE-Kampagne u. a. in Deutschland durchgeführt, mit der Corporate Volunteering in den beteiligten Ländern angeregt und weiter entwickelt werden sollte. Der Autor hat im Rahmen dieser Kampagne u. a. erstmalig in Deutschland eine Fortbildung für Freiwilligenagenturen zum Mittler für Corporate Volunteering-Projekte realisiert.

---

[14] Dies dürfte vermutlich daran gelegen haben, dass hiermit eine Neuerung in die Unternehmenspraxis eingeführt wurde, die mit entsprechenden Personal- und Sachkosten verbunden war. Dies führt dann schnell zu der Frage, worin denn der Nutzen dieser zusätzlichen Aufwendungen liegt.

[15] Jedenfalls gab es meiner Erinnerung nach um die Jahrtausendwende vor allem britische Veröffentlichungen zu diesem Ansatz.

[16] www.bitc.org.uk (30.03.16).

[17] Zur Gründungsgeschichte von BitC siehe: www.bitc.org.uk/about-us/what-we-do/our-history (27.06.2016).

[18] „Der Begriff ‚Secondment' stammt ursprünglich aus dem Sprachgebrauch englischer Militärs und wurde abgeleitet vom Begriff ‚Second Regiment': Ein Offizier wird befristet in ein anderes Regiment entsandt, gehört aber weiterhin dem entsendenden Regiment an und bezieht auch von dort weiterhin seinen Sold." (Schöffmann 2001c, S. 125).

[19] Cecile = Coordinating Employee Community Involvement Links Europe. Erstes deutsches Mitglied im Cecile-Netzwerk war das schon erwähnte Netzwerk fundus. Nachfolger des Cecile-Netzwerks ist inzwischen das internationale „CSR360 Global Partner Network", das ebenfalls von BitC koordiniert wird, www.csr360gpn.org (30.03.16). Aus Deutschland gehören diesem Netzwerk die Firma des Autors sowie UPJ und das CCCD (Centrum für Corporate Citizenship Deutschland) an.

3.3 Niederlande

Nach Einschätzung der in 2001 interviewten und oben schon erwähnten Experten David Halley und Mike Tuffrey waren die Niederlande zu diesem Zeitpunkt das nach UK am weitesten fortgeschrittene Land in Sachen Corporate Volunteering – gefolgt von Frankreich (VIS a VIS 2001, S. 22). In 1996 wurden im Auftrag der Vereinigung „Nederlandse Organisaties Vrijwilligerswerk" (NOV)[20] von Henk Kinds (Community Partnership Consultants)[21] erste Projekte zur Anregung von Engagementpartnerschaften zwischen Unternehmen und gemeinnützigen Organisationen entwickelt. Hierzu zählte unter anderem die Konzeption kommunaler Corporate-Volunteering-Makler.

In der Folgezeit hat Henk Kinds zahlreiche Studienfahrten für deutsche Teilnehmer aus dem gemeinnützigen Sektor, Politik und Verwaltung in die Niederlande und auch nach UK organisiert. Bei diesen Studienfahrten wurden Erfahrungen und aktuelle Entwicklungen im Feld des gesellschaftlichen Unternehmens- und Mitarbeiterengagements vermittelt. Außerdem wurde Henk Kinds zu Vorträgen nach Deutschland eingeladen, in denen er u. a. über die Potenziale und die Ausgestaltung „neuer gesellschaftlicher Partnerschaften" zwischen Unternehmen, gemeinnützigen Organisationen und der Öffentlichen Hand referierte.

Auf diesen Wegen wurden die Niederlande allmählich zu einem immer wichtigeren Vorbild für Corporate Volunteering und seine Förderung. Die niederländische Kultur war wohl für Deutschland anschlussfähiger als die britischen und allemal die US-amerikanischen Vorbilder.

Die Anschlussfähigkeit der deutschen an die niederländische Kultur zeigt sich auch an der gelungenen Übertragung von zwei in den Niederlanden entwickelten Maßnahmen zur Anregung und Förderung von Engagementpartnerschaften zwischen Unternehmen und gemeinnützigen Organisationen: der „Marktplatz ‚Gute Geschäfte'" und die Qualifizierung gemeinnütziger Organisationen unter dem Titel „Gute Sache".

In 2004 wurde auf Initiative von CIVIQ[22], der Wirtschaftsprüfungsgesellschaft KPMG und der Fortis Foundation Niederlande unter dem Titel „Beursvloer" ein Marktplatzformat entwickelt, mit dem Unternehmen und gemeinnützige Organisationen in einer Art Speeddating-Engagementpartnerschaften anbahnen. Die Erprobung dieser Methode für Deutschland mit drei Pilotprojekten wurde 2006 von der Bertelsmann Stiftung beauftragt und vom Autor gemeinsam mit Henk Kinds realisiert. Die Erfahrungen der drei Pilotprojekte in Jena, Kassel und Frankfurt wurden in einen Leitfaden für Deutschland umgesetzt (Bertelsmann Stiftung 2007), auf dessen Grundlage inzwischen in zahlreichen Städten solche Engagementmärkte initiiert wurden und weiter regelmäßig veranstaltet werden.[23]

[20] www.nov.nl (30.03.16).

[21] www.community-partnership.nl (30.03.16).

[22] CIVIQ instituut vrijwillige inzet ist die Nachfolgeorganisation von NOV (siehe oben) und inzwischen in der Organisation MOVISIE aufgegangen – siehe: www.nov.nl/over-nov (30.03.16).

[23] www.gute-geschaefte.org (30.03.16).

Die niederländische Stiftung Doen[24] hat über Jahre unter dem Titel „Goode Zake“ eine Qualifizierung für gemeinnützige Organisationen angeboten, in deren Rahmen sie sich auf die Anbahnung von Kooperationen mit Unternehmen vorbereiten konnten. Dieser Ansatz wurde von UPJ (siehe oben) aufgegriffen und mit öffentlicher und Unternehmensförderung – in abgewandelter Form – nach Deutschland übertragen.[25]

Charakteristisch für den Marktplatz wie für die Qualifizierung ist jeweils, dass es bei der Anbahnung von Engagementpartnerschaften vor allem um das personelle und kompetenzbasierte Engagement der Unternehmen geht und nicht um das finanzielle. Die unmittelbare Frage nach Geld (Spenden, Sponsoring) ist dem entsprechend bei beiden Maßnahmen Tabu.

3.4 Schweiz

Aus der Schweiz kam Ende der 1990er-Jahre mit SeitenWechsel – einem einwöchigen „Sozialpraktikum“ für Führungskräfte aus Unternehmen – ein Impuls nach Deutschland, der anscheinend nicht vorher aus dem angelsächsischen Raum übertragen wurde.

Als Beitrag zur 700-Jahr-Feier der Schweiz in 1991 wurden im Rahmen der Aktion „Begegnung 91“ Begegnungen „wie sonst selten im beruflichen Alltag“ organisiert, in deren Rahmen Unternehmensmitarbeiter für eine gewisse Zeit in einer gemeinnützigen Organisation mitarbeiteten.[26] In der Folgezeit wurde dieses Format unter der Marke „SeitenWechsel®“ weiter entwickelt und mit dem Schweizerischen Bankverein als erstem Unternehmen realisiert. Obwohl SeitenWechsel® als Markenzeichen geschützt wurde, wurde das Format schon bald – unter anderen Bezeichnungen[27] – nach Deutschland übertragen, bevor schließlich die „Patriotische Gesellschaft von 1765“[28] im Jahr 2000 offizieller SeitenWechsel®-Lizenznehmer für Deutschland wurde.[29]

Neben den eintägigen Mitarbeiteraktionstagen („Freiwilligentag“, „Day of Caring“, „Social Day“ ...), die vor allem aus den USA als wesentliches Element des Corporate Volunteering übernommen wurden, prägte SeitenWechsel® über einige Jahre als zweite Form die Wahrnehmung und Interpretation davon, was Corporate Volunteering sei. In der Medienberichterstattung war dies ein beliebtes Beispiel für's Ganze (z. B.: Stoessel 2002).

Dabei hat sich der SeitenWechsel®-Träger in Deutschland eine ganze Weile dagegen gewehrt hat, überhaupt im inhaltlichen Zusammenhang mit Corporate Volunteering

[24] www.doen.nl (30.03.16).
[25] www.gute-sachen.org (30.03.16).
[26] www.seitenwechsel.ch/geschichte-sw (30.03.16).
[27] Unter anderem in München: SWITCH (siehe Mutz und Korfmacher 2000). Weitere Bezeichnungen: Kontrapunkt, Wechselwirkung, Tellerrand, mitLeidenschaft, Querpass (Schöffmann 2001c, S. 117).
[28] www.patriotische-gesellschaft.de (30.03.16).
[29] www.seitenwechsel.com (30.03.16).

genannt zu werden, da man dieses Format als reines Personalentwicklungsinstrument verstanden wissen wollte.[30]

4 Verständnisse – Begriffe – Formen

Bei der Skizzierung der internationalen Impulse wurde schon deutlich, dass Corporate Volunteering auch im angelsächsischen Raum nicht die einzige verwendete Bezeichnung für das Phänomen ist. Im britischen Raum wird „Employee Community Involvement" bevorzugt. In den USA ist auch von „Workplace Volunteering" die Rede. In Deutschland gibt es neben der Verwendung der amerikanischen Bezeichnung auch verschiedene Übersetzungsversuche: „gemeinnütziges Arbeitnehmerengagement", „Unternehmensengagement mit Kompetenz und Personal", „Mitarbeiterengagement" u. a.

Bedeutsamer als die Übersetzungsfrage ist aber die Tatsache, dass unter dem Begriffsdach „Corporate Volunteering" eigentlich wesentlich zu unterscheidende Handlungslogiken vereint werden. Schon mit der 2001 veröffentlichten Studie wurden sechs verschiedene Handlungsmuster identifiziert, die zum Teil nicht zum Corporate Volunteering im engeren Sinne (s. unten) gehören (Schöffmann 2001c, S. 108 ff.):

1. Muster: Das Bürgerengagement der Mitarbeiter informell anerkennen und unterstützen.
2. Muster: Das Bürgerengagement der Mitarbeiter in formalisierter Weise würdigen und unterstützen.
3. Muster: Leitlinien und Aktionen, die die Mitarbeiter zum Bürgerengagement ermuntern.
4. Muster: Aktive Zusammenarbeit mit Gemeinwohlorganisationen zur Anregung des Bürgerengagements der Mitarbeiter.
5. Muster: Unternehmens- und Arbeitnehmerengagement (oder heute besser: Unternehmensengagement mit Kompetenz und Personal).
6. Muster: Personaleinsatz in Gemeinwohlprojekten als Instrument der Personal- und Teamentwicklung.

Bei den Mustern 1. bis 4. beschränkt sich das Unternehmensengagement darauf, dass selbstgewählte Bürgerengagement der Mitarbeiter in ihrer Freizeit anzuerkennen oder auch anzuregen. Da die Mitarbeiter entscheiden, ob und wofür sie sich engagieren, lässt sich dieses Engagement als vom Unternehmen gefördertes „arbeitnehmergeleitetes" Bürgerengagement beschreiben. Die Förderung durch das Unternehmen kann inzwischen eine

[30] So wurde z. B. vehement gegen die Aufnahme in die erste Praxisdokumentation zum Corporate Volunteering (BMFSFJ 2001) protestiert.

beachtliche Größe annehmen, wenn etwa auf Kosten des Unternehmens Engagementangebote organisiert werden, an denen sich die Mitarbeiter dann in ihrer Freizeit beteiligen.[31]

„Unternehmensgeleitet“ sind die Muster fünf und sechs und gelegentlich das Muster vier, wenn Unternehmen z. B. zentral mit bestimmten inhaltlichen Vorgaben Aktionstage organisieren, an denen Mitarbeiter außerhalb ihrer Arbeitszeit teilnehmen können.

„Corporate Volunteering“ im eigentlichen, engeren Sinne ist nur das fünfte Muster. Hier ist es das Unternehmen selbst („Corporate“ – die Körperschaft), das sich im definitorischen Sinne des Freiwilligenengagements unentgeltlich für ein gemeinnütziges Anliegen engagiert – durch den Einsatz seines bezahlten Personals während der Arbeitszeit. Am deutlichsten wird dies z. B. bei den Pro-bono-Einsätzen[32], die vor allem Unternehmen aus den beratenden Berufen (Anwaltskanzleien, Wirtschaftsprüfer, Unternehmensberatungen, Kommunikationsagenturen) praktizieren: Hier werden die Kernkompetenzen und -leistungen z. B. einer Anwaltskanzlei für das gemeinnützige Anliegen unentgeltlich erbracht – als Pro-bono-Rechtsberatung usw. Die hierfür tätigen Mitarbeiter werden für diese Tätigkeiten regulär bezahlt. Unterstützt die Anwaltskanzlei das private bürgerschaftliche Engagement einer Mitarbeiterin mit einer Spende an den gemeinnützigen Verein, für den sie sich engagiert, dann ist dies ein finanzielles Corporate-Citizenship-Engagement der Kanzlei, jedoch kein Volunteering. Es handelt sich hier um eine mitarbeitergelenkte Spende.

Das sechste Muster lässt sich von außen in der Regel nicht vom Corporate Volunteering im engeren Sinne und auch nicht immer von Maßnahmen zur Anregung des Mitarbeiterengagements etwa durch die Veranstaltung eines Aktionstages unterscheiden. Der Unterschied liegt in Anlass und Ziel, die der Maßnahmegestaltung zugrundeliegen.

Gibt es z. B. Probleme im Zusammenhalt des Mitarbeiterteams oder der „Wir“-Kultur im Betrieb und soll dies durch eine gemeinsame Aktion im Rahmen eines gemeinnützigen Projektes verbessert werden, dann ist diese Aktion erfolgreich, wenn sich der Zusammenhalt anschließend verbessert hat. Der gemeinnützige Partner muss hierbei einen Nutzen erfahren, der seinen Aufwand übersteigt, sonst wird er für solche Maßnahmen nicht mehr zur Verfügung stehen. Aber für das Unternehmen ist dies nicht das entscheidende Erfolgskriterium.

Will das Unternehmen aber den gemeinnützigen Partner mit einem persönlichen Einsatz unterstützen (fünftes Muster), so sind die realisierte Unterstützung und der Nutzen, den der Partner erfahren hat, die wesentlichen Erfolgskriterien. Wenn die beteiligten Mitarbeiter hierbei auch noch einen Impuls für das „Wir“-Gefühl erfahren haben, ist das ein – sicher willkommener – nachrangiger Nutzen für das Unternehmen.

[31] Zum Beispiel der Global Volunteer Day der Deutschen Post DHL (www.dpdhl.com/content/dpdhl/en/responsibility/corporate_citizenship/community_involvement/global_volunteer_day.html), für den die Mitarbeiter nicht freigestellt werden. Das Projektmanagement wird aber auf Unternehmenskosten gestellt.

[32] Ein gutes Beispiel für ein Pro-bono-Engagement ist die Anwaltskanzlei Freshfields Bruckhaus Deringer: www.freshfields.com/de/germany/who_we_are/pro_bono_de/ (30.03.16).

Diese Differenzierung zwischen den beiden zuletzt beschriebenen Mustern wird in der allgemeinen Wahrnehmung von Corporate Volunteering bislang noch wenig praktiziert. Sie ist jedoch gerade dann von Bedeutung, wenn Potenziale erschlossen werden sollen, die in der Durchführung von Qualifizierungs- und Personalentwicklungsmaßnahmen mithilfe gemeinnütziger Projekte liegen.[33]

Hier gibt es einen Aufklärungs- bzw. Diskussionsbedarf in zwei Richtungen: Einerseits tun sich Ausbilder und Personalentwickler in Unternehmen immer noch schwer damit, gemeinnützige Projekte als produktive(re) Maßnahmen in ihr Instrumentenportfolio aufzunehmen. Ihnen muss die konzeptionelle und instrumentelle Vorgehensweise im Umgang mit solchen Engagementprojekten für die Mitarbeiterqualifizierung und -entwicklung nahe gebracht werden.[34] Andererseits sperren sich manche Corporate-Citizenship- bzw. Corporate-Volunteering-Verantwortliche in Unternehmen gegen ein solch instrumentelles Vorgehen im Kontext der Personalentwicklung (siehe z. B. 3WIN 2013). Mit ihnen muss erörtert werden, dass die instrumentelle Nutzung gemeinnütziger Projekte mitnichten bedeutet, dass der gemeinnützige Partner hierdurch ausgebeutet oder missbraucht wird. Bei allen vom Autor vermittelten bzw. durchgeführten Projekten im Rahmen von Personalentwicklungsmaßnahmen war den gemeinnützigen Partnern diese Ausrichtung von vorneherein klar und sie waren im Nachhinein sogar besonders zufrieden, da die Qualifizierungsausrichtung auch die Ergebnisqualität für die gemeinnützige Organisation erhöht hat.

Neben den zuvor beschriebenen sechs Mustern wurden mit der 2001 veröffentlichten Studie mindestens 19 Formate identifiziert, mit denen die Förderung des Mitarbeiterengagements, Corporate Volunteering oder auch die Mitarbeiterqualifizierung und -entwicklung mittels gemeinnütziger Projekte gestaltet werden kann.[35] Dominant in der öffentlichen Wahrnehmung und wohl auch in der Unternehmenspraxis sind – wie schon erwähnt – vor allem die Gruppenaktionen, Sozialpraktikum (à la SeitenWechsel) und die Komplementärspende zur Anerkennung und Unterstützung des privaten Bürgerengagements der Mitarbeiter.[36]

---

[33] Siehe hierzu die Materialien des vom Autor initiierten und öffentlich geförderten Projektes „Personalentwicklung durch Engagement" im Internet: www.pe-d-e.de (30.03.16) sowie Schöffmann 2016b.

[34] Eine Handreichung für Ausbilder wurde im Rahmen des Projektes „Personalentwicklung durch Engagement" veröffentlicht: „Lernen in fremden Welten. Auszubildenden fachliche und soziale Kompetenzen vermitteln" (3WIN 2014).

[35] „Sozialausbildung", „Sozialpraktikum", „Mentorentätigkeit am Berufsanfang", „Mentorentätigkeit in der Berufsmitte", „Partner im Management", „Personaltausch", „Wirtschaft im Vorstand", „Entwicklungsprojekt", „Entwicklungs-Secondment", „Teamprojekt", „Teamentwicklungsprojekt", „Pro bono-Dienstleistung", „Gruppenaktion", „Mentorentätigkeit am Berufsende", „Secondment für den Übergang", „Freiwilligenprogramme für Pensionäre und Vorruheständler", „Talent-Datenbank", „Komplementärspende", „Auszeichnungen und Preise" (Schöffmann 2001b, S. 166 ff.).

[36] Bis heute bestes Praxisbeispiel ist die schon 1998 gestartete MIT-Initiative von Henkel, mit der gemeinnützige Anliegen, für die sich Mitarbeiter engagieren, finanziell unterstützt werden, und zwar

5 Corporate Volunteering und …

Corporate Volunteering hat sich in Deutschland im Laufe der Jahre als die zweite wesentliche Form des gesellschaftlichen Unternehmensengagements neben dem Corporate Giving (Spenden, Sponsoring) etabliert. In einer umfassenden Unternehmensbefragung (mit 4392 Antworten) für den Ersten Engagementbericht der Bundesregierung gaben 96,2 % der Antwortenden an, dass sie sich in der einen oder anderen Weise gesellschaftlich engagieren (Deutscher Bundestag 2012, S. 233). Und von den engagierten Unternehmen gaben wiederum 51,4 % an, dass sie sich mit Formen des Corporate Volunteering engagieren (Deutscher Bundestag 2012, S. 357). Spezifischere Erhebungen bei 110 DAX-Unternehmen (VIS a VIS 2010b) sowie bei 946 Unternehmen mit Hauptsitz in Deutschland oder den USA (AmCham 2011) kommen zu ähnlichen Ergebnissen.

Was sind nun die Treiber für diese Entwicklung? Es sind in erster Linie die Unternehmen selbst und ihre Mitarbeiter. Weitere Treiber sind die gemeinnützigen Organisation und die Engagementmittler. Schließlich können (und sollten) die Kommunen eine förderliche Rolle spielen.

5.1 … Unternehmen

Bei den Unternehmen, die Corporate Volunteering praktizieren, entstammen die initiierenden Impulse zu je rund einem Drittel der Eigeninitiative des Unternehmens und dem Engagement der Mitarbeiter. Zu einem Viertel sind es Vorgaben der Muttergesellschaft bzw. Geschäftsführung (AmCham 2011, S. 4).

Diese unternehmensinternen Treiber können insbesondere durch den Erfahrungsaustausch im Rahmen von Netzwerken[37] gestärkt werden. Außerdem können gemeinnützige Organisation ihre berufstägigen Ehrenamtlichen bzw. Freiwilligen dazu ermutigen, beim jeweiligen Arbeitgeber die Möglichkeit der Engagementförderung bis hin zum Unternehmensengagement auszuloten.

in dem Maße, wie die Mitarbeiter eigene Zeit einsetzen: www.henkel.de/nachhaltigkeit/corporate-citizenship/ehrenamtliches-mitarbeiterengagement (30.03.16).

[37] Wie z. B. die schon erwähnten Corporate-Citizenship-Clubs Rhein-Ruhr und Rhein-Main und das UPJ-Unternehmensnetzwerk. Aber auch: „Unternehmen für München" – www.unternehmen-fuer-muenchen.de, „Corporate Volunteering Netzwerk Nürnberg" – www.unternehmen-ehrensache.nuernberg.de, Initiative „Unternehmen – engagiert in Köln" – www.engagiert-in-koeln.de/unternehmen/ – Beschreibung weiterer Unternehmensnetzwerke auf dem Stand 2008 in: Bertelsmann Stiftung 2008, S. 113 ff.; alle Links: 30.03.16.

5.2 … Mittler und Entwickler

Die wichtigsten externen Anreger für das Corporate Volunteering sind gemeinnützige wie gewerbliche Mittler und Projektentwickler. Hierzu zählen insbesondere die im UPJ-Netzwerk mitwirkenden Mittler[38]. Sie wirken als „Grenzgänger, Pfadfinder und Arrangeure" (Bertelsmann Stiftung 2008) inspirierend für Unternehmen wie gemeinnützige Organisationen und als Mittler zwischen diesen.

So hat die Kölner Freiwilligen Agentur 1999 eine der ersten öffentlichen Veranstaltungen in Deutschland zum Corporate Volunteering sowie einen Workshop für Unternehmen veranstaltet.[39]

Mit Infoveranstaltungen, „Gute Geschäfte"-Marktplätzen (s. oben) sowie mit Angeboten standardisierter Engagementformate wie den Unternehmens-Freiwilligentagen[40] oder auch Sozialpraktika à la SeitenWechsel® bieten diese Mittler interessierten Unternehmen niedrigschwellige Einstiegsmöglichkeiten in das Corporate-Volunteering-Engagement.

Interessant ist eine neuere Entwicklung, für die die „MachMit"-Freiwilligenzentrale der Diakonie in Düsseldorf steht: Sie wartet in der Regel nicht auf Anfragen von Unternehmen, die für ihr Engagement die passende gemeinnützige Organisation suchen. Vielmehr recherchiert die Freiwilligenzentrale bei den Diakonie-Einrichtungen, wo es einen realen Bedarf gibt, zu dessen Befriedigung Unternehmen mit ihrer Kompetenz und ihrem Personal beitragen können. Diesen Bedarf bietet sie dann – erfolgreich – den Unternehmen als Engagementgelegenheit an (s. hierzu Wolter 2014).

5.3 … Gemeinnützige

Bis heute reagiert ein großer Teil der gemeinnützigen Organisationen reserviert auf die Möglichkeit einer Engagementpartnerschaft mit Unternehmen und ihren Mitarbeitern. Favorisiert wird immer noch die rein finanzielle Unterstützung (Spenden, Sponsoring). Denn das Geld ist einfacher zu verwenden als die Mitarbeiterzeit und -kompetenz.

Und es gibt auch immer noch eine verbreitete Skepsis, ob denn die Unternehmens- und Mitarbeiterkompetenz wirklich nützlich sein könnte für das gemeinnützige Anliegen.

[38] www.upj.de/Mitglieder.54.0.html (30.03.16).

[39] 07. Mai 1999, Köln: „Neue Partnerschaften zwischen Unternehmen und gemeinnützigen Organisationen" Die IHK Köln, in deren Räumen die öffentliche Veranstaltung stattfand, war zu diesem Zeitpunkt nur bereit, die Räume zu vermieten. Als Mitveranstalter wollte sie nicht fungieren. Erst im Januar 2002 führte sie eine eigene Veranstaltung zum gesellschaftlichen Unternehmensengagement durch. In der Folgezeit war sie dann aber eine der ersten unter den IHKs in Deutschland, die sich zunehmend intensiver und kompetenter – bis heute – mit dem Themenfeld CSR, Corporate Citizenship und Volunteering befasst.

[40] Der bundesweit erste Unternehmens-Freiwilligentag wurde von der Kölner Freiwilligen Agentur im September 2003 veranstaltet, gefolgt vom „Social Day" der Malteser im Oktober 2003 in Frankfurt.

Schließlich kommen die engagierten Mitarbeiter aus der gewerblichen Welt, der viele im gemeinnützigen Sektor eher skeptisch gegenüber stehen.

In dem Maße, wie sich gemeinnützige Organisation dem Unternehmens- und Mitarbeiterpotenzial öffnen, Vorbehalte zurückstellen und – wie bei der Diakonie in Düsseldorf (siehe oben) – erkunden, zu welcher konkreten Herausforderung Unternehmen(smitarbeiter) in welcher Weise problemlösend beitragen könnten, wird dies Unternehmen vermutlich noch zahlreicher auf den Engagementgeschmack bringen.[41]

Ein gutes Praxisbeispiel ist hier der gemeinnützige „Volksverein Mönchengladbach", ein Beschäftigungsträger für langzeitarbeitslose Menschen (Beschreibung in Schöffmann 2014, S. 33 ff.). Er hatte seine Spender, Lieferanten und Kooperationspartner bei Arbeitsmarktmaßnahmen zu einem offenen Werkstattgespräch eingeladen, um gemeinsam mit ihnen zu erkunden, in welcher Weise (weitere) Unternehmen sich für die gemeinnützigen Anliegen einbringen könnten. Hieraus ist eine Broschüre entstanden, mit der weitere Unternehmen angesprochen werden können (Volksverein Mönchengladbach 2012). Außerdem konnten erste Engagementprojekte vereinbart werden.

Auf der Ebene des Dachverbandes sind das Diakonische Werk Baden und der Caritasverband der Diözese Freiburg einen ähnlichen Weg gegangen, indem sie schon 2004 die Initiative „gemeinsam gewinnen" auf den Weg gebracht haben, mit der die eigenen Mitgliedseinrichtungen sowie die gewerblichen Unternehmen aus Baden für die Idee eines gemeinschaftlichen Engagements gewonnen werden sollten (Rollin 2008). Die Initiative wurde vor wenigen Jahren vom befristeten Projekt zum unbefristeten Angebot weiter entwickelt.[42]

5.4 … Kommunen

Corporate Volunteering und das (private) bürgerschaftliche Engagement der Unternehmensmitarbeiter finden in der Regel vor Ort – am Standort, am Wohnort – statt.[43] Damit können die Kommunen auf verschiedenen Wegen zur Weiterentwicklung des Corporate Volunteering bei den Unternehmen in der Stadt beitragen (3WIN 2011, 2012a, 2012b).

Wenn der oder die (Ober-)Bürgermeister/in zu einer Veranstaltung ins Rathaus einlädt, bei der beispielhaftes Unternehmensengagement vorgestellt wird, dann kommen erfah-

[41] Nach meiner Wahrnehmung nimmt die Zahl der gemeinnützigen Organisationen zu, die sich für eine solche Engagementpartnerschft mit Unternehmen und ihren Mitarbeitern öffnen: Weil sie in der Vergangenheit unmittelbar entsprechende gute Erfahrungen sammeln konnten oder weil sie durch gute Erfahrungen anderer aufgeschlossen(er) werden.

[42] www.gemeinsam-gewinnen.org (30.03.16).

[43] „Engagement hat einen lokalen Bezug. Das freiwillige Engagement in Deutschland richtet sich in erster Linie auf die Wohnregion; Engagement mit Bezug auf eine andere Region in Deutschland, in Europa oder außerhalb Europas findet vergleichsweise seltener statt." (BMFSFJ 2016, S. 295). Diese Gewichtung lässt sich auch bei dem von Unternehmen organisierten Mitarbeiterengagement beobachten.

rungsgemäß auch Unternehmensvertreter, die mit dem Thema gar nicht so viel anfangen können. Am Ende gehen dann einige mit einer Engagementidee für ihr Unternehmen nach Hause.

Die Stadt kann Engagementnetzwerke und Arbeitsgruppen für Unternehmensengagements anregen oder organisieren, in deren Rahmen die teilnehmenden Unternehmen Maßnahmen zur Engagementförderung entwickeln. Die Umsetzung dieser Fördermaßnahmen kann dann auch durch die Unternehmen selbst erfolgen, wie die AG Unternehmensengagement des Kölner Netzwerk Bürgerengagement gezeigt hat (AG Unternehmensengagement 2010).

Die Stadtverwaltung kann schließlich selbst mit gutem Beispiel vorangehen und als „Unternehmen Stadt" Corporate Volunteering praktizieren.[44]

Weiter gehende Praktiken, die in anderen Ländern unter Bezeichnungen wie „Collective Impact" (Kania und Kramer 2011) bzw. „Gemeinsam wirken" (3WIN 2012a) oder „Local Strategic Partnership" bzw. „Lokale Problemlösungspartnerschaften" (3WIN 2011) verfolgt werden, sind in Deutschland noch wenig verbreitet. Sie könnten eine ganz neue, weiter reichende Qualität in die Entwicklung von „Corporate Volunteering" bringen: Es ginge nicht mehr nur um die Anregung von Engagement „irgendwie", sondern um die gemeinschaftliche, kooperative Bewältigung relevanter kommunaler Herausforderungen. In dem Maße, wie Unternehmen diese Herausforderungen als relevant für die eigene Entwicklung erkennen (Standortattraktivität für potenzielle Mitarbeiter, sozialer Zusammenhalt und demokratische Kultur im Marktumfeld u. a. m.), geht es für sie nicht mehr nur um allgemeine „Engagementförderung", sondern um konkrete Problemlösungen, zu denen sie mit ihrer Kompetenz und ihrem Personal beitragen können (z. B. 3WIN 2010).

6 Corporate Social Responsibility und Corporate Volunteering

Corporate Volunteering ist eine freiwillige Angelegenheit des Unternehmens und seiner MitarbeiterInnen. Niemand kann und sollte sie zu einem solchen gesellschaftlichen Engagement zwingen. Allerdings ergeben sich verschiedene Verbindungslinien zwischen dem Corporate Volunteering bzw. der Förderung des bürgerschaftlichen Mitarbeiterengagements einerseits und der Verantwortung von Unternehmen für die Auswirkungen ihrer Entscheidungen und Aktivitäten auf die Gesellschaft und die Umwelt andererseits (CSR-Verständnis gemäß der DIN ISO 26000: DIN 2010, S. 17), und zwar wenn

- sich das Unternehmen zur Corporate Volunteering-Aktivität entschließt,
- das Unternehmen mit seinen Entscheidungen und Aktivitäten das Engagement seiner Mitarbeiter fördert oder behindert,
- das Unternehmen sich seiner Verantwortung und seinen Möglichkeiten bei der Bewältigung gesellschaftlicher Herausforderungen stellt.

[44] Zum Beispiel das Corporate-Volunteering-Programm „StadtAktiv" der Kölner Stadtverwaltung: www.stadt-koeln.de/leben-in-koeln/soziales/ehrenamt-engagement/stadtaktiv (30.03.16).

6.1 Verantwortliches Corporate Volunteering

Corporate Volunteering-Aktivitäten finden in der Regel für, bei oder mit gemeinnützigen Organisationen statt. In diesem Verhältnis stellt sich nicht selten die Machtfrage: Wer bestimmt, wo es (mit dem Engagement) lang geht? Das Bestreben um die „gemeinsame Augenhöhe", den gegenseitigen Respekt und eine Ausgestaltung des Engagements, die dem gemeinnützigen Anliegen und nicht (nur) dem Unternehmensinteresse gerecht wird, liegt (auch) in der Verantwortung des engagierten Unternehmens.

So manche Unternehmensvertreter haben bei solchen Engagements eine ganze Weile gebraucht, bevor sie z. B. ihre Überheblichkeit gegenüber der gemeinnützigen Seite ablegen und wahrnehmen konnten, dass ihr Gegenüber ebenfalls hochprofessionell und hochkompetent ist – allerdings in einem wesentlich anderen Themen- und Anforderungsfeld als das gewerbliche Unternehmen. Und: Die Vorstellung von Unternehmen, was gut für das Gemeinwohl ist, entspricht nicht immer den realen Gegebenheiten. Hier sollte auch die Sichtweise des gemeinnützigen Partners gefragt sein.

Also: Corporate Volunteering ist nicht „der geschenkte Gaul, dem man nicht ins Maul schaut", sondern eine Intervention in ein gesellschaftliches Handlungsfeld, die auch dann verantwortungsvoll erfolgen muss, wenn sie unentgeltlich erfolgt.

6.2 Engagementförderer oder -verhinderer

Bislang wird Corporate Volunteering und die Unterstützung des bürgerschaftlichen Mitarbeiterengagements durch das Unternehmen vor allem als Ausdruck seines gesellschaftlichen Engagements betrachtet. Kaum wahrgenommen wird die engagementfördernde Infrastrukturleistung, die heute schon einzelne Großunternehmen erbringen und die an Umfang und Bedeutung zunehmen könnten und sollten.

Wenn bislang von engagementfördernden Infrastrukturen die Rede ist, dann sind damit meist die Freiwilligenagenturen, Seniorenbüros, Selbsthilfekontaktstellen, Mehrgenerationenhäuser und Bürgerstiftungen gemeint (Generali Zukunftsfonds 2015, S. 4). Wesentliche engagementfördernde Leistung dieser Institutionen ist das Angebot und die Vermittlung von Engagementgelegenheiten, mit denen interessierte Menschen jeden Alters und Herkunft Anregungen für den Einstieg oder die Weiterentwicklung ihres bürgerschaftlichen Engagements erhalten. Große Unternehmen wie Generali[45], die Telekom[46] oder die Deutsche Post DHL[47] leisten ähnliches mit ihren Engagementdatenbanken im Intranet oder dem Angebot von Freiwilligentagen, an denen sich Mitarbeiter freiwillig beteiligen

[45] www.zukunftsfonds.generali-deutschland.de/foerderpraxis/mitarbeiterengagement/ (30.03.16).

[46] www.telekom.com/verantwortung/gesellschaftliche-verantwortung/engagement-at-telekom/24360 (30.03.16).

[47] www.dpdhl.com/content/dpdhl/de/verantwortung/gesellschaftliches_engagement/lokales_engagement/global_volunteer_day.html (30.03.16).

und so manches Mal erste Engagementerfahrungen im gemeinnützigen Sektor sammeln können.

Eine solche engagementförderliche Leistung kann im Grunde jedes noch so kleine Unternehmen mit wenig Aufwand erbringen – sofern es eine positive Einstellung zum bürgerschaftlichen Engagement seiner Mitarbeiter hat: Als Einstieg kann hier schon der Hinweis auf die nächstgelegene Freiwilligenagentur mit ihren Engagementangeboten dienen – im Intranet, am Schwarzen Brett, bei einer Betriebsversammlung oder anderen passenden Gelegenheiten.

Neben dieser positiven lässt sich aber auch die negative Tendenz beobachten, dass Unternehmen durch die Verdichtung, Ausdehnung und Flexibilisierung von Arbeitszeiten zunehmend die für das bürgerschaftliche Engagement erforderliche (regelmäßige) Freizeit ihrer Mitarbeiter okkupieren. Auf dieses Problem wurde z. B. kürzlich in einer Erhebung zur Situation des Bürgerengagements in Wolfsburg hingewiesen (VIS a VIS und FOGS 2015, S. 5).

Hier sind die entsprechenden Unternehmen gefordert, sich den Folgen ihres Handelns für die Gesellschaft (= Corporate Social Responsibility) zu stellen. Wenn sie als einzelnes Großunternehmen oder als Wirtschaftsbranche, diese Arbeits(zeit)entwicklung einfach geschehen lassen, dann tragen sie zum Zurückdrängen des Bürgerengagements zumindest im berufstätigen Teil der Bevölkerung bei. Und damit werden sie mitverantwortlich für ein Zerbröseln des „Kitts, der unsere Gesellschaft zusammenhält".

6.3 Gesellschaftliche und Unternehmensherausforderungen mit Corporate Volunteering adressieren

Die Reputation eines Unternehmens ist ziemlich schnell zerstört, während ihr Aufbau erst über eine längere Zeit gelingt. Diese Erfahrung müssen aktuell Unternehmen wie die Deutsche Bank oder VW machen. Vor diesem Hintergrund geben sich Unternehmen Leitbilder, Werte und Grundsätze oder eine Integrity Charta (wie z. B. die UniCredit Group[48]). Wenn diese Leitlinien, Werte und Regeln mehr wert sein sollen als das Papier, auf dem sie stehen, müssen sie von allen Mitarbeitern verinnerlicht und im beruflichen Alltag praktiziert werden. Ihre Vermittlung im Rahmen von Seminaren, Fortbildungen und Mitarbeitergesprächen ist sinnvoll aber nicht hinreichend. Neben der Praxis im beruflichen Alltag kommt hier das Corporate Volunteering bzw. die Förderung des bürgerschaftlichen Mitarbeiterengagements ins Spiel. Entlang des Leitlinien- und Wertekatalogs lassen sich in der Regel für einen wesentlichen Teil Engagementthemen und –formate identifizieren, die das Unternehmen als Corporate Volunteering initiieren oder beim privaten Bürgerengagement der Mitarbeiter fördern kann. Verbindet es diese Initiative bzw. diese Förderung

[48] Integrity Charter der UniCredit Group: www.hypovereinsbank.de/content/dam/hypovereinsbank/ueber-uns/pdf/unicredit_integrity-charter.pdf (30.03.2016).

explizit mit den Anliegen seiner „Integritätscharta“, kann dies zur bewussten Stärkung der „Integrität“ beitragen (exemplarisch dargestellt in: Schöffmann 2010).

Neben dieser Binnen- gibt es noch die Außenperspektive. Ein aktuelles Beispiel: Die Vereinten Nationen haben im September 2015 die „Sustainable Development Goals“ (SDGs)[49] im globalen Konsens verabschiedet: 17 Hauptziele mit 169 Teilzielen. Diese Ziele können als ein globaler Konsens darüber verstanden werden, wohin sich die Welt auf globaler, internationaler, nationaler (auch Deutschland) und lokaler Ebene in den nächsten 15 Jahren entwickeln will.

Diese SDGs bieten einerseits eine „Checkliste“ für Unternehmen, anhand derer sie ihre gesellschaftliche Verantwortung konkretisieren können: Bei welchen Zielen zählen sie zu den Problemverursachern? Wo können sie mit ihrem (ggf. zu verändernden) Kerngeschäft zu Problemlösern werden?

Darüber hinaus, so die Ergebnisse eines Unternehmensworkshops, benötigen viele dieser SDGs die Zivilgesellschaft, das bürgerschaftliche Engagement, damit sie erreicht werden können. Und hierzu zählt auch das gesellschaftliche Unternehmens- und Mitarbeiterengagement im Sinne des Corporate Volunteering (Schöffmann 2016).

Die SDGs können dem entsprechend eine gute Grundlage für Dialoge mit der Kommune, mit gemeinnützigen Organisationen und nicht zuletzt mit anderen Unternehmen bieten, um im weiter oben schon beschriebenen Sinne „gemeinsam zu wirken“ bzw. „lokale, regionale, nationale oder auch internationale Problemlösungspartnerschaften“[50] zu bilden.

7 Ausblick

Der Rückblick auf die Anfänge vor 20 Jahren und die aktuelle Situation in Deutschland zeigen, dass Corporate Volunteering keine vorübergehende Modeerscheinung ist. Die Praxis nimmt in der Unternehmenswelt mit einem eher allmählichen Wachstum zu, was manchen Beobachtern aus Politik und Wissenschaft enttäuschend langsam erscheint. Wenn man jedoch bedenkt, dass hier ein Kulturwandel stattfindet – sowohl bei den engagierten Unternehmen als auch bei den kooperierenden gemeinnützigen Organisationen –, dann erscheint die Geschwindigkeit zufriedenstellend. Es ist ein noch längst nicht abgeschlossenes Wachstum, das sich selbst in Zeiten der Finanzkrise um 2008 nicht zurückdrehen ließ.[51]

---

[49] sustainabledevelopment.un.org.

[50] In diesem Sinne hat sich auf internationaler Ebene die Unternehmensinitiative IMPACT2030 gegründet, die mit Corporate-Volunteering-Aktivitäten zur Verwirklichung der SDGs beitrag will: www.impact2030.com (30.03.16).

[51] „Die (2009) schwierige Wirtschaftssituation beeinflusst das aktuelle und geplante CV-Engagement nicht negativ.“ „Corporate Volunteering ist von der Krise nicht betroffen. Eher im Gegenteil – O-Ton: ‚Wann, wenn nicht jetzt!‘“ (VIS a VIS 2010b, S. 13).

Literatur

3WIN e. V. Institut für Bürgergesellschaft (2010) Gesellschaftliches Unternehmensengagement als Investition in Bildung, gesellschaftlichen Zusammenhalt und Stadtentwicklung. Ergebnisse einer Ideenerhebung. 3WIN, Köln

3WIN e. V. Institut für Bürgergesellschaft (2011) Neue gesellschaftliche Kooperationen und gesellschaftliches Unternehmensengagement auf kommunaler Ebene. Praxiserfahrungen aus Deutschland und Großbritannien. Autor: Dieter Schöffmann. 3WIN, Köln

3WIN e. V. Institut für Bürgergesellschaft (2012a) Gemeinsam wirken! Mit engagierten Unternehmensnetzwerken und sektorübergreifenden Kooperationen für ein prosperierendes Gemeinwesen. Autor: Dieter Schöffmann. 3WIN, Köln

3WIN e. V. Institut für Bürgergesellschaft (2012b) Gemeinsam wirken. Arbeitstagung zum Erfahrungsaustausch zwischen Kommunen: „Netzwerke und sektorübergreifende Kooperationen" in und für Kommunen, Köln, 15.05.2012. 3WIN, Köln

3WIN e. V. Institut für Bürgergesellschaft (2013) Das Mitarbeiterengagement bei IBM und die Verbindungen zur Personalentwicklung. Interview mit Peter Kusterer. Interviewer: Dieter Schöffmann. Info Nr. 1/2013 der Initiative Personalentwicklung durch Engagement. 3WIN, Köln

3WIN e. V. Institut für Bürgergesellschaft (2014) Lernen in fremden Welten. Auszubildenden fachliche *und* soziale Kompetenzen vermitteln. Handreichung für Verantwortliche und Praktiker in der Ausbildung. AutorInnen: Sandra Przybylski, Dieter Schöffmann. 3WIN, Köln

AG Unternehmensengagement des Kölner Netzwerks Bürgerengagement (2010) Gesellschaftliches Unternehmensengagement anregen und veröffentlichen. Erfahrungen und Perspektiven in Köln. Stadt Köln, Köln (Konzept & Text: VIS a VIS Agentur für Kommunikation GmbH)

AmCham – Amercian Chamber of Commerce in Germany, Roland Berger Strategy Consultants (2011) Corporate Volunteering in Deutschland. Ergebnisse einer Befragung von Unternehmen in Deutschland. AmCham Roland Berger, Frankfurt am Main

Bertelsmann Stiftung (Hrsg) (2007) Gute Geschäfte. Marktplatz für Unternehmen und Gemeinnützige. Leitfaden. Bertelsmann Stiftung, Gütersloh

Bertelsmann Stiftung (Hrsg) (2008) Grenzgänger, Pfadfinder, Arrangeure. Mittlerorganisationen zwischen Unternehmen und Gemeinwohlorganisationen. Bertelsmann Stiftung, Gütersloh

BMFSFJ – Bundesministerium für Familie, Senioren, Frauen und Jugend (2001) Unternehmen und Gesellschaft. Praxisbeispiele vom unternehmerischen Bürgerengagement mittels Personaleinsatz bis zu Projekteinsätzen in sozialen Aufgabenfeldern als Teil der Personalentwicklung Dokumentation im Auftrag des Bundesministeriums für Familie, Senioren, Frauen und Jugend. BMFSFJ, Bonn

BMFSFJ – Bundesministerium für Familie, Senioren, Frauen und Jugend (2016) Freiwilliges Engagement in Deutschland. Der Deutsche Freiwilligensurvey 2014. BMFSFJ, Berlin

Deutscher Bundestag (2012) Erster Engagementbericht – Für eine Kultur der Mitverantwortung. Bericht der Sachverständigenkommisson und Stellungnahme der Bundesregierung. Drucksache 17/10580. Deutscher Bundestag, Berlin

DIN Deutsches Institut für Normung e. V. (2010) Leitfaden zur gesellschaftlichen Verantwortung (ISO 26000:2010). Beuth, Berlin

Enquete-Kommission „Zukunft des Bürgerschaftlichen Engagements" (2002) Bericht. Bürgerschaftliches Engagement: auf dem Weg in eine zukunftsfähige Bürgergesellschaft. Leske + Budrich, Opladen

Generali Zukunftsfonds (2015) Generali Engagementatlas 2015. Rolle und Perspektiven Engagement unterstützender Einrichtungen in Deutschland. Generali, Köln

Geschäftsstelle Internationales Jahr der Freiwilligen im Deutschen Verein für öffentliche und private Fürsorge (2002) Bericht zum Internationalen Jahr der Freiwilligen. Geschäftsstelle Internationales Jahr der Freiwilligen, Frankfurt

Halley D (1999) Employee Community Involvement – Gemeinnütziges Arbeitnehmerengagement. Ein vollständiger Leitfaden für Arbeitgeber, Arbeitnehmer und gemeinnützige Organisationen. Herausgegeben von Fundus – Netz für Bürgerengagement. fundus, Köln

Janning H, Bartjes H (1999) Ehrenamt und Wirtschaft. Internationale Beispiele bürgerschaftlichen Engagements der Wirtschaft. Robert Bosch Stiftung, Stuttgart

Kania J, Kramer M (2011) Collective Impact. Stanford Social Innovation Review 9(1):36–41

Mutz G, Korfmacher S (2000) Das Projekt Switch. Ein 'take off' für bürgerschaftliches Engagement. Voraussetzungen, Erfahrungen, Empfehlungen. Forschungsbericht an die Siemens AG. mISS – Munich Institute for Social Science – Interkulturelle Wirtschafts- und Arbeitssoziologie, München

Rollin J (2008) Alternativen zum Mittler: verbandliche Engagementangebote an Unternehmen am Beispiel der Initiative „gemeinsam gewinnen". In: Bertelsmann Stiftung (Hrsg) Grenzgänger, Pfadfinder, Arrangeure. Mittlerorganisationen zwischen Unternehmen und Gemeinwohlorganisationen. Bertelsmann Stiftung, Gütersloh

Schöffmann D (Hrsg) (2001a) Wenn alle gewinnen. Bürgerschaftliches Engagement von Unternehmen. edition Körber-Stiftung, Hamburg

Schöffmann D (2001b) Corporate Volunteering. Gelebte Unternehmensverantwortung. In: Schöffmann D (Hrsg) (2001): Wenn alle gewinnen. Bürgerschaftliches Engagement von Unternehmen. edition Körber-Stiftung, Hamburg, S 11–22

Schöffmann D (2001c) Do it yourself. Anregungen für interessierte Unternehmen. In: Schöffmann D (Hrsg) Wenn alle gewinnen. Bürgerschaftliches Engagement von Unternehmen. edition Körber-Stiftung, Hamburg, S 105–146

Schöffmann D (2010) Corporate Citizen-Engagement – ein Beitrag zum Identitäts- und Risikomanagement. In: Braun S (Hrsg) Gesellschaftliches Engagement von Unternehmen. Der deutsche Weg im internationalen Kontext. VS, Wiesbaden

Schöffmann D (2014) Unternehmen und Gemeinnützige – Kooperation für das Gemeinwohl. Entwicklungspotenziale und Erfolgsfaktoren für Partnerschaften zwischen gemeinnützigen Organisationen und Wirtschaftsunternehmen. In: Nolting T, Wolter U (Hrsg) Nutzen für alle – Corporate Volunteering in Kirche und christlicher Wohlfahrt. Diakonisches Werk, Düsseldorf

Schöffmann D (2016) Die Sustainable Development Goals und mögliche Beiträge gesellschaftlich engagierter Unternehmen und ihrer Mitarbeiterinnen und Mitarbeiter. Dokumentation des Unternehmensworkshops vom 13. Januar 2016 mit weiter führenden konzeptionellen Empfehlungen. VIS a VIS, Köln

Stoessel A (2002) Corporate-Volonteering. Einblick in eine fremde Welt. managerSeminare, Heft 52, S 86–98

VIS a VIS Agentur für Kommunikation GmbH (2001) Marketing- und Machbarkeitsstudie „Corporate Volunteering in Deutschland und Köln“ durchgeführt in Zusammenarbeit mit der Kölner Freiwilligen Agentur e. V., gefördert von der Körber-Stiftung. VIS a VIS, Hamburg Köln

VIS a VIS Agentur für Kommunikation GmbH (2010a) Unternehmen in der Gesellschaft. Engagement mit Kompetenz und Personal – Praxisbeispiele. VIS a VIS, Köln

VIS a VIS Agentur für Kommunikation GmbH (2010b) Corporate Volunteering: gesellschaftliches Unternehmensengagement mit Kompetenz und Personal – Aktuelle Praxis bei Großunternehmen. Ergebnisse einer 2009 durchgeführten Studie. VIS a VIS, Köln

VIS a VIS, Schöffmann D, FOGS GmbH (2015) Förderkonzept für bürgerschaftliches Engagement in Wolfsburg. Strategie und Konzeption. VIS a VIS, Köln

Volksverein Mönchengladbach (2012) Bereichern Sie sich! Denn: Teilen macht reich. Der „Volksverein Mönchengladbach“: Ihr Partner für ein gemeinsames Handeln mit Gewinn. Volksverein, Mönchengladbach

Wolter U (2014) Unternehmensengagement bei der Diakonie in Düsseldorf: Erfahrungen in der Umsetzung und Perspektiven für die Zukunft. In: Nolting T, Wolter U (Hrsg) Nutzen für alle – Corporate Volunteering in Kirche und christlicher Wohlfahrt. Diakonisches Werk, Düsseldorf

Dieter Schöffmann ist Inhaber des Einzelunternehmens VIS a VIS Beratung – Konzepte – Projekte (für wirksame Maßnahmen in der Gesellschaft und für Bürgerengagement – visavis-wirkt.de) und seit 1990 selbstständig (bis 2014 als Gesellschaftergeschäftsführer der VIS a VIS Agentur für Kommunikation GmbH). Seit über 15 Jahren berät er Unternehmen, gemeinnützige Organisationen und die Öffentliche Hand zu Aspekten des Corporate-Citizenship- bzw. -Volunteering-Engagements sowie der Anregung und Ausgestaltung von Engagement- und Problemlösungspartnerschaften. Aus dem Corporate-Citizenship-Engagement der VIS a VIS Agentur ist 2008 der gemeinnützige Verein 3WIN e.V. Institut für Bürgergesellschaft (3win-institut.de) hervorgegangen, dessen Vorsitzender der Autor ist. Bis heute wird 3WIN durch Pro-bono-Leistungen von VIS a VIS unterstützt.

Formate, Akteure, Praxis: Zum Stand von Corporate Volunteering

Reinhard Lang und Ellen Sturm

Fast alle Unternehmen in Deutschland sind als „Corporate Citizens" auf die ein oder andere Weise in ihrem Umfeld engagiert, zwischen 50 und 80 % im Bereich Corporate Volunteering (Deutscher Bundestag 2012, S. 355 ff.; AmCham und Roland Berger 2011, S. 7). Die folgenden Beispiele aus den letzten Jahren zeigen die Vielfalt der Ansätze und Aktivitäten, die sich heute herausgebildet hat.

- Alle Auszubildenden von ArcelorMittal Eisenhüttenstadt arbeiten im Rahmen ihrer Ausbildung für zwei Wochen in einer sozialen Organisation am Standort mit.
- Die Belegschaft von Telefónica Germany kann innerhalb der bezahlten Arbeitszeit über zwei „Soziale Tage" für individuelles bürgerschaftliches Engagement verfügen und im Programm „Think Big" vom Unternehmen geförderte Jugendinitiativen begleiten.
- Mitarbeitende der Commerzbank engagieren sich in einem vom Unternehmen organisierten Programm mit eigener Zeit als Bildungspaten für benachteiligte Jugendliche und werden dafür innerhalb der Arbeitszeit qualifiziert.
- Eine Vielzahl von Beschäftigten von SAP begleitet in dem vom Unternehmen maßgeblich geförderten social-impact-Programm neu gegründete Sozialunternehmen als Coaches mit ihrer Fachkompetenz bei der Organisations- bzw. Unternehmensentwicklung.

R. Lang (✉)
UPJ
Brunnenstraße 181, 10119 Berlin, Deutschland
E-Mail: reinhard.lang@upj.de

E. Sturm
UPJ
Brunnenstraße 181, 10119 Berlin, Deutschland
E-Mail: ellen.sturm@upj.de

S. Dreesbach-Bundy und B. Scheck (Hrsg.), *CSR und Corporate Volunteering*,
Management-Reihe Corporate Social Responsibility,
https://doi.org/10.1007/978-3-662-54092-3_5

- Anwältinnen und Anwälte der internationalen Kanzleien Freshfields und Linklaters unterstützen im Rahmen der Pro-bono-Rechtsberatung ihrer Firmen globale Menschenrechtsorganisationen, Expertinnen und Experten von Munich Re helfen einer internationalen Hilfsorganisation beim Risikomanagement und Fachpersonal für Logistik der Deutschen Post DHL Group beim Flughafenmanagement in internationalen Katastrophenfällen.
- In der Aktionswoche „Wiesbaden:Engagiert!“ sind jährlich über 1500 Mitarbeitende aus 150 lokalen Unternehmen einen Tag lang in gemeinnützigen Einrichtungen in ihrer Stadt aktiv, Unternehmen vor Ort übernehmen für mindestens ein Jahr „Wies-Paten“schaften für Fördergruppen Jugendlicher und engagieren sich gemeinsam als „Stadtteilpartner“ mit Zeit, Know-how, Kontakten und Logistik im einkommensärmsten Quartier der Stadt.
- Die gesamte Belegschaft von Dr. Ausbüttel, einem mittelständischen Familienunternehmen für Wundversorgung und Kompressionstherapie, spendet ein bis zwei Stunden Zeit pro Jahr für die Essensausgabe in einer Suppenküche, die das Unternehmen an jedem Öffnungstag im Jahr sicherstellt.
- Mit der Plattform „Companius“, funktionierenden Projektformaten und einer relevanten Geldspende unterstützt RWE das Engagement von Mitarbeitenden in der Freizeit. Companius macht dieses Engagement innerhalb und außerhalb des Unternehmens sichtbar und ermöglicht es, Kolleginnen und Kollegen für das eigene Projekt zu gewinnen.
- Über 100 internationale Nachwuchsführungskräfte von KPMG und das globale Topmanagement von Rolls Royce engagieren sich im Rahmen eines regulären mehrtägigen Meetings für einen Tag in Bildungs-, Umwelt- und Sozialorganisationen am Konferenzstandort.

Corporate Volunteering ist ohne Zweifel in Deutschland angekommen und entwickelt sich dynamisch. So vielfältig wie die genannten Beispiele, so vielfältig ist die aktuelle Praxis von großen, mittelständischen und kleinen Unternehmen. Nach der Etablierung von Corporate Volunteering im Rahmen von CSR- oder Corporate-Citizenship-Strategien in den letzten 10–15 Jahren sind derzeit sowohl die Verbreitung und Vertiefung als auch die weitere Ausdifferenzierung von Formaten und der dazugehörigen Kooperationsbeziehungen zu den gemeinnützigen „Einsatzstellen“ zu beobachten.

Im Folgenden geben wir einen Überblick über diese Entwicklung, wie sie sich vor dem Hintergrund unserer 15-jährigen Erfahrung mit der Begleitung vieler großer und mittelständischer Unternehmen bei der Entwicklung und Durchführung lokaler Corporate-Volunteering-Projekte wie bundesweiter Programme darstellt. Zu Beginn stellen wir das gängige Verständnis von Corporate Volunteering in Deutschland vor und ordnen das Instrument in den CSR- und Corporate-Citizenship-Baukasten ein. Etablierte Projektformate, mit Corporate Volunteering angestrebte Ziele und Benefits, die gemeinnützigen Kooperationspartner von Unternehmen und weitere Akteure im Feld sowie einige für die Umsetzung relevante Themen wie Freistellungen, formale Fragen, Stolpersteine sind die weiteren Schwerpunkte dieses Beitrags.

1 „Corporate Volunteering" – Definition und Einordnung

Dass sich Unternehmen mit Geld, Zeit, Sachleistungen, Logistik und ihren Kontakten für gemeinnützige Zwecke in ihrem Umfeld engagieren ist nicht neu. Das „Internationale Jahr der Freiwilligen" 2001 und die Arbeit der Enquetekommission des Deutschen Bundestages zur „Zukunft des bürgerschaftlichen Engagements" 1999–2002 (Deutscher Bundestag 2002) sowie erste Publikationen (Smith 1994; Westebbe und Logan 1995; Strachwitz 1995; Janning und Bartjes 1999; Damm und Lang 2001; Schöffmann 2001; Backhaus-Maul und Brühl 2003), Initiativen[1], Tagungen[2] und Studien (IHK-Koblenz 1988; BMFSFJ 2001; Seitz 2002) haben demgegenüber qualitativ und quantitativ bemerkenswerte Beispiele eines neuartigen Engagements von Unternehmen jenseits von Spende und Sponsoring in Großbritannien und den Niederlanden in den Blick gerückt. Seitdem hat sich das gesellschaftliche Engagement von Unternehmen in vielerlei Hinsicht ausdifferenziert und dabei auch Corporate Volunteering in Deutschland verbreitet.

Das traditionelle Engagement von Unternehmen mit finanziellen Mitteln ist nach wie vor am umfangreichsten. Doch die Ressourcen und Kompetenzen, die Unternehmen bei ihrem Engagement im Gemeinwesen heute einsetzen, sind wesentlich vielfältiger und nicht nur unter dem Gesichtspunkt gesellschaftlicher Wirkung, sondern auch unter quantitativen Gesichtspunkten oft sehr viel bedeutsamer: Neben Finanzmitteln, Dienstleistungen, Produkten und Logistik, Kontakten und Einfluss setzen Unternehmen mehr und mehr auch die Zeit und das Know-how ihrer Mitarbeiterinnen und Mitarbeiter als wertvolle Ressourcen für wirksame Engagementprojekte ein, die insbesondere die fachlichen und organisationsbezogenen Ziele der gemeinnützigen Partner sinnvoll ergänzen und unterstützen können.

Die Einbeziehung der Beschäftigten bietet eine aussichtsreiche Option, um gesellschaftliches Engagement in der Unternehmenskultur zu verankern, im Unternehmen „zu leben" und die Wirkung des Engagements durch das Einbringen der besonderen Kompetenzen eines Unternehmens zu steigern (Muthuri et al. 2006). „Corporate Volunteering" (auch „Employee Volunteering", „Mitarbeiterengagement") bezeichnet das gesellschaftliche Engagement eines *Unternehmens* mittels Zeit, Arbeitskraft, Know-how, Erfahrungen und den Netzwerken seiner Mitarbeitenden, die freiwillig innerhalb und außerhalb der Arbeitszeit in gemeinnützigen Organisationen aktiv werden und dabei signifikant durch ihr Unternehmen unterstützt werden.

Die Palette an Corporate-Volunteering-Aktivitäten reicht von punktuellen, kurzfristigen Engagements kleiner Teams, die der Einstieg in regelmäßige, längerfristigere und intensivere Kooperationen mit gemeinnützigen Organisationen (im Folgenden NPO für „Nonprofit-Organisationen") sein können, bis hin zur Freistellung einzelner Mitarbeite-

[1] Zum Beispiel der 1998 gegründete Corporate-Citizenship-Arbeitskreis mehrerer Dax-Unternehmen, die 1997 gegründete Stiftung Aktive Bürgerschaft als Kompetenzzentrum für Bürgerengagement der Volksbanken und Raiffeisenbanken, das 1996 gegründete UPJ-Netzwerk.

[2] Zum Beispiel das Symposium der Initiative „Freiheit und Verantwortung" von BDA, BDI, DIHK, ZdH und der Wirtschaftswoche, 2001 als Reaktion auf die Zunahme rechter Gewalt initiiert.

rinnen und Mitarbeiter für einen definierten Zeitraum. Die „überlassenen" Arbeitskräfte arbeiten im jeweils abgesteckten Rahmen in einer NPO mit und bringen ihre Zeit, Arbeitskraft und Kompetenzen in eine besondere Aufgabe der NPO ein und unterstützen deren Arbeit („einen Unterschied machen"). Die Unternehmen legen in diesem Rahmen in der Regel fest, zu welchen gesellschaftlichen Themen, für welche Zielgruppen, auf welche Weise und mit welchen weiteren Ressourcen das Mitarbeiterengagement gefördert werden soll. Zum Beispiel:

- Unterstützung des ehrenamtlichen Engagements von Mitarbeitenden in der Freizeit in sozialen, kulturellen, Bildungs- oder Umweltvereinen beispielsweise durch komplementäre Geldspenden, Auszeichnungen, interne Kommunikationsplattformen zur Gewinnung von Kolleginnen und Kollegen für ein Projekt.
- Engagement für eine NPO vom Arbeitsplatz aus in einem festgelegten Zeitrahmen (per Telefon, Mail, Skype oder sonstige digitale Kanäle) z. B. für das eigene Freizeitengagement (die Vorstandssitzung des Schulfördervereins organisieren) oder als „Micro-Volunteering" (einen „Brief gegen das Vergessen" für Amnesty International schreiben, Informationsmaterialien für Geflüchtete übersetzen etc.).
- Freistellungen für ein Engagement in einem definierten Rahmen in der Arbeitszeit – für die Freiwillige Feuerwehr, das Technische Hilfswerk, eine Vorlesung an der Hochschule, von Teams selbst organisierte „soziale Betriebsausflüge", zwei Tage/Jahr in einer selbst ausgewählten NPO (siehe unter Abschn. 5 „Freistellungen").
- Engagementeinsätze von Teams, Belegschaften oder speziellen Gruppen (Auszubildende, Führungskräfte etc.) im Rahmen einer Aktion des Unternehmens (Social Day, Make a Difference Day etc.) z. B. für Sozial-, Kultur-, Bildungs- oder Umweltprojekte.
- gezielte Entsendung von Führungskräften oder Mitarbeitenden mit speziellen Kompetenzen in Vorstände gemeinnütziger Vereine am Standort, in denen sich Fachkräftemangel und die demografische Entwicklung ebenfalls bemerkbar machen.
- Patenschaften/Mentoring für Adressaten einer NPO über einen angemessenen Zeitraum hinweg – z. B. bei der Sprachförderung junger Geflüchteter, dem Übergang von der Schule in den Beruf oder von Mitarbeitenden der NPO wie etwa dem Coaching von Schulleiter/innen in Führungsfragen.
- Secondments, Social Sabbaticals: Einsatz qualifizierter Beschäftigter in einer gemeinnützigen Organisation über einen gewissen Zeitraum hinweg, um dort eine spezielle Aufgabe zu erledigen – die Beispiele reichen von fünf Tagen am Stück, über ein- bis zweiwöchige „Seitenwechsel" und vier- bis sechswöchige Kompetenz-Transfer-Einsätze in NPO, bis hin zu zweijährigen „Abordnungen" oder der Unterstützung von entsprechenden Sabbaticals.[3]

Üblicherweise beschränken sich Unternehmen beim Mitarbeiterengagement nicht auf den Einsatz von Zeit. Vielmehr setzen sie ergänzend auch weitere Ressourcen ein. Das

[3] Beispiele für nationale und internationale Secondmentprogramme siehe z. B. http://bit.ly/1psFa6B.

können Finanzmittel sein, um Kosten zu decken, die unmittelbar mit einem Corporate-Volunteering-Einsatz verbunden sind (z. B. Material- und Verpflegungskosten bei einem Teameinsatz in einer Organisation), Produkte, Dienstleistungen oder Infrastruktur in Probono-Projekten oder Kontakte und Einfluss beispielsweise für die Gewinnung weiterer Freiwilliger für das Anliegen der Organisation.

1.1 Verbreitung

Aktuelle Zahlen zu den Ausprägungen von Corporate Volunteering in Deutschland sind uns nicht bekannt. Die meisten Studien zum Thema geben Aufschluss zur Verbreitung, sind allerdings schon etwas älter, für manche Aspekte gibt es bislang noch keine Untersuchung. Hier besteht eindeutig Handlungsbedarf[4]. Die „gefühlte" Einschätzung auf der Grundlage unserer praktischen Erfahrung in der Netzwerkarbeit und der Begleitung von Unternehmen deckt sich aber mit den Aussagen der meisten bislang vorliegenden Studien.

- Demnach tun es immer mehr große wie mittelständische und kleine Unternehmen jeder Branche. Dienstleister sind etwas mehr aktiv als Handel, Handwerk und Industrie, die größeren Unternehmen fast alle und mit umfangreicheren Programmen als der Mittelstand sowie mit definierten internen Verantwortlichkeiten und Kapazitäten.
- An Corporate-Volunteering-Projekten beteiligen sich Mitarbeitende aller Funktionsbereiche – in etwa dieser Reihenfolge: interne organisatorische Beschäftigte, fachliche Mitarbeitende, Führungskräfte und – leider noch sehr wenig aktiv – das Topmanagement (AmCham und Roland Berger 2011).
- Bildung, Sport, Soziales/Integration, Kunst/Kultur, Hochschule/Forschung, Gesundheit, Umwelt, Katastrophen- und Entwicklungshilfe – die in den Studien mal in dieser und mal in einer anderen Reihenfolge genannten Themen umfassen nahezu alle Bereiche. Unser Eindruck ist, dass die klassischen sozialen Themen und Zielgruppen (benachteiligte Jugendliche, Menschen in schwierigen Lebenslagen), bei denen der Bedarf an Engagement unmittelbar einleuchtet und erfahren werden kann, diejenigen mit dem meisten Mitarbeiterengagement sind.
- Eine weit verbreitete Form des Mitarbeiterengagements sind (noch) eher kurzfristige (Tages-)Einsätze von Teams mit 8–12 Mitarbeitenden, die gleichwohl relevante Ergebnisse erzielen können. Hier haben sich mehrere Varianten herausgebildet: viele Teams in vielen Projekten an einem oder mehreren Standorten an einem Tag, innerhalb eines definierten Zeitraums oder über das Jahr verteilt, manchmal nur zu einem spezifischen Thema (z. B. Bildung, Wasser, Integration); ein Tag, ein Team, ein Projekt, aber mit vielen Mitarbeitenden; viele Teams in vielen Projekten an einem Tag an einem Standort im Rahmen einer Veranstaltung.

[4] Eine Praxis-Studie zum Status Quo planen wir für 2017, unterstützt durch das BMFSFJ.

- Ebenfalls weit verbreitet – vor allem bei KMU – aber in den Studien selten erfasst oder weniger offensiv kommuniziert, ist das Engagement der Beschäftigten für die freiwillige Feuerwehr, das Technische Hilfswerk, das Rote Kreuz o. ä. und ihre Freistellung dafür in der Arbeitszeit.
- All business is local – das gilt auch für die praktische Relevanz des gesellschaftlichen Engagements von Unternehmen. Corporate-Volunteering-Projekte haben einen regionalen Fokus, nur wenige Unternehmen engagieren sich in nationalen oder internationalen CV-Projekten.

Die eingangs genannten Beispiele zeigen aber, dass hier Bewegung im Feld ist und sich für alle Ausprägungen Projekte von Unternehmen in jedem Segment finden lassen. Wir gehen davon aus, dass nach der Phase des Experimentierens mit diesen neuen Engagementformen nun die Verbreitung, Vertiefung und Verankerung der bislang gewonnenen Erfahrungen in der Praxis begonnen hat. Rasant beschleunigt wird diese Entwicklung sicher durch das große spontane Engagement für geflüchtete Menschen seit letztem Sommer, an dem sich natürlich auch Unternehmen beteiligen. Bis dato eher „zähe" Themen wie Freistellungen – zum Beispiel für Patenschaften – oder die Frage, ob ein Unternehmen das Engagement von Mitarbeiter/innen in der Freizeit unterstützen sollte, sind in kurzer Zeit durch die offenkundige Wirksamkeit eines solchen Engagements in vielen Betrieben zu selbstverständlichen Antworten auf eine drängende gesellschaftliche Herausforderung geworden.

Verbreitung in Zivilgesellschaft und Kommunen
Auch auf Seiten der NPO – unverzichtbare Partner gesellschaftlich engagierter Unternehmen für alle Anliegen im Gemeinwesen, auf die Corporate Volunteering „einzahlt" – ist diese Bewegung sichtbar. Nachdem in den letzten 20 Jahren die Einbindung Ehrenamtlicher in den Organisationen und Verbänden deutlich professionalisiert und in vielen NPO ein Freiwilligenmanagement eingeführt wurde, setzt sich hier die Erkenntnis durch, dass Unternehmen mehr zu bieten haben als den zwar weiterhin sehr willkommenen, aber eher passiven Scheck (Lang und Sturm 2015; Lang und Dresewski 2010; siehe auch den Beitrag von Birgit Kretz in diesem Band: „Das Team Türen Öffnen in Nürnberg – Zusammenarbeit fördern, Gemeinwohl stärken"). Zur Verbreitung von Corporate Volunteering in zivilgesellschaftlichen Organisationen, Städten und Gemeinden gibt es leider noch keinerlei Daten. Es ist allerdings zu beobachten, dass mittlerweile viele größere und große NPOs, Wohlfahrtsverbände und Charityorganisationen als Ergänzung ihres Fundraisingportfolios neue Konzepte zur Einbindung von Mitarbeiterteams entwickeln und entsprechende Corporate-Volunteering-Angebote auf ihren Internetseiten kommunizieren.

Mit der zunehmenden Sichtbarkeit bürgerschaftlichen Engagements und der gesellschaftlichen Anerkennung der Bedeutung einer aktiven Zivilgesellschaft für sozialen Zusammenhalt und ein funktionierendes Gemeinwesen – was im vergangenen Sommer beim Einsatz für die Aufnahme geflüchteter Menschen in ganz Deutschland eindrucksvoll deutlich wurde – wird auch sichtbar, dass Unternehmen mit der Förderung des Engagements ihrer Mitarbeitenden hier einen wichtigen Beitrag leisten können. Deshalb gehen wir von einer zunehmend aktiven Entwicklung von Konzepten und Angeboten für Mitarbeiterengagement im gemeinnützigen Sektor mit entsprechenden Konsequenzen für eine weitere dynamische Entwicklung auch von dieser Seite aus.

Engagementförderung Ein wichtiger Aspekt von Corporate Volunteering ist der damit verbundene Beitrag von Unternehmen zur Förderung bürgerschaftlichen Engagements: Unternehmen sind auch als „Vertriebsweg" bedeutsam, um bislang noch nicht engagierte Bürgerinnen und Bürger ganz praktisch darauf aufmerksam zu machen und ihnen erste Erfahrungen zu vermitteln. Viele Mitarbeitende kommen durch Corporate-Volunteering-Projekte ihres Unternehmens zum ersten Mal mit Ehrenamt und bürgerschaftlichem Engagement in Berührung – und nicht wenige bleiben anschließend auch in ihrer Freizeit aktiv. Die Förderung bürgerschaftlichen Engagements ist ein wichtiges gesellschaftspolitisches Feld (Stichwort z. B. „Willkommenskultur"), die Engagementförderung eine der wenigen echten Impactdimensionen, die Unternehmen im Rahmen ihrer Berichterstattung mit einer Kennzahl erfassen können.

Analog ist die Situation nach unserer Einschätzung im Bereich der Infrastruktur für Corporate Volunteering. Bund, Länder und Kommunen beginnen gerade, die Bedeutung sozialer Kooperationen von engagierten Unternehmen, NPOs und der öffentlichen Verwaltung für ein funktionierendes Gemeinwesen zu erkennen und in ihre Strategien zur Förderung bürgerschaftlichen Engagements und der dafür erforderlichen regionalen Infrastruktur aufzunehmen. Immerhin gibt es in ca. 75 % der Städte mit mehr als 100.000 Einwohnerinnen und Einwohnern und in ca. 25 % der Städte mit einer Einwohnerzahl unter 100.000 lokale Initiativen, die praktische Verbindungen zwischen Wirtschaft und Zivilgesellschaft herstellen und Corporate-Volunteering-Projekte initiieren (UPJ 2014). Gleichwohl ist die Verbreitung regionaler Mittler, die Unternehmen und NPOs bei der Durchführung von Projekten unterstützen und ihrerseits Corporate-Volunteering-Aktivitäten anregen, noch nicht in der Fläche angekommen (siehe auch unter Abschn. 4 „Kooperationspartner im Gemeinwesen").

1.2 Corporate Volunteering – Corporate Citizenship – CSR

Engagement ist immer an bestimmte gesellschaftliche Themen, Probleme und deren Bearbeitung gebunden. So ist in den letzten Jahren neben die tradierte Wertehaltung, nach der gesellschaftliches Engagement von Unternehmen quasi zum guten Ton gehört und im Großen und Ganzen still und selbstlos erfolgt, in mehr und mehr Unternehmen die Überzeugung getreten, dass die mit Themen wie sozialer Zusammenhalt, Integration, Bildung, Fachkräftemangel, intakte Umwelt, funktionierende soziale und kulturelle Infrastruktur, aktive Nachbarschaften, Engagement und Eigeninitiative verbundenen Entwicklungen in ihrem Umfeld relevant für eine positive Unternehmensentwicklung auch in den harten Bereichen sind, und sie auf diese Faktoren mit ihrem gesellschaftlichen Engagement gezielt Einfluss nehmen können.

„Corporate Citizenship" – die verantwortliche Unternehmensführung im CSR-Handlungsfeld Gemeinwesen – ist der Oberbegriff für ein solches Engagement von Unternehmen, die ihre gesellschaftsbezogenen Aktivitäten bündeln und strategisch auf übergeordnete Unternehmensziele in den gesellschaftlichen Bereichen, die für ein Unternehmen jeweils relevant sind, ausrichten (Nelius und Dresewski 2014; Enste et al. 2016). Dabei kooperieren sie in der Regel mit NPOs vor Ort, um eine in ihrem Sinne wünschenswerte Entwicklung in ihrem Umfeld mitzugestalten. Praktisch bedeutet das, dass nicht nur große, sondern auch kleine und mittelständische Unternehmen von ihrem Engagement im Gemeinwesen zunehmend einen gewissen Nutzen erwarten – für die Unternehmensentwicklung und die Steigerung ihrer Wettbewerbsfähigkeit ebenso wie für die Erweiterung der Funktions- bzw. Problemlösungsfähigkeit im Gemeinwesen – und dies als „Investment in die Attraktivität der Region" (Enste et al. 2016, S. 36) begreifen. Diesen Zusammenhang zwischen „Business Case" und „Social Case" stellt auch der Erste Engagementbericht (Deutscher Bundestag 2012) fest: 96 % der Unternehmen mit über 500 Beschäftigten und 63 % mit bis zu 50 Beschäftigten sind auf unterschiedliche Weise gesellschaftlich engagiert. Dieses Engagement ist zu 90 % an den Standort gebunden. 80 % geben an, dass sie lokale Akteure unterstützen, um ein funktionierendes Gemeinwesen zu stärken, etwa 70 % sind der Ansicht, dass ihr Engagement auch unternehmerische Ziele befördert.

In diesem Kontext ist auch Corporate Volunteering zu betrachten: Als Instrument im Corporate-Citizenship-Baukasten (zum „Corporate-Citizenship-Mix" siehe Dresewski,

Corporate Social Responsibility (CSR)
Beitrag von Unternehmen zu einer nachhaltigen Entwicklung
CSR-Handlungsfelder
Markt
Umwelt
Arbeitsplatz
Gemeinwesen
Corporate Citizenship
Lieferkette
Produktverantwortung
Anti-Korruption
Verbraucherschutz
Verantwortliches Marketing
Transparenz
Ausgegrenzte Kundensegmente
Faire Partnerschaft mit Geschäftspartnern
...
Klimaschutz
Ressourcen- und Energieverbrauch
Erneuerbare Energien
Abfall- und Gefahrstoffmanagement
Biodiversität
Umweltbewusstsein der Mitarbeiter
Umweltmanagement
...
Arbeitssicherheit, Gesundheitsschutz
Work-Life-Balance
Vielfalt, Chancengleichheit, Antidiskriminierung
Personalentwicklung
Arbeitnehmerrechte, Vorschlagswesen
Faire Bezahlung, Mitarbeiterbeteiligung
Menschenrechte
...
Unternehmensstiftungen, -spenden, Sponsoring
Cause Related Marketing
Auftragsvergabe an NPO
Corporate Volunteering
Joint Ventures
Lobbying
Soziales Risikokapital
...
Ökonomie
Ökologie
Soziales

Abb. 1 Corporate Volunteering und CSR. (© UPJ)

2004), das gegenüber dem tradierten, eher passiven Transfer zusätzlicher finanzieller Ressourcen auf eine aktive Beteiligung an der Bearbeitung gesellschaftlicher Aufgaben ausgerichtet ist, ist Corporate Volunteering Bestandteil eines sehr viel breiteren Konzepts gesellschaftlicher Verantwortung von Unternehmen.

„Corporate Social Responsibility“ (CSR) – die gesellschaftliche Verantwortung von Unternehmen oder: „Verantwortliche Unternehmensführung“ – wird als der Beitrag von Unternehmen zu einer nachhaltigen Entwicklung und gleichzeitig als Investition in die eigene Wettbewerbsfähigkeit verstanden (Nelius und Dresewski 2014; Europäische Kommission 2011; siehe auch Abb. 1). In der Praxis bedeutet dies die Wahrnehmung ökonomischer, ökologischer und sozialer Verantwortung in allen Bereichen der Unternehmenstätigkeit durch die aktive Gestaltung aller Schnittstellen eines Unternehmens zur Gesellschaft im Hinblick auf eine Verbesserung seiner ökonomischen, ökologischen und sozialen „Performance“: von der eigentlichen Geschäftstätigkeit, Produkten und dem Austausch mit Kunden und Zulieferern auf dem *Markt* über das Verhalten gegenüber den Mitarbeitenden am *Arbeitsplatz* bis zu ökologisch relevanten Aspekten der Unternehmenstätigkeit für die *Umwelt* und dem Austausch mit Anspruchsgruppen im *Gemeinwesen* (Corporate Citizenship). Das ist für Unternehmen zunehmend der handlungsleitende Rahmen ihres gesellschaftlichen Engagements – und somit auch für die Gestaltung von Corporate Volunteering.

2 Projektformate und -ziele

Für das Mitarbeiterengagement gibt es zahlreiche Anknüpfungspunkte. Gelingen – im Sinne der speziellen Balance von unternehmensbezogenem Business Case und gemeinwesenbezogenem Social Case – können Projekte dann, wenn es eine Schnittmenge gemeinsamer Zielstellungen und Interessen gibt, die Unternehmen und NPO mit verteilten Rollen und entsprechend ihrer jeweiligen Ressourcen und Kompetenzen in abgestimmten Maßnahmen verfolgen (mehr dazu in Lang und Dresewski 2010). Dabei werden im Idealfall Angebote, Gelegenheiten und Strukturen geschaffen, erweitert oder gefestigt, die die Belange der direkt oder indirekt beteiligten Akteure und den Standort voranbringen.

In der Praxis lassen sich a) eher ressourcenorientierte Ziele, b) auf die Verbesserung der konkreten Leistungserbringung der NPO bezogene Ziele und c) solche im Hinblick auf die Steigerung der organisationsbezogenen Kapazitäten und Kompetenzen der NPO unterscheiden, die mit drei Projektformaten verbunden sind:

2.1 Hands-on: Ressourcenorientierte Aktivprojekte

Im Vordergrund solcher Projekte steht die Zeit von Mitarbeiterinnen und Mitarbeitern als zusätzliche Ressource, die eine NPO durch den Einsatz von Zeit und Arbeitskraft auch ohne besondere Fachkenntnisse erhalten kann – beispielsweise bei Bau- oder Renovierungsaufgaben (Spielplatz, Jugend-/Senioreneinrichtung, Umzug des Kinderheims), bei der Unterstützung von Veranstaltungen z. B. der Jugendfeuerwehr, der Essensausgabe in Einrichtungen der Obdachlosen- oder Flüchtlingshilfe oder Spendensammlungen z. B. für die Aids-Hilfe. Auch wenn diese Form des Mitarbeiterengagements mit Blick auf die jeweilige „Kernkompetenz" eines Unternehmens, deren Einsatz manchmal als sehr viel „wirksamer" beschrieben wird, immer wieder einmal in der Kritik steht – Teilnehmende an Corporate-Volunteering-Einsätzen schätzen an solchen Projekten gerade die Andersartigkeit zur alltäglichen Arbeit am Arbeitsplatz, das Teamerlebnis, dass man am Abend sieht, was man geschafft hat, oder den Einblick in andere Lebenswelten vor der eigenen Haustür. Bei der gemeinsamen Arbeit mit Adressaten, Ehrenamtlichen und Hauptamtlichen der NPO erhalten sie einen Einblick in deren Arbeit und Rahmenbedingungen sowie in die Problemlagen der Adressaten, können ihren „sozialen Horizont" erweitern und das Projekt als unmittelbar sinnstiftend erleben.

Solche, in der Regel kurzfristigen Projekte von mehreren Stunden oder einem Tag, einmalig oder regelmäßig und meistens im Team sind sicher die Mehrzahl. Hier können viele Personen auch in größeren Gruppen aktiv werden, die Projekte lassen sich relativ einfach vorbereiten, entsprechende Bedarfe gibt es in vielen Organisationen. Für die NPO geht es dabei in erster Linie um die Erledigung von Aufgaben für die Verbesserung oder Absicherung ihrer Arbeit, die ansonsten nicht, nicht so schnell oder nicht auf diese Weise erledigt werden könnten.

Für viele Unternehmen sind solche Hands-on-Projekte der Einstieg in systematische Corporate-Volunteering-Aktivitäten (oft auch der Einstieg in die Befassung mit Corporate Citizenship oder CSR insgesamt), weil hier sehr niedrigschwellig relevante Erfahrungen im Hinblick beispielsweise auf Potenzial und Akzeptanz dieser Themen im Unternehmen, interne Prozesse, Sichtbarkeit und Skalierung wie für die Zusammenarbeit mit NPO gesammelt werden können. Aktivprojekte mit Teams werden als „Make a Difference Day" (wie bei KPMG – siehe den Beitrag von Claudia Frenzel in diesem Band) oder „Social Day" einmalig oder regelmäßig, an allen Standorten in einem definierten Zeitraum oder an einem Tag im gesamten Unternehmen, als Teil mehrtägiger Meetings, im Rahmen regulärer Teamaktivitäten, als Alternative zum Betriebsausflug oder als Teil der Ausbildung durchgeführt.

2.2 1:1-Begegnungsprojekte

Im Mittelpunkt steht hier der direkte Kontakt mit den Adressaten einer NPO, bei dem die Beziehungsqualität der Menschen aus unterschiedlichen Lebenswelten zusätzliche informelle Lernerfahrungen eröffnet, die die hauptamtlich erbrachten Leistungen der NPO sinnvoll ergänzen, verbessern, vertiefen oder um neue Angebote erweitern – und die manchmal auch Möglichkeiten für zeitintensive zwischenmenschliche Begegnungen schaffen, zu denen die hauptamtlichen Fachkräfte keine Zeit haben. Das passiert im Rahmen von eintägigen Teamprojekten, beim ein- bis zweiwöchigen „Seitenwechsel" oder als regelmäßiges stundenweises Engagement einzelner Beschäftigter über einen gewissen Zeitraum hinweg. In Begegnungsprojekten werden beispielsweise Ausflüge von Behinderten- oder Pflegeeinrichtungen begleitet, in Förderschulen vorgelesen, in der Bahnhofsmission Essen ausgegeben, in Mentoring- oder Patenschaftsprojekten benachteiligte junge Menschen beim Spracherwerb, beim Kennenlernen einer neuen Umgebung oder bei der Berufsorientierung unterstützt etc. Die dabei entstehenden Beziehungskonstellationen eröffnen einen Raum für informelles Lernen auf beiden „Seiten".

Projekte, die einmalig oder an einem Tag in relativ „einfachen" Settings durchgeführt werden, lassen sich gut vorbereiten. Bei längerfristigen Projekten ist eine Einführung oder Qualifizierung und Begleitung der Engagierten erforderlich. Entsprechende Bedarfe sind in vielen NPOs vorhanden. Um die besonderen Potenziale von Begegnungsprojekten für ihre Adressaten erschließen zu können, wünschen sich viele NPOs jedoch ein Commitment über einen längeren Zeitraum und eine verlässliche Regelmäßigkeit – die bei vielen Unternehmen (noch) an die Grenzen der gegebenen Rahmenbedingungen stößt. Je längerfristiger und qualifizierter das Engagement der Volunteers desto kleiner deren Zahl. In entsprechenden Programmen werden deshalb oft vom Unternehmen zur Verfügung gestellte Ressourcen (Freistellung, Projektmanagement, Qualifizierung) mit Beiträgen von Mitarbeitenden (Freizeit) kombiniert, um diese Regelmäßigkeit sicherzustellen und die hier in besonderer Weise gegebenen Potenziale zu heben.

2.3 Kompetenzprojekte

Wissen und Know-how sind auch für NPOs wichtige Ressourcen. Um ihr eigentliches Organisationsziel – die Erbringung qualitativ hochwertiger, effektiver und wirtschaftlicher Leistungen für ihre Adressaten – zu erreichen und ihre Wirksamkeit steigern zu können, sind sie auf eine regelmäßige Entwicklung ihrer Organisationsstrukturen, ihres Managements und ihres organisationsbezogenen Handlungsvermögens insgesamt angewiesen (Capacity Building). In auf diesen Bedarf ausgerichteten Kompetenzprojekten („Skills-based Volunteering") steht der Einsatz des betrieblichen Fachwissens der Volunteers für die NPO selbst im Mittelpunkt. Beispiele sind hier

- „Social Sabbaticals" einer wachsenden Zahl v. a. größerer Unternehmen zur Unterstützung der Organisationsentwicklung von Gemeinnützigen,
- „Kulturpaten"-Projekte, in denen v. a. Mittelständler pro bono für kulturelle Einrichtungen aktiv werden (http://leipzigerkulturpaten.de),
- Trainings vor allem im Bereich der Berufsorientierung und Arbeitsmarkteinmündung durch dafür besonders qualifizierte Mitarbeitende und Führungskräfte engagierter Unternehmen (https://joblinge.de)
- oder eine „Nachtschicht", bei der mittelständische und kleine Kreativunternehmen in „8 Überstunden für den guten Zweck" konkrete Kommunikations- und Gestaltungsaufgaben gemeinnütziger Organisationen erledigen (www.nachtschicht-berlin.de).

Grundsätzlich gibt es für Kompetenzprojekte folgende Anforderungen: Soll eine ganz konkrete Leistung erbracht werden oder will die Organisation Wissen erwerben und Kompetenzen aufbauen? Handelt es sich also um Aufgaben, die einmalig oder selten anfallen und die die NPO nicht selbst erledigen kann oder muss – oder geht es um Aufgaben, die immer wieder in der Organisation anfallen und die daher die Verankerung oder Erweiterung der entsprechenden Kompetenzen in der Organisation erfordern? Entlang dieser Fragen ergeben sich drei mögliche Varianten von Kompetenzprojekten, die jeweils unterschiedliche Anforderungen an Konzept und Durchführung stellen:

- „Pro-bono-Leistung“: Ein Unternehmen unterstützt eine NPO mit seinen kostenfreien Leistungen, die sonst den eigentlichen Geschäftszweck ausmachen (eine Kommunikationsagentur, eine IT-Firma oder eine Anwaltskanzlei überlassen einer NPO einzelne Unternehmensleistungen kostenfrei). Diese Kompetenzen können aber auch von internen Abteilungen zur Verfügung gestellt werden, indem z. B. eine Mitarbeiterin aus der Kommunikations-, IT- oder Rechtsabteilung ihre Expertise für die NPO einsetzt oder ein solcher Mitarbeiter über einen bestimmten Zeitraum in der NPO entsprechende Aufgaben übernimmt. Pro-bono-Leistungen werden vor allem bei Bedarf an temporärem und ganz speziellem Wissen eingesetzt. Das Unternehmen tritt dabei hauptsächlich als Dienstleister auf, Lerneffekte für die Organisation sind eher nachgeordnet.
- „Know-how-Transfer“: Wenn eine NPO Wissen und Kompetenzen für wiederkehrende oder neue Aufgaben benötigt, die notwendig sind, damit sie sich und ihre Leistungserbringung weiter entwickeln kann, ist es sinnvoll, dieses Wissen in der Organisation aufzubauen, statt es immer wieder neu einzukaufen. Diesen Kompetenzerwerb kann ein Unternehmen durch den Transfer seines eigenen (Fach-)Wissens unterstützen: Dies kann die Kernkompetenz des Unternehmens sein (ein IT-Unternehmen schult Mitarbeitende einer NPO für deren IT-Aufgaben, eine Steuerberaterin lernt den Kassenwart einer Initiative in der Buchhaltung an), dies kann aber ebenfalls Wissen sein, welches ein Unternehmen selbst intern vorhält (der IT-Mitarbeiter eines Bauunternehmens aus der Nachbarschaft gibt Unterstützung beim Aufbau des Computernetzwerkes und schult eine Mitarbeiterin der Organisation in der Netzwerkadministration, die Geschäftsführerin eines Unternehmens berät den Vorstand einer Organisation bei der Wahrnehmung seiner Aufgaben etc.). Die engagierten Mitarbeiter/innen agieren hier eher als „Coaches“, der Transfer und die Verankerung des neuen Wissens in der NPO stehen im Vordergrund.
- „Innovation“: Auch bei der Entwicklung eines neuen Angebots oder einer internen organisationsbezogenen Innovation der NPO können „Kompetenzspenden“ wertvoll sein und die Organisation mit (kombinierten) Pro-bono- und Transfer-Leistungen in die Lage versetzen, auf neuem Niveau weiterzumachen. Beispiele sind: die Generali-Versicherung und die Pflegeeinrichtung, die einen Fonds entwickeln, aus dem die Koordinationsaufgaben für die Ergänzung der Pflegekräfte durch Ehrenamtliche finanziert werden kann; die Personalabteilung von Tengelmann, die mit Patienten der Suchtklinik am Ort, die kurz vor ihrer Entlassung stehen, regelmäßig Bewerbungstrainings

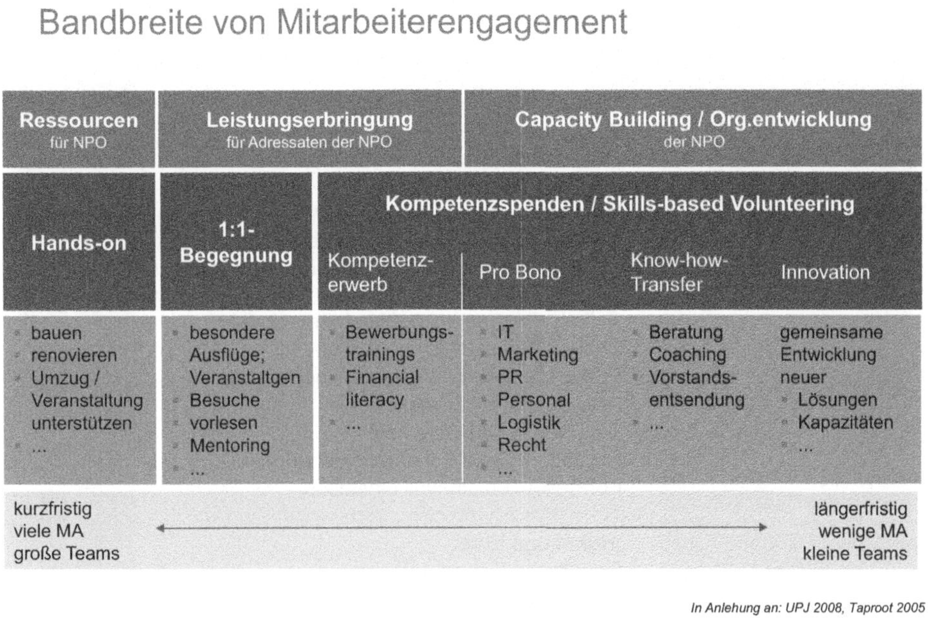

Abb. 2 Corporate Volunteering: Ziele und Formate. (© UPJ)

durchführt, damit sie sich frühzeitig auf den Weg in eine neue berufliche Perspektive vorbereiten können und der Klinik zu einem neuen Angebot verhilft; die IT-Firma VCAT, die für das Kindermusiktheater ein Onlinebestellsystem entwickelt und einführt.

Die Abb. 2 gibt einen Überblick über die genannten Formate, die damit verbundenen Zielebenen des Engagements sowie die Bandbreite möglicher Gruppengrößen und Zeithorizonte. In der systematischen Weiterentwicklung dieser Formate sehen wir die größten Entwicklungspotenziale für ein effektives Unternehmensengagement, bei dem Unternehmen und NPOs auch die größten Wirkungen für ihre jeweils eigenen wie für ihre gemeinsamen Anliegen erzielen können. Das setzt voraus, dass in vielen Unternehmen die diesen internen und externen Anliegen entsprechenden Rahmenbedingungen und in den Organisationen in erster Linie auf einen fachlichen Mehrwert ausgerichtete Konzepte (weiter-)entwickelt werden.

3 Nutzen und Ergebnisse

Corporate Volunteering ist sicher ein starkes Instrument, um die Wahrnehmung gesellschaftlicher Verantwortung eines Unternehmens sichtbar zu machen. Das Unternehmen ist mit seinen Beschäftigten quasi „persönlich“ vor Ort präsent, aktives Engagement und

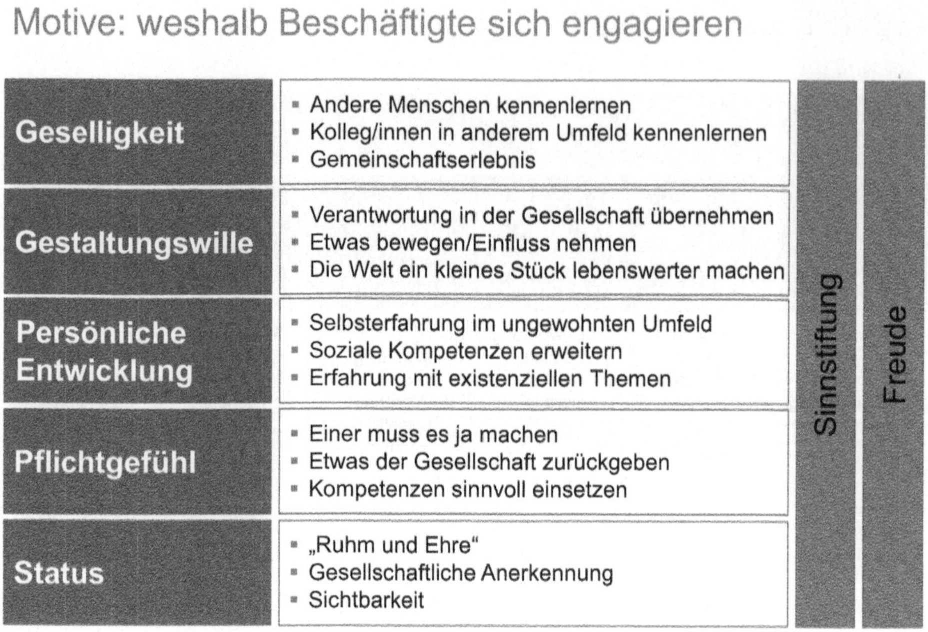
Motive: weshalb Beschäftigte sich engagieren
Geselligkeit
Andere Menschen kennenlernen
Kolleg/innen in anderem Umfeld kennenlernen
Gemeinschaftserlebnis
Gestaltungswille
Verantwortung in der Gesellschaft übernehmen
Etwas bewegen/Einfluss nehmen
Die Welt ein kleines Stück lebenswerter machen
Persönliche Entwicklung
Selbsterfahrung im ungewohnten Umfeld
Soziale Kompetenzen erweitern
Erfahrung mit existenziellen Themen
Pflichtgefühl
Einer muss es ja machen
Etwas der Gesellschaft zurückgeben
Kompetenzen sinnvoll einsetzen
Status
„Ruhm und Ehre"
Gesellschaftliche Anerkennung
Sichtbarkeit
Sinnstiftung
Freude

Abb. 3 Die Perspektive der Mitarbeiter/innen. (© UPJ)

die Rolle des Unternehmens werden zugleich intern deutlich. In der Literatur findet man darüber hinaus positive Effekte für Unternehmenskultur, Reputation, Arbeitgeberattraktivität, Mitarbeiterbindung, -gewinnung und -motivation, Teamfähigkeit, Kompetenzentwicklung, Zufriedenheit und Engagement im Job, die Erweiterung des sozialen Horizonts, die Überwindung von Barrieren zwischen Hierarchien und Abteilungen, Legitimation und Integration ins Umfeld (zur Perspektive der Mitarbeiter/innen siehe Abb. 3). In der Regel beruhen diese Ergebnisse auf Einschätzungen der Verantwortlichen in den befragten Unternehmen. Nur selten werden valide Messergebnisse zur Erreichung interner Ziele oder qualitative Studien zum Business Case von Corporate Volunteering erhoben (Corporate Citizenship 2010; Schank und Beschorner 2011; AmCham und Roland Berger 2011; Deloitte 2011; Boston College Center for Corporate Citizenship 2015; Emerging World 2015). Wir gehen jedoch davon aus, dass sich dies im Zuge der weiteren Verbreitung von Corporate Volunteering und damit auch einer wachsenden Aufmerksamkeit auf Seiten von Wissenschaft, Forschung und Politik ändern wird (siehe auch Ausführungen zu „Auswertung und Kommunikation" im Abschn. 3.3).

3.1 Verbindung zur Personalarbeit

Corporate Volunteering ist ebenfalls geeignet, um gesellschaftliche Themen wie zum Beispiel Demografie, lebenslanges Lernen, Pflege oder Mobilität, die zugleich auch Themen für die Personalarbeit oder die CSR-Strategie sind, ins Unternehmen „hineinzuholen", Lösungen zu erkunden und geeignete Partner für interne Programme kennenzulernen – wie im Falle des ProFamilia-Vereins, dessen Beratungsangebot mit Hilfe von Kompetenzspenden von SAP als Produkt profiliert und erprobt wurde und dabei sowohl bei SAP als dann auch in weiteren Unternehmen in der Region auf großen Bedarf in den Belegschaften gestoßen ist. In der Literatur wie im Feld wird hingegen die besondere Nähe zu Personal*entwicklungs*maßnahmen betont, die wir mit einem „Ja, aber..." etwas relativieren möchten:

- Corporate Volunteering ermöglicht den engagierten Mitarbeiterinnen und Mitarbeitern nur en passant, ihre Handlungskompetenz im Hinblick auf die sogenannten „weichen" Faktoren der Qualifizierung zu erweitern (informelles Lernen). Für soziale Kompetenz, Kommunikations- und Teamfähigkeit oder den Umgang mit diverser Kundschaft in ungewöhnlichen Situationen hat Corporate Volunteering auch unter Kostengesichtspunkten und in puncto Wirkung sicher etwas zu bieten (Corporate Citizenship 2010): Lernfelder, die ansonsten nur in Seminaren und ohne realen Kontakt zur gesellschaftlichen Wirklichkeit simuliert werden können. Das können Unternehmen zwar auch gezielt ansteuern (siehe z. B. die im Kapitel „Akteure" in diesem Band beschriebenen Programme), ein wirklicher Business Case lässt sich daraus u. E. jedoch nur ableiten, wenn das Programmdesign nach Art, Umfang und Dauer auch entsprechend gestaltet ist.
- Daneben gibt es systematische Organisations- und Personalentwicklungsmaßnahmen, die auf eine gezielte Entwicklung von Kompetenzen ausgerichtet sind – und dafür ganz bewusst gesellschaftliches Engagement in NPOs nutzen, was wir als „Engagementlernen" bezeichnen. Das auf dem Konzept „Lernen in fremden Lebenswelten" basierende Engagementlernen zeichnet sich im Unterschied zu Corporate-Volunteering-Programmen durch explizit formulierte Lernziele, ein lernzielbezogenes Design, eine Einbindung in Personalentwicklungsprogramme sowie eine professionelle Trainerbegleitung aus. Engagementlernen bietet Anknüpfungspunkte für alle Zielgruppen der Personalentwicklung und kann eine effektive Alternative zu traditionellen Trainingsmethoden sein.

Beide Formen ergänzen sich, Corporate Volunteering und Engagementlernen sollten aufgrund ihrer unterschiedlichen Anlage und Durchführung jedoch nicht vermischt werden, wie Stephan Koch in seinem Beitrag „Engagementlernen: Gesellschaftliches Engagement und Personalentwicklung verbinden" (in diesem Band) zeigt.

3.2 Beitrag zu neuen Problemlösungen

Neben den auf das Unternehmen gerichteten Zieldimensionen ist auch ein „funktionierendes Gemeinwesen" ein wesentlicher Teil des Business Case von Corporate Volunteering

(AmCham und Roland Berger 2011; Deutscher Bundestag 2012; IHK-München 2013; Enste et al. 2016). Realistische Ziele, eine professionelle Vorbereitung und Durchführung vorausgesetzt, sind es vor allem die gemeinnützigen Kooperationspartner, die dafür sorgen müssen, wie die spezifischen Beiträge engagierter Unternehmen eingesetzt werden, um ein „Mehr" an sinnvoller Leistung für die Adressaten und bessere Ergebnisse im Gemeinwesen zu erzielen. Dies entspricht dem grundsätzlichen Anliegen der Unternehmen, mit ihrem gesellschaftlichen Engagement möglichst wirkungsvoll zu neuen Lösungen beizutragen. Dieses „Mehr" kann dort entstehen, wo die (professionellen, regulären) Leistungen einer Organisation mit den spezifischen Ressourcen und Kompetenzen kombiniert werden, die *gerade Unternehmen* in Kooperationsprojekte einbringen können. Know-how, Zeit, persönliche Beziehung können NPO und ihren Adressaten zusätzliche Möglichkeiten sozialer Integration und neue Zugänge zu Bildung, Arbeit, Lernen und Begegnungen mit Personen aus anderen Lebenswelten u. v. m. eröffnen – sinnfällig z. B. in Mentoring- oder Patenschaftsprojekten. Voraussetzung für einen solchen qualitativ (und angesichts des Geldwerts mancher Corporate-Volunteering-Aktivitäten auch quantitativ) bedeutsamen Nutzen ist es, dass auch die Organisationen die Kooperation mit Unternehmen strategisch zur Unterstützung ihres „Kerngeschäfts" einsetzen und Unternehmen als relevante Akteure im Gemeinwesen betrachten.

Dieser u. E. wesentliche Punkt in der Konzipierung wirkungsvoller Mitarbeiterengagement-Projekte wie in der Auswahl geeigneter Partner und der Abstimmungen im Vorfeld steht nach unserer Beobachtung gegenüber den organisatorischen und Umsetzungsfragen derzeit noch etwas im Hintergrund. Beachtet werden sollte auch, dass die tatsächliche Reichweite eines Engagements, dessen Bedeutung für das jeweilige Projekt und die eingesetzten Ressourcen in einem realistischen Verhältnis zu den definierten Zielen und Maßnahmen stehen. Das ist derzeit noch nicht immer der Fall. Im Ergebnis erweitert ein gutes Corporate-Volunteering-Projekt die Problemlösungsfähigkeit der NPO und damit auch die Funktionsfähigkeit des Gemeinwesens, was sich wiederum positiv auf das Unternehmen auswirken soll. Grundsatz: Das Engagement des Unternehmens sollte einen „Unterschied" machen – auch wenn das kleine, aber wirksame und glaubwürdige Schritte sind.

3.3 Auswertung und Kommunikation

Auch im Hinblick auf die Feststellung, ob die anvisierten Ziele und Nutzendimensionen erreicht werden, gibt es u. E. noch Entwicklungsbedarf. Nur ein kleiner Teil der Unternehmen führt bislang systematische Auswertungen durch (AmCham und Roland Berger 2011; IHK-München 2013; Enste et al. 2016), sodass auch eine ergebnisorientierte Steuerung meist noch „aus dem Bauch" erfolgt. In der Regel werden Outputdimensionen erfasst und dokumentiert: die Anzahl aktiver Beschäftigter, deren prozentualer Anteil an der Belegschaft am Standort oder insgesamt, die Anzahl von Projekten, Organisationen und die Anzahl von erreichten Adressaten, das aufgewendete Zeitvolumen, die

Höhe der ergänzend eingesetzten Geldspenden, die Zielerreichung im Hinblick auf eine erfolgreiche Durchführung der Aufgabe in der NPO. Qualitative Dimensionen (wie beispielsweise Arbeitgeberattraktivität, Kompetenzzuwachs, Teamerlebnis, Engagement) werden vor allem in größeren Unternehmen mittels Feedbackfragebogen und Statements bei Mitarbeitenden, manchmal auch bei NPO und ggf. involvierten regionalen Mittlern, selten bei Kundinnen und Kunden sowie anderen Stakeholdern erhoben.

Damit einher geht auch eine gewisse Zurückhaltung bei der Kommunikation der Ergebnisse, die vor allem nach innen, selten aktiv nach außen, oft auch überhaupt nicht erfolgt (eine Zurückhaltung, die aus der Güte der Daten, aber auch aus einer Sensibilität gegenüber der Freiwilligkeit des Engagements der Mitarbeiterinnen und Mitarbeiter resultieren mag, das sich Unternehmen nicht als eigene Leistung zu eigen machen wollen). In Unternehmen, die über CSR berichten, werden Corporate-Volunteering-Ergebnisse im Rahmen der damit verbundenen Prozesse erfasst, wobei manchmal das „London Benchmarking Group Model" (http://www.lbg-online.net) oder die von der Bertelsmann Stiftung gemeinsam mit weiteren Expertinnen und Experten entwickelte „iooi-Methode" (input, outout, outcome, impact; Bertelsmann Stiftung 2010) als Orientierung dienen. Tatsächliche „impact"-Ergebnisse im Sinne herbeigeführter gesellschaftlicher Veränderungen sind nach unserer Einschätzung trotz der aktuellen Prominenz dieses Begriffs allerdings nur selten festzustellen oder gar in Kennzahlen abzubilden. Dafür ist zum einen die große Mehrzahl der Aktivitäten noch zu kurzfristig, zum anderen wird die Auswertung oft noch zu stiefmütterlich behandelt, um hier seriöse Aussagen treffen zu können. Im gegebenen Rahmen ist es allerdings möglich, das Augenmerk stärker auf die Entwicklung angemessener „outcome"-Indikatoren für die genannten Projektformate sowie geeignete Methoden zu ihrer Überprüfung zu richten.

4 Kooperationspartner im Gemeinwesen

Unternehmen, die sich im Gemeinwesen engagieren, brauchen kompetente Partner. Nonprofit-Organisationen – nichtstaatliche frei-gemeinnützige Vereine, Verbände, GmbHs, sowie Schulen, Hochschulen und andere Einrichtungen in öffentlicher Trägerschaft und der Kirchen – sind *die* Experten im Gemeinwesen für Bildung, Soziales, Jugendarbeit, Sport, Kultur, Umwelt, Menschenrechte, Entwicklungs- und Katastrophenhilfe. Ihre Einrichtungen und Dienstleistungen bilden die soziale und kulturelle Infrastruktur, in der das „Soziale Kapital" entsteht, das eine Gesellschaft zusammenhält, und in denen Corporate-Volunteering-Projekte durchgeführt werden. Je nach Ziel, angestrebter Reichweite, Format und Rahmen kommen jeweils unterschiedliche Organisationstypen als Kooperationspartner in Frage:

- spezialisierte, hochprofessionelle mittelständische soziale Dienstleistungsbetriebe,
- größere Einrichtungen nationaler Verbände mit unterschiedlichen Angeboten in mehreren Handlungsfeldern, in denen professionelle fachliche Arbeit mit ehrenamtlichem Engagement und privaten Ressourcen kombiniert wird,
- kleinere gemeinnützige Vereine und aktive Kirchengemeinden, die nur in einem oder wenigen Bereichen für eine bestimmte Zielgruppe mit aus öffentlichen Mitteln schlecht bezahlten, aber hochmotivierten und engagierten Teilzeitkräften aktiv sind,
- Initiativen und Selbsthilfegruppen, die sich ohne nennenswerte hauptamtliche Kapazitäten authentisch und hochkompetent für bestimmte Themen und Anliegen im Gemeinwesen engagieren,
- Einrichtungen der öffentlichen Hand, die in manchen Regionen und Quartieren eine Basisversorgung sichern und als Teil der Verwaltung mitunter nur wenig Spielraum im Einsatz ihrer Kapazitäten und der Ausrichtung ihrer Aktivitäten haben,
- sowie seit kurzem auch neu gegründete Organisationen und Gründungsinitiativen, die sich als „Sozialunternehmen" verstehen und mit teilweise neuen Angeboten und Geschäftsmodellen ebenfalls in den genannten Feldern aktiv sind.

Viele NPOs verstehen die Kooperation mit Unternehmen (noch) als Fundraisinginstrument, dies bestimmt ihr Verhältnis auch zum Mitarbeiterengagement. Die Finanzierung ihrer Arbeit erfolgt in großen Teilen auf gesetzlicher Grundlage aus Zuwendungen des Staates und mit Beiträgen der Sozialleistungsträger. Mit den enger werdenden finanziellen Spielräumen der öffentlichen Hand setzen NPOs immer öfter auch private Ressourcen ein (Priemer et al. 2015): Einnahmen aus Dienstleistungen für Dritte, Geld- und Sachspenden, Fördermittel privater Stiftungen, bürgerschaftliches Engagement Ehrenamtlicher und in allmählich wachsendem Umfang auch Ressourcen engagierter Unternehmen im Rahmen von Kooperationsprojekten. Dies gilt insbesondere für diejenigen Leistungen, für die eine Finanzierung nicht gesetzlich geboten ist, die aber gleichwohl für die soziale und kulturelle Infrastruktur im Gemeinwesen als „weiche Standortfaktoren" bedeutsam sind. Im Alltag müssen die Organisationen diese verschiedenen Ressourcen a) zusätzlich zu ihrem Kerngeschäft einwerben, b) für die Erbringung sinnvoller fachlicher Leistungen für ihre Adressaten miteinander kombinieren. Dies stellt komplexe Anforderungen an das Management gemeinnütziger Organisationen, das weitaus besser ist, als sein Ruf.

Corporate Volunteering kann (und sollte) hier also nicht als Ersatz, sondern als sinnvolle fachliche Ergänzung der anderweitig abgesicherten Basisaktivitäten einer Organisation, zur Unterstützung ihrer organisatorischen Kapazitäten oder zur Entwicklung und Erprobung einer (fachlichen oder innerorganisatorischen) Innovation gestaltet werden (zu deren Konzept jedoch auch ihre Verstetigung und Absicherung gehören muss). Diese Perspektive setzt sich allmählich auch im Nonprofitbereich durch (Lang und Dresewski 2010).

4.1 Regionale Mittler und Netzwerke

Für die Qualität und Wirksamkeit von Corporate Volunteering ist die Zusammenarbeit mit kompetenten und erfahrenen Mittlerorganisationen ratsam. Die meisten Unternehmen organisieren ihr Mitarbeiterengagement jedoch (noch) selbst und nehmen allenfalls die Unterstützung kommunaler Stellen in Anspruch (AmCham und Roland Berger 2011; Enste et al. 2016). Speziell bei der Recherche passender NPOs mit einem aktuellen Bedarf am jeweils spezifischen Angebot an Mitarbeiterengagement, aber auch bei der Konzipierung von Projekten, der Kontaktaufnahme zu NPOs, der Vorbereitung von Mitarbeitenden, der Organisation, Durchführung und Auswertung der Projekte ist die Unterstützung von Fachleuten hilfreich, die sich in ihrer Region auskennen, beide „Welten" verstehen und als Übersetzer oder Brückenbauer wertvolle Unterstützung leisten können – die aufgrund ihrer Erfahrungen aber auch dabei helfen, Projekte effektiv und effizient durchzuführen, an alles zu denken, Fehler zu vermeiden und Zeit zu sparen.

Bundesweit gibt es nur wenige erfahrene Organisationen, die wie das UPJ-Netzwerk lokal wie standortübergreifend große wie mittelständische Unternehmen bei der Entwicklung und Durchführung von Corporate Volunteering unterstützen. Regionale Mittlerorganisationen gibt es noch nicht flächendeckend, aber mittlerweile in den größeren Städten und Regionen[5]. Der größte Teil dieser Organisationen ist gemeinnützig und hat als sinnvolle Ergänzung ihres regulären gemeinnützigen Leistungsportfolios mittlerweile auch an der Schnittstelle von Wirtschaft und Gemeinwesen ein professionelles Angebot an Unternehmen aufgebaut (Bertelsmann Stiftung 2008). Als regionale Mittler für Corporate Volunteering aktiv sind hier vor allem Bürgerstiftungen, Freiwilligenagenturen, Wohlfahrtsverbände, Stiftungen und kommunale Stellen, sowie in manchen Handlungsfeldern auch thematisch fokussierte Organisationen und Netzwerke, die mit ihren spezifischen Gelegenheiten für Mitarbeiterengagement auch als Mittler in Frage kommen (einen Überblick über solche Netzwerke siehe in Lang und Sturm 2015, S. 67). Daneben machen an manchen Orten auch regional tätige kommerzielle Dienstleister aus dem Kommunikations-, Event- und Personalbereich entsprechende Angebote. Die Unterstützung durch Mittlerorganisationen ist in der Regel kostenpflichtig und muss im Rahmen üblicher Dienstleistungshonorare von Unternehmen bei der Budgetierung von Corporate-Volunteering-Aktivitäten ebenso mit eingeplant werden, wie die ergänzenden Spenden an die NPOs für die bei der Durchführung entstehenden Kosten (s. o.).

5 Organisation von Corporate Volunteering

Die Wirksamkeit im Hinblick auf die internen und externen Ziele von Corporate Volunteering steht und fällt nicht zuletzt mit dem Fit zur CSR-Strategie und den organisatorischen

[5] Siehe http://www.upj.de/Mittlernetzwerk.110.0.html sowie die Beiträge im Abschnitt „Mittler/Intermediäre und Netzwerke" in diesem Buch und den Beitrag von Ellen Sturm in diesem Band.

Rahmenbedingungen in den Unternehmen. Auch hierzu ein Überblick über einige praktisch relevante Aspekte und Stolpersteine:

Zuständigkeit und Koordination

Der organisatorische Rahmen in den Unternehmen erstreckt sich derzeit von der zeitweisen Zuständigkeit für die Organisation des ersten Volunteeringprojekts im Büro der Geschäftsführung über die Ansiedlung definierter Stundenkontingente bei Kommunikation, Public Affairs oder Personal und Komitees mit Projektverantwortlichen aus unterschiedlichen Abteilungen bis zur CSR-Abteilung mit mehreren Kolleginnen und Kollegen, die auch für die Entwicklung, Durchführung und Weiterentwicklung von Corporate-Volunteering-Programmen verantwortlich sind und dafür über feste Budgets verfügen können (AmCham und Roland Berger 2011; Enste et al. 2016). In den großen Unternehmen sind in der Regel Verantwortliche oder Abteilungen mit der Organisation von Corporate Volunteering betraut, deren Hauptaufgabe hier oder im Bereich CSR insgesamt liegt.

Zentrale oder dezentrale Organisation

Je nach Rahmenbedingungen, Größe des Unternehmens und Umfang des Mitarbeiterengagements wird die Durchführung zentral oder dezentral organisiert, wobei die Aufgabenverteilung jeweils unterschiedlich sein kann. Manche Unternehmen haben z. B. mit einer zentralen Organisation begonnen, um Erfahrungen mit Rahmenbedingungen, Kooperationspartnern und Prozessen zu machen, und bei der Skalierung dann gezielt Schritt für Schritt dezentralisiert mit dem Ziel, über das Involvement von Standortverantwortlichen Corporate Volunteering im Unternehmen zu verbreiten und organisatorisch beispielsweise bei lokalen Ansprechpersonen oder in „Standortkomitees" zu verankern. Gleichwohl werden Themen wie die Festlegung des Rahmens, Qualitätssicherung und Evaluation in zentraler Verantwortung bleiben.

Freistellungen

Ein valider Überblick über Freistellungsregelungen liegt bisher leider nicht vor. Die Spanne reicht hier von Freistellungen für vom Unternehmen organisierte Teamprojekte über regelmäßige „Soziale Tage" (z. B. 0,5 Tage/Monat, 2 Tage/Jahr), die grundsätzlich allen Mitarbeitenden zur Verfügung stehen (aber in der Regel nur von einem kleinen Teil auch in Anspruch genommen werden), bis hin zu Sabbatical-Programmen von mehreren Wochen oder Monaten am Standort oder in internationalen Projekten, die nur ausgewählten Beschäftigten im Rahmen spezieller Programme offen stehen (siehe Abb. 4). In manchen Unternehmen werden Freistellungen kombiniert mit Zeiten, die die Mitarbeitenden in längerfristigere und verbindliche Engagements als Freizeit einbringen. In über 70 % der Unternehmen mit mehr als 500 Beschäftigten gibt es eine Freistellungsregelung, der Durchschnitt wird mit 1,8 Tagen/Jahr angegeben (Deutscher Bundestag 2012, S. 356; AmCham und Roland Berger 2011, S. 11). Gesetzlich regulierte Freistellungen wie in einigen anderen europäischen Ländern gibt es in Deutschland nicht (Angermann und Enste 2013).

Freistellungen
Individuelles Engagement
Engagement-Angebote des Unternehmens
Freistellungspolicy
Freistellungs-rahmen
„Soziale Tage" von 1 Tag p.a. bis ½ Tag pro Monat
Volunteering-Tag bis Sabbatical-Programm
Fallweise Freistellung
Auf Antrag, bspw. bis zu 5 Tage
Nur im Rahmen spezifischer Programme
Zeit-Matching
Obergrenze bspw. max. 2 Tage
z.B. grundsätzlich 50:50
Nur in der Freizeit
Spendenantrag, Intranet-portal, Auszeichnungen
Engagementeinsatz am Wochenende

Abb. 4 Bandbreite Freistellungsregelungen. (© UPJ)

Als weitere Kostenfaktoren sollten wie beschrieben ergänzende Spenden (Materialien, Transfers, Verpflegung), eventuelle Versicherungen sowie Honorare für das externe Projektmanagement, die Nutzung von Tools wie dem „Volunteering-Manager" (http://www.volunteering-manager.de) oder die Unterstützung durch regionale Mittler oder Dienstleister eingeplant werden.

Auswahlkriterien

Bei der Auswahl von Projekten erstreckt sich die Palette von Kriterien wie „politisch und konfessionell ungebunden" über spezifische Themen und Handlungsfelder, die aus der CSR- bzw. CC-Strategie abgeleitet sind, Regionalität, Teamgrößen, Zeithorizonten und Vorgaben des Risikomanagements (z. B. keine Projekte, in denen auch Kundinnen und Kunden besonders aktiv sind) bis hin zu Qualitätskriterien für die Durchführung (echten Bedarf decken, sinnstiftend, Kontakt zur Zielgruppe, konkretes sichtbares Ergebnis, Qualifizierung und Begleitung, Kompetenzzuwachs etc.). Die Auswahl von Zielgruppen und Themen eines Projekts sowie eine gute Organisation der Zusammenarbeit und eine gute Vorbereitung des jeweiligen Engagementeinsatzes der Mitarbeitenden auf Seiten der NPO sind weitere Auswahlkriterien und für alle Unternehmen gleichermaßen relevant.

Formale Fragen

Egal ob das Engagement der Mitarbeitenden in der Freizeit oder während der Arbeitszeit stattfindet, sobald das Unternehmen beteiligt ist (z. B. durch eine ergänzende Spende), sollten Themen wie Haftpflicht- und Unfallversicherung, Haftung, Gewährleistung, Arbeitssicherheit, Bildrechte, eventuell notwendige behördliche Genehmigungen, steuerliche Fragen (Zuwendungsbestätigung) sowie bei manchen längerfristigen Begegnungsprojekten mit intensiverem Kontakt zu den Zielgruppen der NPO ggf. auch die Notwendigkeit eines polizeilichen Führungszeugnisses geklärt sein. Alle diese Themen lassen sich regeln und werden üblicherweise im Vorfeld mit der NPO abgestimmt, Mittler verfügen oft über entsprechende Checklisten und Vorlagen. Uns ist noch kein Fall zu Ohren gekommen, in dem ein Projekt an solchen Punkten gescheitert wäre (eine Übersicht über formale Fragen, u. a. über nachrangige Rahmenverträge zum Schutz des Ehrenamts in den einzelnen Bundesländern siehe Lang 2012).

Mögliche Stolpersteine

Damit Corporate-Volunteering-Projekte erfolgreich sind, ist es ratsam, von Beginn an einige Aspekte im Auge zu behalten, die sich in der Praxis immer wieder als mögliche Hürden zeigen:

- Struktur des angepeilten Personals hinsichtlich Alter, Geschlecht, Funktionsebene, Tätigkeit im Hinblick auf Ziele und Projektaufgaben,
- Arbeitsbelastung, Freiwilligkeit und Freistellung der Mitarbeitenden,
- Unterstützung, Teilnahme und Wertschätzung des Managements,
- überprüfbare Ziele und Meilensteine sowie ggf. Flexibilität in der Anpassung,
- frühzeitige Festlegung geeigneter Indikatoren und Methoden zur Überprüfung der Zielerreichung
- angemessene Vorlaufzeit, Budgets, Prozesse,
- Qualität der Projekte und des Projektmanagements,
- Verhältnis von Aufwand und Nutzen für Unternehmen und NPO,
- Verfahren für die lösungsorientierte Klärung eventueller Konflikte,
- Offenheit, Respekt, Verlässlichkeit und Transparenz.

Mögliche Schwierigkeiten können durch die Zusammenarbeit mit erfahrenen Mittlern minimiert werden. Aber: Nach dem Spiel ist vor dem Spiel – auch die aktive Beteiligung am kollegialen Austausch mit anderen Unternehmen und NPO sind ein guter Einstieg in ein nächstes (besseres) Kooperationsprojekt und die Weiterentwicklung von Corporate Volunteering.

6 Ausblick

Corporate Volunteering wird sich weiter dynamisch entwickeln. Fast alle großen Unternehmen sind bereits aktiv, immer mehr mittelständische Unternehmen beginnen, sich in die Bearbeitung gesellschaftlicher Probleme, die ihnen und zivilgesellschaftlichen Organisationen gleichermaßen unter den Nägeln brennen, einzubringen und für neue Lösungen zu engagieren. Eine angemessene Auswertung mit passenden Instrumenten fehlt in vielen Projekten ebenso noch, wie fundierte qualitative Untersuchungen über die tatsächlichen

Effekte von Mitarbeiterengagement für die NPO, ihre Adressaten, die Mitarbeitenden und die Unternehmen. Der Einsatz der genannten Projektformate kann noch systematischer und zielgerichteter erfolgen, Ziele und Mittel werden dabei noch in ein besseres Verhältnis zu bringen sein. Die Zusammenarbeit von Unternehmen in gemeinsamen Projekten, in denen Kompetenzen und Kapazitäten gebündelt für mehr Reichweite und Wirkung sorgen, wäre ebenso wünschenswert wie die Beteiligung an der Entwicklung einer angemessenen Infrastruktur für Corporate Volunteering auf regionaler Ebene. Wir sind jedoch optimistisch, dass ein nächster Sammelband in ein paar Jahren hierzu schon Ergebnisse vorstellen und über eine weitere Vertiefung, Ausdifferenzierung und Verbreitung von Corporate Volunteering berichten kann.

Literatur

AmCham, RolandBerger (2011) Corporate Volunteering in Deutschland – Ergebnisse einer Befragung von Unternehmen in Deutschland. American Chamber of Commerce in Germany/Roland Berger Strategy Consultants, Frankfurt am Main

Angermann A, Enste D (2013) Bürgerschaftliches Engagement und Corporate Volunteering – Freistellungspolitiken für Arbeitnehmer/innen im europäischen Vergleich. Beobachtungsstelle für gesellschaftspolitische Entwicklungen in Europa. Arbeitspapier Nr. 9. http://bit.ly/2vc2G5p. Zugegriffen: 26. März 2016

Backhaus-Maul H, Brühl H (2003) Bürgergesellschaft und Wirtschaft – zur neuen Rolle von Unternehmen. Deutsches Institut für Urbanistik, Berlin

Bertelsmann Stiftung (Hrsg) (2008) Grenzgänger, Pfadfinder, Arrangeure. Mittlerorganisationen zwischen Unternehmen und Gemeinwohlorganisationen. Bertelsmann Stiftung, Gütersloh

Bertelsmann Stiftung (2010) Corporate Citizenship planen und messen mit der iooi-Methode. Ein Leitfaden für das gesellschaftliche Engagement von Unternehmen. Bertelsmann Stiftung, Gütersloh

BMFSFJ (2001) Unternehmen und Gesellschaft: Praxisbeispiele vom unternehmerischen Bürgerengagement mittels Personaleinsatz bis zu Projekteinsätzen in sozialen Aufgabenfeldern als Teil der Personalentwicklung. Bundesministerium für Familie, Senioren, Frauen und Jugend, Bonn

Boston College Center for Corporate Citizenship (2015) Community Involvement Study 2015. Executive Summary. Boston College Center for Corporate Citizenship. http://bit.ly/2uRJnf3. Zugegriffen: 26. März 2016

Corporate Citizenship (2010) Volunteering – The Business Case. The benefits of corporate volunteering programmes in education. City of London, London

Damm D, Lang R (2001) Handbuch Unternehmenskooperation. Erfahrungen mit Corporate Citizenship in Deutschland. UPJ/Stiftung Mitarbeit, Bonn, Hamburg

Deloitte (2011) 2011 Deloitte Volunteer IMPACT Survey. Executive Summary. http://bit.ly/2m5QuyM. Zugegriffen: 26. März 2016

Deutscher Bundestag (2012) Erster Engagementbericht – Für eine Kultur der Mitverantwortung. Bericht der Sachverständigenkommission und Stellungnahme der Bundesregierung. Drucksache 17/10580 vom 23.08.2012. Deutscher Bundestag, Berlin

Deutscher Bundestag (2002) Bericht der Enquete-Kommission „Zukunft des Bürgerschaftlichen Engagements“. Drucksache 14/8900. Deutscher Bundestag. http://dip21.bundestag.de/dip21/btd/14/089/1408900.pdf. Zugegriffen: 26. März 2016

Dresewski F (2004) Corporate Citizenship. Ein Leitfaden für das soziale Engagement mittelständischer Unternehmen. UPJ, Berlin

Emerging World (2015) 2015 CISL impact benchmark study. http://www.emergingworld.com/cisl-impact-benchmark-study. Zugegriffen: 26. März 2016

Enste D, Eyerund T, Schneider R, Schmitz E (2016) Die gesellschaftliche Verantwortung von Unternehmen angesichts neuer Herausforderungen und Megatrends. Bertelsmann Stiftung, Gütersloh

Europäische Kommission (2011) Mitteilung der Kommission an das Europäische Parlament, den Rat, den Europäischen Wirtschafts- und Sozialausschuss und den Ausschuss der Regionen. Eine neue EU-Strategie (2011–14) für die soziale Verantwortung der Unternehmen (CSR). KOM (2011) 681 endgültig

IHK Koblenz (1988) Unternehmer und Gemeinwohl. Bandbreite und Zielrichtung außerbetrieblichen Engagements in der mittelständischen Wirtschaft. Industrie und Handelskammer zu Koblenz, Koblenz

IHK München (2013) Bürgerschaftliches Engagement. Ergebnisse einer Befragung von Unternehmen und gemeinnützigen Einrichtungen in München und Oberbayern. IHK München und Oberbayern, München

Janning H, Bartjes H (1999) Ehrenamt und Wirtschaft. Internationale Beispiele bürgerschaftlichen Engagements der Wirtschaft. In: Robert Bosch Stiftung (Hrsg) Beiträge zum Ehrenamt, Bd. 2. Robert Bosch Stiftung, Stuttgart

Lang R (2012) Es wird schon nichts passieren … Steuern, Versicherung und Haftung in Corporate Volunteering Projekten. Vortrag IHK München am 26.1.2012. http://bit.ly/25qWGC4. Zugegriffen: 26. März 2016

Lang R, Dresewski F (2010) Zur Entwicklung des Social Case zwischen Unternehmen und Nonprofit-Organisationen. In: Backhaus-Maul H, Biedermann C, Nährlich S, Polterauer J (Hrsg) Corporate Citizenship in Deutschland. Gesellschaftliches Engagement von Unternehmen. Bilanz und Perspektiven, 2. Aufl. VS, Wiesbaden, S 401–422

Lang R, Sturm E (2015) Neue Verbindungen schaffen. Unternehmenskooperationen für gemeinnützige Organisationen. UPJ, Berlin

Muthuri J, Moon J, Matten D (2006) Employee volunteering and the creation of social capital. No. 34–2006 ICCSR Research Paper Series. International Centre for Corporate Social Responsibility. Nottingham University, Nottingham

Nelius C, Dresewski F (2014) Verantwortliche Unternehmensführung. Corporate Social Responsibility (CSR) im Mittelstand. UPJ, Berlin

Priemer J, Labigne A, Krimmer H (2015) ZIVIZ-Finanzierungsstudie 2015. Edition Stifterverband, Essen

Schank C, Beschorner T (2011) Perspektiven auf Corporate Volunteering: Ergebnisse einer Expertenbefragung. Universität St.Gallen, St.Gallen

Schöffmann D (2001) Wenn alle gewinnen. Bürgerschaftliches Engagement von Unternehmen. edition Körber-Stiftung, Hamburg

Seitz B (2002) Corporate Citizenship: Zwischen Idee und Geschäft. Auswertungen und Ergebnisse einer bundesweit durchgeführten Studie im internationalen Vergleich. In: Wieland J, Conradi W

(Hrsg) Corporate Citizenship. Gesellschaftliches Engagement – unternehmerischer Nutzen. Zentrum für Wirtschaftsethik, The Conference Board. Metropolis, Marburg, S 23–195

Smith C (1994) Der neue Hang zu wohltätigem Handeln. Havard Business Manager 04/1994:104–115

Strachwitz RG (1995) Corporate Community Investment: Spendenwesen, Sponsoring und andere Formen im Überblick. In: Leitfaden Sponsoring & Event-Marketing. Raabe, Düsseldorf. (Abschnitt B 2.3)

UPJ (2014) Ergebnisse zum Stand der Marktplatzt-Methode in Deutschland. http://www.gute-geschaefte.org/evaluation/. Zugegriffen: 26. März 2016

Westebbe A, Logan D (1995) Corporate Citizenship. Unternehmen im gesellschaftlichen Dialog. Gabler, Wiesbaden

Dr. Reinhard Lang ist Geschäftsführender Vorstand von UPJ, dem Netzwerk engagierter Unternehmen und gemeinnütziger Mittlerorganisationen in Deutschland.

Ellen Sturm ist verantwortliche Projektmanagerin für Corporate Volunteering bei UPJ. Im Mittelpunkt der Arbeit des Netzwerks stehen Projekte, die zur Lösung gesellschaftlicher Probleme beitragen, indem sie neue Verbindungen zwischen Unternehmen, gemeinnützigen Organisationen und öffentlichen Verwaltungen schaffen. Diese Akteure unterstützt der gemeinnützige UPJ e. V. darüber hinaus mit Informationen und Beratung bei der Entwicklung und Umsetzung ihrer Aktivitäten für Corporate Volunteering, Corporate Citizenship und Corporate Social Responsibility.

Corporate Volunteering: an International Comparison

Angela Schlenkhoff-Hus

1 Introduction

Corporate volunteering has gained momentum across the world over the past decade. As international companies settle in new locales globally and build on their existing corporate social responsibility (CSR) programmes, there has been a rising awareness amongst local companies of their community responsibilities as well as of the business benefit of CSR in general, and more specifically, corporate volunteering. Both CSR and corporate volunteering are seen as hallmarks of responsible businesses as well as tools to set your business apart from your competitors. Corporate volunteering is attractive due to its staff development and engagement benefits, as well as in breaking down barriers between the company and local communities that are often sceptical or hostile towards (big) businesses.

While global statistics about corporate volunteering are not difficult to come by, statistical analyses and interpretations are marred by difficulties and obstacles. Often, data is outdated or region- and company-specific. For the most part, these statistics are not comparable, as different definitions are used, or reports concentrate on specific aspects of corporate volunteering. It is therefore difficult to get an overall picture. To give some examples of available statistics, The London Benchmarking Group (LBG), a global network of corporate community investment professionals seeking to maximise the impact of community investment, outlined in its 2015 annual report that corporate volunteering across its membership[1] accounts for 7% of the overall contribution by companies to communities[2].

[1] Based on 173 companies participating in the annual benchmarking exercise.

[2] 67% was cash contributions, 20% in kind contributions and a further 6% management costs (London Benchmarking Group 2015, p. 15).

A. Schlenkhoff-Hus (✉)
Development Manager, Volunteering Matters
Lower Clapton Road 18-24, E5 0PD London, UK
E-Mail: Angela.Schlenkhoff-Hus@volunteeringmatters.org.uk

S. Dreesbach-Bundy und B. Scheck (Hrsg.), *CSR und Corporate Volunteering*,
Management-Reihe Corporate Social Responsibility,
https://doi.org/10.1007/978-3-662-54092-3_6

This equates to around 600,000 employees volunteering during paid work time (London Benchmarking Group 2015, p. 5). Since 2008, over 82,000 people in 35 countries around the world have taken part in Business in the Community's (BitC) Give and Gain Day. The Committee Encouraging Corporate Philanthropy (CECP), a coalition of more than 150 chief executives of major global companies, found in its 2013 report that "[i]n 2007, 53% of companies offered domestic Paid-Release-Time volunteer programmes. By 2012, 70% of companies had such offerings. Digging into the numbers, we learned that volunteer offerings increased both for companies that increased and decreased giving since before the global recession" (Stroik 2013).

This chapter will not attempt to give a definitive overview of the quantity of corporate volunteering internationally; rather, it will try to give some, albeit limited, insights into the conditions and frameworks of corporate volunteering in different regions. After an overview of regional trends and forms of corporate volunteering, the chapter will then go into further detail using the United Kingdom (UK) as a case study, currently the leading European country in terms of corporate volunteering.

2 International Trends

Impact 2030, a global private sector-led initiative to mobilise corporate volunteers to advance the achievements of the United Nations Sustainable Development Goals (SDGs), is "a testament to the importance now being accorded to corporate volunteering worldwide" (Volonteurope 2015, p. 47) as well as to the positive achievements accomplished by company programmes across the globe to this date. The final report of the global volunteering research project, *Global companies volunteering globally* (Allen et al. 2011) provided a summary of corporate volunteering across different regions. In short, this "health report" of global corporate volunteering concluded that "[c]orporate volunteering is a dynamic, global force, driven by companies that want to make a significant difference to serious global and local problems" (Allen et al. 2011, p. 5). Together with other more region-specific sources, this report paints a varied picture that – with the challenges for all sectors in using corporate volunteering more effectively and strategically – looks with optimism to the future in light of an ever-increasing willingness for employers to do more. We will now look at the different regions in turn.

2.1 Latin America

The subcontinent is constantly evolving as it goes through major socio-political, cultural and economic change. According to the report in the previous section, this continuous change has been at the core of the development of corporate volunteering programmes from the moment they were first introduced to Latin America by multi-national companies some 20 years ago: "Transformation rather than 'help'. Exercising the right of participation rather than 'doing good'. Latin America is engaging in real change through volunteer action" (Allen et al. 2011, p. 26).

Leading corporate volunteering efforts in Latin America are Mexico and Brazil, followed by Argentina and Chile. Telefónica and P&G are two of the most active companies across the subcontinent, with programmes in several countries. However, the public and charity sectors are also becoming more active in this arena, working in partnership with companies, training them and their staff and contributing towards a growing infrastructure for corporate volunteering in the region.

Companies and their partners in the region seek to address the most pressing human and social problems – mainly focusing their efforts on the education and welfare of children and young people – increasingly by using their employees' professional skills. Realised Worth, a global CSR consultancy founded in 2008, adds that "skills-based volunteer programmes are more popular than ever as companies aim to develop the competencies of their employees. Corporations are now aligning their programmes with a social cause that connects to their core business values" (Viva 2014).

2.2 Africa

Volunteering in Africa has generally been a private activity that takes place within families and local communities. Corporate volunteering as a concept – let alone a practice – is not well-known or widespread across the continent. Corporate contributions are usually limited to sponsorships and charitable contributions to different causes. The lack of corporate volunteering is also hampered by a virtually non-existent infrastructure within the public and private sector. Large numbers of corporate volunteers in Africa are supported by an international programme arranged through their employer outside of Africa.

The only exception to this is South Africa; the country provides an environment with "a vibrant business community; a growing general interest in civic service; a legislated mandate for corporate social investment; and, CAF Southern Africa, the NGO that plays the key leadership role for corporate volunteering" (Allen et al. 2011, p. 34).

Companies with active corporate volunteering programmes in one or more African countries include Standard Bank, General Motors, Safaricom, First Rand, AXA, Barclays, Vale and Standard Chartered Bank.

2.3 Arab Nations

The report of the global volunteering research project explains that corporate volunteering in the Arab Nations is still in its infancy for three main reasons:

a) Similar to Africa, the concept of corporate volunteering is not well-developed: "Volunteering is not seen as part of company strategy. There is low awareness of its benefits to companies and employees and there is a somewhat random approach to organizing it, responding to opportunities that arise and to employee interests but without any strategic framework" (Allen et al. 2011, p. 44).

b) The primary focus is on charity as opposed to transformation, change or development: "The giving of money, by companies and by individuals, as opposed to personal involvement is the primary way to respond to the deeply rooted Islamic belief in helping those in need and giving back to the community" (Allen et al. 2011, p. 44).
c) Infrastructure in all sectors is limited for volunteering in general, and more specifically, corporate volunteering.

The report mentions the National Commercial Bank (NCB) in Saudi Arabia as an example: "It sees volunteering as the best way to give employees the opportunity to participate, to learn how good it feels to give back to the community and to understand better the needs of the community" (Allen et al. 2011, p. 44).

The Dubai Chamber Centre for Responsible Business (CRB) (http://www.dubaichamber.com/en/about-us/initiatives/crb-new/about-crb) is also an active network of national and international companies active in the region. Its objective is to "engage the Dubai business community in assuming greater responsibility for the emirate's social and environmental needs" (Dubai Chamber CRB). The CRB is also part of the Global Partners Network convened by Business in the Community, a UK charity focused on working with businesses internationally in order to promote responsible business practices and CSR. In 2008 the Dubai CRB launched the ENGAGE programme, one of its main programmes to achieve its objectives.

2.4 Asia-Pacific

Corporate volunteering efforts across the Asia-Pacific region are as diverse as its countries, peoples and cultures, ranging from those countries only embarking on this journey, those that are fairly mature in their approach (e. g. Japan, South Korea and Australia) to those that are fast developing new forms and models of corporate volunteering (e. g. China and India).

In 2011, the Association of Southeast Asian Nations (ASEAN) CSR Network was launched, a regional conglomerate of CSR networks with the objective to be a platform to share best practices and experiences, offer networking opportunities, conduct research, undertake capacity-building and generally be a repository of CSR experience and knowledge across the region. While other CSR networks and companies provide similar services (e. g. CSR Asia), corporate volunteering itself is not featured much in their publications and websites.

Countries such as Japan and South Korea have a large number of international corporations with active corporate volunteering programmes, many of which concentrate on utilising the skills of their staff for the benefit of charities and local communities. The following are some examples:

- **Samsung**'s volunteer programme was the first corporate volunteering programme in South Korea when it was founded in 1994 (Kyung-Choon Min 2006). In 2006, the different companies making up the whole had a 70% staff engagement rate with over 100,000 employees volunteering globally. Samsung created its Smart School Campaign in 2013 involving its employees in bringing their technical skills to the classroom as well as local communities in general.
- **Fujitsu** in Japan counted 145,000 corporate volunteering hours for its staff globally in 2014. One of its main pillars of CSR and corporate volunteering is "ICT for everyone" (http://www.fujitsu.com/global/about/csr/activities/community/policy/). Projects here have involved running robot-building and programming classes for families as well as cyber-safety workshops for children and young people. Furthermore, employees become involved in supporting initiatives improving performance in Science, Technology, Engineering and Maths (STEM) subjects.

In Japan, companies have also regularly become involved in disaster relief operations through their corporate volunteering programmes (e. g. after earthquakes and tsunamis).

A simple internet search of corporate volunteering in Australia gives a treasure of information on different brokerage organisations, online matching databases, charities with their own corporate volunteering programmes as well as information from government organisations and volunteering centres about how to set up and run a programme. This paints a picture of a rich and active infrastructure for companies as well as individuals to tap into and find ways to share their skills and time. The aforementioned global volunteering research report found a lot of optimism regarding corporate volunteering in Australia. This was mainly due to employees themselves:

"People are looking at engaging in the community through their workplace much more than previously. Increased mobility means that the workplace often is their community. There is a merging of 'what I do at work' and 'what I do outside of work' with people looking at their lives as a whole. Young employees, coming with their volunteer experiences from as far back as elementary school, have the expectation that similar opportunities will be available through their employers. Over the long term, it is suggested, this also will reduce resistance of middle managers to volunteering, as these new workers grow into those roles" (Allen et al. 2011, p. 50).

The latter quote points to a trend that has also been noted by observers from other regions – young employees see volunteering as an essential part of giving back to their communities, and as such, as their responsibility. They look for employers with the same outlook, aware of their role and responsibilities in the communities they are based in. The global Deloitte Millennial Research Survey 2017 also confirms this: 76 % now regard business as "a force for positive social impact" (Deloitte 2017, p. 5). Where millennials are given the opportunity to contribute to social causes (through volunteering, giving, fundraising etc.) the impact is overwhelmingly positive:

"By involving employees in such initiatives, employers seem to be boosting millennials' sense of empowerment. [...] Many millennials feel unable to exert any meaningful influence on some of society's biggest challenges; but, in the workforce, they can feel a greater sense of control–an active participant rather than a bystander. [...] The latest survey tells us that millennials feel accountable, to at least a fair degree, for many issues in both the workplace and the wider world. However, it is primarily in and via the workplace that they feel most impactful. They feel they have more influence on their peers, customers, and suppliers than on leaders or 'big issues,' and their influence can, therefore, be regarded as being exerted through smaller-scale, immediate, and local actions–more so when employers provide the requisite tools" (Deloitte 2017, p. 13).

In India, the experience of the National Thermal Power Corporation (NTPC) is interesting, as it is the corporate volunteers themselves that run a number of initiatives known as Employee Voluntary Organization for Initiatives in Community Empowerment (EVOICE) at different stations. Employees locally have formed partnerships with NGOs to set up various volunteering initiatives that employees can engage with, which form part of NTPC's CSR agenda. Currently, there are 25 such networks mainly active in the areas of education, economic development and health (http://www.ntpc.co.in/corporate-citizenship/corporate-social-responsibility/corporate-volunteering-employee-volunteering).

Many international companies have brought their own corporate volunteering programmes to China; however, Chinese companies themselves have become increasingly active, and there is a dynamic infrastructure of brokerage organisations available. There is a long history of volunteering in China, mainly in families and local communities, and this is also slowly translating into volunteering in the workplace. However, the challenges to corporate volunteering in a country of this scale are enormous:

"Social organizations in China, outside of the government system, tend to be local and relatively small, unregistered and often in more remote Western regions that are beyond the reach of company volunteering programmes centred in urban, Eastern cities. [...] Opportunities need to be found within reasonable distance of company premises, but corporate programmes also need to reach out along value chains and into rural communities. Overarching this, volunteering programmes must focus on meeting the needs of the poor and marginalized and be demand-driven" (Brown 2012).

However, these challenges have also been met by an enormous appetite for corporate volunteering and volunteering in general. This was also recognised by the Chinese government: "In 2011 it published its 12th Five Year Plan, which targeted a 10% volunteer level by 2015, a three-fold increase from current levels equivalent to over 100 million volunteers" (Brown 2012).

2.5 North America

North America is widely seen as the cradle of corporate volunteering. It emerged first in the United States, where corporate volunteering developed organically out of the country's specific socio-cultural roots:

"Historically, business leaders were recognized community leaders, whether promoting their communities, responding to natural disasters and emergency needs or strengthening core community institutions. By the 1970s, key elements were in place to foster corporate volunteering in forms recognizable today: broad recognition of the magnitude of human, social, economic and environmental challenges; a climate of activism, from the civil rights and anti-war movements to college student volunteer programs and the Peace Corps; rising societal pressure on business to act in socially responsible ways; a new generation of employees entering the workforce, expecting to find their employers acting responsibly and being supportive of their personal involvement" (Allen et al. 2011, p. 66).

In line with this, there was also the development of a sophisticated infrastructure to support corporate volunteering specifically and volunteering in general, e. g. the Volunteer Center National Network and New York Cares.

Corporate volunteering is an integral part of what North American businesses do, how they see themselves and the way in which they want to be perceived from the outside. Even in tough times, e. g. during the last financial crisis, US companies maintained their levels of engagement in this arena, and many have even given it more significance than in more prosperous times. The 2009 report by the Boston College Centre for Corporate Citizenship (BCCC) *Weathering the storm – The State of Corporate Citizenship in the United States 2009* affirms this in a number of ways: While half of the companies surveyed lost revenue during the financial crisis, more than two-thirds (69%) agreed that corporate citizenship needs to be a priority and 54% of the respondents agreed that corporate citizenship is even more important in a recession (BCCC 2009, p. 9). Many felt that the recession actually helped them to focus their engagement more and become more strategic about their activities. Overall, out of 300 companies with one thousand or more employees, 83% stated that they support corporate volunteering (BCCC 2009, p. 4).

The global volunteering research report suggests that North American companies face many of the same challenges that their counterparts in other parts of the world are grappling with. It seems to lead some business leaders in the region to question whether North America can still claim to be at the forefront of corporate volunteering, while others wonder whether it has lost its innovative edge to other regions that are developing new ideas. However, the report lists a number of initiatives that seem to refute this:

"IBM remains what many acknowledge as global leader in the field with its On Demand Community and skills-based and international programs; GE is the model for 'volunteer councils' for employee-driven volunteering; Pfizer has led in how it has developed, managed, evaluated and learned from the work of highly skilled professionals addressing high priority challenges abroad" (Allen et al. 2011, p. 67).

2.6 Europe

Corporate volunteering is still a relatively recent phenomenon in Europe: The 2014 report *Employee Volunteering in Europe* by the European Commission is cited in Volonteurope's most recent publication *Mobilising citizens for global justice* (2015) with the following figures across the European region: 20% of programmes are less than a year old, followed by 33% from 1 to 3 years, 18% from 3 to 5 years, 15% from 5 to 10 years and 14% over 10 years (Volonteurope 2015, p. 45). The report also emphasises that The European Year of Volunteering 2011 raised awareness of corporate volunteering and helped to firmly establish it: "Up until now, we can say that this is an established phenomenon, with very important aspects for growth" (Volonteurope 2015).

The global volunteering research report comes to a similar conclusion despite the enormous diversity of countries, their socio-political and economic backgrounds and different approaches to volunteering: "Evidence is strong that it also is becoming a central component of companies' corporate social responsibility strategies and as an employee engagement tool. There is an increasingly strong infrastructure to support it" (Allen et al. 2011, p. 57).

Proof of this is the 2013 launch of the Employee Volunteering European Network (EVEN) by the European Volunteer Centre (CEV), a network made up of 11 corporate members and 36 volunteer involving organisations. Its aims include:

- "Increase the numbers of employers and volunteer involving organisations with the capacity and willingness to implement good quality employee volunteering.
- Give recognition and credibility to entities from all sectors that are able to implement good quality employee volunteering projects.
- Share experiences and new developments on a regular basis and have access to reliable and competent partners for employee volunteering.
- Enable affiliate members to increase their competencies in employee volunteering by participating in EVEN training courses." (http://www.cev.be/even/)

While there is increasing infrastructure and development of common frameworks and practices on a pan-European level, the final report of the European Volunteer Centre (CEV) General Assembly Conference (2009) – *Developing Employee Volunteering: A joint venture between volunteer organisations and companies: Strategies – Success Stories – Challenges* – cautions that, while corporate volunteering is becoming increasingly important across the region, the diversity of the region, country-specific socio-political and economic backgrounds as well as their historic attitudes towards volunteering need to be taken into consideration. In many Eastern European countries, for example, volunteering historically was not seen as being truly voluntary, but rather as a controlling tool of the state apparatus. In other countries, many of the tasks undertaken by volunteers were historically seen as the responsibility of the government rather than civil society or the private sector.

The *Mobilising citizens for global justice* report by Volonteurope (2015, pp. 45–46) outlines several trends that are discernible across Europe with regards to corporate volunteering:

- More alliances and stable, long-term relationships between charities and companies;
- Increased focus on actions targeted at natural or man-made disasters, specifically through the implementation of the EU Aid Volunteers Programme;
- Increased connection with the companies' clients and consumers;
- Growing public-sector support for corporate volunteering and greater openness to the participation by corporate volunteers in public social programmes;
- Greater participation of employees in the management of corporate volunteer programmes and the design of social solutions with charities;
- Greater alignment of corporate volunteering programmes with the business objectives of companies, providing greater strategic value;
- Professional management of corporate volunteering programmes: The report by Volonteurope cites a Corporate Volunteering Observatory report from 2013 with the following statistics:
  - The number of companies that spend more than €60,000 on their volunteering programmes has increased compared to previous years;
  - More than half of the companies with volunteer programmes (58%) have management teams of four people or less, and 17% of companies have ten or more people managing their volunteering programmes (Volonteurope 2015, p. 46).

Overall, cooperation and joint efforts in achieving greater and longer-lasting impact make up the core of corporate volunteering in Europe, and skills-based volunteering is increasingly becoming part of this, whether in discussions or practice. The global volunteering research report concludes that:

"Europe is leading the way in developing models for collaborative corporate volunteering activities among companies – through ENGAGE in a dozen cities in Europe and a half dozen outside; in the national corporate volunteer councils in Turkey and Portugal; and in the work of the Corporate Citizenship company and the companies in the LBG (nee London Benchmarking Group)" (Allen et al. 2011, p. 57).

2.6.1 Germany

In Germany, corporate volunteering is a widespread idea and is becoming increasingly important; however, evidence of active corporate volunteering programmes is still scarce.

According to the report *Corporate Citizenship in Germany and a Transatlantic Comparison with the USA* (Heuberger 2007) of the Centrum für Corporate Citizenship Deutschland, while "more than three businesses out of four consider corporate citizenship part of the image they have of themselves, and part of their corporate culture [...] the majority of German businesses have not chosen to be corporate citizens on their own initiative" (Heuberger 2007, p. 7). Corporate volunteering is also seen as separate from customer satisfaction and, in the vast majority of cases, is not tied to the core business. Overall, the report concludes that "most German companies are still [...] far removed from an inclusive concept which would make corporate citizenship an integral part of the corporate strategy, integrated into the companies' core business and competencies" (Heuberger 2007). As in previous sections, international companies tend to be more active in the corporate volunteering field.

However, since this report was published in 2007, there have been developments in the corporate volunteering arena in Germany: One example of a successful nation-wide corporate volunteering programme is My Finance Coach (http://www.myfinancecoach.org/my-finance-coach/), a not-for-profit initiative founded in 2010 with the aim of improving the financial literacy of children and young people in mainstream education. Partners and supporters include: Allianz, Deutsche Börse AG, Deutsche Kredit Bank, Giesecke & Devrient, KPMG, McKinsey, and Volkswagen Bank. The scheme provides teacher training as well as extracurricular activities (e. g. the year-long National Finance Competition) and supportive digital applications and tools, but also heavily involves "Finance Coaches", staff from partner and support companies who run classroom sessions on financial literacy as well as money management. The scheme now runs in various countries around the globe, has won several awards and is an integral part of the curriculum at participating schools.

As will be outlined in the section below, corporate volunteering in Germany struggles with an urban bias in a similar way to the UK, as most of the beneficiaries of corporate volunteering are based where the companies are, which tends to be in bigger cities, e. g. Frankfurt, Berlin. Through corporate volunteering and otherwise, the need for more decentralised corporate engagement is going to be further exacerbated by the fact that large numbers of the 1.2 million refugees fleeing conflicts in Syria, Somalia and Afghanistan in 2015 and beyond are being settled outside of the major towns. Local councils and charities working to support refugees are being overwhelmed by demands placed on them, and will need strong and innovative support.

3 Corporate Volunteering in the UK

As the region with the longest track record of corporate volunteering in Europe, this section will now outline the conditions for corporate volunteering in the UK, as well as trends and discussions.

There are certainly rich opportunities for companies to become involved in their local communities through corporate volunteering in the UK: There are approximately 160,000 charities registered with the Charity Commission in the UK, ranging from small, purely volunteer-run organisations with an annual turnover below £10,000, to large, international organisations with turnover in the multi-millions. These charities are an essential part of the very fabric of UK communities, and are a major tool through which citizens can engage in and support local, national as well as international causes. They have a vibrant history, contribute to discussions about and development of policies, point to inequalities and seek to alleviate them through direct involvement on the ground. It is fair to say that, despite a minority of charities under criticism for mismanagement and inefficiencies – as well as fundraising difficulties due to continuing misconceptions about charities – the UK as a country is unthinkable and unimaginable without its large and active charity sector.

Despite its central role in the UK, the charity sector is currently facing major challenges: When a coalition government between The Conservative Party and the Liberal Democrats came to power in 2010, they developed a deficit reduction plan which was designed to eliminate the structural deficit by 2015 and relied heavily on spending cuts. As the National Council for Voluntary Organisations (NCVO) explains: "The UK voluntary sector is [...] estimated to lose around £1.2 billion in public funding a year by 2015/16, a fall of 9.4%. Cumulatively, the sector stands to lose £3.3 billion over the spending review period (2010/11–2015/16)" (*NCVO UK Civil Society Almanac* http://data.ncvo-vol.org.uk/almanac/voluntary-sector/income-in-focus/how-are-public-sector-spending-cuts-affecting-the-voluntary-sector/, *accessed 2 October 2015.*)

Furthermore, in its 2012 report "*The Big Squeeze* 2012 – *Surviving not thriving*", The London Voluntary Service Council (LVSC) found that "66% of organisations report an increase in demand for their services, and 60% report a decrease in funding, making it an unfortunate reality that London's voluntary and community sector are doing far more with much less" (2012). Additionally, 85% of survey respondents stated that they felt their communities had been hit particularly hard by the spending cuts; however, 41% of total respondents had to close services due to the reduction in funding, and 50% felt unable to respond to the increased demand for their services.

In this climate, many charities have turned towards the private sector for much-needed support, and the latter has also, to a large extent, felt an increased responsibility to support struggling communities. Overall, traditional distinctions between civil society as well as the public and private sectors are changing. These three sectors are moving closer towards each other, creating partnerships, synergies and organisations that, in their very nature, straddle sector boundaries. According to the World Economic Forum (2013), there is now a shared space between the three sectors in which societal challenges are being addressed, building "new frameworks for collaboration, partnership and innovations resulting from increased intersections." There is increasingly "a blurring of traditional roles" (World Economic Forum 2013). Oonagh Aitken, Chief Executive of the national volunteering charity Volunteering Matters also emphasises that "at a time of tight resources working in partnership to achieve mutual goals is the only way forward, within the charity sector as well as across sectors" (February 2016).

3.1 Statistics of Corporate Volunteering in the UK

Imported from the US in the early 1990s, the concept of corporate volunteering, which is also called "Employer Support Volunteering" (ESV) or "Employee Volunteering" (EV) in the UK, has become an established part of CSR and Human Resource (HR) policies and agendas in the UK. Nearly thirty years later, corporate volunteering is now an established and growing part of the UK's overall volunteering activity, and companies, charities and brokers have developed numerous local and national programmes that are driven by the commitment, passion and skills of corporate volunteers throughout the UK.

Commissioned by the Chartered Institute of Personnel and Development (CIPD) and carried out by the National Council for Voluntary Organisations (NCVO), the recent report *On the brink of a game-changer?* (CIPD 2015) found that approximately a quarter to a third of employees whose employer offers an employer supported volunteering (ESV) scheme volunteer at least once a year. Furthermore, "there has been a rise in participation in ESV in recent years [. . .]. Currently 5% of people in paid work engage in ESV at least once a month and 13% do so at least once a year" (CIPD 2015, p. 3). Previous research by Rochester and Thomas (2006) shows that approximately 70% of FTSE 100 businesses in the UK have an active ESV programme, but only 33% of public sector and 23% of private sector organisations overall. This figure is even smaller for small- and medium-sized enterprises (SMEs): 20% of medium sized enterprises and 14% of small enterprises offer an ESV scheme to their employees.

According to the Volunteering England report *The Practical Guide to Employer Supported Volunteering for Employers*, it was found that "more than 50% of employers prefer to use an ESV broker to help them identify volunteering opportunities and community partners" (2011). Many CSR representatives interviewed in a previous research project (Brooks and Schlenkhoff-Hus 2013) acknowledged that they could not envisage delivering certain programmes in-house, especially programmes involving thousands of volunteers per year. The Chartered Institute of Personnel and Development also reported that small- and medium-sized charities prefer to engage with a broker to help them develop and manage corporate partnerships and voluntary engagement opportunities (CIPD 2015, p. 10).

The current figures of corporate volunteers could rise significantly over the coming years, with the UK government's pledge to ensure every employee in the UK is allotted a volunteering allowance of three days[3] (David Cameron: "Britain is a nation of volunteers"; BBC News, "*Election 2015: Cameron pledges 'paid volunteering leave'*", 10 April 2015, http://www.bbc.co.uk/news/election-2015-32243680, accessed on 2 October 2015). CIPD reports that this "move would make paid volunteering available to more than 15 million workers, and introduce 360 million volunteering hours into communities" (http://www.cipd.co.uk/pm/peoplemanagement/b/weblog/archive/2015/04/10/concerns-raised-over-conservative-s-three-day-volunteering-pledge.aspx, accessed on 2 December 2015).

While this pledge has been welcomed by many stakeholders across the three sectors, there are also concerns about its feasibility and potential unforeseen consequences. One concern raised strongly is that this pledge is based on the erroneous assumption that vol-

[3] Applicable to all public sector workers, and anyone working in a company with more than 250 staff.

unteering can be organised and managed without any cost implications. Nick Ockenden, Director of the NCVO Institute of Volunteering Research (IVR) stated the following concern: "My biggest bugbear is that volunteer management never gets recognised. Volunteer management is highly skilled and intrinsically is not free" (Interview on 14 January 2013). An increase in corporate volunteers would therefore not only result in significant cost implications for employers, but could also lead to a huge resource strain on charities which have the task of managing these volunteers and ensuring they have a safe and successful volunteering experience.

With the change in government after the EU referendum as well as the upcoming Brexit negotiations, the three day volunteer leave pledge has somewhat lost in significance for the time being, however, the government insists it is still committed to it.

3.2 Types of Corporate Volunteering in the UK

Corporate volunteering in the UK takes on a similar form to programmes globally: Team volunteering remains hugely popular and is often seen as a form of micro-volunteering, i. e. "bite-size volunteering with no commitment to repeat and with minimum formality, involving short and specific actions that are quick to start and complete" (Browne and Jochum 2013, p. 17). As Browne and Jochum's report on micro-volunteering outlines, people are increasingly time-poor and struggle to commit to longer-term voluntary engagements. With the increasing use of technology, however, new forms of volunteering emerge that allow for short bursts of contributions towards charitable causes, as well as new and innovative ways for charities and potential volunteers to engage with each other.

School partnerships also make up a large section of corporate volunteering in the UK, providing services including reading support to children and young people, support in STEM subjects, mentoring and e-mentoring programmes as well as career advice programmes. Furthermore, encouraging trustees to take on roles in charities or school governor posts is a way of promoting longer-term engagements as well as increased involvement in corporate-charity partnerships. With the resource shortage of charities, pro bono engagement of employers also becomes increasingly significant.

For several years now, the public debate in the UK has been in favour of skills-based volunteering, often discrediting practical volunteering as highly professional employees painting fences. This has led to a juxtaposition of skills-based versus practical volunteering. Based on the experience of corporate volunteering at Volunteering Matters[4], a long-established volunteering charity with a brokerage service that places around 10,000 corporate volunteers in over 500 projects and works with over 40 employers annually, small to medium-sized charities that get left behind the major charities in terms of resources – as well as schools who have been affected by the spending cuts as well – desperately need support for both. For example, a day-care centre for the elderly needs support in develo-

[4] http://volunteeringmatters.org.uk.

ping a fundraising strategy and business plan, as well as help in managing their grounds so that elderly service users can access outdoor spaces and much-needed company to combat their feelings of isolation. The funding cuts have not necessarily affected one area of a charity's work over another; rather, they have had an all-round impact that many charities are trying to innovatively address through the use of corporate volunteers.

Furthermore, not all charities are suited to both forms of volunteering, e. g. advocacy and research charities do not have any need for practical support, whereas environmental charities mainly need practical help, but offer very few skills-based activities. Organisations that offer support services to users considered vulnerable – e. g. minors, the elderly, people with learning disabilities – would potentially like to involve corporate volunteers in their direct work with their service users; however, they also have huge safeguarding responsibilities they cannot compromise on.

It is difficult to discern any specific trends, as the corporate volunteering arena in the UK is continuously developing and evolving. As aforementioned, skills-based volunteering is the red thread in many discussions, and an increasing number of companies are switching their programmes from practical to purely skills-based volunteering. However, it is not entirely clear what is meant by the term "skills-based" when it is not tied in with the specific strategic pillars of a company. In many cases, "skills-based" has often come to stand for "employability" projects, e. g. mock interviews for young people or long-term unemployed adults, even though this might not be the specific skill-set of the volunteers. Many brokers would also argue that skills-based volunteering is by no means a new phenomenon. Many companies engaged their employees in skills-based volunteering over 20 years ago and have never stopped but redeveloped their approaches; for other companies, skills-based volunteering appears on an evolutionary line after easing their way into the corporate volunteering arena through practical and short-term volunteering.

Employability programmes remain high on the agenda for many businesses, and as there are an increasing number of charities working in this arena, a great deal of activity facilitated by corporate volunteers is happening in this space. While the bulk of the work is taking place in mainstream education, e. g. primary and secondary schools, an increasing number of companies are also keen to involve young people who are involved in Not in Education, Employment and Training (NEET), or adults who, for various reasons, have never experienced mainstream education nor hold any standard qualifications.

Capacity-building programmes for charities and social enterprises are becoming increasingly popular, either as long-term individual volunteering programmes or one-off team activities, e. g. a team of volunteers facilitating a workshop to charity staff, e. g. on project management, using social media or impact measurement. Since 2014, Volunteering Matters has been offering a capacity-building programme called *Measuring the Good* aimed at small- to medium-sized charities. Run in partnership with the Coalition for Efficiency[5], this programme matches skilled volunteers with charity chief executives and trustees to help them improve their impact measurement and reporting, which funders are incre-

[5] http://www.cfefficiency.org.uk.

asingly demanding based on a highly competitive funding market. Similarly, the *Good Leaders* programme recruits individual volunteers to support charities with a discrete piece of work, e. g. developing a communications plan, business plan, fundraising strategy or a new website. The programme is not based on pro bono work – the volunteers do not complete the work for the charities, but instead act as "critical friends" with specialist skills so that the expertise rests within the charity at the end of the process. Both programmes have demonstrated great and long-lasting impact on all charities involved so far.

An area that is in urgent need of attention from companies is educating the next employee generations with digital skills; in a report published by the innovation charity Nesta Sylvia Lowe and Niel McLean called it "building the digital pipeline" (Lowe and McLean 2015). Computing is now a compulsory part of the National Curriculum in England[6]; however, there are very few opportunities for young people to learn these skills outside of mainstream education. Nesta reports that 1.4 million digital professionals are needed over the next five years in the UK and already 93% of tech firms believe that the skills gap has a direct negative impact on their respective business. In addition, 47% of tech employers find that the education system is not adequately meeting the needs of the business. A number of charities have emerged over recent years with the aim to address the skills gap, including Apps for Good, TeenTech, and CoderDojo as prominent examples. The vast majority of these charities rely on volunteers to deliver their services; however, at the moment, fewer than 1% of tech employees volunteer in this specific area (Lowe and McLean 2015, p. 3). There is also a strong geographical bias, as most tech companies are based in London and the South East of England, leaving large areas unsupported by employers and struggling to find volunteers with the right skill-set.

A further area that is increasingly receiving attention is how to engage more Small and Medium Sized Enterprises (SMEs) in corporate volunteering. It is largely felt that the volunteering projects and programmes championed by large corporates are not viable for SMEs in terms of resources and, therefore, are largely irrelevant. Small businesses accounted for 99.3% of all private sector businesses at the start of 2015, and 99.9% were SMEs. Total employment in SMEs was 15.6 million, accounting for 60% of all private sector employment in the UK (Federation of Small Businesses, http://www.fsb.org.uk/stats, accessed 3 December 2014). With these kinds of resources, it seems there is plenty for employee volunteering to tap into. However, research that Volunteering Matters undertook from 2012 to 2013 (Brooks and Schlenkhoff-Hus 2013) found that many employees and employers of SMEs are already "doing" employee volunteering (EV); it may not be called or recognised as "EV" or even "volunteering" and it may be outside of work time, such as being a school governor or charity trustee. "Research," as Tom Levitt suggests, "shows that smaller SMEs are more community aware than larger ones, probably because they are literally closer to the communities they are working in" (2012, p. 66). Many SMEs also volunteer alongside larger companies, e. g. as part of relationship building and

[6] As is Computing Science in Scotland. The UK is the first G20 country to do this (Lowe and McLean 2015, p. 3).

management within the supply chain. Beverly Frain, head of employee volunteering at Volunteering Matters, said: "The impact the SME sector could have on tackling poverty and social mobility through employer supported volunteering is potentially huge, but there is still so much to do in terms of education and investment before that can happen" (interview, 16 January 2013).

3.3 Whose Needs and Wants?

A 2012 survey of 54 large charities carried out by the Corporate Volunteering Network (CVN)[7] explored what charities were struggling with the most. While the overall view presented by the participating charities was positive – in other words, that they had managed to develop mutually beneficial relationships with one or several companies – it also found the following challenges:

- Organisations having a larger net income (e. g. from £10 million to £100 million) are more likely to engage corporate volunteers;
- The major barrier cited by charities in offering corporate volunteering opportunities is that they feel they have too few meaningful opportunities to satisfy the consistently high demand from companies. This is often coupled with unrealistic expectations from companies (e. g. too short notice or too many volunteers) as well as limited resources on the side of the charity to manage the projects;
- 76% of respondents said they do not currently charge for corporate volunteering opportunities and are therefore presumably not covering a lot of the costs incurred.

The report detailed recommendations, including that charities make more use of the skills of corporate volunteers based on honest discussions with companies, that they say "no" if a corporate offer does not provide a meaningful benefit to the charity and that they have robust charging mechanisms in place. Businesses were advised to make corporate volunteering more strategic and to provide a budget to cover the costs of the activities. Brokers were asked to enlighten companies even further on what 21st century charities look like, how they function and about the range of different types of charities that exist, all with quite specific needs.

The report of the Chartered Institute of Personnel and Development highlights similar challenges and potential tensions between companies and charities (CIPD 2015, p. 9):

- Companies usually look for opportunities for larger teams, whereas charities prefer smaller teams or individual volunteers;
- Companies often assume that giving their staff's time is enough, whereas charities require payment to cover their volunteer management costs;

[7] A working group that developed out of the Network of National Volunteer Involving Agencies (NNVIA) which incorporates the UK's largest and leading charities and meets on a quarterly basis.

- Companies often seek one-off opportunities that are non-specialist, whereas charities prefer longer-term specialist engagement.

There is certainly a necessity for increased communication and understanding of expectations and realities of corporate volunteering – particularly regarding the inherent financial and HR costs for all parties. Charities are being approached by businesses with requests for corporate volunteering opportunities in line with CSR strategies and their core business. In effect, they are rendered as assets in the global marketplace as businesses try to distinguish themselves from competitors and gain market share. In expectation of developing long-term, sustainable partnerships, some charities are feeling pressured to provide opportunities requested by businesses – even if these values do not fit with their own core objectives.

The willingness of businesses to discuss or ask about community needs is essential. Where this willingness is lacking, businesses need to be aware of the potential impact, e. g. frontline resources being misdirected, already overstretched charity staff and volunteers becoming disillusioned by corporate volunteering and businesses' offers of support. As a result, many charities now only offer opportunities to existing private- or public-sector partners, or in cases where volunteering promises to be a vehicle for a longer-term commitment. This recognises the fact that, while it is resource-intensive for charities to offer volunteering opportunities, they are steadily gaining confidence in developing new partnerships, defining which types of projects would benefit them, and managing expectations.

There is also further work to be done on the side of the employers with regards to their staff, as there is a common mismatch between businesses' CSR strategies and employees' motivations for volunteering. This is most evident in businesses' current enthusiasm for a move away from practical team volunteering to individual skills-based volunteering. Javier Santoyo, Corporate Relationships Manager at the National Council for Voluntary Organisations believed: "CSR departments work on strategy almost in a silo and develop programmes at high level which are then imposed from above without giving line managers the chance to shape them – involving HR is key [to employee engagement]" (interviewed on 15 January 2013). A lack of employee engagement in the decision-making process of a CSR strategy can lead to low take-up rates if employees do not identify with a cause, the engagement does not feel "voluntary" or they believe they do not have anything to contribute, e. g. more junior staff.

4 Outlook

Observers and practitioners of corporate volunteering can identify two major trends: Firstly, an increasing number of companies globally engage directly with civil society agents as well as the public sector when it comes to CSR and corporate volunteering. They participate in or take the lead on discussions around major inequalities that need addressing and make resources, mainly financial and personnel, available. Secondly, companies no longer engage in corporate volunteering in isolation from international counterparts and competitors. There is a growing global infrastructure for companies, governments and civil society agents to interact with each other to share learning, understanding and skills. International organisations such as the UN and the EU have recognised the significance and the impact of corporate volunteering and are trying to harness its power, encouraging all sectors involved to raise it to the next level and face challenges – both locally and internationally – together in partnership.

Overall, the future of corporate volunteering seems very positive, with an increasing recognition of its benefits as well as a deeper understanding of the concept and practice itself. While numerous challenges remain, there is a strong sense of willingness of companies to offer the time and skills to their employees. On the side of the charities, there is also a growing understanding, an openness to and sense of emancipation in working with companies. Added to this, corporate volunteering is an ideal tool to achieve further improvements on both sides: Through their direct involvement, employees gain a deeper understanding of the everyday needs and challenges faced by local communities, which they then take back to their workplace in the hope of developing further solutions. As they become more exposed to the world of business, charities become increasingly efficient in their processes and more confident in articulating their needs. As a result, this helps break down barriers and mistrust of "big business". It not only helps employees feel more positive about their employer and that they are making a difference, but also enables charities achieve more for themselves and their local communities while feeling less isolated in their fight to tackle inequalities – an all-round win-win. Volunteering Matters would say that this is the ideal outcome of the story we would like to tell: Two characters that, under normal circumstances would never meet, achieve something amazing and sustainable together, and come out of it both changed.

Bibliography

Allen K, Galiano M, Hayes S (2011) Global companies volunteering globally – Final Report of the Global Corporate Volunteering Research Project. The International Association for Volunteer Effort (IAVE). http://www.handsonnetwork.org/files/global_companies_volunteering_globally.pdf. Accessed: 15. Dez. 2015

Benchmarking Group (2015) LBG annual review: community investment for a changing world. London Benchmarking Group, London

Boston College Center for Corporate Citizenship (BCCCC) (2009) Weathering the storm – the state of corporate citizenship in the United States 2009. http://www.bcccc.net/StateofCorporateCitizenship2009.pdf. Accessed: 16. Nov. 2015

Brooks K, Schlenkhoff-Hus A (2013) Employee volunteering – who is benefiting now? http://volunteeringmatters.org.uk/app/uploads/2015/04/CSV-Employee-Volunteering-Who-is-Benefitting-Now.pdf. Accessed: 16. Nov. 2015

Brown S (2012) Corporate volunteering in China – a massive opportunity. http://community.businessfightspoverty.org/profiles/blogs/simon-brown-corporate-volunteering-in-china-a-massive-opportunity. Accessed: 20. Nov. 2015

Browne J, Jochum V (2013) The value of giving a little time: understanding the potential of micro-volunteering. http://www.ivr.org.uk/images/stories/micro_volunteering_full_report_071113.pdf. Accessed: 15. Dez. 2015

CEV General Assembly Conference (2009) Developing employee volunteering: a joint venture between volunteer organisations and companies strategies | success stories | challenges. http://www.mecenova.org/docs/data/documents/documents/European-volunteer-Center.pdf. Accessed: 16. Nov. 2015

CIPD (2015) On the brink of a game-changer? Building sustainable partnerships between companies and voluntary organisations. https://www.cipd.co.uk/binaries/on-brink-game-changer_2015.pdf. Accessed: 01. Dez. 2015

Deloitte (2017) The Deloitte Millennial Survey 2017. Apprehensive millennials: seeking stability and opportunities in an uncertain world. https://www2.deloitte.com/content/dam/Deloitte/global/Documents/About-Deloitte/gx-deloitte-millennial-survey-2017-executive-summary.pdf. Accessed: 26. Mai 2017

Heuberger FW (2007) Corporate Citizenship in Germany and a Transatlantic Comparison with the USA. Centrum für Corporate Citizenship Deutschland. http://www.cccdeutschland.org/sites/default/files/CCCD%20Survey%20Corporate%20Citizenship%202007%20engl_0.pdf. Accessed: 02. Febr. 2016

Kyung-Choon M (2006) Samsung Ways of Motivation in Employee Volunteer Management. http://www.volunteerlink.net/datafiles/D037.pdf. Accessed: 20. Nov. 2015

Levitt T (2012) Partners for good: business, government and the third sector. Gower Publishing, Farnham

Lowe S, McLean N (2015) Building the digital talent pipeline. http://www.Nesta.org.uk/sites/default/files/building_the_digital_talent_pipeline_wv.pdf. Accessed: 16. Dez. 2015

LVSC (2012) The big squeeze 2012 surviving not thriving. http://www.lvsc.org.uk/media/117448/big-squeeze-exec_electronic.pdf. Accessed: 01. Dez. 2015

Rochester C, Thomas B (2006) Measuring the impact of employer supported volunteering: an exploratory study. Report prepared for the Institute for Volunteering Research. IVR

Stroik M (2013) Behind the numbers: what do trends in corporate giving mean for you? http://cecp.co/press-room/cecp-insights/item/61-behind-the-numbers-what-do-trends-in-corporate-giving-mean-for-you?.html. Accessed: 20. Nov. 2015

Viva S (2014) Corporate Volunteering Heats Up in Latin America. Realised Worth, 18 November 2014. http://www.realizedworth.com/2014/11/corporate-volunteering-heats-up-in-latin-america.html. Accessed: 16. Nov. 2015

Volonteurope (2015) Mobilising citizens for global justice

Volunteering England (2011) The practical guide to employer supported volunteering for employers. http://www.volunteering.org.uk/resources/esv-resource-hub/guides. Accessed: 02. Okt. 2015

World Economic Forum (2013) The future role of civil society. http://www.weforum.org/reports/future-role-civil-society. Accessed: 01. Dez. 2015

Dr Angela Schlenkhoff-Hus is the Deputy Head of Employee Volunteering at the national volunteering charity Volunteering Matters in the UK where she has worked since 2008. She holds a BA in Social Anthropology from the University of Kent/England (1998), an MSc in Development Studies from the School of Oriental and African Studies/England (1999), an MA in Humanitarian Assistance from the Ruhr-Universität Bochum/Germany (2001) as well as a PhD in Social Anthropology from the University of Kent/England (2007). Her doctoral thesis explored questions of identity related to Home and Homeland of Afghan refugees in London. Angela has a specific interest in impact management as well as skills-based volunteering. Originally from Germany she has lived in the UK for 19 years and currently resides in London.

Corporate Volunteering Trends

Kompetenzbasiertes Engagement im Rahmen von Corporate-Citizenship-Programmen am Beispiel von startsocial

Sunniva Engelbrecht, Caroline Oxley und Lena Röcker

1 Einleitung

Die enormen gesellschaftlichen Herausforderungen unserer Zeit können weder allein vom Staat noch allein von der Zivilgesellschaft gemeistert werden. Das gemeinschaftliche Handeln von Staat und zivilgesellschaftlichen Akteuren rund um den Zuzug von Hunderttausenden von Flüchtlingen nach Deutschland hat die Notwendigkeit von Kooperationen erneut gezeigt. Besonders erfolgsversprechend sind sektorübergreifende Kooperationen, bei denen jeder der unterschiedlichen Akteure seine Ressourcen und Kompetenzen einbringt. Aber nicht nur Staat und Zivilgesellschaft, auch Unternehmen spielen bei der Bewältigung gesellschaftlicher Herausforderungen eine herausragende Rolle (vgl. BMFSFJ 2012; Enste et al. 2016). Ebenso kann formuliert werden: Die Unternehmen sind gefordert, weil sie selbst Teil des Gemeinwesens sind. Das jedenfalls impliziert der Begriff „Corporate Citizenship" (CC), der uns aus dem angelsächsischen Sprachraum erreicht hat: das bürgerschaftliche Engagement von Unternehmen im Gemeinwesen. Corporate Citizenship ist dabei eng mit dem bisher wesentlich öfter verwendeten Begriff der „Corporate Social Responsibility" (CSR) verknüpft und kann als Bündelung aller gesellschaftsbezogenen Aktivitäten eines Unternehmens verstanden werden, deren Strategie auf übergeordnete

S. Engelbrecht (✉) · L. Röcker
startsocial e.V.
Am Sandtorkai 77, 20457 Hamburg, Deutschland
E-Mail: sunniva.engelbrecht@startsocial.de

C. Oxley
Bereich Gesellschaft | Civil Society, Körber-Stiftung
Kehrwieder 12, 20457 Hamburg, Deutschland

S. Dreesbach-Bundy und B. Scheck (Hrsg.), *CSR und Corporate Volunteering*,
Management-Reihe Corporate Social Responsibility,
https://doi.org/10.1007/978-3-662-54092-3_7

Unternehmensziele ausgerichtet ist.[1] „Business Case" und „Social Case" werden hierbei miteinander verknüpft, das Unternehmen ist als „Bürger" über seine Unternehmenstätigkeit hinaus mitverantwortlich für Entwicklungen im Gemeinwesen (vgl. Lang und Sturm 2015, S. 12).

Während der Schwerpunkt des Unternehmensengagements in Deutschland nach wie vor auf finanziellen Zuwendungen und Sachspenden (Corporate Giving) liegt, ist das Instrument des Corporate Volunteering, der gemeinwohlorientierte Einsatz von Mitarbeitern, noch relativ selten im Einsatz.[2] Ein wachsendes Interesse an Konzepten, die verstärkt den Mitarbeiter in den Fokus nehmen, zeigt sich jedoch an der Entstehung von Corporate-Volunteering-Studien und Ratgebern sowie neuer Initiativen und Netzwerke. Genannt seien an dieser Stelle beispielsweise „tatkräftig", „Proboneo[3]" und der „Nachtschicht Kompetenzmarathon". Diese bringen soziale Initiativen mit Mitarbeitern von Unternehmen zusammen, die freiwillig innerhalb und außerhalb der Arbeitszeit in den gemeinnützigen Organisationen aktiv werden. Corporate Volunteering als eine Form von Unternehmensengagement, bei der die Mitarbeiter ihre Zeit, Arbeitskraft, Erfahrungen und Netzwerke ehrenamtlich einbringen, begründet vielseitige Kooperationen zwischen der Wirtschaft und dem Non-Profit-Sektor, auch als Civil Private Partnerships bekannt.

1.1 Verschiedene Formen von Corporate Volunteering

Corporate Volunteering ist hinsichtlich des zeitlichen Umfangs, der eingebrachten Unternehmensressourcen und der Art des Engagements äußerst formen- und facettenreich. Das Spektrum reicht von Aktionstagen oder -wochen bis hin zu längerfristigen Patenschaftsmodellen oder „Entleihungen" von Mitarbeitern (Secondments), von der Unterstützung des eigenen Engagements der Mitarbeiter durch flexible Arbeitszeiten bis hin zu erheblicher materieller Ausstattung und Freistellung von der Arbeitszeit (vgl. z. B. Przybylski 2013; Lang 2013; Proboneo 2013; Lang und Sturm 2015). Ein Faktor, der sämtliche Corporate-Volunteering-Maßnahmen auszeichnet, ist der Einsatz von gespendeter Zeit für einen gemeinwohlorientierten Zweck. Bei der Engagementart kann dabei ganz allgemein zwischen einem Engagement, das ohne Fach- oder Vorkenntnisse geleistet wird (Hands-on Volunteering), und dem kompetenzbasierten Engagement, das sich auf das Know-how

[1] In der öffentlichen Debatte und dem noch relativ jungen Forschungsfeld rund um Corporate Citizenship gibt es eine Vielzahl unterschiedlicher Begriffsdefinitionen und Ansätze. Einen Überblick über die verschiedenen Strömungen geben u. a. Dubielzig und Schaltegger (2005).

[2] Auf Basis einer repräsentativen Umfrage haben deutsche Unternehmen 2012 mindestens 11,2 Mrd. € in bürgerschaftliches Engagement investiert. 8,5 Mrd. davon waren finanzielle Zuwendungen, 1,5 Mrd. Sachspenden, 900 Mio. wurden für die unentgeltliche Überlassung betrieblicher Infrastruktur ausgegeben, 22 Mio. für die Freistellung von Mitarbeitern und 300 Mio. für sonstiges Engagement (vgl. BMFSFJ 2012, S. 22).

[3] Proboneo gibt es seit dem 30.06.2017 nicht mehr.

und die berufliche Expertise der Mitarbeiter stützt (Skills-based Volunteering), unterschieden werden (vgl. Przybylski 2013, S. 9). Die Grenzen verlaufen dabei teilweise fließend.

Beim Hands-on Volunteering engagiert sich häufig eine große Zahl von Mitarbeitern eines Unternehmens durch das Ausüben einfacher, oft fachfremder Tätigkeiten innerhalb eines sehr begrenzten Zeitrahmens. Ein typisches Beispiel sind sogenannte Social Days, an denen unter anderem gemeinnützige Einrichtungen renoviert, Bäume gepflanzt oder Benefizveranstaltungen organisiert werden. Neben dem gesellschaftlichen Einsatz wird beim Hands-on Engagement von den Unternehmen, insbesondere von den Personalabteilungen, der niedrigschwellige Einstieg, die Förderung sozialer Kompetenz und die Teambildung geschätzt. Inwieweit auch auf Seite der Non-Profit-Organisation eine wirklich nachhaltige Wirkung erzielt wird, ist dabei oftmals nicht ganz so eindeutig (vgl. z. B. Ischinger 2013).

Beim kompetenzbasierten Engagement bringen die Mitarbeiter eines Unternehmens ihr berufliches Know-how und ihre fachliche Expertise ein. Häufig nachgefragte Kompetenzen liegen beispielsweise in den Bereichen Finanzen, Recht, Kommunikation, IT, Prozess- und Strategieentwicklung oder Personalmanagement. Kompetenzbasiertes Engagement hilft den sozialen Initiativen an Stellen, an denen keine geeigneten eigenen Ressourcen vorhanden sind. Gleichzeitig wird es von den freiwillig Engagierten häufig als besonders sinnstiftend erlebt. In einem für sie oft ungewohnten Umfeld erfahren die Mitarbeiter, wie für sie alt bekanntes Wissen und gewohnte Methoden eine neue Wirksamkeit entfalten können. Sie erweitern ihr Kompetenznetzwerk in den sozialen Bereich hinein. Fach- und Führungskräfte entwickeln sich dabei auf persönlicher und beruflicher Ebene weiter, während sie sich gleichzeitig gesellschaftlich engagieren.

Auf persönlicher Ebene ist es vor allem der Perspektivwechsel, der im wahrsten Sinne des Wortes augenöffnend ist. Die hohe Professionalität, mit der soziale Initiativen unter prekären Umständen viel bewegen, ist insbesondere für Fach- und Führungskräfte aus größeren Wirtschaftsorganisationen beeindruckend und zugleich Ansporn. Auf beruflicher Ebene ist die Erfahrung, die eigenen Kernkompetenzen in einem fremden Bereich auszuprobieren, eine Herausforderung und Horizonterweiterung zugleich. Diese Erfahrung fließt oft unmittelbar in den eigenen Kontext der Unternehmensmitarbeiter zurück, führt zur Weiterentwicklung von Prozessen, stellt Erlerntes auf den Prüfstand und führt nicht selten zu einer Neubewertung des beruflichen Umfelds. Insofern ist kompetenzbasiertes Engagement auch ein Kulturveränderungsprozess im Unternehmen, der an der Ebene der einzelnen Person ansetzt.

Ob dabei eine echte Win-win-win-Situation für das Gemeinwesen, die Beschäftigten und das Unternehmen erzielt wird, hängt sowohl beim Hands-on als auch beim Skills-based Volunteering stark von der Art der Kooperation ab. Entscheidend ist, dass die Perspektiven wirklich aller Stakeholder im Corporate-Volunteering-Programm berücksichtigt werden. Dies gilt insbesondere auch für die Frage, welche nachhaltige Wirkung für die Non-Profit-Organisation erzielt werden kann.

Am Beispiel des gemeinnützigen Vereins und gleichnamigen bundesweiten Wettbewerbs startsocial sollen im Folgenden Vorteile, Herausforderungen und Empfehlungen für Corporate Volunteering durch kompetenzbasiertes Engagement vorgestellt werden.

2 Die gemeinnützige Mittlerorganisation startsocial

2.1 Programm und Ziele

startsocial[4] wurde 2001, im Internationalen Jahr der Freiwilligen, unter Federführung von Dr. Dieter Düsedau von der Unternehmensberatung McKinsey & Company sowie weiteren Vertretern aus der Wirtschaft gegründet. Ziel war es, dem ehrenamtlichen Engagement in Deutschland neue Impulse zu verleihen durch den Wissenstransfer zwischen Wirtschaft und sozialer Projektarbeit. Hierfür vergibt startsocial im Rahmen eines Wettbewerbs jährlich bundesweit 100 Beratungsstipendien an soziale Initiativen. Bewerben können sich Organisationen, Projekte und Ideenträger, die an der nachhaltigen Lösung eines sozialen Problems arbeiten und dabei Ehrenamtliche einbinden. Alle Bewerbungen werden von ehrenamtlichen Juroren bewertet und bekommen ein schriftliches Feedback mit Anregungen zur Weiterentwicklung. Die 100 überzeugendsten Initiativen gewinnen ein Stipendium: eine viermonatige Beratung durch erfahrene Fach- und Führungskräfte aus der Wirtschaft, dem öffentlichen Sektor und dem Non-Profit-Bereich. Diese bringen als Coaches ehrenamtlich ihre Expertise ein, um die sozialen Projekte bei ihrer Verwirklichung oder Weiterentwicklung nachhaltig zu unterstützen. Nach dem Abschluss des Stipendiums werden die 25 erfolgreichsten Initiativen bei einer Preisverleihung geehrt und mit Geldpreisen von insgesamt 35.000 € ausgezeichnet. Bundeskanzlerin Angela Merkel ist seit ihrem Amtsantritt Schirmherrin von startsocial und stiftet einen Sonderpreis. Weit über die viermonatige Beratungsphase hinaus bietet startsocial den Stipendiaten durch ein Alumninetzwerk Zugang zu wertvollen Kontakten und individuellen Pro-bono-Beratungsangeboten.

Pro Wettbewerbsrunde bringen über 500 Fach- und Führungskräfte ihre Expertise und ihr Know-how bei startsocial als Juroren und Coaches ehrenamtlich ein. startsocial hat bereits über 1300 soziale Projekte im Rahmen des Stipendiums gefördert, rund 6800 Bewerber haben durch die Juroren Anregungen zur Weiterentwicklung erhalten. Verein und Wettbewerb finanzieren sich aktuell mehrheitlich über die Mittel der Unternehmen Allianz SE, Deutsche Bank AG, Atos, ProSiebenSat.1 Media SE und McKinsey & Company. Mit allen Förderern unterhält startsocial kompetenzorientierte Unternehmenskooperationen, das heißt, eine Auswahl ihrer Mitarbeiter engagiert sich regelmäßig als Coach oder Juror bei startsocial. Für das Engagement bei startsocial wird unternehmensintern geworben.

startsocial bringt Menschen, die ihre beruflichen Kompetenzen ehrenamtlich für einen guten Zweck einsetzen möchten und soziale Initiativen, die diese Kompetenzen benö-

[4] www.startsocial.de.

tigen, zusammen. Damit ist startsocial Agent für kompetenzbasiertes Engagement und gehört zum Kreis der gemeinnützigen Mittlerorganisationen, deren Aufgabe es ist, eine solche Zusammenarbeit zu initiierten und zu gestalten. Die Bandbreite der verschiedenen Akteure ist dabei sehr groß.

2.2 Soziale Initiativen als Stipendiaten

Auf Seite der sozialen Initiativen bildet der Wettbewerb die Vielfalt ehrenamtlichen sozialen Engagements in Deutschland ab. Zentrale Inhalte sind unter anderem die Themen Bildung, Migration/Zusammenleben, Gesundheit/Krankheit oder Armut/soziale Gerechtigkeit. Unter den Bewerbern und Stipendiaten befinden sich regelmäßig Initiativen aus dem Bereich des „klassischen" Ehrenamts wie beispielsweise Sportvereine, Selbsthilfegruppen oder karitative Einrichtungen. Daneben finden sich aber auch zahlreiche „moderne" Initiativen und Konzepte, die beispielsweise die Möglichkeiten sozialer Medien und mobiler Anwendungen zur Lösung bestehender Probleme nutzen oder auf dem Sprung zum Sozialunternehmen sind. Sowohl Projekte in der Ideenphase als auch etablierte Initiativen, sowohl privat initiierte Projekte als auch soziale Institutionen und Verbände können sich um ein Stipendium bewerben. Bekannte Beispiele für erfolgreiche ehemalige startsocial-Stipendiaten sind wellcome, Generationsbrücke Deutschland, ROCK YOUR LIFE!, ArbeiterKind.de oder die Nicolaidis YoungWings Stiftung.

2.3 Kompetenzspender als Coaches und Juroren

Pro Wettbewerbsrunde werden bei startsocial 200 Coaches und über 300 Juroren ehrenamtlich aktiv. Wie bei den sozialen Initiativen ist auch auf bei ihnen die Bandbreite groß in Bezug auf ihr Alter, ihre fachliche Expertise und ihren beruflichen Hintergrund sowie auf die Art des Unternehmens, in dem sie arbeiten. Das Altersspektrum der Kompetenzspender reicht von Personen am Anfang ihrer beruflichen Laufbahn mit erster Führungserfahrung bis hin zu Personen, die sich bereits in der nachberuflichen Phase befinden.[5] Ein Teil der startsocial-Coaches und -Juroren ist selbstständig, andere arbeiten für kleine

[5] Mit der Allianz SE ist startsocial 2011 eine besondere Kooperation eingegangen, die sich auf das Thema Corporate Volunteering im demografischen Wandel konzentriert. Die Allianz spricht in ihrem Allianz-Senior-Experten-Programm zusammen mit startsocial und weiteren sozialen Partnern bewusst die Gruppe der Führungskräfte im Ruhestand an. Durch die Integration ehemaliger Mitarbeiter greift die Allianz die Chancen des demografischen Wandels auf und nutzt das vorhandene Wissen, um nachhaltige Verbesserungen in der Gesellschaft zu unterstützen. Die Projekte profitieren von der Erfahrung und Kompetenz der ehemaligen Allianz-Mitarbeiter, die Pensionäre können den eigenen Erfahrungsschatz gezielt einbringen, sich mit neuen Themen auseinandersetzten, neue Kontakte knüpfen und die Verbindung zu ihrer ehemaligen Firma halten oder wiederaufleben lassen.

und mittelständische Unternehmen oder auch für große DAX-Unternehmen. Im Schnitt stammt rund die Hälfte aus dem Mitarbeiterkreis der Wirtschaftspartner von startsocial.

startsocial ermöglicht nicht nur den sozialen Initiativen, sondern auch den Coaches und Juroren einen Perspektivwechsel: Sie erleben, wie sehr die Gesellschaft durch ehrenamtliches Engagement bereichert wird. Sie lernen die Anforderungen kennen, mit denen sich zivilgesellschaftliche Akteure konfrontiert sehen, und entfalten oft ein neues Bewusstsein für die Herausforderungen ehrenamtlich Tätiger. Gleichzeitig erleben sie, wie ihre fachlichen Kompetenzen und ihr berufliches Know-how in einem sozialen Kontext eine neue Wirksamkeit entfalten. Eine Erfahrung, die für viele sehr bereichernd und sinnstiftend ist.[6] Darüber hinaus trainieren Juroren und Coaches bei ihrem freiwilligen Engagement für startsocial, Feedback zu geben, und tun so ganz nebenbei etwas für ihre Kernkompetenz als Führungskraft. Sowohl die sozialen Initiativen als auch die Kompetenzspender lernen also aus der Zusammenarbeit[7] – oft so viel, dass regelmäßig mehr als die Hälfte der Coachingbeziehungen auch nach Ende des Wettbewerbs fortbestehen.

3 Professionelles Ehrenamts- und Stakeholdermanagement als zentraler Erfolgsfaktor

Wie bei allen Corporate-Volunteering-Programmen treffen auch bei startsocial Stakeholder aus den verschiedensten Kontexten mit unterschiedlichen Erwartungen aufeinander: soziale Initiativen, die an der Lösung eines gesellschaftlichen Problems arbeiten, Menschen, die sich kompetenzbasiert engagieren wollen, und Förderunternehmen, die ein Engagement bei startsocial nicht nur als philanthropisches Handeln, sondern auch als Teil des notwendigen gesellschaftlichen Engagements und idealerweise als geeignete Personalentwicklungsmaßnahme betrachten. Damit alle Beteiligten zufrieden sind und bestmöglich von startsocial profitieren, steht das Stakeholder- und Ehrenamtsmanagement an erster

[6] So schreibt beispielsweise Antonia Widmer, startsocial-Coachin im Jahrgang 2015/16, im Rückblick auf ihr Engagement: „Die größte Freude war für mich, die Wirksamkeit meines Coachings zu sehen. Oft genügten nur kleine ‚Schubser' und das Projektteam ist über sich hinausgewachsen. Der Motivationsanstieg innerhalb des Teams war sehr groß und hat sich auch auf mich übertragen. Davon habe ich sicherlich auch in meiner hauptamtlichen alltäglichen Arbeit profitiert." (startsocial 2016, S. 43).

[7] In den internen startsocial-Evaluationen am Ende des Stipendiums geben durchschnittlich über 90 % der Coaches an, dass sie ihr berufliches Wissen gut einbringen konnten. Gleichzeitig schätzen knapp 90 % ihre eigenen Lernerfahrungen als hoch ein. Die Ergebnisse stellen den Durchschnittswert der letzten drei Jahre dar und ergeben sich aus dem Anteil positiver Antworten auf einer Skala von 1 = „Trifft zu" bis 4 = „Trifft nicht zu". Sie spiegeln sich auch in den Rückmeldungen der Wirtschaftspartner von startsocial wider. So betont beispielsweise Winfried Holz, Geschäftsführer von Atos, im Jahresrückblick von startsocial: „Das Feedback unserer Coaches ist sehr positiv. Zum einen begeistert sie, wie sich ‚ihre' Projekte weiterentwickelt haben, zum anderen begrüßen sie den Einblick in soziale Bereiche, die sie im Alltag sehr oft nicht haben. Als Coaches erweitern sie ihren Blick durch dieses ehrenamtliche Engagement und lernen, andere Lösungsansätze zu entwickeln. Eine Fähigkeit, die sie auch in ihrer täglichen Arbeit nutzen können." (startsocial 2016, S. 50).

Stelle und ist gleichzeitig die zentrale Herausforderung. Diese zieht sich durch alle Wettbewerbsphasen hindurch und startsocial wendet ganz unterschiedliche Maßnahmen an, die eine erfolgreiche und gewinnbringende Zusammenarbeit sicherstellen sollen.

3.1 Klare Rollenbeschreibungen und Erwartungsmanagement

Realistische Erwartungen aller Beteiligten sind eine, wenn nicht gar die zentrale Grundlage für Corporate-Volunteering-Programme. Was für alle Kooperationen gilt, hat im ehrenamtlichen Engagement noch einmal einen besonderen Stellenwert, da hier Zeit, Herzblut und Know-how „on top" eingebracht werden und es keine monetäre Gegenleistung gibt. Die sozialen Initiativen, Coaches und Juroren müssen also genau wissen, welche zeitlichen Ressourcen sie einplanen müssen, was ihre Rolle ist und welche Aufgaben sie erwarten.

So ist ein startsocial-Stipendium für die sozialen Initiativen, die im Schwerpunkt ehrenamtlich getragen sind, Auszeichnung und Verpflichtung zugleich. Auf Informationsveranstaltungen und vor der Vergabe der Stipendien wird betont, dass ein startsocial-Coaching mit einem nicht unerheblichen zusätzlichen Zeiteinsatz neben dem gewohnten Tagesgeschäft verbunden ist. Der Umgang mit den ehrenamtlichen Coaches, die den Initiativen ihre Expertise zur Verfügung stellen und ihre Zeit schenken, bringt ein hohes Maß an Verbindlichkeit mit sich. Die Coaches und Juroren erfahren Wertschätzung, wenn sie auf Initiativen stoßen, die ihre Angebote angemessen nutzen und keine unrealistischen Erwartungen stellen. Umgekehrt wissen die Initiativen, worauf sie sich einstellen können, und bekommen Unterstützung, die ihnen wirklich hilft.[8]

Auch die Erwartungen, die startsocial an die Juroren und Coaches stellt, werden auf der Website, in Informationsmaterialien und persönlichen Gesprächen klar kommuniziert. So können interessierte Unterstützer selbst auswählen, welches Engagement am besten zu ihnen passt.

startsocial-Coaches sind erfahrene Fach- oder Führungskräfte mit Kernkompetenzen, die für die soziale Projektarbeit relevant sind, wie beispielsweite Finanzplanung, Presse- und Öffentlichkeitsarbeit, Personalmanagement und vieles mehr. Oder sie sind Generalis-

[8] So betont etwa Pantelis Pavlakidis von der Quinoa Bildung gGmbH, Stipendiat 2015/16: „startsocial hat uns gezeigt, wie wichtig es ist, ab und zu mal einen Schritt zurückzumachen und mit einem kritischen Blick von außen auf die eigene Arbeit zu blicken. Im Alltag fehlt dafür oft die Zeit, weil Dringendes vor dem Wichtigen erledigt wird. Die vier Monate mit startsocial bieten einen Rahmen, in dem man sich intensiv mit Kernthemen auseinandersetzen kann, die als Grundlage für ein gesundes und starkes Projekt von größter Bedeutung sind" (startsocial 2016, S. 42). Sarah Hüttenberend von HEIMATSUCHER e. V., die als Stipendiatin 2015/16 bei startsocial den Sonderpreis der Bundeskanzlerin erhalten hat, schreibt: „Unsere Zeit bei startsocial war sehr hilfreich, arbeitsintensiv und absolut motivierend – eine besonders effektive Mischung. Unsere Coaches, haben von Anfang an die richtigen Fragen gestellt. Fragen, auf die wir oft keine Antwort hatten und die wir gemeinsam erarbeiteten. Rückblickend haben wir uns durch startsocial als Team neu gefunden und so unsere Strukturen und Arbeitsweisen professionalisiert" (startsocial 2016, S. 33).

ten mit Managementerfahrung und Führungskompetenz. Im Tandem mit einem zweiten Coach stehen sie während der viermonatigen Beratungsphase „ihrer" sozialen Initiative als zuverlässige Ratgeber und Sparringspartner zur Seite. Dabei legen sie ein solides und nachhaltiges Fundament für die zukünftigen Schritte und Herausforderungen. Idealerweise haben startsocial-Coaches Kenntnisse in den Bereichen Projektmanagement und Ablauforganisation und sind erfahren im Anleiten von Veränderungsprozessen. Gemeinsam mit dem Stipendiatenprojekt analysieren sie das Konzept oder die Organisationsstruktur und bieten den Projektverantwortlichen die Möglichkeit, Schwachstellen zu erkennen und effektive Lösungen zu entwickeln.

Wie die Coaches bringen auch die Juroren bei startsocial ihre Berufserfahrung, ihr Fachwissen und ihr Know-how ein. Sie bewerten die eingereichten Projektunterlagen und geben schriftliches Feedback an die sozialen Initiativen mit Hinweisen und Anregungen zur Weiterentwicklung. Führungserfahrung ist hier nicht unbedingt erforderlich. Wichtig sind in jedem Fall aber ein gutes Urteilsvermögen, analytische Fähigkeiten sowie das Vermögen, sich in soziale Organisationen, Projekte und Ideen hineinzudenken und wertschätzend zu formulieren.

Neben realistischen Erwartungen zu der Rolle und den Aufgaben ist eine klare Einschätzung der zeitlichen Anforderungen für freiwillig Engagierte von großer Bedeutung. Die Zahl der Ehrenamtlichen in Deutschland ist in den letzten Jahren deutlich gestiegen, jedoch verwenden diese heute weniger Zeit für ihre freiwillige Tätigkeit (vgl. BMFSFJ 2016). So ist der Anteil derjenigen, die sechs und mehr Wochenstunden aufwenden, in den letzten Jahren kontinuierlich gesunken und liegt bei 18,1 %. Umgekehrt ist die Zahl derjenigen, die bis zu zwei Stunden pro Woche investieren, deutlich gestiegen und macht einen Anteil von 58,1 % aus (vgl. Hameister et al. 2016, S. 342). Jüngeren Fachkräften, die beruflich und privat noch besonders stark eingebunden sind und sich ungern für ein langfristiges Ehrenamt verpflichten, bietet startsocial die Chance, sich zeitlich begrenzt zu engagieren. Die viermonatige Beratungsphase, in der startsocial-Coaches durchschnittlich vier Stunden pro Woche für ihre vermittelte soziale Initiative aufbringen, steht lange im Voraus fest. Das Engagement ist damit überschaubar und planbar. Das gleiche gilt für den zeitlichen Aufwand der Jurytätigkeit. Die Juroren legen vorher selbst fest, wie viele Projektunterlagen sie bewerten möchten, wobei etwa drei bis vier Stunden Zeit pro Bewertung eingeplant werden sollten. Ihr Engagement geschieht online und ist damit räumlich und zeitlich flexibel.

3.2 Umfangreiche Bewerbungsmaterialien

Eine weitere Maßnahme, um Erwartungen abzufragen und Qualität zu sichern, ist die umfangreiche Bewerbung bei startsocial. Die gilt sowohl für die Coaches und Juroren als auch für die sozialen Initiativen als Adressaten des Engagements. Für soziale Initiativen setzt sich die Bewerbung aus den Projektdaten, einem Projektkonzept und einem Finanzplan in Form einer einfachen Einnahmen- und Ausgabenübersicht zusammen. Die Bewerbung ist – gerade auch im Vergleich zu anderen Wettbewerben – recht aufwendig und erfordert von den Initiativen bereits im Bewerbungsprozess eine intensive Auseinandersetzung mit ihrem Projekt oder ihrer Organisation. Auch wenn dies für einige Bewerber eine Hürde darstellt, so sichert dieser Prozess direkt im ersten Schritt eine gewisse Qualität und Verbindlichkeit der Bewerber, was einen wichtigen Grundstein für die spätere Zusammenarbeit legt. Hinzu kommt, dass die Juroren ihr Know-how und ihre Erfahrungen nur dann effektiv und mit Freude einbringen können, wenn sie einen detaillierten Eindruck der vorgestellten Initiative erhalten. Ein Juryfeedback ist für die Initiativen also immer dann besonders hilfreich, wenn die Bewerbung sorgfältig und genau ausgefüllt wurde.

Auch bei der Gruppe der Coaches und Juroren erfolgt die Qualitäts- und Kompetenzsicherung durch eine umfangreiche Bewerbung. Die Bewerbung für ein Engagement geschieht dabei entweder selbständig und eigeninitiativ oder im Rahmen der Corporate-Volunteering-Programme der Wirtschaftspartner von startsocial. Potenzielle Coaches und Juroren reichen online einen Kurzlebenslauf ein, in dem sie Angaben zu Ausbildung, Berufserfahrung, Zusatzqualifikationen und persönlicher Motivation machen. Die Coaches führen die Themenbereiche auf, in denen sie soziale Projekte beraten möchten. Darüber hinaus geben sie persönliche Stärken und das Ausmaß ihrer Reisebereitschaft an – Informationen, die für die Zusammensetzung der Coachingteams wichtig sind. Die Bewerbung sichert die Eignung für eine Teilnahme und hilft den Engagierten dabei, eigene Erwartungen an das Engagement richtig einzuordnen. Ebenso ermöglicht sie, den Beratungsbedarf der Initiativen und die Beratungsexpertise der Coaches passgenau zu matchen.

3.3 Passgenaues und handverlesenes Matching

Für das Matching der Coachingteams ist es von zentraler Bedeutung, den Beratungsbedarf der Initiativen zu kennen. Dieser wird dabei aus mehreren Perspektiven betrachtet und ermittelt: Zunächst geben die Initiativen in ihrer Bewerbung selbst an, an welcher Stelle sie gerne beraten werden möchten. startsocial weiß jedoch aus Erfahrung, dass der „tatsächliche" Beratungsbedarf in vielen Fällen von der Eigenangabe abweichen kann. So wünschen sich beispielsweise nahezu alle Bewerber Unterstützung beim Fundraising. Für viele der Initiativen lohnt es sich jedoch, einen Schritt zurückzugehen und die Gründe für den Geldmangel zu ermitteln und zu bearbeiten: Ist das Konzept stimmig und gibt es eine nachweisbare Wirkung? Wird die Kernbotschaft des Projekts klar vermittelt und werden die unterschiedlichen Stakeholder zielgruppengerecht angesprochen? Hier geben die eingereichten Projektunterlagen an vielen Stellen zusätzlich Auskunft, um den Beratungsbedarf zu ermitteln. So verschiebt sich häufig die benötigte Expertise – beispielsweise weg von einem professionellen Fundraiser hin zu einer Person mit Erfahrung in der Strategie- und Organisationsentwicklung oder in der Kommunikations- und Öffentlichkeitsarbeit. Auch die Arbeit der Juroren ist für die Ermittlung des Beratungsbedarfs essentiell. Da sich diese intensiv mit dem eingereichten Konzept beschäftigen, merken sie in ihren Juryfeedbacks ihrerseits Beratungsfelder und -notwendigkeiten an. Diese gilt es beim Matching zu berücksichtigen.

Die Zuordnung der jährlich 200 ehrenamtlichen Coaches – nicht nur zum jeweiligen startsocial-Stipendiaten mit Beratungsbedarf, sondern auch untereinander als Coaching-Team – erfolgt bei startsocial handverlesen: geografisch, nach beruflichem Hintergrund und, sofern möglich, auch zwischenmenschlich passend. Die Erfahrung zeigt, dass besonders die Soft Skills, wie die Fähigkeit zur Perspektivenübernahme, die geistige Flexibilität, die menschliche und inhaltliche Offenheit sowie die Begeisterungsfähigkeit einer Person, zum Funktionieren einer guten Beratungsbeziehung beitragen. Ebenso wichtige Coachkompetenzen sind Strukturiertheit, Prozesswissen und der nüchterne und kritische Blick von außen. Für eine ideale Passung zwischen sozialem Projekt und Coach werden nicht selten auch noch einmal vorab persönliche Gespräche geführt. Diese organisatorische Herausforderung und der nicht unerhebliche zeitliche Mehraufwand gegenüber einer automatischen Zuordnung per Algorithmus zahlen sich aus: Durchschnittlich waren in den letzten Jahren rund 95 % der Stipendiaten mit der Beratung zufrieden und gaben an, dass sich ihr Projekt entscheidend weiterentwickelt hat. Umgekehrt sagten rund 94 % der Coaches, dass ihnen das Engagement als Coach insgesamt gut gefallen hat.[9]

3.4 Informationsmaterial, Begleitung des Engagements und konstruktives Feedback

startsocial unterstützt alle Beteiligten – ob soziale Initiativen oder Kompetenzspender – mit umfangreichen Informations- und Schulungsmaterialien, die eine erfolgreiche Zusammenarbeit ermöglichen. So dienen ein Stipendiaten-, ein Jury- und ein Beratungshandbuch als jeweils spezifische Ratgeber mit hilfreichen inhaltlichen, vor allem aber auch zwischenmenschlichen Tipps und Methoden. Auch Einführungsveranstaltungen zu Beginn des Stipendiums bereiten die Beteiligten auf ihre jeweilige Rolle vor. Zudem bieten sie die Gelegenheit, sich mit weiteren Engagierten zu vernetzen und auszutauschen.

Eine große Herausforderung bei der Vermittlung von Know-how-Transfers zwischen der Wirtschaft und dem sozialen Sektor sind Vorurteile und Berührungsängste zwischen beiden Seiten. Dabei treffen oftmals nicht nur unterschiedliche Erwartungshaltungen, sondern auch verschiedene „Sprachen", Organisationsstrukturen und -kulturen aufeinander. Vorbehalte auf der Seite der sozialen Initiativen, beim Unternehmensengagement handele es sich nur um eine Imageverbesserung, gilt es ebenso zu entkräften, wie die Annahme auf Seiten der Wirtschaftsvertreter, in sozialen Initiativen herrsche eine gewisse Weltfremdheit, Unprofessionalität und Naivität vor. Ein großes Anliegen von startsocial ist es daher, allen Beteiligten zur so oft beschworenen Begegnung auf Augenhöhe zu verhelfen, sie

[9] Interne startsocial-Evaluationen am Ende des Stipendiums. Die Ergebnisse stellen den Durchschnittswert der letzten drei Jahre dar und ergeben sich aus dem Anteil positiver Antworten auf einer Skala von 1 = „Trifft zu" bis 4 = „Trifft nicht zu".

gründlich vorzubereiten, zu schulen und in ihrem Engagement zu begleiten. Dabei spielen auch persönliche Gespräche am Telefon eine wichtige Rolle. startsocial ist als Mittler und Mediator für Ehrenamtliche immer ansprechbar. Zuverlässige Erreichbarkeit mit genügend Zeit für die jeweiligen Anliegen mag sich im ersten Moment trivial anhören. Sie ist jedoch für die Zufriedenheit der Beteiligten und den Erfolg des Programms elementar und erfordert nicht zuletzt einen hohen zeitlichen Aufwand.

Bei kompetenzbasiertem Engagement wird von Mittlerorganisationen und den Empfängern der Kompetenzspenden eine fachlich hohe Qualität erwartet, jedoch ohne monetäre Gegenleistung. Umso wichtiger ist es daher, dass andere „Währungen“ gezahlt werden. Neben sozialer, persönlicher und fachlicher Weiterentwicklung, Spaß- und Gemeinschaftsgefühl sowie Sinnstiftung ist insbesondere die Wertschätzung des Engagements von zentraler Bedeutung. Ehrenamtsurkunden für die Engagierten gehören hier ebenso dazu wie persönliche Dankes- und Lobesmails oder Telefonate, die täglicher und wichtiger Bestandteil von startsocial sind. Dabei sollte auch sichergestellt werden, dass nicht nur die Mittlerorganisation, sondern auch die sozialen Initiativen selbst Feedback an die Kompetenzspender geben können. Nichts ist wertvoller und bereichernder, als von den Projekten selbst zu hören, welchen Unterschied das eigene Engagement gemacht hat und welche Wirkung es entfalten konnte. Als Mittlerorganisation besteht die Aufgabe von startsocial also nicht nur darin, den Kontakt zwischen den Beteiligten zu vermitteln, sondern ihn auch zu steuern und auszugestalten.

Zu einem sorgfältigen und wertschätzenden Umgang mit freiwillig Engagierten gehört auch, nicht aus Dankbarkeit über das ehrenamtliche Engagement über Qualitätsmängel hinwegzusehen, sondern diese offen und konstruktiv anzusprechen. Schließlich soll das Engagement für die sozialen Initiativen von hohem Nutzen sein. Kritik – insbesondere im Kontext von Ehrenamt – ist ein heikler Prozess, der viel Fingerspitzengefühl erfordert und nicht immer, aber doch in den allermeisten Fällen, auf fruchtbaren Boden fällt. startsocial hat gelernt, dass die freiwillig eingebrachte Kompetenz einerseits viel wert ist, gleichzeitig aber auch gepflegt werden muss. Konstruktives, direktes und zeitlich nahes Feedback zur Arbeit als Juror oder Coach fördert die Qualität, die Verbindlichkeit und die Motivation. Hierin unterscheidet sich kompetenzbasiertes Engagement nicht von bezahlter Arbeit. Für Coaches, die gleichzeitig Mitarbeiter von fördernden Unternehmen sind, ist diese Rückmeldung zur Qualität so wertvoll, weil sie vertraulich und abseits ihrer Vorgesetzten stattfindet.

4 Empfehlungen für Unternehmenskooperationen

Immer mehr Berufstätige, insbesondere Vertreter der sogenannten Generation Y, suchen Sinnstiftung, nicht nur in ihrer Freizeit, sondern auch in ihrem Job. Aber auch viele ältere Berufstätige möchten sich sinnstiftend einbringen und der Gesellschaft etwas von ihrem Erfolg zurückgeben. Der demografische Wandel und der Fachkräftemangel zwingen die Personalabteilungen in Unternehmen zusätzlich, in die Mitarbeiterbindung und

Führungskräfteentwicklung zu investieren. So gehört zur Attraktivität eines Unternehmens heutzutage auch die Art seines gesellschaftlichen Engagements, und zwar nicht als berühmtes Feigenblatt, sondern als gelebte und verinnerlichte Unternehmenskultur durch alle Abteilungen hindurch. Die Nutzendimensionen für Unternehmen als Stakeholder in einem Corporate-Volunteering-Programm sind aber noch größer. Sie erstrecken sich über die Personalarbeit hinaus zum Marketing und Vertrieb bis hin zur Unternehmenskommunikation sowie Standort- und Regionalentwicklung (vgl. Lang und Sturm 2015, S. 21). Zur Verankerung eines Unternehmensengagements gehört also die Einbindung vieler verschiedener Instrumente und Ressourcen, eine gezielte Kommunikation mit allen beteiligten Stakeholdern und eine gewisse Dauer des Engagements.

Unternehmen wünschen sich häufig Corporate-Volunteering-Maßnahmen, an denen möglichst viele Mitarbeiter teilnehmen können wie beispielsweise Social Days. Aufwendige CSR-Maßnahmen für einige wenige Mitarbeiter scheinen insgesamt zu kostenintensiv und haben vermeintlich nicht die erwünschte Wirkung. Oft sind Corporate-Volunteering-Programme in der Kommunikation eines Unternehmens angesiedelt und nicht, wie es insbesondere für kompetenzbasiertes Engagement sinnvoller wäre, im Personalbereich. Dadurch liegt der Fokus der Maßnahmen in der Kommunizierbarkeit und nicht beim persönlichen Wachstum einzelner Mitarbeiter und den damit einhergehenden langsamen Kulturveränderungen. Hier ist es wichtig, dass sowohl soziale Initiativen bzw. Mittlerorganisationen als auch Unternehmen in einer Kooperation selbstbewusst und proaktiv kommunizieren, eigene Motive klären sowie Ziele festlegen und das Corporate-Volunteering-Angebot gegebenenfalls schrittweise optimieren. Empfehlenswert ist eine Pilotphase und Zeit zum Ausprobieren und Nachverhandeln, bis alle Seiten wirklich zufrieden sind. Feste Regeln der Zusammenarbeit, die Klärung von Zuständigkeiten und Transparenz sind die Voraussetzung für eine gelungene Kooperation. Gefragt ist die Unternehmenskommunikation bei Corporate-Volunteering-Programmen natürlich trotzdem: Eine professionelle, offene Kommunikationsinfrastruktur zur Ankündigung und Verbreitung des Angebotes stellt sicher, dass sich alle internen Bezugsgruppen, auch in der Peripherie, als Akteure unternehmerischer Verantwortung begreifen.

Bei der Einbindung von Corporate-Volunteering-Programmen in die Personalabteilung eines Unternehmens sollte das Spannungsverhältnis zwischen Freiwilligkeit und betrieblicher Veranlassung mitbedacht werden. Den betrieblichen Aufwand gilt es realistisch einzuschätzen, damit Freiräume für das Engagement geschaffen werden können. Das Ehrenamt sollte für die Mitarbeiter nicht zu einer zeitlichen Belastung werden oder gar zu einem schlechten Gewissen führen, aus Sorge die bezahlte Arbeit käme daneben zu kurz. Das Spannungsverhältnis ist auch für die Evaluation der Programme wichtig, die mit viel Augenmaß gestaltet werden sollte. So ist es für viele Engagierte gerade ein Anreiz, dass sie ihre Kompetenzen in neuen Feldern erproben können, ohne Konsequenzen für die berufliche Laufbahn befürchten zu müssen. Kompetenzbasiertes Engagement im Rahmen des Unternehmensengagements sollte daher als eine private Entscheidung gesehen werden, die an den Unternehmenskontext angebunden, aber von diesem nicht steuerbar ist. „Nicht steuern" entbindet dabei jedoch nicht von der Wertschätzung des Engagements. Ganz im

Gegenteil: die Unterstützung von Corporate Volunteering durch das Management und die Wertschätzung im Unternehmen stellen zentrale Erfolgsfaktoren dar (vgl. auch American Chamber of Commerce in Germany e. V. und Roland Berger Strategy Consultants GmbH 2011).

Das Erleben der eigenen Kompetenzen in einem besonders sinnstiftenden Bereich ist sehr befriedigend. Die Einbettung in den Unternehmenskontext ist daher in doppeltem Maße wichtig: einmal, damit Mitarbeiter nicht in ihr Engagement fliehen, sondern es als Bereicherung und Inspirationsquelle begreifen, und zum anderen, weil im Idealfall die emotionale Bindung an das Unternehmen über eine gelungene und zum Unternehmen passende Corporate-Volunteering-Maßnahme vertieft wird.

5 Fazit

Kompetenzbasiertes Engagement ist eine Corporate-Volunteering-Maßnahme mit viel Potenzial für eine echte Win-win-win-Situation. Wie bei allen transsektoralen Programmen ist dabei das Erwartungs- und Qualitätsmanagement der vielen unterschiedlichen Stakeholder von zentraler Bedeutung. Dies gilt insbesondere für das Management der freiwillig Engagierten. Akribie, Sorgfalt und Einfühlungsvermögen sind hier unverzichtbar. So muss nicht nur die jeweilige Aufgabe stimmig für den Engagierten sein, auch eine gute Ablauforganisation, regelmäßiges Feedback und persönliche Wertschätzung lassen Freiwillige mit einer positiven Erfahrung zurück.

Für Unternehmen ist die Zusammenarbeit mit Mittlerorganisationen dabei ein guter Weg, da diese auf ein professionelles Ehrenamtsmanagement ausgerichtet sind und die Bedürfnisse ihrer Anspruchsgruppen kennen. Gleichzeitig ermöglichen Mittlerorganisationen ihnen durch eine qualitativ hochwertige, professionelle Projektauswahl ein ressourcensparendes und möglichst risikofreies soziales Engagement. Für die engagementwilligen Mitarbeiter hat solch eine Form der Kooperation den Vorteil, dass – wenn gewünscht – ihre Anonymität gewahrt werden kann und ihr Engagement damit unabhängig von Leistungsrückmeldungen im Unternehmen stattfindet. Neben der Unternehmens- und Kompetenzspenderperspektive sollte immer auch die Perspektive der sozialen Initiativen eingenommen werden – auch für sie muss die Corporate-Volunteering-Maßnahme stimmig sein. Jede Anspruchsgruppe bringt ihre eigenen Erwartungen, Charakteristika und Wünsche mit in den Prozess. Diese Vielfalt an Interessen als Partner und Dienstleister zusammenzuführen und professionell zu managen, macht den Erfolg einer Mittlerorganisation aus – dies zeigen die Erfahrungen von startsocial.

Das Einbringen von kompetenzbasiertem Engagement unterliegt fachlich und inhaltlich den gleichen Anforderungen wie eine bezahlte Erwerbstätigkeit. Hierin liegt eine große Herausforderung, denn die „Währung" ist vor allem entgegengebrachte Wertschätzung. Die wird allerdings nur dann gezahlt, wenn der Empfänger wirklich zufrieden ist. Das Entgegenbringen von Wertschätzung findet dabei idealerweise auf drei Ebenen statt: Wertschätzung durch die Empfängerorganisation, Wertschätzung durch die Mittlerorganisation und nicht zuletzt Wertschätzung durch das Unternehmen, in dessen Rahmen die Corporate-Volunteering-Maßnahme stattfindet.

Kompetenzbasiertes Engagement stärkt die Kernkompetenzen einer Person in einem fachlich fremden, aber gleichzeitig realen Kontext. Es entsteht dabei ein doppelter Trainingseffekt: die Perspektivenübernahme und inhaltliche Weiterbildung sowie der Transfer eigenen Know-hows. Entscheidend aber ist, dass Mitarbeiter ihr Unternehmen als gesellschaftlich engagiert erleben und stolz sind, dass sie ihren Teil dazu beitragen. Damit ist ernst gemeinte Förderung von kompetenzbasiertem Engagement eine Kulturveränderungsmaßnahme innerhalb eines Unternehmens, die Mitarbeiter einbindet und damit für die Person, das Unternehmen und die Gesellschaft Gutes bewirkt.

Literatur

American Chamber of Commerce in Germany e. V., Roland Berger Strategy Consultants GmbH (2011) Corporate Volunteering in Deutschland. Ergebnisse einer Befragung von Unternehmen in Deutschland. AmCham Germany, Roland Berger Strategy Consultants, Frankfurt a.M. http://www.unternehmen-fuer-muenchen.de/fileadmin/unternehmenfuermuenchen/presse/20110502_Studie-AmCham/Roland_Berger_CV_Studie_AmCham_RBSC_D_20110502_1_.pdf. Zugegriffen: 01. Aug. 2016

Bundesministerium für Familie, Senioren, Frauen und Jugend (BMFSFJ) (2012) Erster Engagementbericht. Für eine Kultur der Mitverantwortung. Zentrale Ergebnisse. BMFSFJ, Berlin

Bundesministerium für Familie, Senioren, Frauen und Jugend (BMFSFJ) (2016) Freiwilliges Engagement in Deutschland. Der deutsche Freiwilligensurvey 2014. DZA, Berlin. http://www.bmfsfj.de/BMFSFJ/Service/publikationen,did=224190.html. Zugegriffen: 01. Aug. 2016

Dubielzig F, Schaltegger S (2005) Corporate citizenship. In: Althaus M, Geffken M, Rawe S (Hrsg) Handlexikon public affairs. LIT, Münster, S 235–238

Enste D, Eyerund T, Schneider R, Schmitz E, van Baal S (2016) Die gesellschaftliche Verantwortung von Unternehmen angesichts neuer Herausforderungen und Megatrends. Bertelsmann Stiftung, Gütersloh

Hameister N, Müller D, Ziegelmann J-P (2016) Zeitlicher Umfang, Häufigkeit und biografische Dauer des freiwilligen Engagements (Bundesministerium für Familie, Senioren, Frauen und Jugend (Hrsg.). Freiwilliges Engagement in Deutschland. Der deutsche Freiwilligensurvey 2014. DZA, Berlin, S. 329–348.)

Ischinger T (2013) Corporate Volunteering aus Sicht von Non-Profit Organisationen (NPOs) in Deutschland – Motive, Nutzendimensionen, Herausforderungen für NPOs. BBE-Newsletter 20, Berlin. http://www.b-b-e.de/fileadmin/inhalte/aktuelles/2013/10/NL20_Gastbeitrag_Ischinger.pdf. Zugegriffen: 01. Aug. 2016

Lang S (2013) Corporate Volunteering – wenn Wirtschaft auf Engagement trifft. eNewsletter Wegweiser Bürgergesellschaft 03, Stiftung MITARBEIT, Bonn. http://www.buergergesellschaft.de/fileadmin/pdf/gastbeitrag_lang_130215_01.pdf. Zugegriffen: 01. Aug. 2016

Lang R, Sturm E (2015) Neue Verbindungen schaffen – Unternehmenskooperationen für gemeinnützige Organisationen. UPJ, Berlin

Proboneo (2013) Pro bono in Deutschland 2013, Proboneo, Berlin. https://www.proboneo.de/wp-content/uploads/2015/05/Studie_pro_bono_in_Deutschland_Proboneo_2014.pdf. Zugegriffen: 01. Aug. 2016

Przybylski J (2013) Gemeinsam stark. Ratgeber für wirkungsvolles Corporate Volunteering in Unternehmen. PHINEO gAG, Berlin. https://www.phineo.org/downloads/PHINEO_Ratgeber_Corporate_Volunteering.pdf. Zugegriffen: 01. Aug. 2016

startsocial (2016) startsocial 2015/16 – der Jahrgang im Überblick. startsocial, Hamburg. https://startsocial.de/downloads/die-startsocial-abschlussdokumentation-201516. Zugegriffen: 01. Aug. 2016

Dr. Sunniva Engelbrecht ist seit Mai 2009 bei startsocial e.V. und seit Anfang 2011 geschäftsführender Vorstand des Vereins. Davor hat sie unter dem Dach des startsocial-Alumniprojektes wellcome ein Programm zur Unterstützung von Familien auf der Kippe zur Überforderung entwickelt und umgesetzt. Dr. Sunniva Engelbrecht hat mehrere Jahre in der Organisations- und Personalentwicklungsberatung gearbeitet. Sie studierte Psychologie in Osnabrück und hat in Kopenhagen über Burnout promoviert.

Caroline Oxley ist Projekt-Managerin im Themenfeld Demografischer Wandel bei der Körber-Stiftung in Hamburg. Nach ihrem Magisterstudium der Anglistik und Germanistik in Hamburg und Edinburgh hat sie ein journalistisches Volontariat in der Redaktion des Stadtmagazins Szene Hamburg absolviert und anschließend als freie Journalistin gearbeitet. Von 2011 bis 2014 war sie Leiterin der Presse- und Öffentlichkeitsarbeit bei startsocial e.V. in Hamburg. Anschließend lebte sie zwei Jahre in Sheffield, England, wo sie freiberuflich für gemeinnützige Organisationen gearbeitet hat.

Lena Röcker ist seit Juli 2013 bei startsocial e.V. und für das Projektmanagement und die Organisationsentwicklung verantwortlich. Nach ihrer Ausbildung zur Mediengestalterin in Stuttgart studierte sie Kulturwissenschaften (M.A.) in Lüneburg und Istanbul. Ihren Studienschwerpunkt hat sie dabei auf sozialpolitische Fragestellungen gelegt und ihre Magisterarbeit zum Thema bürgerschaftliches Engagement geschrieben. Während ihres Studiums war Lena Röcker u.a. an der Leuphana Universität Lüneburg, bei der Körber-Stiftung und bei tagesschau.de tätig.

Senior Corporate Volunteering: Demografische Entwicklung, neue Altersbilder und Konsequenzen für ein kluges Übergangsmanagement

Christoph Zeckra

1 Demografischer Zeitenwechsel und beispiellose Herausforderungen

Viele haben verstanden, in welcher Dramatik sich in den nächsten Jahren der demografische Wandel abspielen wird. Er wird gerne mit „Wir werden älter, bunter und weniger“ beschrieben. Angesichts des Zeitenwechsels, der ohne historisches Vorbild ist, erscheint diese Formulierung eher als eine verniedlichende Verharmlosung. Dazu müssen hier einige Eckdaten der demografischen Entwicklung in Erinnerung gerufen werden:

- Die Zahl der Menschen im Erwerbsalter zwischen heute und 2030 wird um 5,5 Mio. abnehmen. Dabei ist eine Zuwanderung von 200.000 Personen pro Jahr bereits eingerechnet.
- Die Zahl der Rentenempfänger, also Personen über 65 Jahre, steigt bis 2030 um 10 Mio. Menschen. Jeder Dritte in der Bevölkerung wird älter als 65 Jahre sein.
- Die Zahl der Menschen im Ausbildungsalter wird um 4 Mio. zurückgehen.
- Der Quotient Erwerbstätige/Rentner wird sich von 1,8/1 weiter verringern.
- Wir werden 6,4 Mio. Menschen haben, die älter als 80 Jahre alt sind. Die Gruppe der 80+-Jährigen wird die am stärksten wachsenden Alterskohorte. Jeder Dritte wird voraussichtlich pflegebedürftig sein, hinzu kommen 300.000 Demenzerkrankungen pro Jahr.
- Bereits heute fehlen 85.000 hauptamtliche Pflegekräfte, bis 2030 wird ein Anstieg auf 200.000 erwartet.

C. Zeckra (✉)
Public Affairs and Community Engagement, Generali Deutschland AG
Unter den Linden 21, 10117 Berlin, Deutschland
E-Mail: christoph.zeckra@generali.com

S. Dreesbach-Bundy und B. Scheck (Hrsg.), *CSR und Corporate Volunteering*,
Management-Reihe Corporate Social Responsibility,
https://doi.org/10.1007/978-3-662-54092-3_8

Wenn zum Ende des Jahrzehntes die geburtenstarken Jahrgänge der Babyboomer in Rente gehen, folgt Ihnen eine Generation, die nur halb so groß sein wird. Der demografische Wandel in Deutschland ist nicht mehr änderbar, er ist aber noch gestaltbar. Dabei rückt die Potenzialseite des demografischen Wandels in den Mittelpunkt der Betrachtungen:

In einem Jahrhundert haben die Deutschen 20 Jahre an Lebenszeit gewonnen. Wir werden ein Drittel unseres Lebens als Ältere verbringen und mit 50 Jahren meist noch rund 30 Jahre Lebensperspektive vor uns haben. Die Alterungsschwellen, ab denen die Vitalität nachlässt und sich das Interessenspektrum verengt, hat sich in den letzten zwei Jahrzehnten erheblich verschoben. Die Gesellschaft ist demografisch zwar älter, von der Mentalität und der Verhaltensweise her gesehen jedoch jünger geworden. Mit einer 50 %-igen Wahrscheinlichkeit werden heute geborene Mädchen mindestens 100 Jahre alt werden.

Mit dieser Potenzialbetrachtung des demografischen Wandels ist eine Betrachtung der Möglichkeiten der gewonnenen Jahre verbunden: Wie wollen wir mit der gewonnenen Zeit umgehen? Länger schlafen, die Welt bereisen, Rosen züchten? Und was, wenn alle diese Dinge getan sind? Interessant: Wir bereiten uns rund 20 Jahre auf den Beruf vor, doch wieviel Zeit investieren wir eigentlich für die strukturierte Vorbereitung auf die Nacherwerbsphase?

Alle Studien belegen: Das defizitorientierte Altersbild hat ausgedient. Die Defizitperspektive des körperlichen und geistigen Verfalles musste einer differenzierten Betrachtung weichen.

2 Neue Altersbilder in einer Gesellschaft des längeren Lebens

Die Lebenstreppe früherer Jahrhunderte bildet die Realität längst nicht mehr ab. Tatsache ist: Für die meisten geht es ab 50 nicht unaufhaltsam abwärts. Es folgt eher ein Hochplateau, eine Lebensphase in guter körperlicher und mentaler Verfassung. Sie ermöglicht persönliches Fortkommen oder Neuorientierung.

Einerseits ist bei den 50+-Jährigen Schnelligkeit, Feinmotorik und Multitaskingfähigkeit weniger stark ausgeprägt, ihre Qualitätsorientierung, ihr ganzheitliches Denken und ihre Konfliktlösungsmöglichkeiten werden hingegen sehr positiv beurteilt. Längsschnittstudien belegen, dass es eben kein Naturgesetz ist, dass die Produktivität im Alter abnimmt. Zwar unterlaufen Älteren mehr Fehler, doch diese sind nicht so gravierend wie die der jüngeren Kollegen, deren Folgekosten sich als höher erweisen. Das positive Erleben bei der Arbeit ist für die Älteren bedeutsamer als für die Jüngeren. Dort, wo sich Ältere nicht gewürdigt fühlen, ist ihre Leistung tatsächlich niedriger. Es gilt, den Teufelskreis der sozialen Altersattribuierung zu durchbrechen. Wenn wir Älteren keine Innovation mehr zutrauen, trauen diese sich selbst das auch nicht mehr zu.

Auch das dritte Lebensalter erweist sich als fit, gesund und gut qualifiziert. Diese Generation ist sozial vernetzt, mobil und engagementbereit. Sie verfügt über ein hohes Potenzial an Erfahrungswissen und Tatkraft. Und schließlich zeigt die Generali-Hochaltrigenstudie, dass die Sorge für und die Sorge um andere Menschen die Motivlage hochbetagter Menschen wesentlich bestimmt. Das mitverantwortliche Leben endet nicht im hohen Alter, sondern setzt sich in diesem fort. Auch wenn sich aufgrund der verringerten körperlichen Ressourcen die Ausdrucksformen dieses Lebens wandeln.

Wichtig ist: Die Potenziale des Alters sind seit einigen Jahren stärker in den Mittelpunkt gerückt. Die Gesellschaft und die Unternehmen haben sich für den Potenzialbegriff geöffnet. Das Alter ist heute deutlich stärker sichtbar. Das gilt für die Arbeitswelt, die Zivilgesellschaft und die Politik. Unternehmen reaktivieren pensionierte Mitarbeiter, Qualifizierungsprogramme für ältere Arbeitnehmer sind keine Seltenheit mehr. Zwar geschieht das auch unter dem Druck des Fachkräftemangels, aber die Voraussetzung dafür ist ein an Potenzialen orientiertes Altersbild. Eine der sichtbarsten Protestbewegungen der vergangenen Jahre – Stuttgart 21 – wäre ohne die Mitwirkung der Alten gar nicht möglich gewesen.

Bundespräsident Joachim Gauck beschrieb anlässlich der Ausstellungseröffnung „Dialog mit der Zeit“ im März 2015 die aktuelle Herausforderung an ältere Menschen mit den Worten: „Es fehlt eine ausgewogene Vorstellung davon, dass ältere Menschen nicht nur Konsumenten, sondern auch Produzenten in unserer Gesellschaft sein können – und sein wollen. Es fehlt der Gedanke, dass es den meisten ein großes Bedürfnis ist, gebraucht zu werden, tätig zu sein, etwas beizutragen. Sind wir als Gesellschaft bereit, für die große Bandbreite an Möglichkeiten im Alter eine entsprechend große Bandbreite an Gestaltungsoptionen vorzuhalten?“

Joachim Gauck trifft damit ins Schwarze: Wir müssen das verlängerte Leben insgesamt in den Blick nehmen. Die Lebenszeit ist neu zu strukturieren. Wir brauchen neue Muster für lange Lebensläufe, neue Verflechtungen von Lernen, Arbeit und Privatem.

3 Menschen suchen nicht Ruhe im Ruhestand

Die uns heute gewohnten Begriffe „Alter“ und „Ruhestand“ erweisen sich zunehmend als unphysiologisch. Menschen wollen keine strikte Trennung von Lebensphasen des Arbeitens und des Ruhens. Sie suchen nicht Ruhe im Ruhestand. Viele Menschen möchten herausfordernde Aufgaben, sie wollen so lange wie möglich aktiv bleiben, ob arbeitend oder sozial engagiert. Mehr als ein Drittel der heute 45–65-Jährigen können sich vorstellen, auch nach dem Ende der Erwerbsarbeit aktiv zu bleiben. Das Alter ist eine Lebensphase, in der wir das Selbst differenzierter wahrnehmen, in der die Frage der Lebensgestaltung noch einmal an Bedeutung gewinnt. Achtung vor dem Alter erweist sich vor allem in der Möglichkeit, im öffentlichen Raum präsent zu sein und diesen mitgestalten zu können. In einer Gesellschaft des langen Lebens dürfen wir alte Menschen nicht an den Rand drängen.

Die Übernahme von Mitverantwortung für die Gestaltung der Umgebung und der Gesellschaft erweist sich als ein grundlegendes Bedürfnis des Menschen. Unsere Gesellschaft ist aufgefordert, dazu ausreichende Gelegenheitsstrukturen zu schaffen.

Wenn über das Ende des Arbeitslebens gesprochen wird, klingt es häufig so, als zeichne der Staat seine Bürger aus. Vom Lohn für die Lebensleistung ist die Rede und vom wohlverdienten Ruhestand. Die Werbung zeigt braun gebrannte Weißhaarige, die auf Segeljachten übers glitzernde Meer rauschen oder fröhlich im Grünen radeln. Ist das Rentenalter aber wirklich ein immerwährender Urlaub?

Wissenschaftler wissen längst, dass der Beginn der Rente – auch wenn zunächst herbeigesehnt – häufig den Verlust von Tagesstruktur, Wertschätzung und sozialen Beziehungen bedeutet. Nicht selten tut sich ein schwarzes Loch auf. Der Eintritt in die Rente gehört zu den Top-Ten-Stressoren, zu den am stärksten belastenden Einschnitten im Leben. Nur jede zweite ist zufrieden, in Rente zu gehen. Wir wissen: Glücklich sind wir nur, wenn wir uns im Alter nicht um uns selbst drehen. Die Vorstellung, mit dem Abschied aus der Arbeitswelt beginne ein schöneres und selbstbestimmtes Leben, erweist sich in vielen Fällen als falsch. Die Alten sind heute so gesund wie nie zuvor. Sie haben Jahrzehnte Lebenszeit geschenkt bekommen. Sie fühlen sich leistungsfähig, sie könnten länger arbeiten und viele wollen das auch. Flexibler als bisher, nicht verpflichtend 40 Wochenstunden, mit Auszeiten, selbstbestimmt und möglichst mit positiver gesellschaftlicher Wirkung.

Zugleich melden die Unternehmen Fachkräftemangel und brauchen das Fachwissen der Älteren.

Das Gemeinwesen benötigt dringender denn je eine engagierte Bürgerschaft – nicht zuletzt zum Aufbau der „Caring Communities", „Sorgender Gemeinschaften". Und den Asylsuchenden helfen ehrenamtliche Paten bei der beruflichen und kulturellen Integration – eine gerade für ältere Menschen perfekte Möglichkeit, Generativität zu leben und sich gesellschaftlich sinnstiftend zu engagieren.

4 Das Angebot Älterer mit der Nachfrage der Gesellschaft und des Unternehmens zusammenführen – Corporate Volunteering als Element des Überganges

Arbeitsforscher gehen künftig von mosaikartigen Erwerbsbiografien auch der Generation Y aus:

Aus- und Weiterbildungen zu verschiedenen Zeiten, Wechsel zwischen Vollzeit und Teilzeit je nach Lebensphase, bedarfsabhängige Auszeiten vom Job. Unternehmen tun gut daran, angesichts der veränderten Machtverhältnisse auf dem Arbeitsmarkt die Entwicklung ihrer Mitarbeiter auch über die „eigentliche" Erwerbsarbeit hinaus zu fördern. So können sie mit einem sichtbaren Übergangsmanagement in die Bereiche des Gemeinwohles an Attraktivität und Bindungskraft gewinnen. Wenn Unternehmen heute als „first mover" agieren, können sie spätere, beträchtliche Investitionen vermeiden.

Unternehmen werden „zuhören" müssen, welche Arbeitsplatzmerkmale von knapp werdenden Nachwuchskräften gesucht werden. Der Kampf um die Auszubildenden hat längst begonnen. Zuwanderer und erfolgreich integrierte Flüchtlinge können nur begrenzt arbeitsmarktentlastend wirken. Die eigentlichen Arbeitsmarktpotenziale müssen intern gehoben werden. Und dazu gehören die Älteren, die länger im Betrieb bleiben. Es gilt, den Zielkonflikt in der Zeitpolitik zu lösen: Arbeitgeber wollen möglichst alle Zeitpotenziale in der Belegschaft heben, um dem Fachkräfteengpass zu begegnen. Der Arbeitnehmer hingegen hat den zunehmenden Wunsch nach flexibler und ggf. reduzierter Arbeitszeit. Flexible und mobile Arbeitsmodelle können helfen, diesen Zielkonflikt zu reduzieren. Insbesondere auch für ältere Unternehmensbürger liegt der Lösungsansatz in einem attraktiven Cafeteriasystem und einer damit einhergehenden Individualisierung der Arbeitsgestaltung: Der Arbeitnehmer kann seine berufliche Tätigkeit über das Renteneintrittsalter hinaus fortführen oder vereinbart einen „weichen" Übergang in die Nacherwerbsphase, indem er seine reduzierte Arbeitszeit in ein sinnstiftendes Gemeinwohlengagement und damit in ein Corporate Volunteering einbringt.

Bürgerschaftliches Engagement und die im Ehrenamt erworbenen Fähigkeiten wären auf diesem Wege nicht nur in die Personal-und Kompetenzentwicklung integriert, sondern zugleich ein wichtiges Element des gleitenden Überganges aus der Erwerbsarbeit in den 3. Sektor. Gerade ältere Menschen können für Jugendliche, die Halt und Perspektive suchen, eine bewährte Quelle von Patenschaft und Begleitung sein.

Während die Karriere in der Zeit der Erwerbsarbeit stark vom Grad der Spezialisierung abhängig war und der Arbeitnehmer dem Konkurrenzdruck im Unternehmen ausgesetzt ist, gibt ihm die „zweite Karriere" die Möglichkeit, sich dem Gemeinwohl zu widmen, seinem Anspruch auf Generativität zu entsprechen und Bedeutung für Andere zu haben. Und das ganz im Sinne einer Work Life Balance, verstanden als „Work keeps your Life in Balance".

Wir werden in diesem Kontext einen neuen Arbeitsbegriff benötigen. Arbeit ist mehr als Erwerbsarbeit. Arbeit ist vielfältig. Sie ist eine Tätigkeit für Andere, sie ist Ausdruck von Mitgestaltung: Familienarbeit, Gemeinwesenarbeit, Freiwilligenarbeit.

Anerkennung aber wird heute noch überwiegend über Erwerbsarbeit und als Lohneinkommen erfahren. Damit ist in einem neuen Gesellschaftsvertrag das „Ganze" der Arbeit zu bedenken, indem Ökonomie als eingebettet in die soziale Lebenswelt verstanden wird. Das Konzept eines „Vorsorgenden Wirtschaftens" würde das „Sorgen für Andere" einschließlich künftiger Generationen enthalten.

5 Erfolgskritische Merkmale

Als erfolgskritisch für das beschriebene Konzept des Corporate Volunteering für ältere Unternehmensbürger erweist sich, dass die Unternehmen ihre Beschäftigten ausdrücklich zu einem langsamen Ausstieg aus der Erwerbsphase einladen, kombiniert mit einem Brückenbau in ein geeignetes bürgerschaftliches Engagement.

„Best practises" erweisen sich als transferierbar: So werden in Unternehmen der Finanzdienstleistungsbranche bereits für 45–50-Jährige „Horizonteworkshops" durchgeführt, die eine intensive Auseinandersetzung mit dem verbleibenden beruflichen Drittel in den Mittelpunkt stellen und auf einen Übergang aus der Erwerbsphase in die nachberufliche Engagementphase vorbereiten.

In einem anderen Beispiel können Arbeitnehmer ab dem 60. Lebensjahr ihre Arbeitszeit um zwei Tage pro Monat reduzieren und erhalten zusätzlich monatlich zwei bezahlte freie Arbeitstage für ein gemeinnütziges Engagement. Unternehmen des Einzelhandels ermöglichen interessierten Arbeitnehmern, ihren Erfahrungsschatz an andere Menschen weiterzugeben, indem sie ehrenamtlich Hauptschüler auf dem Weg in die Berufswelt begleiten.

Nach dem Studium der Wirtschaftswissenschaften und Psychologie begann **Christoph Zeckra** 1987 seine Laufbahn im Human Resources-Bereich des Pharma-und Chemiekonzernes Boehringer Ingelheim, wo er zuletzt die Abteilung Personal-Grundsatzfragen/Personalpolitik der weltweit agierenden Gruppe führte.

Bei EON Ruhrgas baute er in den 90er Jahren das Personalmarketing und die Personal-/Organisationsentwicklung auf. Er trug durch eine systematische Managemententwicklung wesentlich zur erfolgreichen Bewältigung des Generationenwechsels im Top-Management des Energiekonzerns bei.

Vor der Übernahme der Verantwortung für den Personalbereich der Generali Deutschland Holding AG führte Christoph Zeckra als General Manager in der BMW Group bis 2006 den Bereich „Managemententwicklung, Personalmarketing, Change, Training und Bildungspolitik".

In seiner Funktion im Generali Konzern leitete er mit der personalpolitischen Ausrichtung „Human Resources 2015" die Fokussierung auf eine demografiefeste Personalpolitik und auf die Bewältigung der demografischen Herausforderung ein. Diese Aufgabe setzt er als Gesamtverantwortlicher des Generali Zukunftsfonds fort.

Der Generali Zukunftsfonds engagiert sich für eine Gesellschaft, die allen Menschen unabhängig von ihrem Alter ein selbst- und mitverantwortliches Leben ermöglicht und sie dabei unterstützt, ihre Potenziale in jeder Lebensphase zu entfalten und wirksam in die Gesellschaft einzubringen. Er tritt für eine starke Bürgergesellschaft ein, die eigenverantwortlich und in Kooperation mit Politik und Wirtschaft vor Ort gemeinsam Antworten auf die demografischen Herausforderungen entwickelt und umsetzt. Das Leitungsteam des Zukunftsfonds agiert als Change Manager, Berater, Vernetzer und Initiator im Bereich des Bürgerschaftlichen Engagements. Seit 2017 sind die gesellschaftspolitischen Aktivitäten der Generali Group in „Public Affairs & Community Engagement" gebündelt.

Christoph Zeckra nimmt eine Reihe von Mandaten in Aufsichtsräten, Kuratorien und Beiräten war. Er ist Gründungsmitglied der Zukunftsallianz für Arbeit und Gesellschaft ZAAG, Vorstand im Demografienetzwerk ddn und der Verwaltungs-und Wirtschaftsakademie Köln sowie Sprecher Demografischer Wandel und Engagementförderung im lokalen Raum des Bundesnetzwerkes für Bürgerschaftliches Engagement BBE.

Aus der Praxis: Aufbau von Webinaren für NGOs mit Online-Volunteers am Beispiel von openTransfer.de

Katarina Peranić

1 Hintergrund

Die Berliner Stiftung Bürgermut fördert den Austausch und die Entwicklung von Wissenstransfersystemen zur Verbreitung sozialer Innovationen. Ihr Anliegen ist es, bürgerschaftliches Engagement bekannter zu machen und ehrenamtliche Projekte beim Wachstum zu unterstützen. Hierfür hat sie 2013 das Programm openTransfer gegründet. Der strategische Einsatz von digitalen Medien und die Einbindung von Online-Volunteering spielen dabei eine zentrale Rolle. Das Ziel von openTransfer.de ist es, soziale Innovationen und bürgerschaftliche Lösungen für aktuelle gesellschaftliche Probleme durch eine geeignete Skalierungsstrategie, erprobtes Transferwissen und Vernetzung zu mehr Wirkung zu verhelfen.

1.1 Online und offline Wissen teilen

openTransfer versteht sich als HUB und bildet den Knotenpunkt für alle Online- und Offlineaktivitäten des Programmangebotes der Stiftung Bürgermut. Der Multi-Autorenblog – ein Teil von openTransfer – wird von vielen freiwillig Engagierten getragen. In einem kollaborativen Prozess erstellen sie nützliches Praxiswissen zum Thema Wissens- und Projekttransfer gemeinsam. Ein Gedanke eint sie: Soziale Innovationen verbreiten sich nicht von selbst. Die Übertragung eines guten Projekts oder der Transfer einer erfolgreichen Organisation funktioniert selten von allein. Wissen, gerne erfahrungssattes, ist gefragt. Doch die Informationen finden sich weit verstreut – im Netz, in Broschüren und in vielen Köpfen. Auf openTransfer.de teilen die Autoren ihr Wissen in Beiträgen, disku-

K. Peranić (✉)
Geschäftsführendes Vorstandsmitglied, Stiftung Bürgermut
Propststraße 1, 10178 Berlin, Deutschland
E-Mail: Katarina.peranic@buergermut.de

S. Dreesbach-Bundy und B. Scheck (Hrsg.), *CSR und Corporate Volunteering*,
Management-Reihe Corporate Social Responsibility,
https://doi.org/10.1007/978-3-662-54092-3_9

tieren gemeinsam mit den Usern und entwickeln Strategien weiter. So profitieren viele, und nachhaltiges Wissen entsteht. Die bestbewerteten Artikel wurden 2014 in einem E-Book veröffentlicht, das mittlerweile 35.000 Downloads zu verzeichnen hat.

Begleitend zu diesen Aktivitäten finden in verschiedenen Städten sogenannte Barcamps – „Unkonferenzen" – statt. Sie verstehen sich als Inkubatoren für die Weiterentwicklung von Transferwissen und sorgen für die essenzielle Face-to-Face-Vernetzung von Projektmachern.

Konkret besteht das Programm openTransfer aus den folgenden Modulen: openTransfer-CAMPs (Barcamps), einem Multi-Autorenblog, einer Onlinecommunity, der openTransfer-Akademie mit ihrem Webinarangebot, einem Marktplatz für übertragbare Projekte und einem Beratungs- und Qualifizierungsprogramm für Organisationen im Wachstum. Alle Module sind organisch gewachsen und eng miteinander verzahnt.

openTransfer in Zahlen

- 1500 Transferpraktikerinnen und -praktiker aktivieren sich gegenseitig in der Community
- 70 Autorinnen und Autoren aus der Community schreiben auf openTransfer.de
- Leserinnen und Leser rufen pro Jahr 2,9 Mio. Mal opentransfer.de-Seiten auf
- 40.000 Downloads des E-Books „Gutes einfach verbreiten"
- 1900 Besucherinnen und Besucher und 400 Sessions auf 16 openTransfer-CAMPs
- 1700 Teilnehmende an 29 Webinaren und 3 Vor-Ort-Workshops
- 12 Organisationen nutzen die Transferberatung, um ihre soziale Wirkung zu verbreiten.

Im folgenden Kapitel wollen wir uns das Angebot der openTransfer-Akademie näher anschauen. Hier soll aufgezeigt werden, wie man Online-Volunteers bei der Arbeit in einer gemeinnützigen Organisation einbinden kann.

2 Die openTransfer-Akademie – Online-Volunteers geben Wissen in Webinaren weiter

Die Entscheidung, die openTransfer-Akademie zu gründen, entstand 2014. Die Akademie ist ein Qualifizierungsangebot für Haupt- und Ehrenamtliche aus Non-Profit-Organisationen, die Antworten auf spezielle Fragen aus ihrer täglichen Arbeit suchen. Pro Monat findet mindestens ein Webinar statt. Zeitliche und personelle Ressourcen sind bei Non-Profit-Organisationen oftmals knapp und Webinare eine kostengünstige Alternative zum traditionellen Präsenzseminar. Trainings- oder Unterrichtsthemen können bequem in mehrere zeitversetzte „Lehrhäppchen" geteilt werden. Daher entschied sich die Stiftung für den Aufbau der openTransfer-Akademie, die vor allem auf Onlineangebote setzt. Ausschlaggebend für die Gründung der Akademie waren die Ergebnisse der Erhebungen mittels Fragebogen unter den Teilnehmenden der openTransfer-CAMPs. Die Befragten wünschten sich ein Format, das ihnen die Vertiefung von Wissen zu spezifischen Skalierungsthemen über das Barcamp hinaus ermöglicht. Speziell waren dies Themen wie Wirkungsmessung, Kommunikation, Finanzierung oder Gemeinnützigkeits- und Steuerrecht.

Bei der Konzeption war ihr besonders wichtig, dass eine möglichst hohe Anzahl an Organisationsvertretern kostenlos teilnehmen kann und dass es eine direkte Feedback- und Interaktionsmöglichkeiten geben sollte.

Für den erfolgreichen Aufbau der openTranser-Akademie sind insgesamt sechs Prozessschritte als relevant hervorzuheben:

1. **Die richtige Themenwahl – wertvolle Inhalte schaffen**
   Ein wichtigstes Instrument für die Themenauswahl der Webinare waren die Ergebnisse der Evaluation der openTransfer-Camps sowie die Analyse der openTransfer-Webseite. Da zum damaligen Zeitpunkt bereits 70 Autorinnen und Autoren dort veröffentlichten und das E-Book „Gutes einfach verbreiten. Handbuch für erfolgreichen Projekttransfer" erschienen war, gab es eine breite Palette an Artikeln, die viele Facetten des Projekttransfers behandeln. Nun ging es darum, zu identifizieren, welche Themen besonders gefragt sind und gleichzeitig für eine Aufbereitung in einem Webinar geeignet sind. Es wurden Zugriffszahlen, Ausstiegsseiten und Verweildauer auf openTransfer.de analysiert und darauf aufbauend die Themen der ersten sechs Webinare festgelegt. Die Teilnehmerzahlen und die Verweildauer in den ersten Webinaren zeigten, dass sich die Themenwahl mit den Bedürfnissen der Zielgruppe deckte.
2. **Gewinnung von Online-Volunteers als Referenten**
   Nachdem die Themen feststanden und ein Konzept entwickelt wurde, ging es im zweiten Schritt darum, geeignete Referentinnen und Referenten für die Webinare zu gewinnen. Die besondere Herausforderung bestand darin, dass das Thema E-Learning, Webinare und die dazugehörige Technik nicht nur für die Stiftung zunächst Neuland war, sondern auch viele Online-Volunteers mit diesen Themen nicht vertraut waren. Dank der großen und aktiven Community des openTransfer-Programms konnten potenzielle Referentinnen und Referenten allerdings schnell identifiziert und angesprochen werden. Da eines der Grundprinzipien von openTransfer das Teilen und Weiterentwickeln von Wissen darstellt, waren alle schnell bereit, das für sie neue Format auszuprobieren. Die fachliche Kompetenz haben viele Referentinnen und Referenten der Akademie schon auf den openTransfer-CAMPs in eigenen Workshops oder als Autorinnen und Autoren von openTransfer bewiesen. Unter den Online-Volunteers waren Steuerberaterinnen und -berater, Rechtsanwältinnen und -anwälte, ein Leiter einer CSR-Abteilung, aber auch Gründerinnen und Gründer von Sozialunternehmen oder ein pensionierter Chefarzt, der eine Seniorenorganisation leitet.
   Die Motivation zum Engagement der Freiwilligen lag zum einen darin, dass die Ziele von openTransfer geteilt und unterstützt wurden und zum anderen darin, eine neue Technik kennen und nutzen zu lernen. Ein weiterer möglicher Motivationsfaktor ist die Steigerung der eigenen Reputation.

3. **Briefing der Referentinnen und Referenten**
   Einer der wichtigsten Punkte für das Gelingen eines guten Webinars ist das Briefing und Einstimmen der Vortragenden und Moderatorinnen sowie Moderatoren. Viele von ihnen sind erfahrene Redner auf Podien oder Workshops, aber die wenigsten hatten Erfahrung mit dem Thema Onlineseminare.
   Daher war es von Anfang an wichtig, die Ehrenamtlichen zu betreuen. Dies betraf das Kennenlernen des Webinarraums, das Durchsprechen und Anpassen der Präsentation und das Entwickeln von Interaktionsformaten.
4. **Interaktion mit den Teilnehmenden planen**
   Bei den Webinaren der openTransfer Akademie sind die Referentinnen und Referenten sowie Moderatorinnen und Moderatoren per Audio und Video zu sehen und zu hören. Für die Teilnehmenden sind diese Funktionen ausgeschaltet. Das bedeutet für den Vortragenden, dass er das gewohnte Feedback seines Publikums, insbesondere das über die Körpersprache, nicht erhält. Zustimmung, fragende Blicke oder Unverständnis für das Gesagte müssen auf anderem Wege zum Vortragenden gelangen. Für die Teilnehmenden ist ein offen sichtbarer Chat freigeschaltet, in dem Fragen, Anmerkungen und Unterhaltungen untereinander möglich sind. Diese Funktion ist sehr niederschwellig und wird rege genutzt. Sie gibt Referentinnen und Referenten einen Eindruck von der Stimmung der Zuhörerinnen und Zuhörer. Darüber hinaus bietet die Webinarsoftware, in diesem Fall Adobe Connect, weitere Interaktionsmöglichkeiten, wie Umfragen, Abstimmungen oder kleine Wissenstests. Um das Webinar aufzulockern und die Teilnehmenden aus der passiven Zuhörerrolle zu holen, aber auch um die Aufmerksamkeit zu steigern, ist es sinnvoll, diese Tools, abgestimmt auf den Vortrag, einzusetzen.
5. **Technische Voraussetzungen schaffen**
   Ein Webinar ist eine technische Veranstaltung. Daher ist es wichtig, alle technischen Voraussetzungen für einen reibungslosen Ablauf des Webinars im Vorfeld zu kommunizieren und zu prüfen: Bei der Moderation, der Referentin oder dem Referenten und auch bei den Teilnehmenden. Dazu gehören eine stabile Internetverbindung und die Kompatibilität der Browser aller Teilnehmenden mit der Webinarsoftware. Die meisten Webinarplattformen liegen zentral beim Softwareanbieter, so müssen die Teilnehmenden keine Software herunterladen, was für eine unkomplizierte Handhabung förderlich ist.
   Für Referentinnen und Referenten sowie Moderatorinnen und Moderatoren sind eine Webcam und ein Headset mit Mikrofon und Kopfhörer das wichtigste technische Equipment. Bei den Webinaren der openTransfer-Akademie wird mit allen vortragenden Beteiligten mindestens ein Techniktest vor dem Webinar durchgeführt, um Probleme im Vorfeld auszuschließen. Typische Probleme während des Webinars haben entweder mit der eigenen Technik, dem Internet oder der Technik der Teilnehmenden zu tun. Während der openTransfer-Webinare ist immer eine Person aus dem Team für Technikprobleme per Chat oder Telefon ansprechbar.

6. Die richtige Uhrzeit für das Webinar wählen
Woher weiß man, welche Zeiten für das Webinar die besten Vortragszeiten sind? Das hängt stark von der Zielgruppe ab. Häufig werden Webinare während der Arbeitszeit kurz vor der Mittagspause angeboten oder am Nachmittag. Bei der openTransfer-Akademie war von Beginn an klar, dass die Zielgruppe, aber auch die Online-Volunteers – in der Mehrheit in ihrer Eigenschaft als ehrenamtliche Engagierte an den Webinaren teilnehmen. Daher finden die Webinare immer am Abend und somit außerhalb von typischen Kernarbeitszeiten statt. Nach jedem Webinar werden die Teilnehmenden gebeten, ihr Feedback abzugeben. Und es hat sich herausgestellt, dass die Vortragszeit am frühen Abend bei 90 % der Teilnehmenden ideal ist.

3 Fazit

Inzwischen fanden 19 Webinare im Rahmen der openTransfer-Akademie mit insgesamt 1500 Teilnehmenden statt. Das Angebot wird von der Zielgruppe angenommen und entfaltet Wirkung, wie die Auswertung der 148 Feedbackbögen ergeben hat (Abb. 1).

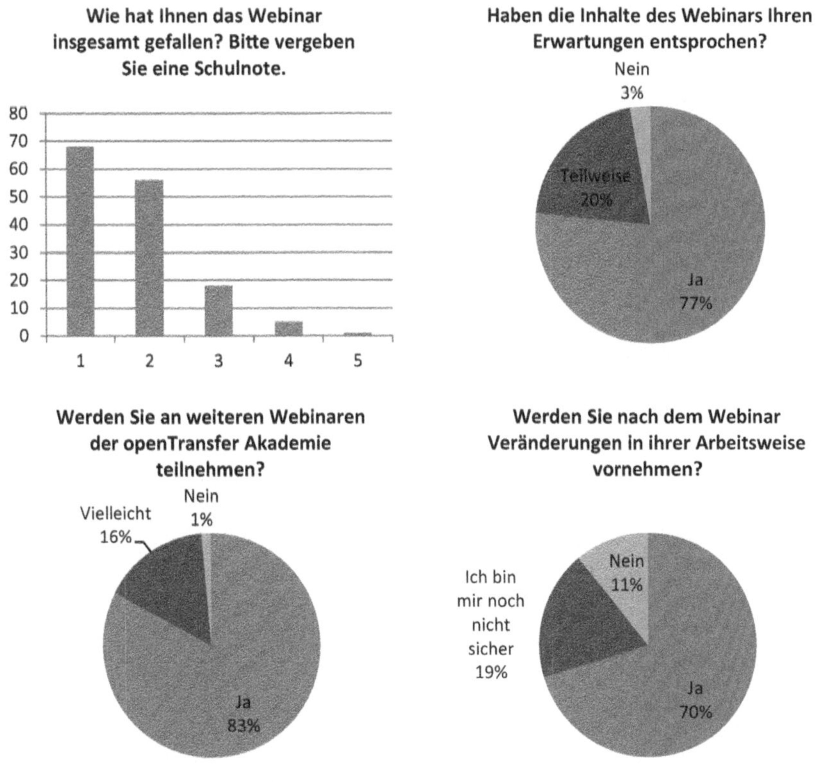

Abb. 1 Webinarauswertung der openTransfer-Akademie

Es war für die Stiftung die richtige Entscheidung, dieses Format für die interaktive Wissensvermittlung zu wählen und nicht auf Präsenzseminare zu setzen. Die Reichweite und der Einsatz der Ressourcen zeigten dies deutlich. Dieselbe Hebelwirkung hätte die Stiftung mit Präsenzseminaren nicht erreicht.

Katarina Peranić, ist geschäftsführendes Vorstandsmitglied der Stiftung Bürgermut. Die zertifizierte Stiftungsmanagerin (DSA) studierte Politikwissenschaft und Osteuropastudien an der Philipps-Universität Marburg und am Otto-Suhr-Institut der Freien Universität Berlin. Seit zehn Jahren begleitet sie zahlreiche Projekte in Zivilgesellschaft von der Idee bis zur Umsetzung. Dabei spielen der Aufbau und die Aktivierung von analogen und digitalen Communitys sowie der Wissens- und Projekttransfer von wirkungsvollen Projekten eine zentrale Rolle. Die von ihr geleiteten Stiftungsprogramme openTransfer und Weltbeweger stehen dafür.

Digital Corporate Volunteering

Hannes Jähnert

1 Einleitung

Unter dem Schlagwort „Digitales bürgerschaftliches Engagement" wird derzeit eine Vielzahl von Veränderungsprozessen innerhalb der deutschen Bürgergesellschaft diskutiert, die vor allem aus der rasanten Verbreitung des Internets seit den 1990er-Jahren sowie dem Aufkommen Sozialer Medien seit etwa 2005 resultieren. Dabei werden sowohl neue Möglichkeiten für die Information und Vermittlung von Freiwilligen, als auch Potenziale für die Organisation und das Management ehrenamtlichen Engagements aufgegriffen und in der Praxis erprobt. Seit einigen Jahren schon gibt es Ehrenamtssuchmaschinen wie die Freiwilligendatenbank von Aktion Mensch[1] und internetbasierte Software für die Organisation freiwilligen Engagements wie den Ehrenamtsmanager der Stiftung Gute Tat.[2]

Ein dritter Strang der Diskussion um die Digitalisierung des bürgerschaftlichen Engagements in Deutschland betrifft die Flexibilisierung ehrenamtlicher Arbeit, die mit dem alltäglichen Einsatz unterschiedlicher Internetdienste in Non-Profits wie Vereinen und gemeinnützigen GmbHs möglich wird (Jähnert 2010; Hinz et al. 2014). Mit dem Online-Volunteering, freiwilligem Engagement, das teilweise oder vollständig vom heimischen Rechner, am Arbeitsplatz oder von unterwegs aus geleistet werden kann (Jähnert 2012), eröffnet sich ein neuer Weg für das bürgerschaftliche Engagement, der auch für das Corporate Volunteering interessant ist.

Welche konkreten Möglichkeiten und Potenziale das Online-Volunteering für das freiwillige Engagement bietet, soll Gegenstand des ersten Teils dieses Beitrags sein. Im zweiten Teil werden sodann zwei Vorschläge skizziert, wie das Online-Volunteering nutz-

[1] https://www.freiwilligendatenbank.de (18.04.2016).
[2] http://ehrenamtsmanager-wp.gute-tat.de (18.04.2016).

H. Jähnert (✉)
Selchower Str. 11, 12049 Berlin, Deutschland
E-Mail: kontakt@hannes-jaehnert.de

S. Dreesbach-Bundy und B. Scheck (Hrsg.), *CSR und Corporate Volunteering*,
Management-Reihe Corporate Social Responsibility,
https://doi.org/10.1007/978-3-662-54092-3_10

bringend in das Unternehmensengagement zu integrieren sein könnte. Der letzte Teil schließlich fasst den Beitrag kurz zusammen und hebt die besonderen Chancen und Herausforderungen für das Unternehmensengagement noch einmal hervor.

2 Online-Volunteering

Das Online-Volunteering – bekannt unter anderem auch als Virtual- oder E-Volunteering[3] – ist ein moderner Weg für das bürgerschaftliche Engagement im 21. Jahrhundert (UNV 2011, S. 26 ff.). Zu den Grundprinzipien der modernen Bürgergesellschaft weisen die interaktiven, beteiligungsoffenen Möglichkeiten, die die Sozialen Medien heute bieten, eine gewisse „Wahlverwandtschaft" auf (Embacher und Härtel 2011). Modern ist am Online-Volunteering aber nicht, dass nun das Internet als „modernes Medium" zum Einsatz kommt. Modern ist das Online-Volunteering, weil es dem Anspruch vieler – vor allem jüngerer – Engagierter gerecht wird, sich flexibel, eigenverantwortlich und selbstbestimmt einzubringen und dabei die eigenen Interessen gewinnbringend mit dem Engagement in einer Gemeinschaft zu verbinden (vgl. beispielsweise Picot 2011, S. 24 ff.; Freitag et al. 2016, S. 143).

In der Tat sind die meisten Medienkanäle, über die sich Online-Volunteers heute engagieren, wenig spektakulär. Zahlreiche Beispiele zeigen, dass zumeist eben jene Dienste zum Einsatz kommen, die auch sonst häufig genutzt werden: E-Mail, Instant-Messenger und Internetgruppen bei sozialen Netzwerken, Cloudspeicher und Terminmanagementdienste sind hier wohl als erstes zu nennen.[4] Zuweilen kommen aber natürlich auch spezielle – zumeist wohl bekannte und frei nutzbare – Tools zum Einsatz; beispielsweise für das Content-, User- und Unterstützermanagement (beispielsweise MediaWiki, Wordpress und CiviCRM). Der Technik hinter dem Online-Volunteering wird hier entsprechend nicht weiter nachgegangen. Festzuhalten ist lediglich, dass die Werkzeuge und Medienkanäle, die beim Online-Volunteering zum Einsatz kommen, stets zweckdienlich ausgewählt werden und ohne weitere Schulung die Zusammenarbeit erleichtern sollten. Anhand einiger Beispiele wird im Folgenden die Entwicklung und mögliche Tätigkeitsfelder für Online-Volunteers aufgezeigt, bevor konkrete Potenziale zu benennen sind.

2.1 Tätigkeitsfelder für Online-Volunteers

Dass freiwilliges Engagement über das Internet geleistet werden kann, ist spätestens seit der freien Online-Enzyklopädie Wikipedia bekannt. In ihrer Hochzeit um die Jahre 2007 und 2008 engagierten sich beinahe 9000 „Wikipedianer" regelmäßig für den deutschspra-

[3] http://virtualvolunteering.wikispaces.com/definition (23.06.2016).

[4] Die Umfrage zur IT-Nutzung unter Non-Profits des Onlineportals Stifter-helfen.net zeigt ähnliches (vgl. Frede et al. 2015, S. 47 ff.).

chigen Teil der Online-Enzyklopädie. Heute sind es immerhin noch über 6000.[5] Doch auch abseits der Bemühungen, im Internet Wissen zusammenzutragen und frei zugänglich zu machen, ist Online-Volunteering eine gangbare Form freiwilligen Engagements. Seit Mitte der 1990er-Jahre schon wird es in verschiedenen Kontexten und Engagementfeldern erfolgreich erprobt. Die folgenden Beispiele geben einen kurzen, aber natürlich nicht vollständigen Überblick über die Entwicklung des Online-Volunteerings in den vergangenen 20 Jahren:

- Um die Möglichkeiten und Grenzen des Online-Volunteerings praktisch zu erproben, startete die US-amerikanische Initiative Impact Online (heute VolunteerMatch) in der zweiten Hälfte der 1990er-Jahre (1996 bis 1998) ein erstes Pilotprojekt. Susan J. Ellis und Jayne Cravens erprobten in diesem Projekt unterschiedliche Engagementmöglichkeiten für Online-Volunteers und dokumentierten ihre Erfahrungen im ersten „Virtual Volunteering Guidebook", das auch in seiner zweiten Auflage zahlreiche hilfreiche Hinweise für die Integration des Online-Volunteerings in das Freiwilligenmanagement enthält (Ellis und Cravens 2000; Cravens und Ellis 2014).
- Im Jahr 2000 setzte die NASA das experimentelle Crowdsourcingprojekt „Clickworkers" auf. Das Ziel war es, die Potenziale freiwilligen Engagements bei der Erforschung fremder Himmelskörper zu eruieren. Einerseits sollte der, in den USA sehr an der Raumfahrt interessierten Öffentlichkeit die Möglichkeit gegeben werden, sich praktisch an der Forschung zu beteiligen, andererseits sollte erprobt werden, ob Fachpersonal so effizienter eingesetzt werden könnte. Für das Experiment wurden bereits ausgewertete Fotoaufnahmen der Marsoberfläche auf einer speziellen Plattform bereitgestellt und dazu aufgerufen, Kraterränder per Mausklick zu markieren. Das Experiment war erfolgreich und wird auf www.nasaclickworkers.com bis heute fortgesetzt.
- Die Erfahrungen aus dem Virtual-Volunteering-Pilotprojekt flossen nach der Jahrtausendwende auch in die Entwicklung von www.onlinevolunteering.org ein. Über die Plattform, die seit 2004 im Rahmen des United Nation Volunteer Programms betrieben wird,[6] wurden 2014 mehr als 16.000 entwicklungspolitische Freiwilligenengagements an Online-Volunteers aus der ganzen Welt vermittelt. Ein Gros der Online-Volunteers wie auch die der Organisationen schätzt die Zusammenarbeit als gut oder sehr gut ein.[7]
- Nach dem Vorbild der University of Alberta (Kanada) wurde 2005 das Programm Cybermentor der Universitäten Ulm und Regensburg gegründet. Hier werden berufstätige Frauen aus den MINT-Berufen als Online-Mentorinnen an Schülerinnen zwischen zwölf und 18 Jahren vermittelt, um deren Interesse am Berufseinstieg im MINT-Bereich zu fördern. Bis 2014 wurden über 4500 Schülerinnen als Mentees vermittelt. Das Programm wird vor allem deshalb so gut angenommen, weil es sowohl den Men-

[5] http://stats.wikimedia.org/DE/TablesWikipediansEditsGt5.htm (08.04.2016).
[6] https://www.onlinevolunteering.org/en/org/about/history.html (04.04.2016).
[7] https://www.onlinevolunteering.org/en/org/about/statistics.html (04.04.2016).

torinnen als auch den Mentees größtmögliche Flexibilität in ihrer Zusammenarbeit ermöglicht.[8]

- Die gemeinnützige Softwareschmiede Ushahidi setzte 2008 ihre gleichnamige Plattform auf, über die Online-Volunteers Meldungen zu Gewalttaten in Kenia kartierten und so auf besondere Krisenherde aufmerksam machten. Die Tools von Ushahidi werden auch von anderen Organisationen und Netzwerken (beispielsweise der Standby Task Force – www.standbytaskforce.org) für die Einbindung von Online-Volunteers in die weltweite Katastrophenhilfe eingesetzt.
- Im Jahr 2010 gründete das US-amerikanische Start-up-Unternehmen Sparked die seinerzeit gleichnamige Vermittlungsplattform für „microvolunteers" (heute: www.skillsforchange.com). Das Ziel von Sparked ist es, die Fähigkeiten und Kenntnisse von Berufstätigen, die eigentlich keine Zeit für ehrenamtliches Engagement haben, über Kurzzeitengagements für Non-Profits nutzbar zu machen.

Seit etwa 2010 steigt die Zahl der Organisationen und Initiativen, die freiwilliges Engagement im und über das Internet ermöglichen, weiter an. Als Beispiele aus Deutschland sind hier sicherlich Projekte wie [u25] Deutschland[9] oder Youth-Life-Line[10] zu nennen, die jugendlichen Beratung und Beistand per Chat und E-Mail statt des herkömmlichen Sorgentelefons anbieten. Auch Mapping-Projekte wie www.wheelmap.org, auf der barrierefreie Orte kartiert werden, gehören zu den guten Beispielen aus Deutschland. Und schließlich sollten auch Start-ups und Initiativen wie Proboneo[11] und Youvo[12] – beides Onlinefreiwilligenagenturen für berufstätige Fachkräfte beziehungsweise junge Kreative – in der Aufzählung nicht fehlen.

Was diese Beispiele für das Online-Volunteering in Deutschland und der Welt zeigen, ist zweierlei:

Zum einen umfasst das Konzept des Online-Volunteerings neben dem steten Online-Engagement für gewisse Zeit wie beispielsweise bei Cybermentor auch kurzfristiges Mitmachen in Crowdsourcing-Projekten wie Clickworkers und kurzzeitiges Engagement in Micro-Volunteering-Projekten beispielsweise im Bereich der Katastrophenhilfe. Um an dieser Stelle der Verwirrung um die diversen Schlagworte, mit denen das freiwillige Engagement im Internet angepriesen wird, zu vermeiden, ist es sinnvoll festzuhalten, dass bei allen genannten Beispielen von Online-Volunteering-Projekten gesprochen werden kann, während Crowdsourcing und Micro-Volunteering besondere Spielarten desselben sind, denen unterschiedliche Anreizstrukturen zugrunde liegen (siehe dazu Jähnert 2016a).

Des Weiteren wird deutlich, dass es für Online-Volunteers drei unterschiedliche Tätigkeitsfelder und Aufgabenbereiche gibt. Neben produzierenden oder editierenden Tätigkei-

---

[8] https://cybermentor.de/index.php/ueber-cybermentor/ueber-cybermentor/ (07.04.2016).
[9] http://www.u25-deutschland.de/ (07.04.2016).
[10] http://www.youth-life-line.de/ (07.04.2016).
[11] Das Start-Up Proboneo gab Mitte Juli 2017 die Geschäftsaufgabe bekannt. https://www.proboneo.de/ (19.06.2017).
[12] https://www.youvo.org/ (07.04.2016).

ten sind beratende und begleitende Engagements sowie organisatorische und administrative Aufgaben im Online-Volunteering möglich. Zu ersteren identifizierten und testen Ellis und Cravens bereits in ihrem Pilotprojekt unter anderem Recherche- und Übersetzungsarbeiten als mögliche Aufgaben für Online-Volunteers (Ellis und Cravens 2000, S. 3) Heute vermittelt Youvo regelmäßig Freiwillige für Foto- und Grafikarbeiten oder Videoschnitt. Beratende und begleitende Engagements werden beispielsweise bei Cybermentor angeboten und wurden schwerpunktmäßig von Proboneo vermittelt. Und organisatorische und administrative Aufgaben schließlich finden sich häufig in den Engagementbeschreibungen auf www.onlinevolunteering.org (beispielsweise Pflege von Webseiten oder Social-Media-Accounts).

2.2 Potenziale des Online-Voluneerings

Es sollte bis hier her deutlich geworden sein, dass das Online-Volunteering keine gänzlich neue Erfindung ist, sondern schon seit zwei Dekaden in der Praxis unterschiedlicher Engagementfelder erprobt wird. Eine wesentliche Erkenntnis daraus ist, dass sich das Online-Volunteering nur insofern vom Engagement an einem bestimmten Einsatzort unterscheidet, als es unter Zuhilfenahme der Mittel und Möglichkeiten des Internets geleistet wird. Die Prinzipien eines soliden Freiwilligenmanagements in Non-Profit-Organisationen (z. B. bei Reifenhäuser und Reifenhäuser 2013) gelten entsprechend auch hier. Jayne Cravens und Susan J. Ellis bringen dies mit dem Titel ihres „LAST Virtual Volunteering Guidebook" deutlich auf den Punkt:

> We challenge you to abandon any notion that there is a distinct, hard line that separates online volunteers from all other volunteers (Cravens und Ellis 2014, S. 16).

Für Online-Volunteers bedeutet dies umgekehrt, dass sich auch das flexible Engagement über das Internet als ein gangbarer Weg für den Ausdruck von Bürgersinn und Teilhabewille etabliert. Schon seit dem Ende der 2000er-Jahre wird deutlich, dass sich auch in Deutschland die Verbreitung des Internets und der Sozialen Medien deutlich und nachhaltig auf das freiwillige Engagement auswirkt (Gensicke und Geis 2010, S. 242). Vor allem für die Altersgruppen der 20- bis 24- und 25- bis 29-jährigen war die Bedeutung des Internets im Engagement schon während der Erhebung des Freiwilligensurveys 2009 mit über 70 % sehr hoch (Gensicke und Geis, S. 243). Als „sehr wichtig" wurde das Internet im Engagement insbesondere für die Beschaffung von Informationen und die Abwicklung der Arbeit eingeschätzt (Gensicke und Geis, S. 245).

Die Angaben zur Bedeutung des Internets im Engagement liefert freilich noch keinen Nachweis für ein besonderes Ausmaß des Online-Engagements in Deutschland. Wie eingangs betont, liegt das Potenzial des Online-Volunteerings nicht im Interneteinsatz allein, sondern in der Orts- und gegebenenfalls Zeitungebundenheit der Engagierten (siehe auch Jähnert 2012, S. 4). Die empirische Erfassung des Online-Volunteerings steht im deutschsprachigen Raum noch am Anfang. Die bislang vorliegenden Befunde allerdings weisen deutlich darauf hin, dass das Internet als Ermöglichungsstruktur für freiwillige Tätigkeit von zunehmender Bedeutung ist. Sowohl der Schweizer Freiwilligen-Monitor als auch der deutsche Freiwilligensurvey weisen eine Quote von etwa 25 % der jeweiligen Wohnbevölkerung aus, die sich (ausschließlich, überwiegend oder teilweise) über das Internet engagiert (Freitag et al. 2016, S. 122 ff.; Jähnert 2016b).

Zwar kann wegen methodischer Schwierigkeiten des Freiwilligensurveys 2014,[13] auf die hier nicht weiter eingegangen werden kann, die aktuelle Verbreitung des Online-Volunteerings in Deutschland nur grob auf etwa die Hälfte der Engagierten geschätzt werden, doch ist sehr wohl anzunehmen, dass interessierte Freiwillige zahlreiche Möglichkeiten finden, um sich mindestens teilweise über das Internet für ein Thema beziehungsweise eine Organisation ihrer Wahl zu engagieren – zumal sie dabei nicht auf Angebote im unmittelbaren Umfeld angewiesen sind.

3 Corporate-Online-Volunteering

Der zu Beginn des vorausgegangenen Kapitels bereits zitierte Bericht zur Lage der Freiwilligenarbeit in der Welt („State of the World's Volunteering Report" – UNV 2011) nennt neben der Verzahnung von freiwilligem Engagement und neuen (Medien-)Technologien auch das bürgerschaftliche Engagement von Unternehmen als eine wesentliche Entwicklungslinie im freiwilligen Engagement des 21. Jahrhunderts (UNV 2011, S. 33 ff.). Unternehmen, so die Feststellung, agieren heute auf einem „moral marketplace" und seien in verstärktem Maße darauf angewiesen, ein gewisses Verantwortungsbewusstsein (Corporate Social Responsibility) an den Tag zu legen. Dass dies bereits sehr viele Unternehmen tun, zeigt der Schwerpunktteil des ersten Engagementberichtes der deutschen Bundesregierung (Deutscher Bundestag 2012). Hiernach engagieren sich rund 64 % der Unternehmen in Form von Geld-, Sach- und Zeitspenden, wobei Zeitspenden – also die Freistellung von Personal – mit 0,2 % das (noch) am wenigsten genutzte CSR-Instrument darstellt (Deutscher Bundestag 2012, S. 244).

Vonseiten der Unternehmensführung, so könnte man mutmaßen, wird freiwilliges Engagement zwar als sinnvolle und förderungswürdige Tätigkeit anerkannt, aber vor allem dem Freizeitbereich zugeordnet. Dafür spricht, dass wenngleich nur 0,2 % der Unternehmen ihre Mitarbeitenden für Freiwilligeneinsätze freistellen, doch über 50 % angeben, deren Ausübung eines freiwilligen Engagements zu fördern (Deutscher Bundestag 2012, S. 355). Wenngleich diese Sicht auf freiwilliges Engagement als Freizeitspaß nachvollziehbar ist, wird die Förderung sinnvoller Freizeitbeschäftigung allein nicht über das Label „engagementfreundliches Unternehmen" hinausführen. Das große Potenzial des Corpo-

[13] Eine recht lebhafte Debatte zum Freiwilligensurvey 2014 im Newsletter des Bundesnetzwerk Bürgerschaftliches Engagement (BBE) ist auf dessen Webseite dokumentiert (http://www.b-b-e.de/themen/wissenschaft-forschung1/studien-und-forschungsprojekte/freiwilligensurvey-diskussion/).

rate Volunteering hinsichtlich der Personalgewinnung, -entwicklung und -bindung (siehe Braun 2010, S 28 ff.) jedenfalls wird damit nicht zu heben sein.

Freilich ist die zeitweise Freistellung von Mitarbeitenden für ein freiwilliges Engagement nicht einfach zu realisieren. Insbesondere in Zeiten zyklisch auftretender Belastungsspitzen – wenn jede Hand im Betrieb gebraucht wird – ist der Verzicht auf Arbeitskräfte zusätzlich zu rechtlich gebotenen Freistellungen für „öffentliche Ehrenämter" (beispielsweise in der Freiwilligen Feuerwehr oder als Schöffe bei Gericht) schwierig. Nichtsdestotrotz kann vor dem Hintergrund der zunehmenden Flexibilisierung der (Erwerbs-)Arbeitswelt, wie auch dem Anspruch vieler Angestellter die eigene Arbeit selbst gestalten zu können, das Corporate Volunteering als „time of service" mit dem Online-Volunteering sinnvoll in den Arbeitsalltag integriert werden. Im Folgenden werden dazu zwei Vorschläge skizziert.

3.1 Personalgewinnung mit Online-Mentoring-Programmen

Nicht nur im Hinblick auf den Absatz von Produkten und Dienstleistungen agieren Unternehmen heute auf einem „moral marketplace". Auch hinsichtlich der Gewinnung geeigneten Personals ist neben einem attraktiven Standort und guten Arbeitsbedingungen ein entsprechendes Unternehmensimage hilfreich. Der Aufbau und die Pflege eines solchen ist Teil von CSR-Strategien, die, wie eingangs gezeigt, in Deutschland zumeist auf Unternehmensengagement in Form von geld- und geldwerten Leistungen setzten. Ergänzend dazu ist es sinnvoll, dem Engagement „Gesicht" zu geben, um so auch emotionale Anknüpfungspunkte zum Anspruch bürgerschaftlichen – nicht rein eigennützigen – Engagements (Corporate Citizenship) zu schaffen (Schöffmann 2008, S. 354).

Eine Möglichkeit dafür bieten Online-Mentoring-Programme wie das der Universitäten Ulm und Regensburg. Die Mentorinnen, die bereits in MINT-Berufen tätig sind, bieten sich hier nicht nur für fachliche Unterstützung bei Referaten und Hausarbeiten, sondern auch als Vorbilder für Schülerinnen an, die sich beruflich orientieren müssen. Das Cybermentor-Programm ist freilich recht breit angelegt, kann aber als Modell für die praktische Durchführung auch für enger geführte Kooperationen zwischen Unternehmen und (Hoch-)Schulen herangezogen werden. Wenn es beispielsweise darum geht, ein oder mehrere Unternehmen als attraktive Arbeitgeber bekannt zu machen, ist es sinnvoll, ein solches Programm auf die Passung mit arbeitsbezogenen Werten potentieller Berufseinsteigerinnen und -einsteiger auszurichten.

Die als „Generation Y" bezeichnete Alterskohorte der heutigen Berufseinsteiger wird unter anderem anhand zahlreicher Neugewichtungen von arbeitsbezogenen Werten umrissen (vgl. Kring 2013, S. 9 ff.). Alles in allem legt das Wertekonglomerat, mit dem die heute junge Generation über zahlreichen Studien hinweg skizziert wird, nahe, dass alles Streben nach Sicherheit und Verlässlichkeit auf die von Helmut Klages bereits Ende der 1990er-Jahre postulierte Wertesynthese zielt. Bei allen selbstbezüglichen Antrieben wie dem Wunsch nach persönlicher Weiterentwicklung, der Möglichkeit sich kreativ „austoben“ und dabei selbstbestimmt arbeiten zu können, so könnte man es zusammenfassen, bleibt der Anspruch, dem Gemeinwohl damit (irgendwie) einen Dienst zu erweisen. Diese Ansprüche sind natürlich hochgesteckt! Doch gleichwohl im Berufsleben auch pragmatisch damit umgegangen wird, beschreiben sie die selbstbewusste Erwartung der jungen Generation an ihre künftigen Arbeitgeber.

Mit Online-Mentoring-Programmen, die bei fachlicher Unterstützung ansetzen und den Aufbau persönlicher Beziehungen ermöglichen, kann sich ein Unternehmen auf eben dieser pragmatischen Ebene als attraktiver Arbeitgeber darstellen. Wichtig ist dabei die Beziehungsebene, weshalb die Mentor-Mentee-Beziehungen längerfristig (mindestens 12 Monate) angelegt werden müssen und natürlich auch persönliche Treffen nicht ausschließen dürfen. Für die Praxis eines solchen Programms ist selbstverständlich auch die Frage der Abgrenzung des Unternehmens gegenüber seiner Umwelt relevant. Mentees sind nicht Teil des Unternehmens und sollten deshalb natürlich auch keine Informationen über Betriebsinterna erhalten. Eine entsprechende Kontrolle allerdings ist beim Aufbau persönlicher Beziehungen kaum möglich und hinsichtlich des Programmziels auch kontraproduktiv. Es ist deshalb wohl ein gewisses Vertrauen in die Mitarbeitenden notwendig, was den Inhalt der fachlichen Unterstützung und die Narrative aus dem Berufsleben betrifft.

3.2 Personalentwicklung mit „Time of Service"

Neben der Gewinnung qualifizierten Personals ist auch die Entwicklung und Bindung des Personalbestands eine zentrale Herausforderung für viele Unternehmen. Auch hierfür bietet das Corporate-Online-Volunteering einen sinnvollen Baustein im CSR-Konzept von Unternehmen. Mit dem Corporate Volunteering können emotionale Anknüpfungspunkte nicht nur nach außen, sondern auch nach innen angeboten und Wertekongruenz für Mitarbeitende verbessert werden. Implizieren die arbeitsbezogenen Werte vor allem jüngerer Arbeitnehmerinnen und Arbeitnehmer den Anspruch an Unternehmen, sich als bürgerschaftlich engagiert zu zeigen, ist es sinnvoll dies auch im Arbeitsalltag möglich zu machen (Kring 2013, S. 13). Verbunden werden kann dies neben der Personalbindung durch Wertekongruenz mit dem Interesse, neue Inputs für die Entwicklung innovativer Lösungen zu generieren.

Nach dem wohlbekannten Vorbild von Google könnten dafür flexible Zeitkontingente für Mitarbeitende eingerichtet werden, in denen eigene Engagementprojekte durchgeführt werden können. Aus unterschiedlichen – von David A. Vise als überwiegend eigennützig dargestellten – Erwägungen bietet Google seinen Mitarbeitenden ein Kontingent von 20 % der Arbeitszeit, in denen sie eigenen Interessen nachforschen können (Vise 2007, S. 130 ff.). Die Ergebnisse dieser so frei zur Verfügung stehenden Arbeitszeit werden betriebsintern thematisiert und gegebenenfalls weiterentwickelt, wodurch zum einen eine attraktive Kultur selbstbestimmten Lernens befördert und zum anderen vermieden wird, dass Mitarbeitende mit guten Ideen das Unternehmen verlassen (Vise, S. 131 f.).

Um ein solches Programm auf die Zielstellung selbstbestimmten Lernens auszurichten sind vor allem klare Richtlinien für das Mitarbeiterengagement und die Reflexion der jeweiligen Engagementprojekte auf einzelne Unternehmensziele notwendig. Sinnvoll könnte es zum Beispiel sein, Engagementprojekte anhand kurzer Skizzen auf ihre Passung zu den unternehmensinternen Abläufen und möglichen (Lern-)Ergebnissen vor ihrem Start zu überprüfen, wobei im Gespräch realistische Zielstellungen formuliert werden sollten. Die Nichterreichung gesetzter Zielstellung muss allerdings nicht heißen, dass das Projekt abzubrechen ist. Gegebenenfalls zeigen sich erst im Verlauf der Projekte neue Chancen für das Unternehmen, die eine Anpassung der Zielstellung sinnvoll machen.

Wichtig zu bedenken ist bei derartigen CSR-Programmen, dass auch in diesem projektförmigen Engagement Beziehungen zwischen einzelnen Mitarbeitenden und externen Engagierten (beispielsweise aus Non-Profits) aufgebaut werden, in die nur mit Umsicht eingegriffen werden sollte. Sicherlich ist auch hier wieder ein gewisses Vertrauen zwischen Mitarbeitenden und Unternehmensführung unabdingbar, was nicht nur die Inhalte, sondern auch die für das jeweilige Projekt eingesetzte Zeit betrifft.

4 Schlusswort

In Anbetracht der zunehmenden Flexibilisierung von (Erwerbs-)Arbeit, liegt die Verbindung zwischen Online- und Corporate Volunteering recht nahe. Unternehmen werden im Zuge der Debatten um die „Industrie 4.0“ zunehmend mit der voranschreitenden Digitalisierung der Gesellschaft konfrontiert, die sich nicht nur in der herausfordernden Neuorganisation betriebsinterner Abläufe, sondern auch in den selbstbewussten Ansprüchen der jüngeren Generation gegenüber (potentiellen) Arbeitgebern niederschlägt. Die eigene Arbeit kreativ und eigenständig zu gestalten und dabei auch dem Gemeinwohl einen Dienst zu erweisen, ist der Anspruch, die Alltagskultur des „always on“ die Realität. Wie beides miteinander zu verbinden ist, sollte im Rahmen von CSR-Strategien deshalb dringend mit bedacht werden.

Das rein quantitative Ausmaß von Online- und Corporate Volunteering im engeren Sinne der Freistellung von Personal beziehungsweise der ausschließlichen Arbeit über das Internet zeigt, dass hier noch lange nicht von Massenphänomenen zu sprechen ist. Das bietet auf der einen Seite die Chance großen Reputationsgewinns für Unternehmen, die hier voranschreiten, heißt auf der anderen Seite aber auch, dass bei der Verbindung von Online- und Corporate Volunteering bislang noch kaum auf vorbildliche Praxis Bezug genommen werden kann. Entsprechend stellt sich das Corporate-Online-Volunteering aktuell als Experimentierfeld mit einigen Potenzialen dar. Um diese Potenziale für das Unternehmen nutzbar zu machen, sind Pilotprojekte notwendig, die sorgfältig begleitet und evaluiert werden müssen.

Und schließlich muss auch ein guter Umgang mit den verbesserten Kontrollmöglichkeiten und der zunehmenden Entgrenzung von Arbeit und Freizeit gefunden werden. Die Digitalisierung bietet zahlreiche Chancen für „gute Arbeit“, birgt aber auch Gefahren, die dem diametral entgegenstehen (für einen kurzen Überblick siehe Krzywdzinski et al. 2015). Im härter werdenden „Kampf um die besten Köpfe" werden künftig entsprechend jene Unternehmen einen Vorteil haben, die glaubhaft vermitteln können, dass sie die Chancen der Digitalisierung im Sinne ihrer Mitarbeitenden nutzen. Corporate-Online-Volunteering-Programme, wie die beiden Skizzierten, können dazu sicher einen Beitrag leisten.

Literatur

Braun S (2010) Monitor Engagement. Bürgerschaftliches Engagement von Unternehmen in Deutschland. Zwischen Tradition und Innovation. Berlin. http://www.bmfsfj.de/RedaktionBMFSFJ/Broschuerenstelle/Pdf-Anlagen/Monitor-Engagement-Nr.3,property=pdf,bereich=bmfsfj,sprache=de,rwb=true.pdf. Zugegriffen: 18. Apr. 2016

Cravens J, Ellis SJ (2014) The LAST virtual volunteering guidebook. Fully integrating online service into volunteer involvement. Energize, Philadelphia

Deutscher Bundestag (2012) Erster Engagementbericht 2012. Für eine Kultur der Mitverantwortung. Berlin. http://www.bmfsfj.de/RedaktionBMFSFJ/Engagement/Pdf-Anlagen/engagementbericht-langfassung,property=pdf,bereich=bmfsfj,sprache=de,rwb=true.pdf. Zugegriffen: 18. Apr. 2016

Ellis SJ, Cravens J (2000) The virtual volunteering guidebook. How to apply the principles of real-world volunteer management to online service. Palo Alto. http://www.serviceleader.org/sites/default/files/file/vvguide.pdf. Zugegriffen: 18. Apr. 2016

Embacher S, Härtel A (2011) Internet und digitale Bürgergesellschaft. Neue Chancen für Beteiligung. Eine Studie des CCCD – Centrum für Corporate Citizenship Deutschland. Berlin. www.cccdeutschland.org/en/system/files/CCCDebatte08_Internet%20und%20digitale%20Buergergesellschaft_2011.pdf. Zugegriffen: 18. Apr. 2016

Frede C, Kreidenweis H, Röhrl P (2015) IT-Report für Non-Profits 2015. Haus des Stifters, München

Freitag M, Manatschal A, Ackermann K, Ackermann M (2016) Freiwilligenmonitor Schweiz 2016. Seismo Verlag, Zürich

Gensicke T, Geiss S (2010) Hauptbericht des Freiwilligensurveys 2009. Ergebnisse der repräsentativen Trenderhebung zu Ehrenamt, Freiwilligenarbeit und Bürgerschaftlichem Engagement. München. http://www.bmfsfj.de/RedaktionBMFSFJ/Broschuerenstelle/Pdf-Anlagen/3._20Freiwilligensurvey-Hauptbericht,property=pdf,bereich=bmfsfj,sprache=de,rwb=true.pdf. Zugegriffen: 18. Apr. 2016

Hinz U, Wegener N, Weber M, Fromm J (2014) Digitales Bürgerschaftliches Engagement. Berlin. https://www.oeffentliche-it.de/documents/10181/14412/Digitales+B%C3%BCrgerschaftliches+Engagement. Zugegriffen: 18. Apr. 2016

Jähnert H (2010) Freiwilligenarbeit über das Internet. Ein neuer Weg für das freiwillige Engagement. Soz Arb 59:392–399. (Eigenverlag: Deutsches Zentralinstitut für soziale Fragen (dzi))

Jähnert H (2012) Was ist Online-Volunteering? In: BBE-Newsletter (5/2012). http://www.b-b-e.de/fileadmin/inhalte/aktuelles/2012/03/nl05_jaehnert_online-volunteering.pdf. Zugegriffen: 18. Apr. 2016

Jähnert H (2016a) Online-Volunteering. In: Fundraising Akademie (Hrsg) Fundraising. Handbuch für Grundlagen, Strategien und Methoden, 5. Aufl. Springer Gabler, Berlin Heidelberg

Jähnert H (2016b) Online-Volunteering im deutschen Freiwilligensurvey 2014. http://hannes-jaehnert.de/wordpress/2016/04/25/online-volunteering-im-deutschen-freiwilligensurvey-2014/. Zugegriffen: 25. Juni 2016

Kring T (2013) Generation Y. Anforderungen an Personal- und Organisationsentwicklung. In: ADG-Argumente (9/2013). https://www.adgonline.de/adg_online/Ueber-die-ADG/Bibliothek/ADG-Publikationen/adg-argumente/kring-generation-y-personal-organisationsentwicklung/Kring-GenerationY.pdf. Zugegriffen: 18. Apr. 2016

Krzywdzinski M, Jürgens U, Preiffer S (2015) Die vierte Revolution. Wandel der Produktionsarbeit im Digitalisierungszeitalter. WZB-Mitteilungen 149/2015:6–9

Picot S (2011) Jugend in der Zivilgesellschaft. Freiwilliges Engagement jugendlicher von 1999 bis 2009. (2. Aufl.) Gütersloh. http://www.jungbewegt.de/fileadmin/media/jungbewegt/Downloads/Publikationen/FWS_Kurzbericht_ZweiteAuflage_final.pdf. Zugegriffen: 08. Apr. 2016

Reifenhäuser C, Reifenhäuser O (Hrsg) (2013) Praxishandbuch Freiwilligenmanagement. Beltz Juventa, Weinheim Basel

Schöffmann D (2008) Unternehmensverantwortung und -engagement in der Gesellschaft. praktische Perspektiven. In: Heidbrink L, Hirsch A (Hrsg) Verantwortung als marktwirtschaftliches Prinzip. Zum Verhältnis von Moral und Ökonomie. Campus, Frankfurt am Main, New York, S 351–372

UNV (2011) State of the world's volunteerism report. Universal values for global well-being. Bonn, New York. http://www.unric.org/en/images/stories/2011/PDF/SWVR%20Report%20[Eng].pdf. Zugegriffen: 08. Apr. 2016

Vise DA (2007) Die Google-Story, 2. Aufl. Murmann, Hamburg

Hannes Jähnert hat Soziale Arbeit und Bildungswissenschaften studiert, er ist ausgebildeter Freiwilligenmanager und Engagementblogger. In seinem Weblog (www.hannes-jaehnert.de) befasst er sich mit aktuellen Wandlungsprozessen in der Zivilgesellschaft und dem freiwilligen Engagement. Zu seinem Schwerpunktthema, dem Online-Volunteering, sprach er bereits bei zahlreichen nationalen und internationalen Konferenzen und verfasste eine Vielzahl von Fachartikeln zu diesem Thema. Hauptberuflich ist Hannes Jähnert zurzeit beim Bundesverband des Deutschen Roten Kreuzes tätig.

Corporate Impact Investing und Corporate Volunteering

Wie Unternehmen finanziellen, sozialen/ökologischen und strategischen Mehrwert generieren

Fabian Suwanprateep und Michael Alberg-Seberich

Time, Talent, Treasure, Trust and Ties – so pointiert wird die Vielzahl an Ressourcen zusammengefasst, die Unternehmen im Rahmen ihres gesellschaftlichen Engagements einsetzen können. Dabei zeigt sich, dass einige Unternehmen mit innovativen Ansätzen wie Corporate Impact Investing in Verbindung mit Corporate Volunteering neue Wege gehen, um sozialen/ökologischen, finanziellen und auch strategischen Mehrwert zu schaffen. Wie sich die konkrete Umsetzung solcher Ansätze gestaltet und welche Motivation sich dahinter verbirgt wird im Folgenden anhand der Beispiele des Technologie- und Dienstleistungsunternehmen Schneider Electric und der Bank Banco Bilbao Vizcaya Argentaria (BBVA) näher erläutert. Der Artikel schließt mit einem Fazit und Ausblick für Unternehmen in Deutschland ab.

Hinsichtlich der erwähnten Ressourcenvielfalt von „Time, Talent, Treasure, Trust and Ties" bezieht sich Zeit und Talent primär auf den Einsatz von Corporate Volunteering, dem freiwilligen Engagement von Mitarbeitern, das von Unternehmen unterstützt wird. Die Ressource „Treasure" ist als finanzielles Engagement von Unternehmen zu verstehen, das in der bisherigen Praxis oft mit klassischen Unternehmensspenden gleichzusetzen war. „Trust and Ties" sind als entgegengebrachtes Vertrauen und dem Zugang zu unternehmensinternen- und externen Netzwerken zu verstehen, die oft als nichtmonetäre Engagementressourcen mit den zuvor genannten Ressourcen einhergehen.

Mit dem Aufkommen von Corporate Impact Investing erweitern sich das Verständnis sowie die Kombinationsmöglichkeiten der unternehmenseigenen Ressourcen für gesellschaftliches Engagement. Genau wie Impact Investing zielt auch Corporate Impact Investing mittels Investitionen darauf ab, einen finanziellen und nachweisbaren sozia-

F. Suwanprateep (✉) · M. Alberg-Seberich
Beyond Philanthropy – invest impact GmbH
Monbijouplatz 2, 10178 Berlin, Deutschland
E-Mail: suwanprateep@beyondphilanthropy.eu

S. Dreesbach-Bundy und B. Scheck (Hrsg.), *CSR und Corporate Volunteering*,
Management-Reihe Corporate Social Responsibility,
https://doi.org/10.1007/978-3-662-54092-3_11

len/ökologischen Mehrwert zu generieren.[1] Als besondere Ausprägung des Impact Investing visiert Corporate Impact Investing allerdings ein noch breiteres Gewinnspektrum an. Neben dem finanziellen und sozialen/ökologischen Mehrwert, zielt Corporate Impact Investing auch darauf ab, einen strategischen Mehrwert für den Investor – das Unternehmen – zu schaffen. Ein strategischer Mehrwert kann zum Beispiel in der Form eines Zugangs zu technologischen und sozialen Innovationen bestehen.

Auch wenn Corporate Impact Investing unter der Ressource „Treasure" zu fassen ist, so unterscheidet es sich merklich von den ebenfalls unter „Treasure" verorteten Unternehmensspenden. Wie aus dem Wort bereits hervorgeht, handelt es sich bei Letzterem um Spenden. Diese werden ausschließlich an gemeinnützige Organisation und ohne Anspruch auf Gegenleistung getätigt. Dieser Spendenlogik steht die Investitionslogik von Corporate-Impact-Investoren gegenüber, die primär in sogenannte Sozialunternehmen investieren und dabei ihren Kapitalerhalt bzw. eine, wenn auch moderate, finanzielle Rendite erwarten. Unter den Investitionsempfängern befinden sich sowohl formal gemeinnützige als auch nicht gemeinnützige Sozialunternehmen. Die Bezeichnung Sozialunternehmer ist somit mehr ein Selbstverständnis, das darauf beruht, mit unternehmerischen Ansätzen gesellschaftliche Probleme zu beheben und weniger eine spezifische Rechtsform.

Corporate Impact Investing wird zwar bereits in der Praxis umgesetzt, befindet sich jedoch – wie auch Impact Investing – noch in einer explorativen Phase und entwickelt sich stetig weiter. Aus diesem Grund können Entwicklungen in diesem Feld nur in der laufenden Praxis beobachtet werden, sodass dieser Artikel vor allem aus Schlussfolgerungen aus unserer beratenden Arbeit und Interviews mit Praktikern beruht. Dabei lassen sich bereits jetzt gewisse Merkmale identifizieren, die eine genauere Betrachtung rechtfertigen. Neben der Rolle des Gesetzgebers, der wie in Frankreich mit den sogenannten „90/10 Solidaritätsfonds" entscheidende Wachstumsimpulse für Corporate Impact Investing gegeben hat, ist Corporate Volunteering ein weiteres solches Merkmal. Wie in der Praxis zu sehen ist, wird Corporate Impact Investing oft in Verbindung mit Corporate Volunteering umgesetzt. So zum Beispiel der Fall bei Unternehmen wie dem aus Frankreich stammenden Technologie- und Dienstleistungsunternehmen Schneider Electric und der spanischen Bank Banco Bilbao Vizcaya Argentaria (BBVA), die im Folgenden näher beschrieben und analysiert werden.

1 Der Fall Schneider Electric

Ausgangspunkt für die Corporate-Impact-Investing-Aktivitäten von Schneider Electric war die Erkenntnis, dass herkömmliche Maßnahmen der Nachhaltigkeitsstrategie für die Bewältigung von gesellschaftlichen Herausforderungen im Bereich der Energieversor-

[1] Das Global Impact Investing Network (GIIN) definiert Impact Investing als all jene Investitionen in Fonds, Unternehmen und Organisationen, die darauf abzielen neben einer finanziellen Rendite auch eine messbare soziale und/oder ökologische Rendite zu erzielen.

gung nicht mehr ausreichen. Darunter fällt vor allem der Aspekt, dass rund 1,3 Mrd. Menschen über keinen Zugang zu Elektrizität und Energie verfügen.

Um die Versorgung von Menschen mit zuverlässiger, sauberer und bezahlbarer Energie zu fördern, hat die Nachhaltigkeitsabteilung des Unternehmens zusammen mit der Schneider Electric Stiftung im Jahr 2009 das Access-to-Energy-Programm entwickelt. Das Programm fußt auf drei integrierten Säulen: Investitionen, Training und Technologie bzw. Geschäftsmodellentwicklung.

Der Bereich Investitionen wird durch den eigenen Corporate-Impact-Investing-Fonds „Schneider Electric Energy Access Fund“ (SEEA) abgedeckt. Der SEEA Fonds wird sowohl von den Mitarbeitenden als auch vom Unternehmen Schneider Electric finanziert und umfasst ca. 5 Mio. €. Der Fonds investiert Eigenkapital in Sozialunternehmen, die nach innovativen Lösungen für Herausforderungen im Bereich der Energiearmut und des -zugangs suchen. Seit Gründung des Fonds im Jahr 2009 wurde weltweit in 11 Sozialunternehmen investiert, ca. 3 Mio. Haushalte haben Zugang zur Energieversorgung erhalten und mehr als 100.000 Menschen profitierten von den Bildungs- und Trainingsangeboten.

Neben der finanziellen Unterstützung setzt Schneider Electric auch auf das Engagement der Mitarbeitenden, das im Rahmen eines strategischen Corporate-Volunteering-Konzepts als Bestandteil des Access-to-Energy-Programms unterstützt wird. Dabei gibt es bei Schneider Electric zwei unterschiedliche Möglichkeiten, auf welche Art und Weise sich die Mitarbeitenden engagieren können. Diese Möglichkeiten lassen sich zwischen lokalen und internationalen Corporate-Volunteering-Einsätzen unterscheiden.

Als global agierendes Unternehmen ist Schneider Electric mit ca. 170.000 Mitarbeitenden in über 100 Ländern präsent und möchte sich deshalb gerade lokal vor Ort engagieren. Aus dieser Motivation heraus hat die Schneider Electric Stiftung bereits 2001 das Konzept der Stiftungsdelegierten entwickelt. Lassen sich lokale Mitarbeiter als Stiftungsdelegierte benennen, so werden sie für die Dauer von zwei Jahren die zentrale Schnittstelle und der Ansprechpartner der Schneider Electric Stiftung in dem jeweiligen Land ihres Arbeitsplatzes. Als Delegierten obliegt ihnen die Verantwortung, bestehende Partnerschaften mit lokal aktiven gemeinwohlorientierten Organisationen zu pflegen sowie neue Partnerschaften und Projekte mit Organisationen zu initiieren, die im Einklang mit der Stiftungsmission stehen. Diese ist Zugang zu Energie und Bekämpfung der Energiearmut. Mittlerweile verfügt die Schneider Electric Stiftung über ein Netzwerk, das mehr als 120 Delegierte in über 70 Ländern umfasst.

Komplementiert wird dieses lokale Engagement von Schneider-Electric-Mitarbeitenden mit international ausgerichteten Corporate-Volunteering-Einsätzen, die wesentlich enger mit den Corporate-Impact-Investing-Aktivitäten verknüpft sind. Die Verknüpfung besteht darin, dass Schneider-Electric-Mitarbeitende zu Sozialunternehmen entsandt werden, die bereits mittels des SEEA Fonds finanzielle Unterstützung von Schneider Electric erhalten. Bei dieser Art des „skill-based“ Volunteering arbeiten die Schneider-Electric-Mitarbeitenden eng mit den Investments vor Ort zusammen. So zum Bespiel mit Simpa Networks oder Fenix International, Herstellern und Vertreibern von Solartechnologie basierten Produkten aus Indien bzw. Tansania.

Während Stiftungsdelegierte ein zweijähriges Mandat haben, handelt es sich bei den internationalen Corporate-Volunteering-Einsätzen mit einer durchschnittlichen Dauer von ca. 10 Tagen um wesentlich kürze Engagements. Die Zielsetzung der lokalen und internationalen Einsätze ist sehr unterschiedlich. Wie oben erwähnt zielt das lokale Engagement darauf ab, Partnerschaften zu stärken bzw. neue zu etablieren, während die internationalen Engagements darauf ausgerichtet sind, konkrete, von den Investments identifizierte Aufgaben gemeinschaftlich zu lösen. Diese können unterschiedlichster Natur sein und Bereiche wie zum Beispiel Marketing, Vertrieb oder Logistik beinhalten.

Als Vorbereitung auf ihre internationalen Einsätze durchlaufen alle Corporate Volunteers bei Schneider Electric ein eintägiges, von der Stiftung finanziertes Training. Das Training zielt darauf ab, den Teilnehmern Wissen und Fähigkeiten in Bereichen wie persönliche Sicherheit, interkulturelle Kommunikation und Besonderheiten in der Zusammenarbeit mit Sozialunternehmen zu vermitteln. Befinden sich die Corporate Volunteers im Einsatz, wird dieser genau wie jede reguläre Geschäftsreise nachverfolgt und begleitet. Alle mit dem Einsatz verbundenen logistischen Aufgaben wie Transport, Verpflegung, Unterkunft oder Versicherungen werden von der dafür eigens gegründeten „Schneider Electric Teachers Association" koordiniert und finanziell von der Stiftung getragen. Die Einsatzzeit für die Freiwilligenarbeit wird in der Regel von den Mitarbeitenden gespendet, da sie für den Einsatz ihre regulären Urlaubstage zur Verfügung stellen. Sobald die Corporate Volunteers aus dem Ausland zurückgekehrt sind, füllen sowohl sie als auch die Investments einen Fragebogen aus, der Auskunft über den gemeinsamen Einsatz geben soll. Schneider Electric nutzt diese Erkenntnisse, um aus etwaigen Problemen vorheriger Einsätze zu lernen und um neue Einsatzbereiche bedarfsgerecht für die Corporate Volunteers und die Sozialunternehmen zu identifizieren.

Hinsichtlich der Frage, mit welcher Motivation Schneider Electric sein umfangreiches Access-to-Energy-Programm umsetzt, gibt Christophe Poline, Direktor des SEEA Fonds, an, dass Sozialunternehmen verschiedene Arten von Unterstützung zu verschiedenen Zeiten ihrer Entwicklungen bedürfen. Deshalb hat Schneider Electric eine ganzheitliche Engagementstrategie konzipiert, die es ihnen erlaubt, die passenden Ressourcen zur richtigen Zeit zur Verfügung zu stellen. Dabei setzen sie klassische Spenden, geschäftsorientierte technische Unterstützung mittels Corporate Volunteering und auch Eigenkapitalinvestitionen ein. Laut Poline sind es dabei insbesondere die Eigenkapitalinvestitionen, die Sozialunternehmer zu einem späteren Zeitpunkt benötigen, um notwendiges Wachstum zu erzielen.

In Hinblick auf die Verbindung zwischen Corporate Impact Investing und Corporate Volunteering ist es Poline, als längerfristigem Investor mit einem Investmenthorizont von 5–7 Jahren, insbesondere wichtig zu sehen, welche Kapazitäten seitens des Sozialunternehmens vorhanden sind, um die Zeit und Expertise der Corporate Volunteers bestmöglich zu nutzen. Die Absorptionsfähigkeit der Sozialunternehmen gilt ihm dabei einerseits als guter Indikator über die mögliche zukünftige Entwicklung und andererseits wird durch den Corporate-Volunteering-Einsatz das Risiko vermindert, dass Sozialunternehmen aufgrund mangelnder Managementkapazitäten scheitern. Mit Blick auf die Wirkung von

Corporate Impact Investing in Kombination mit Corporate Volunteering auf Schneider Electric, ergaben sich zunächst nicht intendierte, aber positive Nebeneffekte. Diese Nebeneffekte resultierten in einem strategischen Mehrwert, der sich u. a. in verbesserter Teamfähigkeit, Motivation und Identifikation mit dem Unternehmen seitens der involvierten Mitarbeitenden äußerte, so Poline.

Aus der Perspektive der Stiftung handelt es sich im Hinblick auf das Zusammenspiel zwischen Corporate Impact Investing und Corporate Volunteering um eine sich gegenseitig verstärkende Kombination von Engagementressourcen. Die seitens der Stiftung eingesetzten Spendenmittel sowie das Engagement der Mitarbeitenden können laut Patricia Benchenna, Direktorin der Schneider Electric Stiftung, Sozialunternehmen nur bis zu einer gewissen Phase ihrer Entwicklung unterstützen. Insbesondere in einer Expansionsphase benötigen Sozialunternehmen aber Wachstumskapital. Dieses kann sie mit ihrer Stiftung nicht zur Verfügung stellen. Zu diesem Zeitpunkt kann allerdings der SEEA Fonds mittels Corporate Impact Investing aktiv werden und gemeinsam mit der Stiftung Sozialunternehmen bei den nächsten Entwicklungsphasen begleiten. Diese Erkenntnis geht mit Ergebnissen der häufig zitierten Studie „From Blueprint to Scale: The Case for Philanthropy in Impact Investing" (Monitor Group 2012) einher, die u. a. herausgearbeitet hat, dass Sozialunternehmen in unterschiedlichen Wachstumsphasen unterschiedliche Arten von finanziellen und ideellen Investitionen benötigen.

Einstimmig haben Poline und Benchenna betont, dass es dieser strategische und ganzheitliche Einsatz verschiedener Ressourcen ist, der die Wahrscheinlichkeit eines langfristigen und nachhaltigen Erfolgs von Sozialunternehmern erhöht. Und nur so können diese wiederum sicherstellen, dass sie ihre Produkte und Dienstleistungen an Menschen an der Basis der weltweiten Einkommenspyramide erfolgreich vertreiben können.

2 Der Fall BBVA

Während sich Corporate Impact Investing insbesondere auf Grund der gesetzlichen Rahmenbedingungen in Frankreich einer rasanten Entwicklung erfreut, gibt es darüber hinaus auch andere lehrreiche Beispiele aus Europa. So zum Beispiel das spanische Kreditinstitut Banco Bilbao Vizcaya Argentaria (BBVA). 1857 gegründet, hat BBVA heute ca. 65 Mio. Kunden, 138.000 Mitarbeitende in über 30 Ländern und verwaltet ca. 746 Mrd. € Kapital.

2011 entschied sich BBVA, seine Aktivitäten des gesellschaftlichen Engagements, die sich bis dahin auf finanzielle Bildung, Inklusion und verantwortungsvolles Banking fokussierten, um ein Element zu erweitern: Sozialunternehmertum. Im Zuge dessen und gemeinsam mit ESADE, eine der führenden Wirtschaftshochschulen Spaniens, sowie mit Unterstützung durch PricewaterhouseCoopers hat BBVA das Projekt Momentum entwickelt. Projekt Momentum zielt darauf ab, Sozialunternehmen zu fördern und ein dazugehöriges Ökosystem aufzubauen, das die stetige Entwicklung jener Sozialunternehmen beschleunigen soll. Um diese Ziele zu erreichen, arbeitet BBVA mit ausgewählten Sozialunternehmen in vier unterschiedlichen Kategorien: Training, Kommunikation, strategische Unterstützung und Finanzen. Im Rahmen dieses Artikels, stehen dabei insbesondere die beiden letztgenannten Kategorien im Vordergrund, da die Kategorie „strategische Unterstützung" Corporate Volunteering und die Kategorie „Finanzen" Corporate Impact Investing umfasst.

Neben den von ESADE durchgeführten Trainings in Bereichen wie Management, Strategie und Führung, Organisationsentwicklung oder soziale Wirkungsmessung und der gemeinschaftlichen Entwicklung eines Marketing- und Kommunikationsplans, erhalten die Sozialunternehmen strategische Unterstützung. In der Praxis bedeutet dies, dass eine Kohorte von Corporate Volunteers eine Gruppe von Sozialunternehmen betreut. Bei den Corporate Volunteers handelt es sich um erfahrene und leitende BBVA-Mitarbeitende, die den Sozialunternehmen als Mentoren beiseitegestellt werden. Bereits im Gründungsjahr bestand laut Lidia del Pozo, Direktorin der BBVA „Community Investment"-Programme, seitens BBVA-Mitarbeitenden Interesse an der Mentorenarbeit. Dieses nahm im Verlauf der letzten Jahre deutlich zu. Die Nachfrage im Jahr 2014 überstieg mit über 60 Bewerbungen bei weitem das Angebot an zehn verfügbaren Mentorenstellen. Auch deshalb wurde inzwischen ein geregelter Bewerbungsprozess etabliert, an dem sowohl die Personalabteilung als auch del Pozos Team mitwirkt. Bei der letztendlichen Auswahl wird besonders darauf geachtet, welchen spezifischen Unterstützungsbedarf die Sozialunternehmen haben und welche Expertise die Bewerber mitbringen.

Nach der finalen Auswahl der Mentoren durchlaufen diese in Vorbereitung auf ihren Corporate-Volunteering-Einsatz ein Kompakttraining, das sie, ähnlich wie bei Schneider Electric, mit den Besonderheiten des Sozialunternehmertums vertraut machen soll. Darüber hinaus nehmen sie an den für die Sozialunternehmer konzipierten ESADE-Kursen teil, in denen sie neben den fachlichen Inhalten auch bereits die Mentees kennenlernen können. Anschließend, und im Zuge des ein Jahr dauernden Zyklus von Projekt Momentum, verbringen die Mentoren zwischen 100 bis 150 Stunden mit den Sozialunternehmen. Dabei widmen sie sich gemeinsam Aufgaben wie zum Bespiel Geschäftsmodellentwicklung, Marketing oder Vertrieb. Diese einzelnen Bausteine fließen letztendlich in einen neuen Wachstumsplan des Sozialunternehmens. Mit diesem Wachstumsplan werben die Sozialunternehmer im nächsten Schritt um finanzielle Unterstützung, die BBVA im Rahmen seines Corporate-Impact-Investing-Fonds „Momentum Social Investment" in Aussicht stellt.

Hierbei kommt dem BBVA Social Investment Day eine besondere Bedeutung zu. An diesem Tag haben alle Sozialunternehmer die Gelegenheit, ihre in Zusammenarbeit mit den BBVA-Mentoren entwickelten Wachstumspläne Investoren zu präsentieren. Überzeugen die Wachstumspläne, wird im Nachgang individuell mit den Sozialunternehmern über nächste, konkrete Schritte einer Finanzierung gesprochen. Bei der Finanzierung spielt der oben genannte Corporate-Impact-Investing-Fonds „Momentum Social Investment" (MSI) eine besondere Rolle, denn als Finanzinstitution lag es für BBVA nahe, dass zusätzlich zu Corporate Volunteering auch finanzielle Ressourcen für Sozialunternehmer zur Verfügung stehen. Der MSI Fonds hat mittlerweile ein Volumen von 8 Mio. €, woraus 6 Mio. € mittels 19 Investitionen in Form von Eigenkapital und Darlehen platziert wurden. Zu den erfolgreichen Sozialunternehmen, die durch den MSI Fonds Kapital erhalten haben, gehören zum Beispiel Batec Mobility, die behindertengerechte Handfahrräder herstellen und Saraiva Senior, die spezielle Dienstleistungen für ältere Menschen anbieten.

Fünf Jahre nach Gründung des Projekts Momentum zieht BBVA ein positives Resümee. Dazu trägt mit Sicherheit die gute Entwicklung des MSI Fonds bei, der bisher eine positive finanzielle Rendite erzielen konnte. Darüber hinaus haben die von Projekt Momentum begleiteten 55 Sozialunternehmen über 1,2 Mio. Menschen mit ihren Produkten und Dienstleistungen erreicht und stellen insgesamt 1700 Arbeitsplätze für Menschen mit und ohne Behinderung bereit. Soweit der finanzielle und soziale Mehrwert, der durch die Kombination von Corporate Impact Investing und Corporate Volunteering geschaffen wurde. Wie jedoch eingangs erwähnt, zielt Corporate Impact Investing in der Regel auch auf einen strategischen Mehrwert ab. Im Fall von BBVA werden in diesem Zusammenhang eine erhöhte Reputation des Unternehmens sowie neue Erkenntnisse über Geschäftsmodelle und -felder genannt.

Ein weiterer strategischer Mehrwert, der insbesondere aus der Kombination mit Corporate Volunteering hervorgeht, steht in Verbindung mit den Projekt-Momentum-Mentoren. Auch wenn seitens BBVA noch keine, zum Beispiel durch Evaluationen erhobene Daten vorliegen, so ist laut del Pozo bei den Mentoren ein erhöhtes Entwicklungspotenzial zu erkennen. Dieses schlägt sich insbesondere in erhöhten Intrapreneurshipkompetenzen nieder, die sich anhand von unternehmerischem Denken und Handeln innerhalb der Organisation manifestieren. Eine Stärkung dieser Kompetenz ist insbesondere für BBVA von großer Bedeutung, da Intrapreneurship als eine der Kernkompetenzen für die weitere Entwicklung von BBVA identifiziert wurde. Daher arbeitet BBVA nun bereits an der Entwicklung eines Instruments, anhand dessen der Einfluss von Corporate Impact Investing und Corporate Volunteering auf die Mentoren und deren Entwicklungspfade besser nachvollzogen werden kann.

3 Fazit und Ausblick

Wie aus beiden Beispielen hervorgeht, können sich Corporate-Impact-Investing- und Corporate-Volunteering-Aktivitäten strategisch sinnvoll ergänzen. Durch den Einsatz von Corporate Volunteers werden sowohl die Investments aus dem SEEA-Fonds als auch des MSI-Fonds unterstützt bzw. abgesichert. Gleichzeitig erlaubt die Zusammenarbeit mit den Sozialunternehmen den Corporate Volunteers Erfahrungen zu sammeln, die sie in ihrer eigenen Entwicklung bestärken und anschließend diese neuen bzw. erweiterten Kompetenzen in das Unternehmen zurückzutragen.

Sowohl Schneider Electric als auch BBVA illustrieren eingehend, auf welche Art und Weise Unternehmen eine Vielzahl an Engagementressourcen nutzen, um Sozialunternehmen zu unterstützen und eine finanzielle, soziale/ökologische und strategische Rendite zu erzielen. Der Einsatz von Corporate Impact Investing in Verbindung mit Corporate Volunteering als innovative Ressource verdeutlicht, dass beide Unternehmen ihre Werkzeugkästen des gesellschaftlichen Engagements erweitert haben. Ihre Werkzeugkästen enthalten somit nichtfinanzielle Werkzeuge wie Zeit und Expertise der Mitarbeiter, sowie finanzielle Werkzeuge wie Spenden, Darlehen und Eigenkapitalinvestitionen, die strategische kombiniert werden. Dies ist bei einem Unternehmen wie Schneider Electric, das im Gegensatz zu BBVA Finanzdienstleistungen nicht zum Kerngeschäft seiner Aktivitäten zählt, umso bemerkenswerter.

Mit aktuellem Kenntnisstand und Blick auf Deutschland ist festzuhalten, dass es in Deutschland noch kein Unternehmen mit eigenem Corporate-Impact-Investing-Fonds gibt. Aber: 27 von 30 DAX-Unternehmen nutzen bereits Corporate Volunteering als eine Ressource des gesellschaftlichen Engagements. Daher mag es durchaus möglich sein, dass sich zukünftig auch in Deutschland Unternehmen dazu entscheiden werden, Corporate Impact Investing in ihren Werkzeugkasten des gesellschaftlichen Engagements aufzunehmen und dies strategisch mit Corporate Volunteering zu verknüpfen. Um solch eine Entwicklung zu unterstützen und Unternehmen ansprechend zu inzentiveren, scheint es notwendig, neben dem finanziellen und sozialen/ökologischen, insbesondere auch den strategischen Mehrwert für Unternehmen greifbar und deutlich zu machen.

Literatur

BBVA. Präsentation „Momentum Project: An initiative to support social entrepreneurship", European Venture Philanthropy (EVPA) Konferenz 2015, Madrid

ESADE Business School. The 10 Momentum Project finalists wrap up an innovative and original training phase at ESADE. http://www.esade.edu/web/eng/about-esade/today/news/viewelement/301910/1/the-10-momentum-project-finalists-wrap-up-an-innovative-and-original-training-phase-at-esade. Zugegriffen: 10. Dez. 2015

Global Impact Investing Network (GIIN). What is Impact Investing?. https://thegiin.org/impact-investing/need-to-know/. Zugegriffen: 01. Dez. 2015

Interview vom 01. Dezember 2015 mit Lidia del Pozo, Direktorin der BBVA „Community Investment"-Programme

Monitor Group (2012) From blueprint to scale: the case for philanthropy in impact investing

Telefoninterview vom 16. November 2015 mit Christophe Poline, Direktor des Schneider Electric Energy Access Fund (SEEA) und Patricia Benchenna, Direktorin der Schneider Electric Stiftung

Herr **Fabian Suwanprateep** ist als Manager bei Beyond Philanthropy tätig. Im Zuge seiner Beratungsarbeit betreut er primär Unternehmen und deren Stiftungen und hat sich wiederholt mit dem Thema Corporate Impact Investing und Soziale Innovation auseinandergesetzt. Vor seiner Tätigkeit bei Beyond Philanthropy verantwortete Herr Suwanprateep ein UN Projekt in Südostasien zur Integration von kleinen und mittelständischen Unternehmen in globale Wertschöpfungsketten.

Herr **Michael Alberg-Seberich** ist Geschäftsführer von Beyond Philanthropy und leitet die Beratungsarbeit in den Bereichen Corporate Social Responsibility, Philanthropie und Impact Investing.

Neben seinen Beratungstätigkeiten arbeitet Herr Alberg-Seberich als organisatorischer Entwickler, Vermittler, Mediator und Coach. Michael schreibt regelmäßig für das Alliance Magazine und das Center for Effective Philanthropy. Neben seiner Funktion bei Beyond Philanthropy ist Herr Alberg-Seberich geschäftsführender Gesellschafter bei Active Philanthropy.

Engagementlernen: Gesellschaftliches Engagement und Personalentwicklung verbinden

Stephan Koch

1 Die Personalperspektive auf das gesellschaftliche Engagement von Unternehmen bzw. deren Beschäftigten hat Tradition

Von Anfang an spielten im deutschsprachigen Diskurs über Corporate Citizenship (CC) und Corporate Volunteering (CV) personalwirtschaftliche Themen und Nutzenpotenziale, also die positiven Effekte eines Unternehmens- bzw. Mitarbeiterengagements, insbesondere auf Motivation, Personal-, Organisations- und Teamentwicklung, (soziale) Kompetenzen und Arbeitgeberattraktivität eine große Rolle (vgl. bspw. von Mutius 1998; Halley 1999; Bartsch 2000; Schöffmann 2001; Braun und Kromminga 2002; Lang und Kromminga 2003; Ettlin und Meier-Dallach 2003). Das Interesse an dieser Perspektive setzt sich bis heute fort (vgl. bspw. Pinter 2006; Diehl und Konrad 2008; Ettlin 2008; Pless und Maak 2008; Bartsch 2008, 2009; Knapp 2009; Koch 2011; Scheck 2014). Im Bereich der Bildungsinstitutionen hat sich inzwischen das Konzept des Service Learning für Schüler und Studierende etabliert (vgl. bspw. Seifert und Zentner 2010; Seifert et al. 2012). Daneben werden im angloamerikanischen Kontext seit Jahren gerade auch die positiven Effekte von CV auf Motivation und Kompetenz der Beschäftigten betont (vgl. bspw. Wild 1993; Tuffrey 1995, 1998, 2003; Points of Light and Allstate Foundation 2000; Cook P, Jackson N 2006; City of London 2010, Corporate Institute 2014). Auch die Verbindung von Engagementmöglichkeiten und Arbeitgeberattraktivität insbesondere im Hinblick auf die sogenannte Milleniumsgeneration oder auch Generation Y wird in der Literatur herausgearbeitet (Eger 2015, Achieve 2015).

Vor diesem Hintergrund möchten immer mehr Personalentwickler in Unternehmen eigenständig oder in Zusammenarbeit mit den CV- oder Corporate-Social-Responsibility-

S. Koch (✉)
Bundesinitiative UPJ e.V.
Brunnenstr. 181, 10119 Berlin, Deutschland
E-Mail: stephan.koch@upj.de

S. Dreesbach-Bundy und B. Scheck (Hrsg.), *CSR und Corporate Volunteering*, Management-Reihe Corporate Social Responsibility,
https://doi.org/10.1007/978-3-662-54092-3_12

(CSR-)Verantwortlichen des Unternehmens die personalwirtschaftlichen Potenziale des Engagements von Mitarbeitern im Gemeinwesen heben.

Grundsätzlich finden sich in der Praxis für die Personalarbeit drei Anknüpfungspunkte an CSR/CC und CV (vgl. Koch 2014):

a. Das Aufgreifen gesellschaftlicher Themen der Personalarbeit durch CC/CV
Hier geht es beispielsweise darum, durch Engagement in Form von CC oder CV gesellschaftliche Themen wie demografischer Wandel, lebenslanges Lernen oder Pflege und Beruf, die Themen der Personalarbeit sind, ins Unternehmen „hineinzuholen", neue Lösungen zu erkunden oder geeignete Partner für interne Programme kennenzulernen (vgl. Lang und Sturm in diesem Band).
b. Das Aufgreifen gesellschaftlicher Themen der CSR-Strategie durch die Personalarbeit
Ganz ähnlich ist es mit CV-Projekten, die Themen der CSR-Strategie, wie bspw. Umweltthemen, Inklusion, adressieren. Auf diese Art und Weise werden diese teils abstrakten oder für die Beschäftigten und Führungskräfte fremden/neuen Themen erlebbar. So werden die Teilnehmenden oder Teilhabenden entsprechend sensibilisiert und als interne Multiplikatoren gewonnen. Gegebenenfalls geht es auch darum, neue Lösungen zu erkunden oder geeignete Partner für interne Programme kennenzulernen.
c. Die Förderung von Organisationsentwicklungs(OE)- und Personalentwicklungs(PE)-Zielen durch gesellschaftliches Engagement
Hier geht es v. a. darum, Engagement im Gemeinwesen zu nutzen, um die Organisationskultur in einer gewünschten Art und Weise zu beeinflussen, gewünschte Veränderungsprozesse im Unternehmen zu unterstützen, die Entwicklung von Teams oder die individuelle Entwicklung von Beschäftigten zu fördern.

2 Die Notwendigkeit, Engagementlernen von Corporate Volunteering zu unterscheiden

Die Bedeutung von personalwirtschaftlichen Themen und deren Nutzenpotenzialen im Kontext eines Mainstreamings von CC und CV ist hoch. Diese Entwicklung führt dazu, dass immer mehr Unternehmen personalwirtschaftliche Ziele mit CC und CV verknüpfen. Dabei gerät allerdings manchem CSR- und Personalentwicklungsverantwortlichen gerade im Kontext einer Förderung von OE- und PE-Zielen durch gesellschaftliches Engagement eine notwendige Unterscheidung aus dem Blick: nämlich die Unterscheidung des gesellschaftlichen Engagements der Mitarbeiter in zwei verschiedene Engagementformen:

1. Das klassische „Corporate Volunteering" (auch „Employee Volunteering", „Mitarbeiterengagement"), bspw. in Form von Freistellungsregelungen oder systematischen Volunteering-Programmen. Dieses wirkt aller Erfahrung nach nicht nur positiv auf die Unternehmenskultur, sondern ermöglicht den engagierten Mitarbeitern auch en passant, ihre Handlungskompetenz zu erweitern (vgl. Lang und Sturm in diesem Band)

2. Das „Engagementlernen“, also die systematische Durchführung von Organisations- und Personalentwicklungsmaßnahmen, welches auf eine Entwicklung von Organisation, Teams oder Mitarbeitern abzielt und dafür ganz gezielt gesellschaftliches Engagement als Vehikel sowie entsprechende Strukturen und Ressourcen, die das Lernen unterstützen, nutzt

Die beiden Formen ergänzen sich und können zugleich Bestandteil der OE-/PE-, CSR- und/oder CC-Strategie sein. Die Erfahrung aus inzwischen 15 Jahren Praxis zeigt jedoch, dass beide Engagementformen in Konzept, Durchführung und der Kommunikation deutlich getrennt werden sollten. Die Gründe dafür sind folgende (vgl. Koch 2010):

- Zwar gibt es Spill-over-Effekte von CV Projekten auf die individuelle Entwicklung der Volunteers, im Sinne der Förderung von Handlungskompetenzen. Diese Entwicklungsperspektive steht jedoch bei CV im Vergleich zum Engagementlernen nicht im Fokus
- Die Lerneffekte bei CV-Einsätzen sind aufgrund der fehlenden Strukturen und Ressourcen zur Lernunterstützung im Vergleich zum Engagementlernen in ihrem Umfang begrenzt
- OE- und PE-Projekte (im sozialen Feld) – also Engagementlernenprojekte – erfüllen in den meisten Fällen nicht das Kriterium der Freiwilligkeit, das für CV definitionsgemäß als Voraussetzung gilt:
  - über Teamentwicklungsmaßnahmen/-trainings entscheidet i. d. R. die Führungskraft (oder das Team),
  - Maßnahmen zur Kompetenzförderung sind oft als verpflichtende oder quasiverpflichtende Module in Entwicklungsprogrammen (für Azubis, Trainees, Potenzialträger, Führungskräfte) eingebunden und
  - oft konterkariert eine explizite oder implizite Erwünschtheit einer Teilnahme bestimmter Beschäftigtengruppen an bestimmten Entwicklungsprogrammen den Aspekt der Freiwilligkeit

  Beschäftigte reagieren jedoch erfahrungsgemäß sensibel, wenn nichtfreiwillige Maßnahmen als Volunteering bezeichnet werden, was die gewünschten Entwicklungseffekte konterkarieren kann.

Als Fazit kann festgehalten werden: Steht das gesellschaftliche Engagement für das Unternehmen im Vordergrund und haben die personalwirtschaftlichen Wirkungen eher eine untergeordnete Bedeutung (i. S. eines Mitnahmeeffektes), eignet sich am besten das Konzept CV. Spielen dagegen Entwicklungsziele (OE/PE) zusätzlich zum gesellschaftlichen Engagement eine wichtige Rolle, eignet sich dagegen besser das Konzept Engagementlernen (vgl. Abb. 1).

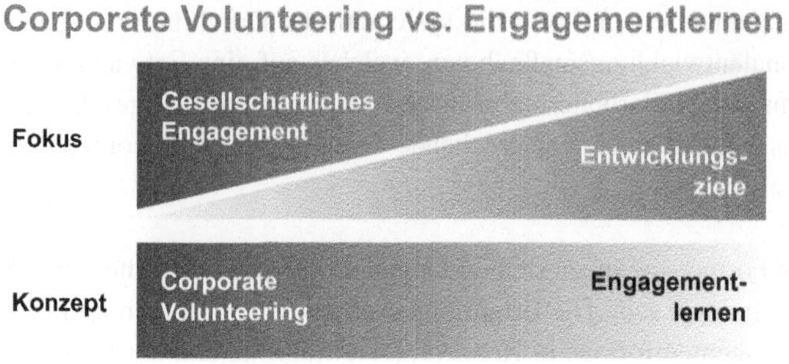

Abb. 1 Corporate Volunteering vs. Engagementlernen

3 Corporate Volunteering fördert die Handlungskompetenzen der Beschäftigten

Die Einführung von CV-Programmen hat in der Regel zwei Nutzen-/Zieldimensionen:

- den Nutzen, der durch das Engagement im Gemeinwesen (also i. d. R. beim gemeinnützigen Partner bzw. dessen Adressaten/Zielgruppen) gestiftet wird,
- den Nutzen für das Unternehmen. Dies sind bspw. die positiven Wirkungen auf die Unternehmenskultur und die engagierten Mitarbeiter selbst.

Folgende Auflistung systematisiert die Ergebnisse der kontinuierlichen Evaluationen von CV-Projekten durch die UPJ-Bundesinitiative und den Autor in den letzten 15 Jahren und zeigt einige der Spill-over-Effekte, die CV auf den personalwirtschaftlichen Bereich hat (vgl. auch Koch 2011):

- Horizonterweiterung durch Kontakt mit fremden Lebenswelten
- Begegnung mit den eigenen Stärken/Schwächen
- Stärkung der personalen und sozialen Kompetenzen
- Gefühl der Sinnstiftung und Freude am Engagement
- Stärkung der Mitarbeitermotivation und -bindung
- Sensibilisierung für gesellschaftliche Themen der Personalarbeit
- Bei gemeinschaftlichem Engagement, bspw. von Gruppen, Teams, Abteilungen, Business Units oder ganzen Unternehmen, zudem
  - positive Wirkung auf den Teamgeist und
  - die Chance, verborgene Talente von Kollegen zu entdecken, sodass diese mit anderen Augen gesehen werden

Vor allem Studien aus den USA und Großbritannien belegen, dass zahlreiche Unternehmen CV tatsächlich zur Entwicklung bestimmter Kompetenzen und Fertigkeiten nutzen (vgl. bspw. Points of Light and Allstate Foundation 2000; LBG Associates 2004;

Tuffrey 1995, 1998, 2003, Deloitte 2014). Dabei gehen sowohl die Entscheider in den Unternehmen als auch die engagierten Mitarbeiter selbst davon aus, dass das gesellschaftliche Engagement der Mitarbeiter zu deren Kompetenzentwicklung beiträgt (vgl. bspw. Deloitte 2005; CMI 2006; City of London 2010). So untersucht bspw. eine Studie aus Großbritannien langfristige Mitarbeiterengagements im Bildungskontext und deren personalwirtschaftliche Wirkungen (vgl. City of London 2010). Die Studie zeigt die positiven Wirkungen des Engagements auf den Mitarbeiterstolz, die Motivation, die Zufriedenheit sowie auf die Bindung der engagierten Mitarbeiter an das Unternehmen.

Darüber hinaus vergleicht diese Studie die Wahrnehmung der engagierten Mitarbeiter und die ihrer Linienvorgesetzten hinsichtlich der Kompetenzentwicklung der engagierten Mitarbeiter aufgrund des gesellschaftlichen Engagements. Beide Gruppen bescheinigen dem Employee Volunteering eine positive Wirkung auf die Kompetenzen der engagierten Mitarbeiter. Zwar nehmen die Vorgesetzten dabei teilweise andere Effekte wahr und schätzen deren Ausmaß anders ein, als dies die engagierten Mitarbeiter selbst tun. Im Prinzip ist man sich jedoch einig, dass das CV-Engagement positiv auf die Handlungskompetenz der jeweiligen Mitarbeiter wirkt.

Die Linienmanager konstatieren bei ihren engagierten Mitarbeitern vor allem positive Entwicklungen in den Feldern Anpassungsfähigkeit, Teamfähigkeit, Wille zur stetigen

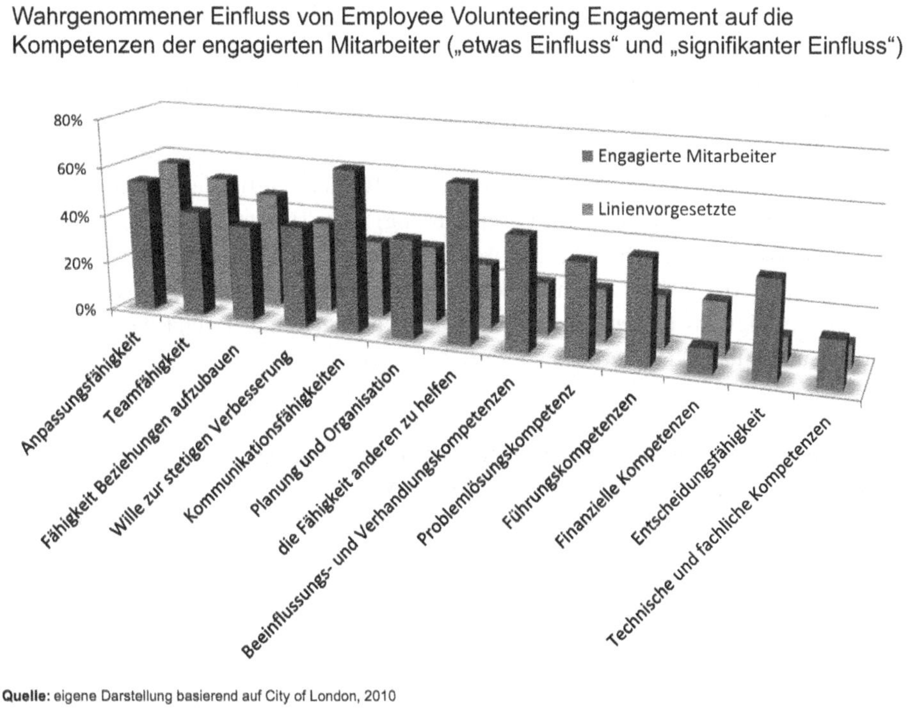

Abb. 2 Wahrgenommener Einfluss von CV auf die Kompetenzen

Tab. 1 Das Kontinuum formellen und informellen Lernens. (Quelle: Rohs und Dehnbostel 2007)

Formelles Lernen	← Lerndimension→	Informelles Lernen
Lernintention	Intention	Problemlösung
Organisiertes pädagogisches Angebot	Lernunterstützung	Nachfrage, nicht organisiert
Fremdgesteuert, festgelegt	Steuerung (Ziele, Inhalt, Zeit)	Selbstbestimmt
Fokussiert	Gegenstand	Ganzheitlich
Bewusstes Lernen	Bewusstheit	Teilweise unbewusstes Lernen
Theoriewissen	Lernergebnis	Erfahrungswissen

Verbesserung, Fähigkeiten zur Kontaktaufnahme und zum Networking sowie Kommunikationsfähigkeiten. Abb. 2 stellt im Überblick die Wahrnehmung der engagierten Mitarbeiter und die Wahrnehmung ihrer Vorgesetzten gegenüber.

Der wahrgenommene Kompetenzzuwachs variiert je Volunteering-Programm. Dies zeigt, dass die Kompetenzentwicklung von den Anforderungen und Rahmenbedingungen der einzelnen Programme abhängt. So hatten in der genannten Studie zum Beispiel weniger zeitintensive Engagementformen, wie Lesepatenschaften, einen geringeren Einfluss auf die Kompetenzen als andere – aufwendigere – Engagementformen, wie zeitintensives Mentoring.

Unternehmen, die mit einem Employee-Volunteering-Programm auf die Kompetenzentwicklung der Beschäftigten abzielen, sollten also gezielt Engagementprogramme entwickeln, die den Mitarbeitern ausreichend Gelegenheit für die gewünschten Lernerfahrungen geben. Doch worauf beruht der Kompetenzzuwachs? Basis der Effekte ist informelles Lernen, das bereits vor einigen Jahren in den Fokus von Personalentwicklung und Weiterbildung geriet (vgl. Rohs und Dehnbostel 2007; Becker 2009). Diese Lernform ist (in Bezug auf Lernziele, Lernzeit oder Lernförderung) nicht strukturiert, in Bezug auf den Lerngegenstand ganzheitlich und nichtfokussiert. Zwar kann sie zielgerichtet sein, in den meisten Fällen erfolgt das Lernen jedoch nichtintentional und beiläufig. Aus Sicht der Lernenden erfolgt das Lernen sozusagen „ganz nebenbei". Tab. 1 zeigt das Kontinuum formellen und informellen Lernens.

4 Engagementlernen als gezielte Verschränkung von informellem und formellem Lernen im Rahmen gesellschaftlichen Engagements

Die Methode Engagementlernen baut eine Brücke zwischen informellem und formellem Lernen, wodurch die positiven Effekte beider Lernformen sich ergänzen und damit verstärkt werden. Hintergrund sind veränderte Kompetenzanforderungen sowie die hohe Bedeutung von Erfahrungswissen für komplexer werdende Arbeits- und insbesondere Führungsaufgaben sowie von ganzheitlichem und teilweise unbewusstem Lernen im Hinblick auf die Entwicklung der sozialen und personalen Kompetenzen.

Im Gegensatz zu CV bietet Engagementlernen dabei die entsprechenden Strukturen und Ressourcen, die das Lernen unterstützen (z. B. durch Lernprozessbegleitung), und stellt sicher, dass die Verantwortung für den Prozess und das Ergebnis des Lernprozesses nicht allein auf die Lernenden übertragen, sondern professionell begleitet und unterstützt wird.

Die Basis bilden explizite Lernziele, an denen ein gezieltes Programmdesign – inklusive eines gezielten Methodeneinsatzes zur Lernunterstützung – ausgerichtet wird. Auf diese Art und Weise wird das Element des Zufalls begrenzt, der Anteil an gezielter Reflexion und bewusstem Lernen erhöht, ohne die Effekte informellen Lernens zu beeinträchtigen.

Engagementlernen ist eine seit vielen Jahren erprobte, effektive Methode, die gesellschaftliches Engagement mit gezieltem Lernen verbindet. Im Unterschied zu CV zeichnet sich Engagementlernen durch

- eine Lernintention aufseiten der Initiatoren und eine Problemlösungsintention aufseiten der Teilnehmer,
- explizit formulierte Lernziele,
- eine organisierte Lernunterstützung (inkl. professioneller Trainerbegleitung und gezielten Methodeneinsatzes),
- ein lernzielbezogenes Design des Engagementprojektes,
- ggf. eine formelle Einbindung in Personalentwicklungsprogramme

aus.

Die Trainerbegleitung unterstützt insbesondere beim Reflektieren von Erlebtem und dem Bewusstmachen von Halbbewusstem oder unbewussten Erfahrungen. Sie bietet einen unterstützenden Einsatz von Lernmethoden und ermöglicht einen gezielten Transfer auf den Arbeitsalltag. Seit 15 Jahren konzipiert der Autor gemeinsam mit Personalentwicklungsverantwortlichen entsprechende Programme und begleitet diese als Trainer und Coach. Die internen Evaluationsergebnisse der Unternehmen waren dabei bislang ausnahmslos positiv.

Engagementlernen ist eine erlebnis-, handlungs- und erfahrungsorientierte Methode, die im Gegensatz zu traditionellen Methoden der Personalentwicklung nicht in künstlichen inszenierten Umgebungen, sondern im realen Leben stattfindet. Dabei kommen die drei Aspekte eines ganzheitlichen Lernens, nämlich Lernen mit Kopf, Herz und Hand, gleichermaßen zum Einsatz. Die Methode setzt auf dem Konzept „Lernen in fremden Lebenswelten“ auf. Dieses von der Agentur Mehrwert entwickelte Konzept geht davon aus, dass „durch den Kontakt mit Menschen in besonderen Lebensumständen und durch die Herausforderung, sich unvorhersehbaren Situationen auszusetzen, die personale und soziale Kompetenz von Menschen gefördert werden kann“ (Bartsch 2000), und ist die Basis entsprechender Programme für Führungskräfte und Auszubildende. Unter dem Begriff „Service Learning“ gibt es inzwischen auch mehr und mehr Schulen und Hochschulen, die gesellschaftliches Engagement und Lernen gezielt verbinden. Bei Service Learning geht es um die Anwendung theoretischen Wissens durch die Schüler/Studierenden in der Praxis, d. h. um die Verbindung von fachlichem Lernen mit gesellschaftlichem Engagement (vgl. Seifert und Zentner 2010).

Im Gegensatz zu diesen Konzepten beschränkt sich Engagementlernen jedoch nicht auf bestimmte, ausgewählte Zielgruppen, sondern bietet Anknüpfungspunkte für alle Zielgruppen der Personalentwicklung. Zu diesen Zielgruppen gehören, je nach Unternehmen, etwa Auszubildende, Fachkräfte und der Fachkräftenachwuchs, Führungskräfte und der Führungskräftenachwuchs oder die Potenzialträger (High Potentials). Engagementlernen beschränkt sich auch nicht auf bestimmte Handlungsfelder der Personalentwicklung und die damit verbundenen Entwicklungsziele, sondern bildet deren ganze Bandbreite ab. Dazu gehören, je nach Unternehmen, etwa die Organisationsentwicklung, Teambildung und Teamentwicklung sowie die verschiedenen Dimensionen der Kompetenzentwicklung (personale und soziale Kompetenz, Fach-, Methoden- und Führungskompetenz). Je nach Organisationskontext gehören dazu auch weitere Aufgabenbereiche der Personalarbeit, wie bspw. das Übergangsmanagement oder die Personalgewinnung.

Die Zielgruppen und die Handlungsfelder der Personalarbeit bilden die Grundlagen für die Systematisierung der Entwicklungsprojekte nach der Methode Engagementlernen. Die nachfolgende Systematisierung unterstützt die gemeinsame Zielentwicklung mit der Personalentwicklung und hilft schematisch mögliche Entwicklungsprojekte und Trainingsformen darzustellen. Beispielhaft sind in der Abb. 3 einige Entwicklungsprojekt- und Trainingsformen nach der Methode Engagementlernen eingetragen.

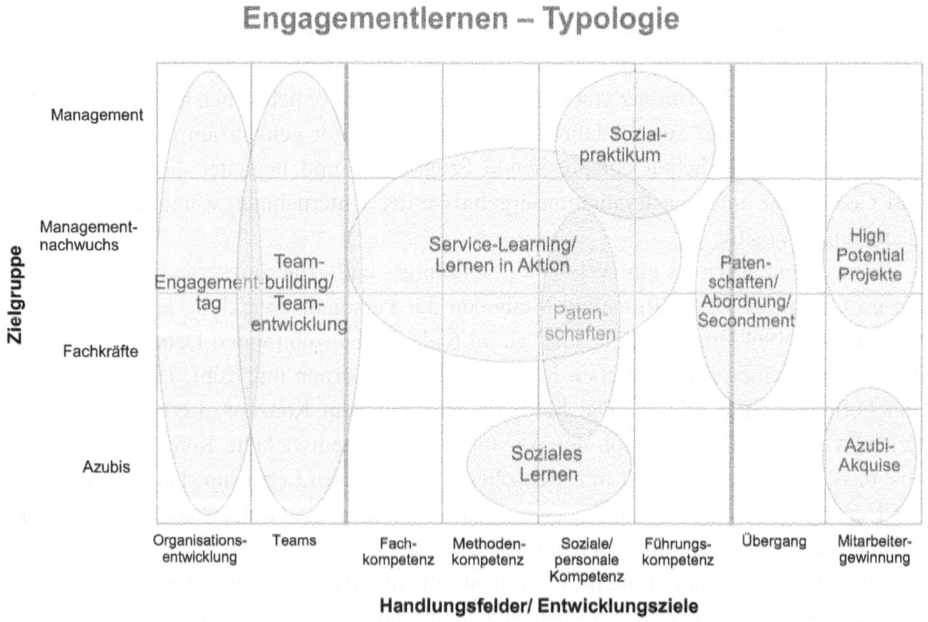

Abb. 3 Engagementlernen – Typologie

So kann beispielsweise ein sogenannter „Engagementtag“ mit moderierter Auswertung dazu genutzt werden, interne Multiplikatoren an das Thema CSR i. Allg. oder ein spezielles Thema im Kontext von CSR (bspw. Inklusion) heranzuführen. Oder er wird genutzt, um eine Post-Merger-Integration durch gemeinsames zielorientiertes Anpacken zu unterstützen.

Ein Beispiel ist das gemeinsame Engagement für eine Jugendkultureinrichtung der Führungskräfte verschiedener Konzerngesellschaften, die zuvor relativ unabhängig voneinander geführt wurden und nun unter einer gemeinsamen Holding agieren müssen. Die Führungskräfte berichten nun nicht mehr direkt an die Konzernführung, sondern an die zwischengeschaltete Holding und sind gehalten, durch gute Zusammenarbeit Synergien zu heben. Der Engagementtag wurde vom Autor moderiert und die Reflexion angeleitet. In der Auswertung wurde artikuliert, dass die Teilnehmer seit der Zusammenführung der Gesellschaften „zum ersten Mal miteinander und nicht gegeneinander gearbeitet haben“, „eine konstruktive Zusammenarbeit möglich und erfolgversprechend ist“ und die Teilnehmer „diesen Teamgeist mit in den Arbeitsalltag“ nehmen möchten.

Ein Team mit Entwicklungsbedarfen kann im Rahmen eines systematischen Entwicklungsprozesses oder als singuläre Maßnahme anstatt eines klassischen Teamentwicklungstrainings, bspw. eines Outdoortrainings, einen sorgfältig konzipierten und trainerbegleiteten Engagementeinsatz zur Teamentwicklung durchführen. Ein Beispiel ist das Team des Vice President Marketing eines Telekommunikationsunternehmens und seiner ihm direkt zugeordneten Führungskräfte. Ziele waren die Verbesserung der Zusammenarbeit zwischen den Abteilungsleitern, die Stärkung des Wir-Gefühls, der konstruktivere Umgang mit Konflikten und begrenzten Ressourcen sowie die mentale Ausrichtung des Teams auf Innovation. Während in Kick-off und Nachbereitung mit konventionellen Seminarmethoden gearbeitet wurde, nutzte das mehrtägige Teamtraining die Methode Engagementlernen in einer Schule im sozialen Brennpunkt. Die sehr herausfordernde (baulich kreative) Problemstellung mit ihren äußerst schwierigen Rahmenbedingungen (feuerpolizeiliche Vorgaben, Wünsche der Schüler, organisatorische Notwendigkeiten) wurde von den teilnehmenden Führungskräften mit Bravour gelöst. Marktforschung (Interviews mit Schülern, Lehrern, Lesepaten) wurde betrieben, eine kreative und innovative Lösung entwickelt und trotz des sehr begrenzten finanziellen Budgets (durch die Gewinnung des Probono-Engagements benachbarter Betriebe und Eltern) vorbildlich umgesetzt. Durch die Prozessbegleitung und die regelmäßigen Auswertungen war sichergestellt, dass die Zusammenarbeit reflektiert und Konflikte ausgesprochen und bearbeitet wurden. Das Team setzte sich genaue Ziele zum Thema Innovation und vereinbarte ganz konkrete Schritte zur zukünftigen Verbesserung der Zusammenarbeit. Alle Module dieser Teamentwicklung wurden vom Autor konzipiert und als Trainer begleitet.

Methodische und fachliche Inhalte eines Führungskräftenachwuchsprogramms können durch die Anwendung des theoretischen Wissens in der Praxis im Rahmen von Engagementprojekten (Service Learning) angewendet und damit vertieft werden, beispielsweise indem die Teilnehmer gemeinnützige Partner fachlich und/oder methodisch (z. B. betriebswirtschaftlich, technisch) beraten. So stellte eine Steuerberatungs- und

Wirtschaftsprüfungsgesellschaft jeden Teilnehmer eines bundesweiten High-Potential-Programms über einen Zeitraum von mehreren Monaten für 40 Stunden frei, damit dieser in regionalen Teams vor Ort vorab ausgewählte gemeinnützige Partner beraten konnte. Die Teams und die einzelnen Teilnehmer wurden begleitend gecoacht. Dieses Modul wies in der Evaluation nicht nur sehr hohe Zufriedenheitswerte und eine hundertprozentige Weiterempfehlungsrate auf. Auch die Anwendung und Vertiefung der Lerninhalte vorausgegangener Module wurden bestätigt. Die Tatsache, dass ein Großteil der Teilnehmer zusätzlich zu den 40 Stunden teilweise erhebliche Freizeitkontingente in die Projektbearbeitung einbrachte, zeigt die enorme Motivationswirkung dieser Methode. Das entsprechende Modul des Führungskräftenachwuchs- bzw. High-Potential-Programms wurde vom Autor in enger Abstimmung mit den verantwortlichen Personalentwicklern konzipiert und in der Umsetzung als Trainer und Coach begleitet.

Zunehmend rücken für global agierende Unternehmen Programme in den Fokus, in deren Rahmen High Potentials gezielt in für das Unternehmen als Zukunftsmärkte identifizierte Länder entsendet werden, um dort Regierungen, NGOs oder lokale Gemeinweseninitiativen zu beraten und zu unterstützen (Service Learning, Lernen in Aktion) (vgl. bspw. Emerging World 2015). Neben der Entwicklung der sozialen und personalen Kompetenzen sowie der Anwendung von fachlichem und/oder methodischem Wissen stehen dort die Gewinnung von Market Insights und die aktive Auseinandersetzung mit der Landeskultur sowie das Knüpfen relevanter lokaler Kontakte im Vordergrund. Zum Teil sind solche internationalen Engagementlernenprojekte auch der Einstieg in Engagementlernen, um diese Methode dann im zweiten Schritt auch im Heimatmarkt umzusetzen. So konnten wir beispielsweise SAP dabei unterstützen, ihr globales Engaging-for-Local-Impact-(ELI-)Programm auch in Deutschland umzusetzen.

Aus Platzgründen können die weiteren Anwendungsfälle nur sehr kurz dargestellt werden: Die sozialen und personalen Kompetenzen von Führungs- und Nachwuchsführungskräften können gezielt durch ein längeres (i. d. R. eine Woche) Sozialpraktikum (auch bekannt als Blickwechsel® oder Seitenwechsel®) gefördert werden. So bietet beispielsweise ein Sozialpraktikum in einer Behindertenwerkstatt, einer Bahnhofsmission oder einer Einrichtung für Demenzbetroffene reichlich Gelegenheit für Erfahrungen außerhalb der Komfortzone und den konstruktiven Umgang mit den eigenen Stärken und Schwächen. Die Teilnehmer legen auf Basis der Learnings und Feedbacks aus vorherigen Entwicklungsmaßnahmen und ihrer Erfahrungen aus dem Führungsalltag ihre individuellen Lernziele (bspw. besser zuzuhören, Probleme aktiv anzusprechen) fest, halten ihre Erfahrungen in Lerntagebüchern fest und werten diese in einem Workshop gemeinsam aus. Auszubildende bewältigen im Rahmen von „Sozialem Lernen“ – je nach konkreten Rahmenbedingungen und Zielen – in Teams oder individuell mehrtägige Engagementeinsätze.

Erst vereinzelt werden Engagementangebote gezielt zur Personalgewinnung eingesetzt (Schwalbach et al. 2008). Potenzielle Beschäftigte (bspw. Absolventen) werden eingeladen, statt an einer Business-Case-Veranstaltung an echten Beratungssituationen im Gemeinwesen teilzunehmen, um so auch eine Bindung an den potenziellen Arbeitgeber zu entwickeln. Ältere Beschäftigte können durch gezielte Abordnungen oder Patenschaften sinnstiftende Perspektiven für den Ruhestand entwickeln. Inzwischen gibt es Beispiele für die Nutzung von längerfristigen Secondments im Rahmen von Outplacement. Die Beispiele zeigen die Vielfalt der möglichen Anwendungsfälle und die Evaluationsergebnisse zahlreicher Engagementlernenprojekte belegen die Effektivität der Methode.

Die Engagementlernenprojekte werden dabei jeweils so gestaltet, dass eine ganzheitliche Lernsituation entsteht, die sich auf die ein oder andere Art auf die betrieblichen Abläufe bzw. Herausforderungen übertragen lässt. In einer ersten Designschleife legt das Unternehmen die individuelle Zielsetzung des Engagementlernenprojektes fest und umreißt die konkreten Rahmenbedingungen im Unternehmen. Darauf basierend werden vom Trainer in enger Abstimmung mit den Personalentwicklern das grundlegende Trainingsdesign inkl. der Lernziele, der Lehr- bzw. Lernmethoden, der Reflexionsmethoden etc. sowie die Kriterien, nach denen ein passender Partner im Gemeinwesen mit einem passenden realen Bedarf ausgewählt wird, entwickelt. In einer weiteren Iterationsschleife kommen die konkreten Anforderungen und Rahmenbedingungen des ausgewählten sozialen Partners hinzu. Das Trainingsdesign wird entsprechend verfeinert, die konkrete Aufgabenstellung ausgestaltet und die Dramaturgie des Engagementlernenprojektes festgelegt.

Jede Maßnahme wird individuell auf die jeweiligen Entwicklungsziele zugeschnitten und im Kontext der jeweiligen CSR-, CC- oder CV-Strategie entwickelt. Das heißt, je nach konkreten Entwicklungszielen können sich komplett unterschiedliche Maßnahmen (mit unterschiedlichen Partnern im Gemeinwesen, gesellschaftlichen Zielgruppen, Aufgabenstellungen, Zeitbedarf, Lern- und Reflexionsmethoden etc.) ergeben.

5 Erfolgsfaktoren

Auf Basis seiner fünfzehnjährigen Erfahrung mit CV-, CSR- und vor allem auch Engagementlernenprojekten sowie auf Basis seines Ausbildungshintergrundes[1] als Trainer und Coach hat der Autor eine Reihe von Erfolgsfaktoren identifiziert, die bei der Entwicklung und Umsetzung von OE- und PE-Maßnahmen nach der Methode Engagementlernen beachtet werden sollten. Diese Erfolgsfaktoren lassen sich in vier übergreifende Kategorien einordnen (vgl. Abb. 4):

- Einbindung,
- Konzept,
- Kooperation und
- Lernbegleitung.

[1] Kompetenzaktivierende hynosystemische Konzepte für Coaching, Persönlichkeitsentwicklung, Team- und Organisationsentwicklung, Coaching nach Wirkfaktoren, Gestaltberatung und -supervision, Verhaltenstrainer, klinische Hypnose.

Abb. 4 Engagementlernen – Erfolgsfaktoren

Von ganz zentraler Bedeutung ist, dass die Methode nicht als bloße Folie für OE- und PE-Projekte missverstanden wird. Die Teilnehmer eines Engagementlernenprojektes bzw. -trainings bemerken sehr schnell, wenn dieses v. a. aus Unternehmens- oder Trainerperspektive konzipiert wurde. Dann wird bspw. kein echter Bedarf adressiert, es entsteht kein tatsächlicher Nutzen für den Partner im Gemeinwesen oder der Partner im Gemeinwesen kommuniziert die Unzufriedenheit und das Gefühl, benutzt zu werden. Motivation und Sinnstiftung verkehren sich dann schnell in ihr Gegenteil. Auch die Partner im Gemeinwesen reagieren – zu Recht – sehr empfindlich, wenn man ihnen nicht auf Augenhöhe begegnet, sondern sie als „Folie" oder „Austragungsort" missbraucht. Eine enge Abstimmung mit dem Partner im Gemeinwesen und die gleichrangige Beachtung seiner Ziele und Rahmenbedingungen sind daher essenziell. In vielen Fällen ist es notwendig, nicht nur das Unternehmen und die Mitarbeiter, sondern auch den Partner im Gemeinwesen vor und während des Projektes adäquat zu begleiten. Daher sind umfangreiche Mittlerkompetenzen und Mittlererfahrungen für eine erfolgreiche Konzeption und Durchführung solcher Projekte von grundlegender Bedeutung.

Die Teilnehmer sollten mit der intensiven und ganzheitlichen Lernerfahrung nicht allein gelassen werden. Sie brauchen eine sensible und systematische Unterstützung bei der Reflexion und Bearbeitung der Erlebnisse und Erfahrungen, bei der methodischen Aufbereitung des Gelernten und beim gezielten Transfer in den Arbeitsalltag. Mögliche Vorbehalte von Teilnehmenden sollten schon im Vorfeld sehr ernst genommen werden.

Die Teilnehmer verlassen in den Trainings ganz offensichtlich ihre Komfortzone, dadurch können schon vorab Befürchtungen und Ängste ausgelöst werden, die es bereits im Vorfeld proaktiv zu adressieren gilt.

6 Gesellschaftliches Engagement fördert Mitarbeiterengagement

Gesellschaftliches Engagement hat personalentwicklungsrelevante Wirkungen: Beschäftigte, die sich im Rahmen von CV und Engagementlernen engagieren, sind stolz auf ihr Unternehmen, motiviert, zufrieden und fühlen sich letztendlich an ihr Unternehmen gebunden. Freiwilliges gesellschaftliches Engagement (CV) wirkt positiv auf die engagierten Mitarbeiter, die dabei en passant und informell ihre Handlungskompetenz erweitern. Jedes Engagement wirkt dabei anders, abhängig von seinen konkreten Rahmenbedingungen. Systematische Personalentwicklungsmaßnahmen nach der Methode Engagementlernen sind eine effektive Alternative zu traditionellen Trainingsmethoden. Sie wirken gezielt in den Handlungsfeldern der Personalarbeit und können zielgruppenadäquat gestaltet werden. Ihre positive Wirkung erzielen sie jedoch nur, wenn ihnen ein echtes, ehrliches Engagement zugrunde liegt, sodass die Partner im Gemeinwesen nicht als Lernschablonen missbraucht werden.

Die beiden Formen des Engagements ergänzen sich und können zugleich Bestandteil einer CSR- und CC-Strategie sein. Hinsichtlich Konzeption, Durchführung und Kommunikation sollte zwischen CV- und Engagementlernenprojekten unterschieden werden.

Literatur

Achieve (2015) Inspiring the next generation workforce. The 2014 millenial impact report. Achieve, Indianapolis

Associates LBG (2004) LBG associates: measuring corporate volunteerism. LBG Associates, London

Bartsch G (2008) Corporate Volunteering – ein Blickwechsel mit Folgen. In: Backhaus-Maul H, Biedermann C, Nährlich S, Polterauer J (Hrsg) Corporate Citizenship in Deutschland: Bilanz und Perspektiven. VS, Wiesbaden, S 323–334

Bartsch G (2000) Lernen in fremden Lebenswelten. Personalentwicklung als Einstieg in das bürgerschaftliche Engagement von Unternehmen. Arbeitspapier der Bundesinitiative UPJ. UPJ, Hamburg

Bartsch G (2009) Erfahrungen, auf die es ankommt – Soziale Lernprogramme ermöglichen Führungskräften wichtige Transfererfahrungen für ihre tägliche Arbeit. In: AmCham Germany (Hrsg) Corporate Responsibility Human Resources – Zukunftschancen für Unternehmen und Gesellschaft, Bd. 2009. ACC-Verl, Frankfurt am Main, S 28–32

Becker M (2009) Personalentwicklung. Bildung, Förderung und Organisationsentwicklung in Theorie und Praxis, 5. Aufl. Schäffer-Poeschel, Stuttgart

Braun B, Kromminga P (2002) Soziale Verantwortung und wirtschaftlicher Nutzen. Konzepte und Instrumente zur Kommunikation und Bewertung von Corporate Citizenship und Corporate Social Responsibility. Bundesinitiative „Unternehmen: Partner der Jugend" (UPJ), Hamburg

City of London (2010) Volunteering – the business case. The benefits of employee volunteering programmes in education. Corporate citizenship. London

Cook P, Jackson N (2006) Valuing Volunteering: a route to professional development: views from VSO volunteers and managers. Chartered Management Institute, London

Corporate Institute (2014) CSC learning lab brief – CSR without HR is PR: connecting employee volunteerism with human resource goals. Corporate Institute – A Point of Light Enterprise, Atlanta

Deloitte (2005) Volunteer IMPACT survey. Deloitte Development LLC, Oakland

Deloitte (2014) Developing leaders from within – The correlation between pro bono & skills based volunteerism and leadership development. Deloitte Touche Tohmatsu, London

Diehl B, Konrad C (2008) Corporate Volunteering – Chance für das Talentmanagement. Wirtschaftspsychologie Aktuell 3:57–60

Eger M (2015) CR und Personal – Zwischen Employer-Branding und Mitarbeitermotivation. In: AmCham Germany (Hrsg) Corporate Responsibility 2015. Jubiläumsausgabe – Bestandsaufnahme und Zukunftsperspektiven für Corporate Responsibility. ACC Verlag, Frankfurt, S 36–39

Emerging World (2015) CISL impact benchmark study. Understanding and exploring the long term impact of corporate international service learning programs. Emerging World, London

Ettlin T (2008) Secondment. In: Habisch A, Schmidpeter R, Neureiter M (Hrsg) Handbuch Corporate Citizenship. Corporate Social Responsibility für Manager. Springer, Heidelberg, S 269–275

Ettlin T, Meier-Dallach HP (2003) SeitenWechsel – Lernen in anderen Arbeitswelten. Orell Füssli, Zürich

Halley D (1999) Corporate Community Investment: Die Programme von „Business in the Community" in Großbritannien. UPJ-Arbeitspapier. UPJ, Hamburg

Knapp K (2009) Informelle Lernprozesse systematisch nutzen. Corporate Volunteering als Instrument der Personalentwicklung. bildungsforschung 1:97–120

Koch SC (2010) Personalentwicklung im sozialen Feld. Mehr als Corporate Volunteering. Vortrag beim Munich Corporate Volunteering Roundtable, München, 18.11.2010

Koch SC (2011) Erfolgsfaktoren für Personalentwicklung durch gesellschaftliches Engagement. In: AmCham Germany (Hrsg) Corporate Responsibility 2011. Corporate Volunteering – Freiwilliges Engagement von Unternehmen und Gesellschaft. ACC Verlag, Frankfurt, S 27–32

Koch SC (2014) Corporate Social Responsibility – auch ein Thema für das Personalmanagement? Vortrag auf der Messe „Zukunft Personal", Köln, 15.10.2014

Lang R, Kromminga P (2003) Praktische Erfahrungen mit der Förderung des Engagements von Unternehmen im Gemeinwesen. In: Backhaus-Maul H, Brühl H (Hrsg) Bürgergesellschaft und Wirtschaft – zur neuen Rolle von Unternehmen. Difu Materialien. Berlin, S 85–102

von Mutius B (1998) Was Unternehmen mit sozialer Verantwortung gewinnen können. Eröffnungsvortrag zum UPJ-Unternehmertreffen, Dresden, 27.11.1998

Pinter A (2006) Employee Volunteering in der Personalarbeit: Ein strategischer Ansatz zur Kombination von Gemeinwohl und Unternehmensinteresse? Centre for Sustainability Management, Lüneburg

Pless N, Maak T (2008) Responsible leaders as agents of world benefit: learnings from „Projekt Ulysses". J Bus Ethics 85:59–71

Points of Light, Allstate Foundation (2000) The corporate volunteer program as a strategic resource: the link grows stronger. The Points of Light Foundation, Washington D.C.

Rohs M, Dehnbostel P (2007) Informelles Lernen in der betrieblich-beruflichen Weiterbildung. http://www.informelles-lernen.de/fileadmin/dateien/Informelles_Lernen/Texte/Dehnbostel_Rohs_2007.pdf. Zugegriffen: 24. Mai 2017

Scheck B (2014) Corporate volunteering: what's in it for employees? http://tcbblogs.org/philanthropy/2014/01/10/corporate-volunteering-whats-in-it-for-employees/#sthash.s7r3B2Ku.dpuf. Zugegriffen: 10. Jan. 2014

Schöffmann D (2001) Wenn alle gewinnen. Bürgerschaftliches Engagement von Unternehmen. edition Körber-Stiftung, Hamburg

Schwalbach J, Schwerk A, Fischer S, Taubken N (2008) Corporate Volunteering als Recruiting – Maßnahme für Spitzenkräfte in Deutschland. Eine Studie aus Sicht deutscher Großunternehmen. Institut für Management der Humboldt-Universität zu Berlin, Scholz & Friends, Financial Times Deutschland, Berlin

Seifert A, Zentner S (2010) Service-Learning – Lernen durch Engagement: Methode, Qualität, Beispiele und ausgewählte Schwerpunkte. Eine Publikation des Netzwerks Lernen durch Engagement. Freudenberg Stiftung, Weinheim

Seifert A, Zentner S, Nagy F (2012) Praxisbuch Service-Learning. „Lernen durch Engagement" an Schulen. Beltz, Weinheim

Tuffrey M (1995) Employees and the community. How successful companies meet human resource needs through community investment. The Corporate Citizenship Company, London

Tuffrey M (1998) Involving European employees. How Europe's companies connect corporate citizenship with good human resource management. The Corporate Citizenship Company, London

Tuffrey M (2003) Good companies, better companies. How community involvement and good corporate citizenship can enhance employee morale, motivation, commitment and performance. The Corporate Citizenship Company, London

Wild C (1993) Corporate volunteer programs. Benefits to business. Report no. 1029. The Conference Board, New York

Stephan C. Koch, Diplom-Kaufmann, unterstützte UPJ zunächst als Corporate Volunteer der Wiesbadener Niederlassung einer internationalen Managementberatung und baute dann ab 2001 für UPJ den Beratungs- und Trainingsbereich auf, für den er seitdem verantwortlich ist. Neben der Entwicklung und praktischen Umsetzung von CSR-, CC- und Employee-Volunteering-Strategien fokussiert er auf die Entwicklung und Umsetzung von Personalentwicklungsmaßnahmen nach der Engagementlernenmethode, die er von 2001 an entwickelt hat. Dabei profitiert er von verschiedenen Trainer- sowie mehreren Coachingausbildungen.

UPJ ist das Netzwerk engagierter Unternehmen und gemeinnütziger Mittlerorganisationen in Deutschland. Im Mittelpunkt stehen Projekte, die zur Lösung gesellschaftlicher Probleme beitragen, indem sie neue Verbindungen zwischen Unternehmen, gemeinnützigen Organisationen und öffentlichen Verwaltungen schaffen. Diese Akteure unterstützt der gemeinnützige UPJ e. V. darüber hinaus mit Informationen und Beratung bei der Entwicklung und Umsetzung ihrer Corporate-Citizenship- und Corporate-Social-Responsibility-Aktivitäten. Unternehmen, Organisationen und Verwaltungen bietet UPJ individuelle Unterstützung bei der Entwicklung von Strategien und Konzepten für CSR und Corporate Citizenship sowie eine effektive Begleitung bei der Projektumsetzung und -auswertung. Der Beitrag basiert auf der Vernetzungsarbeit (Unternehmen und Mittler), Projekt und Beratungsarbeit von UPJ.

Akteure im Corporate Volunteering – Unternehmen

Mit dem Studienkompass an die Hochschule

Ulrich Hinz und Meike Ullrich

„Ich war mir nicht sicher, ob ich mir ein Studium zutraue. Aber meine Mentoren wussten, welche Fragen ich mir stelle, und gaben mir viele hilfreiche Tipps, an die ich noch heute denke, wenn mal wieder Zweifel aufkommen." Esra ist eine von bisher rund 3200 Stipendiaten des Studienkompasses, die durch das gemeinnützige Förderprogramm ermutigt werden, ein Studium aufzunehmen. Sie alle sind die Ersten in ihrer Familie, die den Schritt an die Hochschule wagen. Statistisch gesehen gehört Esra, die heute erfolgreich Jura studiert, einer unterrepräsentierten Gruppe an deutschen Hochschulen an. Denn von 100 Akademikerkindern schaffen es in Deutschland 77 an die Hochschule, von 100 Nichtakademikerkindern sind es nur 23 (Middendorf et al. 2013). Diese ungleiche Partizipation an akademischer Bildung wird durch die selektiv wirkenden Übergänge unseres Bildungssystems verursacht. Um diese Schwellen zu überwinden, benötigen sogenannte „first generation students" eine besondere Unterstützung.

Mit der Gründung des Studienkompasses im Jahr 2007 setzten die Initiativpartner Accenture-Stiftung, Deutsche Bank Stiftung und Stiftung der Deutschen Wirtschaft an dieser Stelle an und engagieren sich seitdem für bessere Bildungschancen. Für die Unternehmen Accenture und Deutsche Bank stand diese Gründung in engem Zusammenhang mit ihren Corporate-Social-Responsibility-Aktivitäten. Zum einen war von Anfang an eine enge Verbindung zu den Corporate-Volunteering-Programmen der Unternehmen geplant, zum anderen verkörperten zentrale Themenbereiche des Studienkompasses Kernaspekte der CSR-Aktivitäten. So bedeutet das Engagement für bessere Bildungschancen gleichermaßen einen Beitrag für mehr Fach- und Führungskräfte sowie zu einer größeren Durchlässigkeit im Bildungssystem. Damit erhalten mehr Personen die Möglichkeiten, sich für akademische Berufe zu qualifizieren und entsprechende Berufsbiografien zu ge-

U. Hinz (✉) · M. Ullrich
Stiftung der Deutschen Wirtschaft (gGmbH)
Breite Straße 29, 10178 Berlin, Deutschland
E-Mail: u.hinz@sdw.org

S. Dreesbach-Bundy und B. Scheck (Hrsg.), *CSR und Corporate Volunteering*,
Management-Reihe Corporate Social Responsibility,
https://doi.org/10.1007/978-3-662-54092-3_13

stalten. Dieses Ziel ist dabei nicht auf den engeren Unternehmensnutzen der beteiligten Akteure beschränkt, sondern ist ein offener gemeinnütziger Bereich, der durch die den Unternehmen nahestehenden Stiftungen unterstützt wird.

Mittlerweile haben sich zahlreiche weitere Partner der Gemeinschaftsinitiative angeschlossen, die diese Zielsetzungen mittragen.[1] Die Karl Schlecht Stiftung und die aim – Akademie für Innovative Bildung und Management Heilbronn – Franken sind Hauptförderer neben vielen weiteren vor allem regionalen Partnern. Häufig, aber nicht notwendigerweise, entstammen die Partner aus wirtschaftsnahen Institutionen wie Stiftungen und Verbänden. Aber auch Unternehmen selbst beteiligen sich direkt ebenso wie Unternehmerpersönlichkeiten und weitere Akteure. Schirmherrin des Programms ist die Bundesministerin für Bildung und Forschung, Prof. Dr. Johanna Wanka.

Rund 1800 junge Menschen haben den Studienkompass bereits erfolgreich durchlaufen und studieren an über 240 Hochschulen in ganz Deutschland. Die Wirkung der Förderung ist wissenschaftlich durch eine siebenjährige unabhängige Evaluation, gefördert vom Bundesministerium für Bildung und Forschung, belegt. Die 2015 veröffentlichten Ergebnisse zeigen, dass über 90 % der Geförderten den Sprung an die Uni schaffen. Von diesen sind wiederum 90 % sicher, ihren Wunschstudienplatz gefunden zu haben, und würden sich erneut für ihr Studienfach entscheiden. Die Studienabbrecherquote liegt bei weniger als 5 %[2] und damit deutlich unterhalb der durchschnittlichen Abbrecherquote von 28 % in Bachelorstudiengängen an deutschen Hochschulen (HIS-Absolventenpanel 2014).

Der Studienkompass fördert die Jugendlichen über drei Jahre: zwei Jahre vor dem Abitur und fortlaufend bis zum Ende des zweiten Semesters an der Hochschule. So können die Abiturienten eine fundierte Zukunftsentscheidung treffen und werden beim Übergang von der Schule an die Hochschule auch über die Schulzeit hinaus unterstützt, um einen guten Start im Studium zu ermöglichen. An den Studienkompass-Standorten werden die Jugendlichen in Regionalgruppen während der gesamten drei Jahre von ehrenamtlichen Vertrauenspersonen, zumeist aus Hochschule und Wirtschaft, begleitet. Sowohl bezüglich des Alters als auch der Berufserfahrung sind die Teams der Volunteers gemischt. Es wird Wert darauf gelegt, dass unterschiedliche Kompetenzen und Erfahrungen zusammenkommen, damit die Geförderten eine möglichst große Bandbreite an Unterstützung von den Vertrauenspersonen erhalten. Die Mitarbeiterinnen des Studienkompasses führen vorab Gespräche mit den Interessierten und stellen im nächsten Schritt entsprechende Teams von drei bis vier Personen zusammen, die sich dann in einem gemeinsamen Tref-

[1] Weitere Studienkompass-Partner sind: Heinz Nixdorf Stiftung, aqtivator gemeinnützige GmbH, vbw –Vereinigung der Bayerischen Wirtschaft e. V., EWE AG, Kölner Gymnasial- und Stiftungsfonds, Stiftung Rapsblüte, Hans Hermann Voss-Stiftung, Alfried Krupp von Bohlen und Halbach-Stiftung, NORDMETALL-Stiftung, RATIONAL AG, Roche Diagnostics GmbH, Bürgerstiftungen Braunschweig und Wolfsburg, Rheinische Stiftung für Bildung, Wissenschaft und berufliche Integration, Dr. Egon und Hildegard Diener-Stiftung im Stifterverband für die Deutsche Wissenschaft, Karin Schöpf Stiftung, Unternehmensverbände im Lande Bremen und Bundesministerium für Bildung und Bildungsministerium für Bildung und Forschung.

[2] Siehe hierzu ausführlich: https://www.studienkompass.de/wirkung (Abruf am 08.02.2016).

fen kennenlernen und die Zusammenarbeit planen. Etwa alle vier bis sechs Wochen finden Veranstaltungen, Workshops oder Exkursionen statt. Per E-Mail, Telefon oder über Facebook- und Whatsapp-Gruppen stehen die Teilnehmer mit ihren Vertrauenspersonen auch zwischen den Treffen in Kontakt.

1 Gemeinsam mehr Bildungsgerechtigkeit ermöglichen

Die Gründung des Studienkompasses steht idealtypisch für ein tragfähiges Kooperationsmodell mehrerer Partner, die von Anfang an gemeinsam agieren.

Den Nukleus des Studienkompasses bildete zunächst der Wunsch der drei Initiativpartner, sich gemeinsam für bessere Bildungschancen von Jugendlichen zu engagieren. Erste Überlegungen und Treffen gab es im Jahr 2006. Im Rahmen des Studienförderwerks Klaus Murmann der Stiftung der Deutschen Wirtschaft existierte bereits eine gute Kooperation im Bereich der Begabtenförderung. Aufbauend auf diesen positiven Kooperationserfahrungen wollte man gemeinsam in einem weiteren Bildungsbereich tätig werden. Die Partner setzten sich für dieses Vorhaben verschiedene Ziele: Ein neues Programm sollte eine wichtige bildungspolitische Herausforderung aufgreifen und hierfür Lösungsansätze entwickeln und praktisch erproben. Die zunächst pilothaft gestartete Förderpraxis sollte bundesweit ausgedehnt werden, um anschließend Modelle zu entwickeln, die für eine weitere Nutzung an Schulen und Hochschulen eingebracht werden können. Die strategische Anlage des Projekts war auf diese Weise von vornherein auf Multiplikation und Transfer angelegt.

Die Entwicklung und Steuerung der Programmaktivitäten wird seit Beginn von zwei Gremien begleitet: Im Lenkungsgremium beschließen seit 2007 feste Vertreter der Initiativpartner und seit 2015 auch großer weiterer Partner, den sogenannten Hauptförderern, die strategischen Zielsetzungen für die Programmarbeit. Das Gremium trifft sich zweimal im Jahr, weitere Absprachen finden zudem kontinuierlich unter den Beteiligten telefonisch oder per E-Mail statt. Der regelmäßige Austausch und die intensive Diskussion über die Entwicklungslinien des Programms haben die kontinuierliche Weitergestaltung des Studienkompasses entscheidend geprägt. Durch die enge Abstimmung und partizipative Gestaltung ist es zudem möglich geworden, die Kultur der Kooperation und des Vertrauens unter den Partnern regelmäßig mit Leben zu füllen.

Zudem wird das Programm seit Beginn der Aktivitäten von einem Beirat unterstützt, dem Vertreter aus der Wissenschaft, Wirtschaft und aus bedeutenden Stakeholdern wie dem Deutschen Studentenwerk, der Kultusministerkonferenz, dem Bundeselternrat oder dem Studienberater-Berufsverband GIBeT angehören. Der Beirat unterstützt kontinuierlich bei der fachlichen Einschätzung und Verwertung der Ergebnisse aus der unabhängigen wissenschaftlichen Begleitung für die Weiterentwicklung des Studienkompasses. Zudem engagieren sich die Beiratsmitglieder tatkräftig für die gesellschaftliche Etablierung des Themas einer intensivierten Studien- und Berufsorientierung und tragen es in die bildungspolitischen Debatten ihres institutionellen Umfelds.

Die operative Umsetzung des Studienkompasses wurde der Stiftung der Deutschen Wirtschaft (sdw) übertragen, die dafür ein Team zusammenstellte, das mittlerweile 18 Festangestellte umfasst. Die sdw erarbeitete die Inhalte des Förderprogramms und qualifizierte Trainer für die Umsetzung der entwickelten Förderkonzepte. Anfang 2007 startete der Studienkompass an fünf Standorten. Nach den Sommerferien konnten die ersten 175 Geförderten ins Programm aufgenommen werden. Alle Programmteilnehmer durchlaufen im Studienkompass gemeinschaftliche Kernelemente der Förderung, die in Workshops zur Verbesserung der Selbsteinschätzung, zur kompetenten Bewertung von Informationen zu Studienfeldern und Hochschulen und zur initiativen Gestaltung der eigenen Studien- und Berufswegeplanung anregen. Diese Workshops werden von erfahrenen Trainern geleitet, die Workshops anhand von Studienkompass-Leitfäden durchführen.

Das Kooperationsmodell war bereits bei der Gründung der Initiative offen für die Beteiligung weiterer Partner, um den Studienkompass in immer mehr Regionen bundesweit durchzuführen. Dieser Einladung zum Engagement folgten bis heute mehr als 20 weitere Partner aus dem Stiftungswesen und der Wirtschaft, aber auch engagierte Einzelpersönlichkeiten. Als Regionalförderer ermöglichen sie mit ihrer Unterstützung den Aufbau von neuen Studienkompass-Standorten. Diese werden in Absprache mit den Partnern ausgewählt. Für die beteiligten Stiftungen, Unternehmen und Verbände besteht so die Möglichkeit, ihre strategischen und regionalen Schwerpunkte in den Studienkompass einzubringen. Unternehmen können die gemeinnützige Fördertätigkeit mit ihrer Social-Responsibility-Strategie verbinden. Neben der allgemeinen Förderung der Jugendlichen, besteht die Möglichkeit, passende thematische Schwerpunkte zu setzen, wie z. B. naturwissenschaftliche Inhalte oder Themen wie Entrepreneurship, soziales Engagement oder digitale Bildung. Diese werden in den Förderablauf integriert. Stiftungen wählen häufig zu ihrem regionalen Tätigkeitsspektrum passende Orte aus. Bis zum Jahr 2016 entstanden so bundesweit über 30 Studienkompass-Standorte. Die vbw – Vereinigung der Bayerischen Wirtschaft setzte ein Zeichen mit der bayernweiten Einrichtung von Studienkompass-Gruppen und ermöglichte im Anschluss in Kooperation mit dem Bayerischen Kultusministerium und der Stiftung der Deutschen Wirtschaft die Weiterentwicklung und Etablierung des Studienkompass-Know-hows in die schulische Praxis aller bayerischen Gymnasien. Auch die Karl Schlecht Stiftung engagiert sich als Hauptförderer in Baden-Württemberg an mehreren Orten für eine umfangreiche Verbreitung des Studienkompasses im Südwesten Deutschlands.

2 Ehrenamt und Corporate Volunteering im Studienkompass

Seit Programmbeginn war es den Initiativpartnern wichtig, dass Volunteers der Unternehmen Accenture und Deutsche Bank sowie Stipendiaten in der Studien- und Promotionsförderung der Stiftung der Deutschen Wirtschaft den Studienkompass über ihre berufliche Tätigkeit hinaus aktiv mitgestalten. Auch für alle Mitarbeiter der weiteren Studienkompass-Partner besteht die Möglichkeit, als ehrenamtliche Vertrauensperson mitzuwirken.

Für die Jugendlichen sind diese Reflexionsbegleiter, persönliche Ansprechpartner, Ratgeber und Motivator zugleich. Sie leiten die Geförderten bei der Informationssuche an und vermitteln persönliche Kontakte für den Austausch mit Studierenden, Hochschulen und Unternehmen. Für ihre Arbeit werden die Vertrauenspersonen seitens der hauptamtlichen Geschäftsstelle in vielfältiger Weise unterstützt: So werden auf der Basis von Best-Practice-Erfahrungen regelmäßig Angebote für zielgerichtete, an den Bedürfnissen der Teilnehmer orientierte Qualifizierung gemacht und das Netzwerk der Ehrenamtlichen untereinander gestärkt. Eine umfangreiche Sammlung von Arbeitsmaterialien, Hilfestellungen und Hinweisen steht online zur Verfügung.

Bis heute stellen die Mitarbeiter und Stipendiaten der Initiativpartner eine große Gruppe der fast 500 Freiwilligen. Dies wird durch die institutionellen Rahmenbedingungen der Initiativpartner aktiv unterstützt. Corporate-Volunteering-Programme sind bei Accenture und bei der Deutsche Bank AG fest in der Unternehmensphilosophie verankert. Unter dem Titel „Skills to Succeed" unterstützt Accenture seine Mitarbeiter, damit sie Zeit, Dienstleistungen und finanzielle Hilfe ehrenamtlich für verschiedene Projekte einsetzen können. Im Geschäftsjahr 2014 kamen so weltweit rund 600.000 Stunden ehrenamtliches Engagement zusammen.[3] Neben der Arbeit als Vertrauensperson führt Accenture im Studienkompass auch zahlreiche Workshops, z. B. zum Erlernen von Soft Skills, für die Stipendiaten durch. Seit 2015 wird hier ein besonderer Schwerpunkt auf den Bereich „Digitale Bildung" gesetzt: Angebote zur Medienkompetenz der Jugendlichen, Workshops zu digitalen Berufsprofilen der Zukunft oder zu Big Data erweitern das Förderangebot des Studienkompasses um ein zentrales aktuelles Bildungsfeld.

Auch die Deutsche Bank fördert das freiwillige Engagement ihrer Mitarbeiter weltweit mit der Initiative „pass on your passion"[4] und informiert sie u. a. über die Möglichkeiten des ehrenamtlichen Engagements beim Studienkompass. Hinzu kommt der Aufruf an die Mitarbeiter, auch mit kleinen Beiträgen finanzielle Hilfe zu leisten. Im Rahmen der Spendeninitiative *RestCent* konnten Mitarbeiter den Centbetrag hinter dem Komma ihres Nettogehalts für den Studienkompass spenden. Die von den Mitarbeitern bereitgestellten Beiträge werden von der Bank verdoppelt. So konnten 2015 zusätzlich fünf Schüler mit einem Flüchtlingshintergrund in den Studienkompass aufgenommen werden.[5] Zudem bietet die Deutsche Bank Stiftung über ihre Projekte in der kulturellen Bildung den stark nachgefragten Workshop „Opernkompass" an, der ebenfalls das Angebot des Studienkompasses ergänzt und bei seinen Teilnehmern eine große Wirkung hinterlässt.

Für die Stiftung der Deutschen Wirtschaft ist die Förderung von gesellschaftlichem Engagement ihrer Stipendiaten des Studienförderwerks Klaus Murmann ein Kernmotiv ihres Handelns. Gemeinsinn und Unternehmergeist zu verknüpfen und dies während und nach

---

[3] Siehe hierzu: https://www.accenture.com/de-de/careers/your-future-corporate-citizenship.aspx (Abruf am 08.02.2016).

[4] Siehe hierzu: https://www.db.com/cr/de/mitarbeiter/mitarbeiterengagement.htm (Abruf am 08.02.2016).

[5] Siehe hierzu: https://www.db.com/cr/de/konkret-start-studienkompass.htm (Abruf am 08.02.2016).

der Förderung durch die Stiftung lebendig zu praktizieren, zeichnet die Stipendiaten und Alumni in hohem Maße aus (Kramer 2015). Auch für den Studienkompass engagierten sich daher zahlreiche von ihnen als Vertrauensperson.

Im Jahr 2014 hat der Studienkompass eine Umfrage bei seinen ehrenamtlichen Vertrauenspersonen durchgeführt, um deren Feedback für die Entwicklung des Programms mit einbinden zu können. Die Vertrauenspersonen meldeten dabei zurück, dass sie von der Mitarbeit im Programm stark profitieren. Hervorgehobene Felder waren hierbei die persönliche Beratungskompetenz, die Erweiterung des persönlichen Netzwerks sowie der Erwerb neuer Methoden und Instrumente für die Moderation und Motivation von Gruppen. Über 90 % der Ehrenamtlichen fühlten sich für ihre Aufgabe gut vom Studienkompass vorbereitet und unterstützt. Weitergehende Wünsche bestanden vor allem mit Blick auf besondere Herausforderungen, wie zum Beispiel den Umgang mit schwierigen Gruppendynamiken. Die Motivation der Ehrenamtlichen ist vielfältig. Wichtig ist ihnen ein persönlicher Einsatz für mehr Bildungsgerechtigkeit und die Freude an der Arbeit mit Jugendlichen. Viele von ihnen sind ebenfalls Erstakademiker.

3 Chancen und Herausforderungen des Studienkompass-Kooperationsmodells

Zehn Jahre nach seiner Gründung ist der Studienkompass mittlerweile eines der größten und erfolgreichsten privaten Kooperationsmodelle im Bildungsbereich. Bereits im ersten Jahr der Programmtätigkeit schlossen sich weitere Partner der Initiative an, sodass der Studienkompass jedes Jahr in weiteren Regionen Jugendliche ins Programm aufnehmen konnte. Mit dem großen Wachstum und der Ausweitung der Arbeit auf immer mehr Regionen deutschlandweit wurde auch das Thema „Bildungschancen von Erstakademikern" auf die Agenda gehoben und eine größere gesellschaftliche Aufmerksamkeit erreicht. Die Medienresonanz ist seit Programmbeginn überdurchschnittlich hoch. Für seine Kommunikationsarbeit wurde das Programm 2011 mit dem Kompass, dem Preis für gute Stiftungsarbeit des Bundesverbandes Deutscher Stiftungen ausgezeichnet. Auf der Grundlage dieser Erfolge ist das Thema vielfach im Gespräch und die Zielgruppe deutlich mehr in den Fokus gerückt – in der Bildungspolitik, aber auch bei anderen Initiativen und Programmen (Hinz 2011).

Das Kooperationsmodell des Studienkompasses bietet aufgrund seiner beteiligungsoffenen Grundstruktur besondere Vorteile und Chancen. Durch die gemeinschaftliche Gründung und Steuerung des Studienkompasses hat sich von Anfang an eine ausgeprägte Kultur der Kooperation und des Vertrauens der handelnden Partner entwickelt. Auf dieser Grundlage und unter Nutzung gemeinsamer Beschlusswege ist es dem Förderprogramm gelungen, seine Ziele für bessere Bildungschancen von Nichtakademikern in vollem Umfang zu erreichen. Gleichzeitig konnten dabei auch alle Initiativpartner ihre besonderen strategischen Zielsetzungen einbringen. Insbesondere die Tätigkeit von Volunteers ist hierfür ein herausragendes Beispiel.

Durch den Charakter des Studienkompasses als gemeinschaftliche Initiative ist auch ein höherer Grad an Attraktivität für das Engagement weiterer Partner zu beobachten. Unternehmen, Stiftungen und Einzelpersönlichkeiten haben immer wieder betont, dass die Mitgliedschaft in einer breiten Allianz von philanthropischen Akteuren für sie eine attraktive Begründung für die Beteiligung darstellt. Hierbei können ebenfalls viele verschiedene Aspekte eine Gewichtung finden, sei es durch das erhöhte Renommee der beteiligten Partner oder durch die in Gremien abgesicherte Form der Qualitätssteuerung. Auch für die besondere Zielsetzung des Studienkompasses, sein Know-how in den Regelbetrieb an Schulen und Hochschulen zu transferieren, ist die Beteiligung vieler Partner aus unterschiedlichen gesellschaftlichen Lagern besonders wertvoll. Durch das Engagement einer Allianz aus Wirtschaft und Stiftungswelt mit der Unterstützung der Politik sowie wichtigen Stakeholdern werden deutlich verbesserte Aussichten für erfolgreiche Transferbemühungen gesichert.

Naturgemäß stellen die Bündelung und die Erfüllung verschiedener Erwartungen und Ziele von vielen beteiligten Partnern erhöhte Anforderungen an die Programmkoordination dar. Strategische Fortentwicklungen müssen so unter Berücksichtigung komplexer Abstimmungswege mehrerer Partner getroffen und umgesetzt werden. Hierfür bedarf es einer aktiven Kommunikationskultur unter den Beteiligten, die mit ausreichend Zeitressourcen ausgestattet sein muss. Grundlegend für eine erfolgreiche Arbeit ist in jedem Fall das Verständnis eines gemeinsamen Projekts und die damit verbundene Bereitschaft, Partikularinteressen gegebenenfalls zurückzustellen und den gemeinsamen Nutzen im Projekt zu priorisieren. Dies ist eine große Anforderung, auch vor dem Hintergrund der Tatsache, dass das Partnernetzwerk sich aus profitorientierten wie gemeinnützigen Akteuren zusammensetzt. Auf der Grundlage der gewachsenen Vertrauenskultur und durch Innovationen, Wachstum und Flexibilität gelingt dies in guter Weise, muss aber auch stets wieder erarbeitet und umgesetzt werden. Die Initiativpartner als Kernteam und die weiteren Partner arbeiten weiterhin vertrauensvoll zusammen. Im Jahr 2016 wurden bereits der zehnte Studienkompass-Jahrgang und gleichzeitig der 3000. Teilnehmer im Förderprogramm begrüßt. Die erfolgreiche Zusammenarbeit und die große Wirkung des Programms waren daher auch Auslöser, dass sich die Initiativpartner und weitere Förderer im Jahr 2015 frühzeitig für die Fortführung des Studienkompasses über den ursprünglich bis 2017 geplanten Programmhorizont hinaus entschieden haben.

Literatur

Hinz U (2011) Gut vorbereitet ins Studium! Good-Practice-Beispiele für Förderprogramme und Initiativen von Stiftungen und Hochschulen. In: Stiftung der Deutschen Wirtschaft (Hrsg) Bildungsgerechtigkeit ermöglichen! Argumente für eine rechtzeitige Studienorientierung von Jugendlichen. Murmann, Hamburg, S 65–79

HIS-Absolventenpanel (2014). Deutscher Bildungsbericht 2014. http://www.bildungsbericht.de/zeigen.html?seite=11123. Zugegriffen: 08. Feb. 2016

Kramer I (2015) Begabtenförderung: eine wichtige Investition in die Zukunft unserer Gesellschaft. In: Stiftung der Deutschen Wirtschaft (Hrsg) Begabtenförderung für die Generationen X und Y. Wie junge Menschen ihre Talente für sich und andere nutzen. Murmann, Hamburg, S 7–15

Middendorf E et al (2013) 20. Sozialerhebung des Deutschen Studentenwerks 2013. http://www.sozialerhebung.de/download/20/Soz20_05_Kap03.pdf. Zugegriffen: 08. Feb. 2016

Dr. Ulrich Hinz ist Vorsitzender der Bereichsleitung Schülerförderung und Leiter Kommunikation der Stiftung der Deutschen Wirtschaft (sdw). Seit 2006 leitet er dort zudem das Förderprogramm „Studienkompass", das eine Gemeinschaftsinitiative der sdw, der Accenture-Stiftung und der Deutsche Bank Stiftung ist. Von 2001 bis 2006 war er Projektleiter im Studienförderwerk Klaus Murmann der sdw. Von 1993 bis 1997 und von 1998 bis 2000 war er wissenschaftlicher Mitarbeiter der Westfälischen-Wilhelms-Universität Münster und der Berlin-Brandenburgischen Akademie der Wissenschaften. Ulrich Hinz studierte Geschichte, Romanistik und Philosophie in Münster und Berlin und ist Stiftungsmanager mit Abschluss der Deutschen Stiftungsakademie.

Meike Ullrich ist seit 2011 als Referentin bei der Stiftung der Deutschen Wirtschaft (sdw) zuständig für die Kommunikation des Studienkompass und seiner Transferprojekte. Sie schloss ihr Studium an der Otto-Friedrich-Universität Bamberg als Diplom-Politologin ab und war anschließend in einer Berliner Public Affairs und Public Relations Agentur für verschiedene Bundesministerien und Verbände tätig. Berufsbegleitend studiert sie mit den Schwerpunkten Corporate Social Responsibility und Innovationsmanagement im MBA-Studiengang „Sustainability Management" an der Leuphana Universität Lüneburg.

Die Bildungsinitiative business@school als Beispiel für Corporate Volunteering

Babette Claas und Bettina Bork

1 Historie

Im Jahre 1998 legten zwei Gymnasiallehrer zusammen mit Geschäftsführern der Strategieberatung The Boston Consulting Group (BCG) den Grundstein für business@school. Die Geburt der Bildungsinitiative erfolgte an den zwei Schulen dieser Lehrer: dem Thomas-Morus-Gymnasium Daun und dem Carl-Friedrich-Gauß-Gymnasium Hockenheim. Die grundsätzliche Idee hinter der Bildungsinitiative war der Wunsch, ein Projektjahr zu gestalten, in dem sich Schüler, Lehrer und externe Betreuer aus der Wirtschaft gemeinsam, mit großem Engagement und an der Praxis orientiert mit dem Thema Wirtschaft beschäftigen und durch vielfältige Perspektiven und Hintergründe voneinander lernen. Bis heute ist die Bildungsinitiative business@school diesem Prinzip treu geblieben. Externe Berater und Lehrer entwickeln das Programm gemeinsam stetig weiter, gestalten die Inhalte und stellen praktische Unterstützungsangebote zusammen. Diese kontinuierliche Fortentwicklung in engem Austausch bewährt sich besonders bei der Einbeziehung von Megatrends, wie z. B. der Digitalisierung, aber auch bei organisatorischen Themen, wie gemeinsamen Workshops von Betreuern und Lehrern, oder bei der Übernahme des Mentorings für Schüler des aktuellen Projektjahres durch die Vorjahresteilnehmer. Alle an business@school Beteiligten – Lehrer, Betreuer wie Schüler – betonen dabei gleichermaßen, wie sehr sie von der Begegnung mit unterschiedlichen Sichtweisen und Erfahrungen profitieren.

B. Claas (✉)
business@school – eine Initiative von THE BOSTON CONSULTING GROUP
Ludwigstraße 21, 80539 München, Deutschland
E-Mail: babette.claas@business-at-school.net

B. Bork
cb communication
Nixhütter Weg 20, 41468 Neuss, Deutschland
E-Mail: bb-cb-communication@gmx.de

S. Dreesbach-Bundy und B. Scheck (Hrsg.), *CSR und Corporate Volunteering*,
Management-Reihe Corporate Social Responsibility,
https://doi.org/10.1007/978-3-662-54092-3_14

2 Status quo

Inzwischen beteiligen sich jährlich rund 1500 Schüler an 90 Schulen in Deutschland, Österreich, Italien, der Schweiz und den USA an business@school. Sie werden von rund 300 Lehrern und 500 Betreuern von BCG sowie mehr als 20 Partnerunternehmen unterstützt, die sich bürgerschaftlich vor Ort durch die Zusammenarbeit mit Schülern und Lehrern engagieren. Insgesamt haben an der Initiative bereits über 22.000 Schüler und rund 2900 Betreuer teilgenommen, von denen viele über mehrere Jahre hinweg aktiv sind.

BCG ist mit business@school Mitglied in verschiedenen regionalen und deutschlandweiten CSR-Netzwerken, wie z. B. dem Initiativkreis des Bundesministeriums für Wirtschaft und Technologie „Unternehmergeist in die Schulen" und der Stiftung Bildungspakt Bayern. business@school erhielt unter anderem den Ehrenamtspreis „KölnEngagiert 2011" der Stadt Köln.

3 Programminhalt von business@school

business@school vermittelt Schülern der gymnasialen Oberstufe ein Jahr lang realitätsnah Wirtschaftsthemen. In drei Projektphasen lernen Teams, die jeweils aus vier bis sechs Schülern bestehen, praxisorientiert die Grundlagen der Betriebswirtschaft kennen: in Phase I durch die Analyse eines Großunternehmens unter besonderer Berücksichtigung von Unternehmensstruktur, Markt und Wettbewerb, in Phase II durch Analyse eines Kleinunternehmens aus dem Umfeld der Schüler unter besonderer Berücksichtigung von Strategie und Positionierung. Höhepunkt und Abschluss des Projektjahres bildet Phase III, in der die Teams das Erlernte nutzen, um eine eigene Geschäftsidee einschließlich eines Businessplans zu entwickeln.

Die Ergebnisse jeder Phase stellen die Schülerteams bei schulinternen Veranstaltungen vor. Mit ihren Geschäftsideen treten sie zudem bei regionalen Wettbewerben an, deren Sieger sich für das große Deutschlandfinale qualifizieren. Dort zeichnet eine Fachjury aus namhaften Wirtschaftsvertretern die besten Geschäftsideen aus.

Neben der Gliederung des Projekts in drei Phasen sind es die engagierten Wirtschaftsvertreter vor Ort, die für Praxisnähe sorgen und damit das Einzigartige an business@school ausmachen.

4 Ziele

Die Schüler entwickeln Verständnis für Wirtschaftsfragen und eignen sich praxisnah wichtige Grundlagen der Betriebswirtschaft an. Sie lernen den Arbeitsalltag sowohl von Groß- als auch von mittelständischen und Kleinunternehmen kennen und verstehen, und sie trainieren unternehmerisches Denken und Handeln.

Im Zentrum von business@school steht jedoch die persönliche Entwicklung der Schüler. Durch die Projektarbeit im Team entwickeln und trainieren sie Schlüsselqualifikationen: Team- und Konfliktfähigkeit, Zeitmanagement, Organisation, Präsentationstechniken und andere. So werden die Schüler nicht nur auf das Leben nach der Schule vorbereitet; auch ihr Gründergeist wird geweckt. Durch die vielfältigen Erfahrungshintergründe und Erwartungen können Schüler, Lehrer und Betreuer über Generationen hinweg viel über- und voneinander lernen. Unternehmen geben in dem Bereich etwas an die Gesellschaft zurück, in dem sie die größte Expertise haben: Know-how zu wirtschaftlichen Themen.

5 Aufgaben von Lehrern und Betreuern

Die wichtigste Rolle bei business@school haben die betreuenden Lehrer inne. Sie organisieren die Abläufe an den Schulen, sie stellen die Projektphasen vor, wählen selbstbestimmt Unterrichtsmaterialien aus oder erstellen eigenständig Materialien und vermitteln die inhaltlichen Grundlagen im Unterricht.

Den Lehrern stehen als Coaches externe Betreuer von BCG sowie Partnerunternehmen aus unterschiedlichen Branchen (z. B. Logistik, Dienstleistungen, Energiewirtschaft) zur Seite. Dabei sind jeder Schule mehrere Betreuer zugeteilt. Als „Profis" kommt ihnen die Aufgabe zu, vermeintlich trockenes Fachwissen attraktiver zu machen, indem sie es durch Details und Hintergrundinformationen aus ihrem Arbeitsalltag mit Leben zu füllen. So geben die Coaches beispielsweise Tipps und Hilfestellungen zu Präsentationstechniken oder ermuntern die Schüler durch geschickte Fragestellungen zum Blick über den Tellerrand. Der Projektkoordinator des Partnerunternehmens wirbt engagierte Kollegen aus allen Leveln und Geschäftsbereichen an und ist gleichzeitig die Schnittstelle zum Projektbüro. Das business@school-Projektbüro bereitet Coaches und Lehrer mit gemeinsamen Workshops und ganzjähriger Betreuung auf die Zusammenarbeit und die gegenseitigen Erwartungen vor.

6 Herausforderungen gemeinsam meistern

Wirtschaft in drei Phasen zu veranschaulichen und sich grundlegende ökonomische Kenntnisse selbst zu erarbeiten – diese Ausgangsidee von business@school galt es zunächst durch Öffnung der Schulen unterrichtstauglich zu gestalten. Im Mittelpunkt standen dabei etwa die Fragen, welche konkreten Ziele erreicht werden sollten, welche Unterstützungsangebote Lehrer und Betreuer sich wünschten oder wie die veränderte Rolle der Lehrer in der Zusammenarbeit mit den Schülern konkret aussehen sollte.

Eine zum zehnjährigen Bestehen von business@school durchgeführte Evaluation des Projekts durch die Universität Augsburg (Reinmann 2009) konnte zeigen, dass gerade das gewandelte Selbstverständnis der Lehrer entscheidend zum Gelingen der Initiative beiträgt. Die Lehrer sehen sich in dem Bildungsprojekt nicht mehr als reine Inputgeber, sondern vielmehr als Projektleiter, Coaches und Motivatoren vor Ort, die unter anderem dafür sorgen, dass die Schüler mitarbeiten und auch in schwierigen Phasen durchhalten. Sie haben den Wert kooperativer Lehr- und Lernformen erkannt und schätzen insbesondere den Projektcharakter, der sich stark von der herkömmlichen Unterrichtsroutine abhebt. Aus Sicht der Lehrer ist aber auch das ergänzende Wissen der Coaches aus der Wirtschaft unabdingbare Voraussetzung für den Erfolg von business@school. Lehrer wie Schüler setzen hohe Erwartungen in die beteiligten Wirtschaftsprofis. Sie werden als Experten wahrgenommen, die Wirtschaftsthemen und -wissen authentisch verkörpern und denen in gewissem Sinne sogar eine Vorbildfunktion zukommt.

Für die Coaches ihrerseits ist die Rückkehr an die Schule und die Zusammenarbeit mit Schülern und Lehrern in einer offenen und gleichberechtigten Weise eine Herausforderung, insbesondere wenn es darum geht, hochkomplexe Themen leicht verständlich darzustellen. Die Betreuer müssen lernen, als Ideengeber und Motivatoren zu fungieren, ohne den Schülern vorzuschreiben, wie sie ihre Projekte angehen sollen.

Von den *Pilotschulen* konnten spätere Teilnehmer viel über die Umsetzung innerhalb der Schulen lernen. Ihre Vorreiterrolle, aber auch ihre Bereitschaft, die erworbenen Erfahrungen mit anderen Schulen zu teilen und in engem Austausch Themen gemeinsam weiterzuentwickeln, legten das Fundament für ein Netzwerk, das auf allen Ebenen der Schulen Unterstützung erfährt und das gemeinsame Projekt vorantreibt.

Von Beginn an ist business@school durch ein und in einem solchen Netzwerk entstanden. Dazu gehören sowohl die unmittelbar Projektbeteiligten als auch der Austausch mit anderen Initiativen und mit der Politik.

7 Was ist der Gewinn für die Projektbeteiligten?

Die *Schulen* erreichen eine dreifache Kompetenzerweiterung für ihre Schüler, die in jährlichen Befragungen bestätigt wird: Neben Wirtschaftswissen erwerben die Schüler – intensiver als im normalen Schulalltag – auch wertvolle Soft Skills. Ein ganzes Jahr lang arbeiten die Schülergruppen gemeinsam am Projekt und sehen sich mit allen damit verbundenen Frage- und Problemstellungen konfrontiert: Zeitmanagement, Informationsbeschaffung, Zuverlässigkeit, Präsentationstechniken, Gesprächsführung und Zusammenhalt als ein Team. Vergleicht man die Schülerteams in den drei Phasen miteinander, ist die Entwicklung signifikant.

Zudem werden Schüler wie Lehrer mit neuen Unterrichtsformen vertraut. Darüber hinaus schätzen Schulen an business@school insbesondere die langfristige Kooperation, durch die sie über einen jährlich wachsenden Erfahrungsschatz verfügen, ein Vertrauensverhältnis zu ihren Ansprechpartnern aufbauen können und Arbeitsabläufe und Inhalte nicht jährlich arbeitsintensiv neu strukturieren und erarbeiten müssen.

Auch aus pädagogisch-didaktischer Sicht ist die Beschäftigung mit dem Thema Wirtschaft über mehrere Monate hinweg sinnvoller als ein kurzes, einmaliges Projekt. Die über die Coaches geknüpften Kontakte in die Wirtschaft ermöglichen einen Erfahrungsaustausch, der weit über das eigentliche Projekt hinausgeht. Begeisterte Teilnehmer übernehmen im Folgejahr als Alumni die Rolle von Schülercoaches. So geben sie eigene Erfahrungen weiter und sorgen zusätzlich für Kontinuität. Zudem können die Schulen sich durch dieses Angebot gut positionieren.

Die *Unternehmen* sehen neben der positiven öffentlichen Wahrnehmung vor allem die persönliche Weiterentwicklung ihrer Mitarbeiter als Gewinn. Für die *Coaches* wiederum stellt die Beteiligung an business@school in erster Linie eine persönliche Bereicherung auf verschiedenen Feldern dar. So begeistert bereits der Ortswechsel an die Schulen. „Bei business@school kann ich in einem *neuen Umfeld arbeiten* und *andere Perspektiven* gewinnen" – solche und ähnliche Äußerungen hören wir immer wieder von den beteiligten Coaches. Der Austausch mit einer jungen Altersgruppe hat, wie ein anderer Betreuer formuliert, „Spaß gemacht und erweitert den eigenen Blickwinkel für neue Themen. Jede Gruppe ist anders, und man trainiert die eigenen didaktischen Fähigkeiten. Es ist immer spannend, sich mit Wirtschaftsfremden einem Geschäftsplan zu nähern." Sonst an den Umgang mit Führungskräften auf Expertenebene gewöhnt, müssen die Coaches an den Schulen komplexes Wissen so einfach und verständlich vermitteln, dass Wirtschaftsneulinge es verstehen: „Es ist eine *spannende Abwechslung zur sonstigen Arbeit*, in Diskussionen mit den Schülern das eigene Fachwissen zu reflektieren." Gleichzeitig betonen die Coaches aber auch immer wieder, wie sehr sie ihrerseits von den Schülern profitieren: „Die Kreativität und die Wissbegierde der Teams überzeugen mich jedes Jahr erneut, an dem Wettbewerb als Betreuer teilzunehmen." Die Erfahrungen, die sie durch ihr Engagement bei business@school machen, helfen den Coaches – das zeigen entsprechende Umfragen und Feedbacks – in ihrem eigenen Arbeitsalltag.[1]

8 Was bedeutet es, Vordenker zu sein/die Kooperation zu leiten?

Für BCG als Initiator der Bildungsinitiative gilt es eine Fülle von Aufgaben zu bewältigen: Zunächst waren die notwendigen *Rahmenbedingungen* zu schaffen, die nun laufend auf dem neuesten Stand zu halten sind. Vor Projektbeginn bedurfte es einer klaren Definition der Ziele, der Programminhalte und der praktischen Durchführung sowie der jeweiligen Aufgaben, Rechte und Pflichten aller Beteiligten. Für einen reibungslosen Ablauf müssen umfangreiche Strukturen geschaffen, Projektmaterialien erarbeitet und bereitgestellt werden. Vorträge und Seminare zum Projekt sind zu organisieren, die Website, die allen Beteiligten als geschlossene Arbeitsplattform dient, ist beständig zu aktualisieren und zu erweitern. Wichtige aktuelle Tendenzen und Strömungen werden aufgegriffen, um das Programm kontinuierlich weiterzuentwickeln. So werden jetzt zum Beispiel Präsentationen zu Wirtschaftsthemen durch Videotutorials ersetzt und mit dem Videoblogger Economics ein digitales Zusatzangebot geschaffen (www.videoblogger-economics.net).

[1] Antworten der business@school-Coaches zum Ende des Projektjahres auf die Frage, was ihnen die Betreuertätigkeit bei business@school gebracht habe.

Der „Lead“ bedeutet zudem, für das gesamte *Programmhandling* verantwortlich zu sein. Das Projektbüro im BCG-Büro München ist Anlaufstelle für Schüler, Lehrer, Schulen, Betreuer und Partnerunternehmen, es koordiniert ihre Bedürfnisse, stimmt Verantwortlichkeiten und Aufgaben aufeinander ab. Zudem sorgt es dafür, dass jede Schule von mehreren Coaches betreut wird. Dabei gilt es, einerseits die gegenseitigen Erwartungshaltungen zu respektieren und nach Möglichkeit zu integrieren, andererseits aber auch die festgelegten Spielregeln (z. B. die Teilnahmebedingungen für die Schüler oder die Verpflichtung der Partnerunternehmen, keine Werbung und kein Recruiting zu betreiben) durchzusetzen. Darüber hinaus steuert das Projektbüro die *Kommunikation* nach außen und betreibt aktive Pressearbeit in verschiedenen Kanälen (Online, Social Media, PR).

Neben umsichtiger Organisation ist dabei auch *langfristige Vorausplanung* erforderlich. Der Bewerbungsprozess für Schulen hat fast ein Jahr Vorlauf. Dies ist nur bei einem auf lange Sicht angelegten Projekt möglich.

9 Beteiligte Unternehmen neben The Boston Consulting Group im Schuljahr 2016/2017

Abbott GmbH & Co. KG, Baden-Württembergische Bank, Bayerische Landesbank, BCG Digital Ventures, Commerzbank AG, Deutsche Kreditbank AG, Deutsche Lufthansa Group, Deutsche Post DHL Group, E.DIS AG, Evonik Industries AG, Ford-Werke GmbH, Generali Deutschland Gruppe, KfW Bankengruppe, Merck KGaA, Nestlé Deutschland AG, nkt cables GmbH, ORACLE Deutschland B. V. & Co. KG, Otto Group, PAUL HARTMANN AG, ProSiebenSat.1 Media SE, REWE Group, SIGNAL IDUNA Gruppe, Viessmann Werke GmbH & Co. KG, Voith GmbH, WHU – Otto Beisheim School of Management, ZF Friedrichshafen AG und Zurich Gruppe Deutschland.

10 Handlungsempfehlungen – oder: Wie finde ich die richtige Initiative für mein Unternehmen?

Bevor Sie sich für die Beteiligung an der Initiative eines anderen Unternehmens entscheiden oder gar eine eigene Initiative gründen, sind eine Reihe grundlegender Fragen zu klären:

- Welche Ziele verfolgt Ihr Unternehmen?
- Rahmenbedingungen: Wie viel Geld und Personal stehen innerhalb welchen Zeitrahmens zur Verfügung?
- Was ist der richtige Weg für Sie: eine Kooperation oder eine eigene Initiative?
- Wer ist wofür zuständig? Welche Regeln sollen gelten? Ist Transparenz gewährleistet?

11 Ziele

- In welchem gesellschaftlichen Bereich wollen Sie sich engagieren?
- Wer soll die Zielgruppe sein?
- Woher kommt die Motivation, und warum engagiert sich Ihr Unternehmen?
- Was ist die Mission (Thickett 2012)?
- Was genau möchten Sie für Ihr Unternehmen bzw. für die Gesellschaft erreichen?
- Welche Art des Corporate Volunteering ist angedacht (Aktiv-, Begegnungs- oder Kompetenzprojekte)?
- Wodurch unterscheidet sich Ihre Initiative von anderen?

12 Rahmenbedingungen

- Welches Einsatzgebiet ist vorgesehen (lokal, regional, international)?
- Welche Stärken besitzen Ihr Unternehmen und Ihre Mitarbeiter, von denen die Gesellschaft profitieren kann?
- Was sind die Interessen Ihrer Mitarbeiter? (Durch Umfrage untermauern.)
- Bietet die Initiative allen Mitarbeitern Beteiligungsmöglichkeiten?
- Welchen Beitrag werden Sie oder auch andere Unternehmen einbringen? (Zum Beispiel Finanzmittel: reines Sponsoring, Geldspende, geschäftliche Partnerschaft? Inhaltliche Weiterentwicklung, Personal, Zeit, Know-how, Wissen/Erfahrungen, Mentoring, Dienstleistungen, Kontakte/Netzwerke, Ansehen des eigenen Unternehmens?)
- Welcher Zeitrahmen ist für das notwendige Engagement angesetzt (z. B. einmalig oder kontinuierlich, täglich/wöchentlich/monatlich)? Über welchen Zeitraum? Gibt es fest vorgegebene Termine etc.?
- Welche Personen aus der Unternehmensleitung unterstützen das Projekt?
- Wer ist alles an Ihrem Projekt beteiligt (unter anderem welche Ebenen und Regionen in Ihrem Unternehmen)?
- Wer ist für den Erfolg des Projekts verantwortlich (Accountability)?
- Welche Voraussetzungen sind im Unternehmen gegeben? (Welches Budget steht zur Verfügung? Erfolgt das Engagement der Mitarbeiter ehrenamtlich/bürgerschaftlich oder in der Arbeitszeit?)
- Wird das Corporate Volunteering glaubhaft und nachhaltig in Ihr Unternehmen integriert?

13 Kooperation

- Bei welchem Thema engagieren Sie sich bereits? Lässt sich hier eine Kooperation aufsatteln?

- Mit wem wollen Sie bei diesem Thema zusammenarbeiten (z. B. Bildung und Schulen, Umwelt und NGOs, Gemeinwesen)?
- Soll das Engagement/Sponsoring durch ein oder mehrere Unternehmen erfolgen?
- Wer könnte ein möglicher Kooperationspartner sein?
- Wo besteht vor Ort besonderer Bedarf?
- Wer ist bereits vor Ort aktiv?

14 Zuständigkeiten

- Wird es ein zentrales Projektbüro/eine Koordinierungsstelle geben, das/die sich unter anderem um die Organisation – ggf. um Materialien und Schulungen – sowie die PR- und Öffentlichkeitsarbeit kümmert?
- Benötigen Sie Ressourcen (Teil- oder Vollzeit) für die Koordination?
- Was brauchen Sie (operativ) für den Start? (Zum Beispiel bestimmte Anzahl von Freiwilligen? Müssen diese geschult werden? Sind hierfür Schulungsmaterialien notwendig? Wo finden die Schulungen statt?)
- Woran messen Sie den Erfolg?
- Welche rechtlichen Absicherungen und Versicherungen sind notwendig (z. B. Fotofreigaben oder Versicherungen bei Veranstaltungen oder beim Engagement vor Ort)?
- Planen Sie eine wissenschaftliche Evaluation?
- Soll es zur inhaltlichen Weiterentwicklung einen Beirat geben und, wenn ja, wer soll darin vertreten sein?

Literatur

Reinmann G (2009) 10 Jahre business@school – eine Initiative von The Boston Consulting Group. Eine Evaluationsstudie zu Chancen und Potenzialen der Zusammenarbeit zwischen Wirtschaft und Schule. Leitung Prof. Dr. Gabi Reinmann. Universität Augsburg, Philosophisch-Sozialwissenschaftliche Fakultät, Institut für Medien und Bildungstechnologie (imb)/Medienpädagogik, Augsburg

Thickett B (2012) Designing corporate volunteer programs to create value. https://www.bcgperspectives.com/content/articles/corporate_social_responsibility_community_economic_development_designing_corporate_volunteer_programs/. Zugegriffen: 20. Mai 2017

Dr. Babette Claas leitet seit 1999 das Projektbüro von business@school, der Bildungsinitiative von The Boston Consulting Group, an der jährlich 1500 Schüler teilnehmen und Wirtschaftsthemen, Unternehmen, Unternehmertum und Gründerwissen praxisnah erleben. Seit 2017 ist sie zudem für den neuen Wettbewerb Videoblogger Economics verantwortlich. In der Zusammenarbeit mit Schulen sowie Partnern in Wirtschaft und Politik wird business@school kontinuierlich weiterentwickelt.

Zuvor hat Babette Claas umfangreiche Erfahrungen im Bildungsbereich sammeln können. Sie war über lange Jahre freie Mitarbeiterin einer politischen Stiftung und als Referentin in der politischen Jugendbildung tätig. 1999 beendete sie ihr Promotionsstudium im Fach Politische Wissenschaft an der Ludwig-Maximilians-Universität in München.

Bettina Bork arbeitet seit über 20 Jahren erfolgreich in der Medienbranche – zunächst als Redakteurin für Print und Hörfunk, dann als Projektmanagerin bei Agenturen mit Schwerpunkt Unternehmenskommunikation für große internationale Kunden. In dieser Zeit wirkte sie unter anderem an einer Studie des Bundesministeriums für Wirtschaft und Technologie zum Thema Business-TV mit. Bereits während ihres Studiums der Geisteswissenschaften in Heidelberg und München entdeckte sie ihre Begeisterung für Bildungsthemen, denen sie sich seit fünf Jahren verstärkt widmet. Bettina Bork begleitet schulische Pilotprojekte von Bildungsinitiativen und unterstützt seit 2014 business@school bei der Weiterentwicklung der Kommunikationsarbeit und des Außenauftritts.

Akteure im Corporate Volunteering – Kooperationspartner

Internationale Freiwilligeneinsätze: Wirkungen und Win-Win von Gruppenmaßnahmen am Beispiel des Corporate Volunteering mit Habitat for Humanity

Sandra Schöneborn

1 Einleitung

Dieser Beitrag stellt das Corporate Volunteering- (CV-)Angebot von Habitat for Humanity vor, einer internationalen, christlichen Hilfsorganisation mit Projekten und Büros in mehr als 70 Ländern. Ein Büro davon ist in Deutschland (www.hfhd.de). Das Herzstück dieses Angebots ist das internationale Freiwilligenprogramm: Habitat for Humanity ermöglicht interessierten Unternehmen, ihre Mitarbeiter für ein gemeinnütziges Projekt in einem von fast 40 Projektländern einzusetzen, um zusammen mit den begünstigten Familien Häuser zu bauen oder zu renovieren. Dieses Freiwilligenprogramm wird mit Blick auf seine Ausgestaltung, seine Wirkungen und einen Win-Win analysiert.

Die Analyse erfolgt dabei mit Bezugnahme auf die Veröffentlichung *Theorie und Empirie des Corporate Volunteering aus deutscher Perspektive* (Schöneborn 2016), die wiederum auf der Dissertation der Autorin basiert. In dieser Veröffentlichung wird ein Überblick über die empirisch belegten Wirkungen unterschiedlicher CV-Maßnahmen gegeben und darauf aufbauend die Nutzen- und die Win-Win-Logik des CV nach derzeitigem Stand der empirischen Forschung für eine Anwendung in Deutschland überprüft.

Im Folgenden werden zuerst die Organisation Habitat for Humanity und das Freiwilligenprogramm differenziert vorgestellt. Im Anschluss wird überprüft, welche Wirkungen mit diesem Programm in Verbindung gebracht werden können. Dafür werden zum einen Ergebnisse aus den Evaluationen der Hilfsorganisation dargelegt, zum anderen werden Bezugspunkte zwischen den empirisch belegten Wirkungen ähnlicher CV-Maßnahmen und dem CV-Angebot von Habitat for Humanity hergestellt. Dafür wird das Freiwil-

S. Schöneborn (✉)
Unternehmenskooperationen / Corporate Partnerships, Habitat for Humanity Deutschland e.V.
Auf dem Berlich 30, 50667 Köln, Deutschland
E-Mail: sandraschoeneborn@hfhd.de

S. Dreesbach-Bundy und B. Scheck (Hrsg.), *CSR und Corporate Volunteering*,
Management-Reihe Corporate Social Responsibility,
https://doi.org/10.1007/978-3-662-54092-3_15

ligenprogramm innerhalb der Systematisierung der verschiedenen CV-Maßnahmen aus Schöneborn (2016) platziert.[1]

Abschließend wird hinterfragt, inwieweit das Freiwilligenprogramm von Habitat for Humanity eine Win-Win-Situation ermöglicht. Hierfür bedarf es beim Social Case nicht nur eines Mehrwerts auf der Organisationsebene wie beim Business Case, sondern es bedarf eines Mehrwerts auf Systemebene. Was das genau bedeutet, wird später erläutert. Der „Triple-Win", also der Win-Win-Win, wird in diesem Beitrag als solcher nicht thematisiert, da er als trilaterales Konstrukt den konzeptionellen Merkmalen eines Win-Win widerspricht (vgl. Schöneborn 2016, S. 143 f.). Stattdessen werden die Wirkungen beim Mitarbeiter und beispielsweise auch die bei der NPO dem Unternehmen und dem Gemeinwohl als Ganzes zugeordnet, um die Win-Win-Logik definitionskonform anzuwenden.

2 Corporate Social Responsibility mit Habitat for Humanity – ein Zuhause für Familien schaffen[2]

Gemeinsam mit Freiwilligen baut Habitat for Humanity seit Gründung in den USA im Jahr 1976 bescheidene und finanzierbare Häuser für Menschen weltweit. Die Vision ist, dass alle Menschen, unabhängig von Herkunft, Religion und Nationalität, ein würdiges Zuhause haben. Denn schlimme Wohnverhältnisse sind sowohl Ursache als auch Folge von Armut. Die Wohnsituation der Menschen nimmt daher eine Schlüsselposition im Kreislauf der Armut ein. Ihre Verbesserung trägt zur Erfüllung der Sustainable Development Goals der UN (SDGs) wesentlich bei, deren Intention es ist, innerhalb der nächsten 15 Jahre Armut zu beenden, den Planeten zu bewahren und Wohlstand für alle sicherzustellen (www.un.org/sustainabledevelopment/sustainable-development-goals). Zu den 17 SDGs gehören beispielsweise saubere Wasser- und Sanitärversorgung, bezahlbare und nachhaltige Energie, kein Hunger, keine Armut, hochwertige Bildung sowie nachhaltige Städte und Siedlungen.

Durch Hausbau, Renovierungs-, Nachrüstungs- sowie Instandhaltungsarbeiten ermöglicht Habitat for Humanity Familien und besonders hilfsbedürftigen Menschen wie Waisen, Witwen, Älteren und schwer Erkrankten ein eigenes Zuhause. Darüber hinaus ist die

[1] In Schöneborn (2016) wird eine eigene Systematisierung der verschiedenen CV-Maßnahmen vorgestellt, die in der Fachliteratur des deutschsprachigen Raumes sehr uneinheitlich auftreten. Diese Systematisierung setzt sich aus neun CV-Formen zusammen, von denen sich die meisten noch in unterschiedliche Ausprägungen aufgliedern. So gliedern sich beispielsweise die CV-Form „Individuelles Entwicklungsprojekt" in die Ausprägungen „100-Stunden-Projekt", „Sozialausbildung", „Sozialpraktikum" und „Personaltausch" auf und die CV-Form „Aktionstag" beispielsweise in die Ausprägungen „Aktionstag eines Unternehmens" und „städtischer Freiwilligentag" (vgl. Schöneborn 2016, S. 101 ff., 301).

[2] Die folgende Beschreibung von Habitat for Humanity entstammt primär dem aktuellen Geschäftsbericht (vgl. Habitat for Humanity Deutschland e. V. 2015, S. 9 ff., 16), der auch unter https://www.hfhd.de/fileadmin/redaktion/PDF_Dateien/HFHD_Geschaeftsbericht_2015.pdf im Internet abrufbar ist.

internationale Hilfsorganisation mit langjähriger Erfahrung in der Katastrophenvorsorge und -hilfe tätig und engagiert sich im nachhaltigen Wiederaufbau. In jedem Projektland ist Habitat for Humanity seit vielen Jahren vor Ort und schafft gemeinsam mit den hilfsbedürftigen Familien, lokalen Partnern und Behörden nachhaltige Verbesserungen der Lebensumstände. Die Unterstützung erfolgt immer nach dem Prinzip der Selbsthilfe, Selbstbestimmung und Eigenverantwortung. Zusätzlich engagiert sich Habitat for Humanity als Fürsprecher in Politik und Gesellschaft und arbeitet eng mit anderen Organisationen zusammen, um unterschiedliche Expertisen einzubringen.

Die „Hilfe zur Selbsthilfe" erstreckt sich auf Bereiche, die das Wohnumfeld der Menschen unmittelbar und erheblich beeinflussen. So werden je nach Projekt und Bedarf beispielsweise Beratungen und Schulungen zu Themen wie Hygiene, Malariaschutz, Landrechte, Frauen- und Kinderrechte sowie Ausbildungen in handwerklichen Tätigkeiten angeboten.[3] Die begünstigten Familien werden in die Projektplanungen eingebunden und erarbeiten so ihr Eigentum. Langfristige, gering verzinste Mikrokredite ermöglichen auch Familien mit geringem Einkommen, ihr Haus zu finanzieren. Alle Kreditrückzahlungen fließen in einen revolvierenden Fonds, aus dem fortlaufend in neue Projekte investiert wird. Ausgeschlossen von Rückzahlungen sind besonders hilfsbedürftige Gruppen, wie zum Beispiel Waisenkinder oder von Naturkatastrophen betroffene Menschen.

2.1 Global Village – Das internationale Freiwilligenprogramm von Habitat for Humanity

Abgesehen von einer rein finanziellen Projektunterstützung, von Sachspenden, von einzelnen Pro-bono-Dienstleistungen oder von der Weitergabe fachlichen Know-hows in Form von spezifischen Trainings bietet Habitat for Humanity sowohl Großunternehmen als auch kleinen und mittelständischen Unternehmen die Möglichkeit, sich im Rahmen eines Freiwilligeneinsatzes mit Mitarbeiterteams in einem Hilfsprojekt in einem von fast 40 Projektländern zu engagieren. Zusammen mit den begünstigten Familien und unter fachmännischer Anleitung bauen bzw. renovieren die Mitarbeiter im Rahmen dieser CV-Maßnahme Häuser, um die Baukosten gering zu halten. Dafür werden sie von Habitat for Humanity professionell vorbereitet. Auch die Betreuung vor Ort ist organisiert. Baukenntnisse sind nicht erforderlich.

Die Teamgröße beträgt 8–30 Personen, im Normalfall rund 20 Personen. Die Einsatzdauer variiert zwischen 3 und 14 Tagen, im Normalfall beträgt sie rund eine Woche. Die Einsatzdauer hängt unter anderem davon ab, ob Mitarbeiter in ein Projektland entsandt werden, beispielsweise von Deutschland nach Vietnam, oder ob eine lokale Hilfsaktion stattfindet, so zum Beispiel der Einsatz von Mitarbeitern einer Auslandsniederlassung im

[3] Neben dem Hausbau, der Renovierung und Instandhaltung beinhalten die Projekte somit auch die Themen WASH (Wasser, Sanitär & Hygiene), Bildung & Einkommen, Gesundheit, Energieeffizienz und andere.

gleichen Land. Mischformen sind möglich. Genauso kann das Team aus unterschiedlichen Altersgruppen, aus Mitarbeitern unterschiedlicher Abteilungen oder von unterschiedlichen Standorten bestehen oder sich aus festen Abteilungen eines Unternehmens respektive aus der Gesamtbelegschaft zusammensetzen, Letzteres dann, wenn es sich um ein kleines Unternehmen handelt. Es können auch Kunden oder Geschäftspartner involviert sein. Der Zusammensetzung sind keine Grenzen gesetzt.[4]

Mit dem CV-Einsatz verbunden ist immer eine Geldspende des Unternehmens an Habitat for Humanity sowie die Übernahme der Reisekosten. Die Geldspende trägt dazu bei, die Baukosten zu finanzieren sowie den organisatorischen Aufwand vonseiten Habitat for Humanity auszugleichen.

Seit ihrer Gründung hat die Hilfsorganisation bisher mehr als 1 Mio. Häuser gebaut und mehr als 6 Mio. Menschen geholfen.

3 Die Wirkungen des Freiwilligenprogramms auf dem Prüfstand

In diesem Abschnitt wird der Frage nachgegangen, welche Wirkungen mit dem Freiwilligenprogramm in Verbindung gebracht werden können. Unter einer Wirkung wird dabei die „... durch eine verursachende Kraft bewirkte Veränderung, Beeinflussung, bewirktes Ergebnis ..." (Dudenredaktion 2003, S. 1821) verstanden.

Die Analyse bezieht sich auf Unternehmen aus Deutschland. Zudem werden die Normalgröße der Gruppe und die normale Dauer des Einsatzes als Referenzwert genutzt.

Viele der Freiwilligeneinsätze von Unternehmen sind im Anschluss von Habitat for Humanity-Mitarbeitern (ebenfalls aus Deutschland) evaluiert worden. Seit 2009 findet eine Fragebogenbefragung der Teilnehmer im Anschluss an ihren Einsatz statt. Der Fragebogen setzt sich aus geschlossenen und offenen Fragen zusammen. Veränderungen über die Jahre im Befragungsdesign führen zu stetigen Verbesserungen. Der Bogen besteht allerdings vorwiegend aus Fragen zur Organisation des Einsatzes, zur Logistik, zur Sicherheit und zu den Teamleitern, also aus Fragen, aus denen direkt Verbesserungen abgeleitet werden können. Fragen zu den Wirkungen dieser CV-Maßnahme, wie sie in der Fachliteratur thematisiert werden, sind dagegen unterrepräsentiert. Die Ergebnisse mit Bezug zu den Wirkungen dieser CV-Maßnahme werden im Folgenden vorgestellt. Es handelt sich zwar nicht um Evaluationen, die von einer wissenschaftlichen Einrichtung durchgeführt werden, nichtsdestotrotz ist das Vorhandensein einer stetigen und so systematischen Evaluation vonseiten Habitat for Humanity sehr bemerkenswert.

[4] Weitere mögliche CV-Einsätze mit Habitat for Humanity sind die Teilnahme an sogenannten *Big Builds* oder die Teilnahme an sogenannten *Special Builds*, bei denen besondere Zielgruppen oder besonders viele Teilnehmer aus der ganzen Welt in festgelegten Wochen im Jahr in ausgewählten Projektländern Häuser bauen, beispielsweise in Nepal oder in Südafrika. Zudem organisiert die Hilfsorganisation zuweilen für Unternehmenspartner lokale Freiwilligentage in Deutschland, dann allerdings in Verbindung mit einer Spende für eines seiner internationalen Projekte.

So ist die Zufriedenheit mit der Maßnahme insgesamt bei allen durchgeführten Befragungen extrem hoch. Bei einer vier- bis fünfstufigen Likert-Skala[5] erreicht die Aussage „Excellent" immer mindestens 85 %, die Aussagen „Excellent" und „Good" erreichen zusammen nahezu immer 100 %. Auch die kulturelle Erfahrung wird fast ausnahmslos mit exzellent oder gut bewertet.

Zur Teamarbeit gibt es nur in einem der älteren Fragebögen eine geschlossene Frage. Diese wird immer mit exzellent oder gut beantwortet mit extremer Häufigkeit beim höchsten Wert. Im aktuellen Fragebogen finden sich Angaben zur Teamarbeit in der folgenden offenen Frage: „What part of the experience had the biggest impact on you?" Von zehn Antworten thematisieren vier die Teamarbeit, der Rest fast ausschließlich die Hilfe und Dankbarkeit der bedürftigen Familien. Ein Teilnehmer der letzten Befragung erfreut sich besonders daran, das Haus mit seinen eigenen Händen gebaut zu haben.

Die Intention zur Wiederholung dieses Freiwilligeneinsatzes liegt in der letzten Befragung (die einzige, bei der diese und die folgende Frage involviert sind) bei 79 %, die Intention, positiv über Habitat for Humanity zu berichten, bei 94 %. Diesen Werten etwas entgegenstehend ist das Ergebnis, dass der Freiwilligeneinsatz bei rund der Hälfte der Teilnehmer zur Intention führt, eine (regelmäßige) Spende an Habitat for Humanity zu leisten. Allerdings können auch diese gut 50 % als ein Gewinn interpretiert werden. Wichtig ist, dass hier nach der Absicht gefragt wird und nicht nach der konkreten Handlung.

Es gibt sogar „Wiederholungstäter" bei den Teilnehmern, also Mitarbeiter, die ein weiteres Mal an dieser CV-Maßnahme teilnehmen. Genauso gibt es diverse Unternehmenspartner, die regelmäßig oder in gewissen zeitlichen Abständen wiederkehrend Freiwilligeneinsätze zusammen mit Habitat for Humanity gestalten. Die Möglichkeit, über die gemachte Erfahrung im Fragebogen in einem Satz zu berichten, wird von den Teilnehmern dazu genutzt, über Stolz, etwas bewegt zu haben, über ein wahnsinnig tolles Projekt, über emotionale Bewegtheit, über eine sehr intensive und sensibilisierende Erfahrung sowie über „eines der größten Abenteuer des eigenen Lebens" zu berichten. Das eigene Anpacken und das Wissen, wo das Geld hingegangen ist, sind ebenfalls hervorzuhebende Bemerkungen. Manche Aussagen werden sogar 6–24 Monate nach dem Freiwilligeneinsatz getätigt, was Hinweise auf die Intensität des Erlebnisses gibt.

Die Wirkungen, die Habitat for Humanity Deutschland mit dieser CV-Maßnahme offiziell – also in ihrem Geschäftsbericht – in Zusammenhang bringt, stehen grundsätzlich im Einklang mit diesen Evaluationsergebnissen. So werden das aktive Helfen, die interkulturelle Erfahrung, die Sinnstiftung, die Team-Building-Prozesse, die Motivation, die Erfahrung eines einmaligen Erlebnisses, die Generierung eines nachhaltigen Ergebnisses sowie die Verringerung der Baukosten für die hilfsbedürftigen Familien thematisiert (vgl. Habitat for Humanity Deutschland e. V. 2015, S. 11, 16).

Habitat for Humanity will durch die Freiwilligeneinsätze ein Bewusstsein bei den Teilnehmern für menschenwürdiges Wohnen weltweit erzeugen und durch vermehrte Für-

---

[5] Die Antwortmöglichkeiten sind „Excellent", „Good", „Fair" und „Poor", in den älteren Fragebögen noch ergänzt um die Möglichkeit „N/A".

sprache aktiv in die Gesellschaft hineinwirken (vgl. Habitat for Humanity Deutschland e. V. 2015, S. 10).

Bis zu diesem Punkt wurde ausschließlich das Freiwilligenprogramm von Habitat for Humanity betrachtet. Nun erfolgt eine Verknüpfung des Freiwilligenprogramms mit Ergebnissen aus Schöneborn (2016). So werden im Folgenden die empirisch belegten Wirkungen der CV-Maßnahme aus der Forschungsarbeit der Autorin vorgestellt, die am meisten Ähnlichkeit mit dem Freiwilligenprogramm von Habitat for Humanity aufweist. Das Ziel ist, die Wirkungen aus den Evaluationen der Hilfsorganisation zu bekräftigen und sie auch noch einmal aus einem etwas anderen Blickwinkel zu betrachten. Denn die empirischen Studien, denen die Ergebnisse aus Schöneborn (2016) zugrunde liegen, sind sehr kritisch geprüft und anhand verschiedener Kriterien mit Blick auf die Aussagekraft der Wirkungen evaluiert worden. Dabei ist festzuhalten, dass eine unmittelbare Übertragung dieser empirisch belegten Wirkungen auf das Freiwilligenprogramm von Habitat for Humanity nicht möglich ist.

So ist zuerst zu prüfen, welcher CV-Form oder Ausprägung einer CV-Form aus der Systematisierung aus Schöneborn (2016) das hier vorliegende Freiwilligenprogramm zuzuordnen ist. Zur Auswahl stehen die CV-Formen „Unterstützung und Anerkennung des gemeinnützigen Engagements der Mitarbeiter“, „Aktionstag“, „Teamprojekt“, „Mentoring“, „Individuelles Entwicklungsprojekt“, „Teamentwicklungsprojekt“, „Secondment“, „Pro-bono-Dienstleistung“, „Wirtschaft im Vorstand“ und ihre jeweiligen Ausprägungen (vgl. Schöneborn 2016, S. 301).

Bei Betrachtung dieser Systematisierung wird ersichtlich, dass das Freiwilligenprogramm von Habitat for Humanity keiner dieser CV-Maßnahmen einwandfrei zugeordnet werden kann. Stattdessen handelt es sich um eine Mischung aus dem Teamentwicklungsprojekt, dem Teamprojekt und dem Aktionstag.

Allen gemein ist, dass sie Gruppenmaßnahmen sind. Vom Aktionstag unterscheiden sich die Freiwilligeneinsätze von Habitat for Humanity jedoch durch die längere Dauer, die einen Tag übersteigt. Auch die Teilnehmerzahl entspricht nicht der Gesamtbelegschaft oder dem Großteil der Belegschaft. Dafür ist eine besondere Nähe zu den Aufgabenfeldern festzustellen, die beim Aktionstag ebenfalls im physischen Bereich ohne konkreten Bezug zur normalen Tätigkeit des Mitarbeiters liegen.[6]

Vom Teamentwicklungsprojekt unterscheiden sich die Freiwilligeneinsätze durch die differierende Zusammensetzung. Denn beim Freiwilligeneinsatz setzt sich die Gruppe im Normalfall nicht aus einer bereits bestehenden Arbeitsgruppe oder aus einem zukünftigen Team zusammen, auch wenn diese Möglichkeit besteht. Aber die normale Gruppengröße von 20 Personen übersteigt häufig die Teamgröße am Arbeitsplatz. Eine Ähnlichkeit besteht jedoch bei dem Ziel der Erweiterung der Teamkompetenzen bzw. bei dem Fokus auf der Teambildung und somit bei der Kategorisierung des Einsatzes als Bildungsmaß-

[6] Für die Merkmale eines Aktionstages vgl. im Detail Schöneborn (2016, S. 110 f.), für die eines Teamentwicklungsprojektes Schöneborn (2016, S. 117) und für die eines Teamprojektes Schöneborn (2016, S. 209, 264 f.).

nahme. Dies muss zwar nicht für jedes teilnehmende Unternehmen zutreffen, aber die Erfahrung bei Habitat for Humanity belegt einen häufigen Fokus auf der Erweiterung der Teamkompetenzen. Das Ziel der Kompetenzerweiterung im Projektmanagement, wie es beim Teamentwicklungsprojekt der Fall ist, entfällt hier jedoch, auch wenn vorbereitende Trainings zumindest für den Teamleiter der Gruppe üblich sind. Zudem wird der Einsatz von den Teilnehmern nicht im Detail vor- und nachbereitet, denn diese Aufgabe obliegt Habitat for Humanity.

Mit dem Teamprojekt weist das Freiwilligenprogramm die größte Ähnlichkeit auf. Denn auch der Freiwilligeneinsatz ist länger als ein Aktionstag, der Teilnehmerkreis ist kleiner als die Gesamtbelegschaft (außer es handelt sich um ein kleines Unternehmen) und die Zusammensetzung entspricht nicht zwingend einer bestehenden Arbeitsgruppe oder einem zukünftigen Team. Dafür ist im Gegensatz zum Teamprojekt der häufige Fokus auf der Erweiterung der Teamkompetenzen respektive auf der Aus- und Weiterbildung vorhanden. Zudem stellen handwerkliche Tätigkeiten beim Teamprojekt nur eine mögliche Option dar.

In der folgenden Tab. 1 sind die empirisch belegten Wirkungen zusammengetragen, die mindestens einer der drei CV-Maßnahmen zugeordnet sind und die einen Bezug zum Freiwilligenprogramm respektive zu den Angaben aus dem Geschäftsbericht und aus den Evaluationen von Habitat for Humanity aufweisen. Es sind Wirkungen, die so gut wie widerspruchsfrei empirisch belegt und auch in Studien aus Deutschland erfasst sind. Wenn sie ausschließlich ein Ergebnis aus empirischen Studien anderer Länder sind, so ist dies kenntlich gemacht. Die detaillierte Analyse der empirischen Studien ist bei Interesse der vorgestellten Forschungsarbeit der Autorin zu entnehmen (s. bei Interesse Schöneborn 2016, S. 261 ff., 274 ff., 303 ff., 319 f.). „–" steht für einen fehlenden Wert. Das Forschungsdefizit beim CV, vor allem zu den Wirkungen beim Gemeinwohl, ist dieser Tabelle visuell sehr schön zu entnehmen.

Die Überschneidungen mit den positiven Ergebnissen aus den Evaluationen und aus den Angaben aus dem Geschäftsbericht sind ersichtlich. Zur Anerkennung und Achtung der eigenen Arbeit liegen vonseiten Habitat for Humanity keine Daten vor. Der fehlenden Zweckerfüllung und Kostenreduktion kann im vorliegenden Fall widersprochen werden, denn wie bereits in Abschn. 2 dieses Beitrags aufgeführt, ist mit dem CV-Einsatz immer eine Geldspende des Unternehmens verbunden, die neben dem Ausgleich des organisatorischen Aufwands auch die Baukosten finanziert, sowie die Übernahme der Reisekosten. Da sich die Tätigkeit der Teilnehmer zudem ausschließlich auf handwerkliche Tätigkeiten bezieht, ist auch die Zweckerfüllung bei planmäßiger Durchführung der Maßnahme gegeben. Die eher als negativ zu interpretierenden empirisch belegten Wirkungen ähnlicher CV-Maßnahmen treffen somit nicht auf das CV mit Habitat for Humanity zu.

Abschließend sollen noch weitere Wirkungen vorgestellt werden, die durch die empirischen Studien zum Aktionstag, zum Teamprojekt oder zum Teamentwicklungsprojekt bisher empirisch belegt sind. Details sind auch hier Schöneborn (2016) zu entnehmen. So ist eine positive Wirkung auf das Image des Unternehmens nicht widerspruchsfrei nachgewiesen, denn es gibt auch empirische Studien, die hier eine fehlende Wirkung

Tab. 1 Ausgewählte Wirkungen des Aktionstages, des Teamprojektes und des Teamentwicklungsprojektes. (Quelle: eigene Darstellung in Anlehnung an Schöneborn 2016, S. 306 f., 310, 319)

Unternehmen (inkl. beteiligte Mitarbeiter)	Gemeinwohl (inkl. involvierte NPO)
Positive Auswirkung auf das Teamgefühl/Kameradschaft	Gefühl der Anerkennung und Achtung für die eigene Arbeit (Schweizer Studie)
Integration in das Unternehmen bzw. Gemeinschaftsbezug	Keine Zweckerfüllung und keine Kostenreduktion (Schweizer Studie)
Erweiterung des Netzwerks im Unternehmen/abteilungs- und hierarchieübergreifende neue Kontakte im Unternehmen	–
Abwechslung vom Arbeitsalltag/Äquivalenz zu Freizeitbeschäftigung	–
Anstieg Transformationalen Führungsverhaltens[a] inklusive Perspektivenwechsel und Bewusstwerden der moralischen Konsequenzen des eigenen Handelns	–
Neue Erfahrung	–
Offener Umgang mit Menschen in anderen Lebenssituationen	–
Mehrung Sozialkapital des Unternehmens	–

[a] Der Anstieg Transformationalen Führungsverhaltens äußert sich dadurch, dass sich die Teilnehmer den moralischen Konsequenzen ihres Handelns bewusst werden, Verständnis für die Situation anderer durch einen vollzogenen Perspektivenwechsel aufbauen und sie einen Transfer dieses Gelernten in die Arbeitswelt vornehmen, da sie diese Erfahrungen als Vorbereitung auf ihre zukünftige Rolle als Führungskraft interpretieren (vgl. Schöneborn 2016, S. 209, 265; Blohm 2010, S. IV ff., 75 ff., 89 ff.).

ausweisen. Bei der Arbeitgeberattraktivität ist derzeit genau diese fehlende Auswirkung ausschließlich (in einer empirischen Studie) belegt. Zudem gibt es empirische Studien, die keine Auswirkung auf die Motivation am Arbeitsplatz oder auf die Mitarbeiterbindung feststellen, andere wiederum weisen diese Wirkungen aus. Anschließende Spenden oder weiterführendes privates Engagement stellen eher die Ausnahme dar. Diese Ergänzungen sollen die positiven Ergebnisse aus den Evaluationen des Freiwilligenprogramms von Habitat for Humanity in keiner Weise schmälern, zumal sie auch nicht unmittelbar auf die hier vorliegende CV-Maßnahme übertragbar sind. Sie sollen stattdessen dazu dienen, den interessierten Leser dahin gehend zu sensibilisieren, nicht vorschnell über jegliche Art von positiven Wirkungen einer einzelnen CV-Maßnahme zu berichten. Denn je nach Gestaltung können CV-Maßnahmen unterschiedliche Wirkungen erzeugen. Auch die Regionalität der empirischen Studien respektive der erhobenen Daten spielt hierbei eine wichtige Rolle (vgl. zur Bedeutung der Regionalität Schöneborn 2016, S. 183 ff.). Die Forschung zu den Wirkungen des CV steht erst am Anfang.

4 Potenzial für einen Win-Win?

Abschließend wird der Frage nachgegangen, inwieweit das Freiwilligenprogramm von Habitat for Humanity bei seiner Durchführung eine Win-Win-Situation ermöglicht. Die Überlegungen beruhen dabei auf Plausibilitäten.

Für den Eintritt einer Win-Win-Situation bedarf es aufseiten des Social Case eines Mehrwerts auf der Systemebene, da dieser transorganisational ausgerichtet ist. Es bedarf somit eines Beitrags zur gesellschaftlichen Problemlösung. Der Business Case ist hingegen bereits bei einem Mehrwert auf Organisationsebene erfüllt. Für diesen Mehrwert bedarf es auf dieser Analyseebene nicht der Berücksichtigung des betriebswirtschaftlichen Aufwandes, also beispielsweise der Gegenrechnung der Personalkosten. Hierbei ist wichtig hervorzuheben, dass ein Win-Win in dieser Form in der CV-Forschung bisher nicht empirisch belegt ist, was allerdings nicht bedeutet, dass er nicht vorhanden ist. Es gibt nur keine empirische Studie, die diesen transorganisationalen Mehrwert bisher explizit untersucht hat bzw. ihn bisher explizit versucht hat zu messen (vgl. Schöneborn 2016, S. 144 f., 369, 372 f.).

Auf Basis der Angaben aus den Auswertungen des Freiwilligenprogramms von Habitat for Humanity und den empirisch belegten Wirkungen zum Teamprojekt, Teamentwicklungsprojekt und zum Aktionstag kann gesagt werden, dass dieses Freiwilligenprogramm einen Win *aufseiten des Unternehmens* ermöglicht. Denn es werden in großem Maße Wirkungen dargelegt, die offensichtlich einen positiven Effekt darstellen. Es ist sogar möglich zu sagen, dass dieses Freiwilligenprogramm einen Beitrag zum ökonomischen Erfolg des Unternehmens leisten kann. Hierfür müsste dann der direkte Zusammenhang zwischen den Wirkungen und dem monetären Überschuss des Unternehmens gemessen werden. Hier schließt sich der Kreis zu den typischen Problemen der CSR-Forschung und dem Nachweis eines CSP-/CFP-Link (vgl. zur dieser Argumentation Schöneborn 2016, S. 369 f.). Denn hierfür sind weitere Untersuchungen mit stärkeren Restriktionen vonnöten.

Für den Eintritt eines Social Case, wie er hier definiert ist, also für einen Mehrwert auf transorganisationaler Ebene, sprechen zwei besondere Merkmale der Arbeit von Habitat for Humanity.

Denn zum einen werden durch die Arbeit mit Freiwilligen und durch die Hilfe der Familien die Baukosten reduziert, was bedeutet, dass die Familien geringere Kredite zurückzahlen müssen. Vielleicht wären die Häuser auch ohne das CV gebaut worden, aber eben zu einem anderen Preis für die Familien. Auch würde dies notgedrungen zu einem Ausschluss einiger Familien führen und es könnten nur weniger Häuser vorfinanziert werden, was im Umkehrschluss bedeutet, dass nicht so vielen Familien geholfen werden könnte. Zum anderen fließen die Rückzahlungen in einen revolvierenden Fonds, aus dem fortlaufend in neue Projekte investiert wird. Hierdurch entsteht eine nachhaltige, sich immer weiter verstärkende Wirkung der Hilfe, von der immer mehr hilfsbedürftige Menschen profitieren. Dies sind Hinweise auf einen transorganisationalen Mehrwert in Form eines Beitrags zur gesellschaftlichen Problemlösung. Allerdings fehlt es derzeit an einer

Quantifizierung des Mehrwerts, der auf das CV zurückzuführen ist, und des Mehrwerts, der aus anderen Projekten von Habitat for Humanity resultiert, bei denen keine Freiwilligen involviert sind. Nichtsdestotrotz ist diesem Ergebnis gerade vor dem Hintergrund besondere Beachtung zu schenken, dass es bisher keine empirische Studie sowohl in der nationalen als auch in der internationalen CV-Forschung gibt, die einen transorganisationalen Mehrwert untersucht hat, und genau hier Hinweise auf diesen gegeben sind.

Der Mehrwert auf *organisationaler Ebene der Hilfsorganisation* ist bereits mehrfach angesprochen worden, zumindest was den Mehrwert in monetärer Form betrifft. Weitere Wirkungen sind bisher nicht untersucht worden, beispielsweise Wirkungen auf die involvierten Mitarbeiter der Hilfsorganisation oder mögliche Effekte auf die Ausweitung bestehender Unternehmenskooperationen, auf die Neukundenakquise oder Ähnliches.

5 Fazit

Was für ein CV bietet Habitat for Humanity seinen Unternehmenspartnern und wie ist es konzipiert? Welche Wirkungen können hiermit in Verbindung gebracht werden und ermöglicht es einen Win-Win? Diese Fragen hat der vorliegende Beitrag diskutiert und geklärt. Die Evaluationen zeigen viele positive Wirkungen des internationalen Freiwilligenprogramms auf, vor allem für die teilnehmenden Unternehmensmitarbeiter. Diese Effekte sind noch durch die empirisch belegten Wirkungen des Aktionstages, des Teamentwicklungsprojektes und des Teamprojektes aus der Veröffentlichung *Theorie und Empirie des Corporate Volunteering aus deutscher Perspektive* (Schöneborn 2016) untermauert worden. Selbst für einen Win auf transorganisationaler Ebene, also für einen Beitrag zur gesellschaftlichen Problemlösung, gibt es konkrete Hinweise, was eine Besonderheit zum derzeitigen Stand der empirischen CV-Forschung darstellt. Überhaupt ist es bemerkenswert, dass Habitat for Humanity sein CV-Angebot so systematisch und kontinuierlich evaluiert. Diese Messungen werden für NPOs zukünftig eine immer größere Rolle spielen, um langfristige Unternehmenspartner zu gewinnen. Daher entwickelt Habitat for Humanity sein Evaluationskonzept stetig weiter. Nichtsdestotrotz befindet sich gerade die Forschung zu den Wirkungen des CV immer noch am Anfang, vor allem in Deutschland. Vielleicht kann dieser Beitrag zu weiterer Forschung anregen. Dann wäre bereits viel für dieses spannende Engagementfeld gewonnen.

Literatur

Blohm G (2010) Psychological Aspects of Corporate Volunteering/Psychologische Wirkfaktoren von Corporate Volunteering. LMU, München

Dudenredaktion (2003) Duden – Deutsches Universalwörterbuch, 5. Aufl. Bibliographisches Institut, Mannheim

Habitat for Humanity Deutschland e. V. (2015) Geschäftsbericht Juli 2014 bis Juni 2015. Habitat for Humanity Deutschland e. V., Köln

Schöneborn S (2016) Theorie und Empirie des Corporate Volunteering aus deutscher Perspektive. wbv, Bielefeld

Frau Dr. Sandra Schöneborn studierte Wirtschaftspädagogik an der Universität zu Köln. Im Anschluss arbeitete sie in der Wirtschaft sowie in der Hochschulbildung. Sie promovierte an der Wirtschafts- und Sozialwissenschaftlichen Fakultät der Universität zu Köln zur CSR und zum Corporate Volunteering. Ihre Dissertation widmet sich den empirisch belegten Wirkungen und der Win-Win-These des betrieblichen Freiwilligenengagements, u.a. aus Sicht der Betriebspädagogik und des Human Resources Managements. Weitere Publikationen und Lehrtätigkeiten im Forschungsfeld runden ihre Expertise ab. Heute verantwortet sie den Bereich Unternehmenspartnerschaften bei Habitat for Humanity Deutschland.

Corporate Volunteering bei Teach First Deutschland – Programmunterstützung und Möglichkeiten für einen Triple Win

Wiebke Rasmussen

1 Hintergrund – Teach First Deutschland – Ein Schulprogramm gegen Bildungsbenachteiligung

Teach First Deutschland (TFD) ist eine gemeinnützige Bildungsbewegung, die an Schulen in sozial schwieriger Lage für die Belange benachteiligter Kinder und Jugendlicher eintritt. Nicht zuletzt die PISA-Studien oder der Chancenspiegel bestätigen stets aufs Neue: Zahlreiche Kinder aus bildungsfernen Milieus haben aufgrund ihrer Herkunft geringere Aufstiegschancen im deutschen Schulsystem. Dies zu ändern, dafür tritt TFD an: Alle Kinder sollen die gleichen Chancen auf einen Schulabschluss haben und mit dem Glauben an den eigenen Erfolg den Weg nach der Schule bestreiten können.

Um diese Vision in die Tat umzusetzen, entsendet Teach First Deutschland sogenannte Fellows als zusätzliche Lehrkräfte an jene Schulen. Diese Fellows sind Hochschulabsolventen verschiedener Fachrichtungen, die von Teach First Deutschland rekrutiert, ausgebildet und begleitet werden. Neben überdurchschnittlichen Hochschulabschlüssen zeichnen sich Fellows durch ihr vorheriges Engagement für Kinder und Jugendliche aus. Sie engagieren sich bei TFD für zwei Jahre in Vollzeit an ihren Einsatzschulen für Schüler, die andernfalls Gefahr laufen, abgehängt zu werden. Fellows können aufgrund ihrer vielfältigen Voraussetzungen (Fachstudium, Erfahrung in der Arbeit mit Kindern und Jugendlichen und Leadership-Ausbildung bei TFD) und durch ihre besondere Rolle als zusätzliche Lehrkraft offene Bedarfe unserer Partnerschulen bedienen: Sie unterstützen Lehrer in Klassen mit besonderem Unterstützungsbedarf im Teamteaching oder in Teilungsgruppen und sie initiieren eigene Projekte an den Schulen, in denen Kinder und Jugendliche Verantwortung übernehmen, Selbstwirksamkeitserfahrung sammeln und Selbstvertrauen schöpfen. Der persönliche und schulische Erfolg der Schüler steht im Fokus allen Handelns.

W. Rasmussen (✉)
Teach First Deutschland
Seydelstraße 18, 10178 Berlin, Deutschland
E-Mail: wiebke.rasmussen@web.de

S. Dreesbach-Bundy und B. Scheck (Hrsg.), *CSR und Corporate Volunteering*, Management-Reihe Corporate Social Responsibility,
https://doi.org/10.1007/978-3-662-54092-3_16

2 Kooperationen – Eine Bildungsbewegung braucht Partner aus allen Sektoren

2.1 Mehr als nur finanzielle Unterstützung

TFD versteht sich als Bildungsbewegung, die neben den Fellows an den Schulen und den weiterhin engagierten Alumni ein sektorenübergreifendes Netzwerk von Bildungsbotschaftern aufbaut, das sich über verschiedene Zugriffspunkte für gerechte Bildungschancen von Kindern und Jugendlichen stark macht.

Die Arbeit der Organisation wird vollständig aus Spenden finanziert. Die Umsetzung des Programms wird dabei durch Zuwendungen von Privatpersonen, Stiftungen und Unternehmen möglich gemacht. Diese Partner – insbesondere Unternehmen und unternehmensverbundene Stiftungen – verstehen sich dabei ganz im Sinne der Idee von TFD längst nicht mehr als bloße Mittelgeber, sondern werden über die Dauer der Zusammenarbeit immer mehr zu Kooperationspartnern, die das Programm von TFD auch aktiv unterstützen und mitarbeiten. Der wesentliche Gestaltungsparameter im Sinne einer programmatischen Zusammenarbeit spiegelt sich dabei in verschiedenen Formen von Corporate Volunteering (CV) wider. Wichtig ist, dass CV-Engagements dabei immer den Nutzen auf Seiten der Schüler bzw. der Schulen im Blick haben. Letztlich ist die über eine finanzielle Förderung hinausgehende Unterstützung ein *personelles* Engagement von Mitarbeitern eines Unternehmens, das nach einer breiten Definition als CV eingeordnet werden kann.

2.2 Business Case – Beweggründe für ein unternehmerisches CV-Engagement bei einer Bildungsbewegung

Unternehmen streben zunehmend danach, ein guter Corporate Citizen zu sein und sich auf verschiedenen Ebenen (sichtbar) zu engagieren, was über gemeinsame Aktivitäten und Projekte mit Non-Profit-Organisationen möglich ist. Für einen gelungenen intersektoralen Match von Non-Profit-Organisationen und Unternehmen muss sichergestellt sein, dass die avisierten Einsatzfelder des unternehmerischen Engagements durch die Non-Profit-Organisation generisch bedient werden können. Es gestaltet sich in der Praxis mitunter als Herausforderung, CV-Formen zu finden, die sowohl die Bedürfnisse des Non-Profit abdecken als auch für die Unternehmen interessant sind (vgl. Samuel et al. 2013, S. 169 ff.).

Insbesondere Unternehmen befinden TFD als unterstützungswert, da das Programm eine gesamtgesellschaftliche Herausforderung adressiert, die mit dem Fokus auf persönliche, schulische und berufliche Anschlussfähigkeit auch große Schnittmengen mit bildungsorientierten Engagementstrategien einiger Unternehmen aufweist. Diese greifen zur Umsetzung ihres Corporate-Citizenship-Engagements häufig auf Themenexperten und etablierte Programme zurück.

Durch den operativen Charakter des Fellow-Programms von TFD und die lokale Verortung des Programms an Schulen ist ein physischer Ort für CV gegeben und ein unternehmerisches Engagement in Standortnähe möglich. Diese konkreten CV-Möglichkeiten für Mitarbeiter flankieren nach Erfahrung von TFD die Entscheidung eines Unternehmens zugunsten einer Förderung der Organisation: Einerseits sehen Unternehmen den motivierenden Effekt von CV-Aktivitäten auf ihre Mitarbeiter – sie verlassen das gewohnte Arbeitsumfeld und können sich ggfs. sogar als Team einer Herausforderung stellen. Je nach Art der CV-Aktivität wirkt diese aus Sicht der Unternehmen auch als besondere Personalentwicklungsmaßnahme: Aus fachlicher Sicht bietet Skill-Based Volunteering die Möglichkeit, dass Mitarbeiter konkrete fachliche Fertigkeiten oder persönliche Erfahrungen an Kinder und Jugendliche weitergeben. Darüber hinaus engagieren sich Volunteers als Coaches und Mentoren für Jugendliche, was auf beiden Seiten in ungewohnter Weise soziale Kompetenzen schult: Volunteers für TFD sind schließlich an Schulen in schwierigen Milieus für junge Menschen (mitunter auch für geflüchtete Kinder) im Einsatz. Sie treffen hier auf eine bis dahin gegebenenfalls unbekannte Lebensrealität. Durch den CV-Einsatz erleben die Volunteers die Bedürftigkeit der Kinder und erfahren ihr eigenes Aktivwerden zugunsten dieser Zielgruppe als häufig unbekannte Sinnstiftung. Schüler wiederum arbeiten umgekehrt mit Unternehmensvertretern, die sie ohne CV kaum kennenlernen würden.

Indirekt wirkt die aktive Einbindung der Mitarbeiter im Rahmen von CV auch legitimierend auf das Engagement des Unternehmens: Einige Mitarbeiter verstehen das Engagement des Unternehmens durch eigenes Erleben besser, setzen sich aktiv mit einer gesellschaftlichen Herausforderung auseinander und erfahren, wie das eigene Handeln zu einer positiven Wirkung führt.

2.3 Non-Profit Business Case und Social Case – Wege eines aktiven unternehmerischen Engagements für Bildung

Bei TFD werden unterschiedliche CV-Formate realisiert. Praxispartner unterstützen TFD durch Volunteering- oder Pro-bono-Leistungen konkret auf zwei Pfaden: Zum einen ermöglichen sie die Begleitung der weiteren Organisationsentwicklung, z. B. durch zusätzliche Manpower und Expertise bei der Bearbeitung strategischer interner Fragestellungen (z. B. bei Critical Friends Workshops zur Diskussion um die zukünftige Ausrichtung des Programms) oder durch die Unterstützung konkreter operativer Projekte (z. B. Begleitung des Re-Branding-Prozesses von TFD durch persönlich engagierte Mitarbeiter der Deutschen Post DHL Group).

Zum anderen unterstützen Mitarbeiter der Unternehmenspartner die Projekte von Fellows an den Schulen im klassischen, eher aktionsorientierten CV und arbeiten hier direkt mit der Zielgruppe benachteiligter Kinder und Jugendlicher zusammen. Dieser zweite Pfad ist jener, der eine direkte Arbeit mit der (und Wirkung auf die) Zielgruppe beinhaltet und daher im Mittelpunkt der CV-Strategie von TFD steht. Für beide Pfade hat sich jedoch bislang die Haltung durchgesetzt, dass CV bei TFD grundsätzlich nachfrageorientiert gestaltet wird. Das heißt: Nur bei einem tatsächlich vorliegenden Unterstützungsbedarf seitens TFD bzw. der Fellows werden Volunteers um Hilfe gebeten (Pull-Engagement). Mitunter entwickeln Partner in enger Abstimmung mit TFD inhaltliche Angebote, die Fellows einerseits als Impuls für die eigene Projektentwicklung dienen oder andererseits als fertig konzipierte CV-Formate von Fellows abgefragt werden können. Auch bei diesem Push-Engagement prüfen Fellows, ob diese Angebote für ihren Schuleinsatz bzw. ihre Schüler eine sinnvolle Ergänzung darstellen. Im Jahr 2015 wurden rund 40 Fellow-Projekte unterschiedlicher Art von Corporate Volunteers der Partnerunternehmen unterstützt.

3 Der Social Case in der konkreten Umsetzung – Unterstützung durch Corporate Volunteers in der (programmatischen) Arbeit

> Companies depend heavily on global and local NGOs as partners to help them learn about the community needs and to focus their volunteers where they can add the greatest value – in return they help to build their partners' capacity and, together, they invent new initiatives that can transform company, NGO and the community (Allen et al. 2011, S. 29).

3.1 Wesentliche CV-Partnerschaften bei Teach First Deutschland

Von der Unterstützung von Schülern beim Schreiben ihrer Bewerbung bis hin zum Lernen von „Money Skills". All dies sind Möglichkeiten, Volunteers in die Arbeit der Fellows einzubinden. TFD ermöglicht seinen Fellows zu diesem Zwecke eine Vernetzung mit verschiedenen Partnern. An dieser Stelle legt TFD großen Wert darauf, dass Unternehmenspartnerschaften mit der Vision und den Werten der Organisation im Einklang stehen, und prüft daher bereits in der Anbahnung von Kooperationen, ob die bestehenden regionalen und inhaltlichen Engagementschwerpunkte des Unternehmens hiermit deckungsgleich sind. Dieser Fit wird für jeden potenziellen Partner unter Nutzung eines internen Ethikkodexes geprüft. Bei Unternehmenspartnern, die CV mit TFD realisieren wollen, definiert der Nutzen der avisierten CV-Aktivitäten für das Programm bzw. die Schüler die kritische Benchmark.

Zwei Kooperationen von TFD mit Unternehmen – Deutsche Post DHL Group und Accenture – sollen im Folgenden einen Eindruck von der Spannbreite des Social-Case-CV bei TFD vermitteln.

Seit 2009 ist die Deutsche Post DHL Group ein bedeutender Partner für TFD, der sich im Rahmen seines weltweiten Engagements unter der Marke „GoTeach" für bessere Bildungs- und Berufschancen junger Menschen, insbesondere aus sozial benachteiligten Verhältnissen, stark macht. Hierzu kooperiert der Konzern mit gemeinnützigen Partnerorganisationen und definiert CV-Aktivitäten seiner Mitarbeiter als zentrale Maßnahme. Mit Bezug zu TFD bedeutet dies, dass unterjährig auf Anfrage der Fellows Skill-Based (s. Abschn. 3.2) oder Hands-on Volunteerings (s. Abschn. 3.3) mit Mitarbeitern des Konzerns an den Schulen stattfinden. Das Unternehmen mobilisiert darüber hinaus anlässlich des eigens ausgerufenen „Global Volunteer Day“ Mitarbeiter für eine aktionsbasierte Unterstützung von Projekten von Non-Profit-Partnern – darunter auch die Aktivitäten der Fellows.

Ein weiterer CV-Partner von TFD ist Accenture. Das Unternehmen hat in seiner CSR-Strategie die Verbesserung der Arbeitsmarktfähigkeit von Jugendlichen und jungen Erwachsenen festgelegt. Dabei bedenkt diese Strategie auch den Themenbereich Digitalisierung als wesentlichen Einflussfaktor auf Employability in der Zukunft. Neben klassischen Skill-Based-Volunteering-Aktivitäten (s. Abschn. 3.2) entwickelt der Bereich Accenture CSR zusammen mit TFD und anderen Partnern ein eigenes CV-Format zur Unterstützung der Fellows in ihrem Schuleinsatz (s. Abschn. 3.4).

3.2 Pull-Engagement – Praxispartner bringen Expertise an Schulen

Die grundsätzliche Haltung zu Kooperationen von Schulen mit Partnern aus der Wirtschaft ist ambivalent: Mehrheitlich wird die Notwendigkeit gesehen, dass der Schulunterricht praxisrelevanter wird und auch Themen wie Berufsorientierung im Curriculum größeren Niederschlag finden – viele Schulen stehen jedoch praktischen Partnerschaften mit Unternehmen kritisch gegenüber. Getragen ist diese Sorge davon, dass Unternehmen den Kontakt zu Kindern und Jugendlichen zu Werbezwecken oder zur Meinungsbildung (aus)nutzen. TFD stellt dabei für Partnerschaften mit CV-Elementen natürlich sicher, dass Schüler vor jeglicher Einflussnahme in dieser Form geschützt werden. Gleichzeitig aber ist die Organisation davon überzeugt, dass CV an Schulen zum faktischen Nutzen der Jugendlichen gestaltet werden kann – zum Beispiel dort, wo Praxispartner berufsorientierende Maßnahmen für Schüler unterstützen (s. Abschn. 2.2):

Viele Fellows unterstützen Jugendliche z. B. durch zusätzliche fachliche Förderung und Präsentationstrainings in der Vorbereitung auf die Abschlussprüfungen. Zusätzlich sollen die Jugendlichen aber auch eine Orientierung für die Zeit nach dem Schulabschluss erhalten.

An einer Hamburger Schule organisieren Fellows beispielsweise bereits zum zweiten Mal eine Projektwoche „Berufsorientierung“ für die 9. Klassen. Die teilnehmenden Jugendlichen sollen hier ihr Berufsziel definieren, nächste Schritte für den Weg dorthin ableiten und anschließend einen fiktiven Bewerbungsverlauf proben. Fellows können zwar Einblicke in Ausbildungsberufe oder Karrierepfade gewähren, sind aber keine Personaler und haben keinen allumfassenden Überblick. Um diese Lücken zu füllen, kann das Unterstützernetzwerk von TFD unter die Arme greifen: Mitarbeiter der Partnerunternehmen können im Rahmen von CV durch ihre eigenen Karrierepfade praktische Einblicke sowie persönliche und fachliche Erfahrung als vielfältige Unterstützung, insbesondere im Bereich Berufsorientierung und -vorbereitung, bieten. Die Hamburger Berufsorientierungswoche wird von Volunteers dreier Partnerunternehmen unterstützt, die Kurzpraktika und Betriebsbesichtigungen vermitteln, zusammen mit den Jugendlichen Lebensläufe erstellen und prüfen, Bewerbungsunterlagen sichten und fiktive Bewerbungsgespräche führen.

Für die Jugendlichen bedeutet das Engagement der Volunteers einen wertvollen Austausch mit Menschen, mit denen sie im Alltag keinerlei Berührungspunkte haben. Die Jugendlichen empfinden den Besuch an den Schulen als motivierende Wertschätzung: „Herr S. hat erzählt, dass er nur wegen uns einen Tag freigenommen hat, um uns bei unseren Lebensläufen zu helfen. Das ist wirklich cool!", so hat es ein Schüler zusammengefasst. Fellows spiegeln, dass die Schüler das Feedback der Volunteers sehr ernst nehmen, da sie verstehen, dass die Volunteers aus einem realen Unternehmenskontext kommen. Ein Nebeneffekt: Mittelfristig können sich aus dem Volunteering-Kontakt auch Praktikumsmöglichkeiten für Schüler ergeben. Die Volunteers machen umgekehrt eine positive Selbstwirksamkeitserfahrung, da sie den Jugendlichen durch ihre eigenen Erfahrungen und Hintergründe praktische Hinweise geben und sie coachen können.

3.3 Pull-Engagement – Praxispartner bringen helfende Hände und weitere Ressourcen mit

Neben den eben beschriebenen Einsatzfeldern des CV, bei denen die Kompetenzen, Erfahrungen und Einblicke der Mitarbeiter der Partnerunternehmen im Vordergrund stehen, benötigen Fellows bzw. Schulen häufig auch einfach helfende Hände für die Umsetzung von Einzelaktionen. Ein Schulgarten soll angelegt oder ein maroder Klassenraum wieder schön gestaltet werden. Hier können Corporate Volunteers mit Arbeitskraft unterstützen und so innerhalb eines Tages einen sichtbaren Beitrag zu einer besseren und angenehmeren Lernumgebung leisten. Zu erwähnen ist darüber hinaus, dass Unternehmenspartner im Zusammenhang mit diesen CV-Aktionen teils auch kleine finanzielle Budgets für die Projekte bereitstellen, die es den Schulen oft erst ermöglichen, diese Projekte in die Tat umzusetzen. Die Deutsche Post DHL Group zum Beispiel stellt, insbesondere für diese Hands-on-Maßnahmen an Schulen, einen kleinen Förderfonds für Fellows zur Verfügung, auf den sich Fellows im Zuge ihrer Projektanfrage bewerben können.

Bei dieser Art des Volunteering profitiert auf den ersten Blick die Schule als solche, aber auch die Effekte auf die Schüler sind nicht zu unterschätzen: Fellows binden die Schüler in diese Hands-on-Aktionen ein, die somit selbst Verantwortung für die Gestaltung ihres Lernumfeldes übernehmen und am Ende ein sichtbares Ergebnis ihres Einsatzes vorweisen können. Eine solche Hands-on-CV-Aktion zusammen mit Schülern ermöglicht darüber hinaus auch einen informellen Kontakt mit Vertretern aus Unternehmen. In einem solchen Setting lassen sich Gespräche über die Zukunft nach der Schule viel leichter führen.

3.4 Push-Engagement – Praxispartner ermöglichen wichtige Lerneinheiten für Kinder und Jugendliche

Mit Unterstützung von Fachexperten aus der Praxis ist es mitunter auch möglich, Angebote an Schulen zu platzieren, die im regulären Curriculum der Schulen gegebenenfalls (noch) keinen Niederschlag finden – die aber mit Blick auf die spätere Berufspraxis durchaus relevant erscheinen. Als Beispiel sei hier das Themenfeld „Digitalisierung" mit seinen vielen Facetten genannt. Die Digitalisierung hat zweifelsohne massive Auswirkungen auf den späteren Arbeitsmarkt, auf den die heutigen Kinder und Jugendlichen treffen werden. Das Schulsystem hat bislang noch keine flächendeckenden Antworten darauf gefunden, wie sie Schüler auf diese Anforderungen vorbereiten.

Zusammen mit TFD und anderen Partnern erarbeiten Accenture Volunteers daher ein Workshopkonzept für Schüler, mittels dessen notwendige digitale Kompetenzen und eine Sensibilisierung im Umgang mit digitalen Medien spielerisch und interaktiv geschult werden sollen. Weitere Module thematisieren neue Berufsfelder im digitalen Zeitalter. Auch diese Workshops bieten Möglichkeiten zum CV, da Mitarbeiter von Accenture als Unterstützung für die Fellows an die Schulen gehen und diese Workshops halten. Die Volunteers sind schließlich Themenexperten und damit für Fellows eine wertvolle Unterstützung in der Vermittlung dieser wichtigen Inhalte an die Schüler.

4 Was erfolgreiches CV braucht – Organisationale Voraussetzungen und Herausforderungen

TFD ist keine klassische Ehrenamtsorganisation. Die Mitarbeiter der Organisation und die Fellows sind hauptamtlich tätig. Dennoch wird die Unterstützung durch Corporate Volunteers für die Bearbeitung konkreter Projekte im Sinne des Triple Win ermöglicht, insofern sie der übergeordneten Vision von TFD zuträglich ist. CV-Möglichkeiten werden hierbei nur für Mitarbeiter von Partnerunternehmen angeboten.

Allen et al. formulierten die Voraussetzungen eines für alle Beteiligten erfolgreichen CV wie folgt: „openly communicate, commit to mutual joint planning, regular assessment, continuous learning and mutual respect" (Allen et al. 2011, S. 29 ff.). Sie adressieren die Notwendigkeit einer fortwährenden offenen Kommunikation der Partner über Organisationsziele, gemeinsame Ziele sowie mögliche Wege und Formate dorthin. Mithin ist zu klären, welche Art des CV seitens des Non-Profit benötigt und andererseits durch den Unternehmenspartner angeboten werden kann. Ferner müssen Unternehmenspartner im Vorfeld eine realistische Vorstellung davon erhalten, in welchem Umfang (Anzahl der Aktionen, Anzahl Corporate Volunteers, regionale Präferenzen durch Matching von Schul- und Unternehmensstandorten) und in welcher Form CV-Aktivitäten möglich sind (Skill-Based oder Hands-on bzw. Pro-bono-Engagement für den Non-Profit selbst). TFD definiert auf Wunsch des Unternehmenspartners gemeinsame Zielzahlen als Orientierung(!). Da die Social-Case-CV-Aktivitäten jedoch einer Bedarfsprüfung durch den Fellow und nicht einer zentralen Steuerung unterliegen, sind hier natürlich Grenzen der Zielerreichung gesetzt. Diese werden deutlich an den jeweiligen Partner kommuniziert; gleichzeitig wird die Bekanntgabe des CV-Angebots in die Reihen der Fellows sichergestellt.

Im obigen Zitat von Allen et al. (2011) schwingt ferner mit, dass im Sinne einer offenen und kontinuierlichen Kommunikation das Prinzip des „one face to the partner" bei dem Non-Profit (und im besten Falle auch beim Unternehmen) gelten sollte. Es sollte also ein Ansprechpartner verantwortlich für die CV-Aktivitäten sein. Bei TFD sind Konzeption und Umsetzung aller CV-Aktivitäten zentral in den Händen einer Mitarbeiterin, die die jeweiligen Partnerschaften zumeist auch über die CV-Aktivitäten hinaus betreut. Entsprechend werden auch die operativen Prozesse (Kommunikation der Partnerangebote und Aktionszeiträume in die Reihen der Trainer und Fellows, Vermittlung der online eingehenden Fellow-Anfragen auf Unterstützung durch Volunteers an das jeweils passende Partnerunternehmen, Koordinierung der CV-Einsätze, nachträgliche Evaluation des CV-Einsatzes aufseiten der Fellows/der Schüler und der Volunteers) aus einer Hand gesteuert.

Das Management des eigentlichen Projektes liegt in den Händen des Fellows, der ab dem Zeitpunkt der Kontaktherstellung auch den Kontakt zu den Corporate Volunteers verantwortet. Dennoch bindet CV wie oben beschrieben auch bei TFD personelle (und damit auch finanzielle) Ressourcen. Dies ist bereits bei der Anbahnung potenzieller Partnerschaften zu berücksichtigen und ggf. durch einen Key-Account-Manager umzusetzen.

5 Zwischenfazit – Was bleibt und was kann kommen?

CV-Aktionen betreffen auch bei TFD verschiedene Anspruchsgruppen (Triple Win), deren jeweilige Interessen bereits bei der Anbahnung, spätestens aber in der konkreten Gesprächsführung zu einer Partnerschaft ehrlich adressiert und auf einen Fit hin geprüft werden müssen, um nachträglichen Frustrationsmomenten und Enttäuschungen vorzubeugen. Offene Kommunikation und regelmäßiger Austausch sind hierbei selbstredend das A und O einer vertrauensvollen Partnerschaft. Bei TFD finden daher regelmäßige, zumeist telefonische Abstimmungsgespräche zum Stand der Kooperation und zu konkreten Projekten mit allen Partnern statt.

TFD ist keine typische Ehrenamtsorganisation. Entsprechend entstehen Möglichkeiten zum CV nicht generisch aus der programmatischen Tätigkeit, sondern *ergänzen* die bestehende Arbeit der Fellows (und der Organisation, s. Non-Profit Business Case). Dies birgt Chance und Risiko zugleich: Einerseits erlauben die unterschiedlichen Fellow- und Teamprojekte eine Bandbreite an Engagementfeldern für Corporate Volunteers zugunsten von Kindern und Jugendlichen. Andererseits erfordern dieser offene Gestaltungsspielraum und das fakultative Momentum von CV bei TFD eben auch ein aktives Mitdenken und Einplanen der Volunteering-Option in den verschiedenen Projekten. Es ist daher Aufgabe der CV-Verantwortlichen bei TFD das Thema CV kontinuierlich als Option zu kommunizieren.

TFD versteht sich als lernende Organisation, sodass auch die Gestaltung der CV-Aktivitäten fortwährend optimiert wird. Aktuell wird anhand einer laufenden Evaluation der CV-Aktivitäten durch die Erhebung von Rückmeldungen der Volunteers, Fellows und Schüler einerseits (1) die wahrgenommene Qualität der internen Koordinierungsprozesse erfragt sowie andererseits versucht zu ermessen, (2) welche Erfahrungen Volunteers aus ihrem Einsatz schöpfen und (3) wie Volunteers den Schülern bzw. Fellows helfen.

Insgesamt zeigt sich CV bei TFD als geeignet, den Triple Win zu erzeugen. Mithin ist CV für TFD auch im Hinblick auf die Anbahnung, Gestaltung und Verstetigung von Partnerschaften mit Unternehmen ein wichtiges Element. Nicht zuletzt wird TFD durch die CV-Aktivitäten der Partnerunternehmen bei der Umsetzung des übergeordneten Organisationsziels – nämlich benachteiligten Kindern und Jugendlichen Bildungschancen zu ermöglichen – unterstützt und bietet auch hierüber sektorübergreifend Anlässe, sich in einer nationalen Bildungsbewegung zu engagieren.

Die Entwicklung der vergangenen Jahre zeigt, dass CV zukünftig eher noch stärker von beiden Seiten (Schulen und Privatwirtschaft) nachgefragt wird. Schulen öffnen sich zunehmend für unterstützend erscheinende Aktivitäten Dritter. Gleichzeitig formulieren Unternehmen vermehrt den Anspruch, über das finanzielle Engagement aktiv zum Wirkversprechen der geförderten Organisation beizutragen. Mit CV eröffnet sich hierzu eine praktische Möglichkeit. Non-Profit-Organisationen wie TFD sollten ihre Rolle damit auch als Brückenbauer und Qualitätsprüfer für CV-Engagements verstehen.

Literatur

Allen K, Galiano M, Hayes S (2011) Global companies volunteering globally: The final report of the Global Corporate Volunteering Research Project

Kenn A, Galiano, Mónica, Hayes S (2011) Global companies volunteering globally: the final report of the global corporate volunteering research project. International Association for Volunteer Effort, Dulles

Samuel O, Wolf P, Schilling A (2013) Corporate volunteering: benefits and challenges for nonprofits. Nonprofit Manag Leadersh 24(2):163–179

Dr. Wiebke Rasmussen ist promovierte Ökonomin. Im Kontext ihrer Promotion hat sie sich bereits mit Fragen von gerechten und ausgewogenen Austauschbeziehungen befasst und sich mit der Effektivitäts- und Effizienzmessung ehrenamtlichen Engagements befasst. Nach Stationen in der Strategieberatung und im stiftungsnahen Verbandsumfeld war sie zuletzt als Managerin Partner & Förderer bei der Bildungsinitiative Teach First Deutschland tätig. In diesem Kontext war sie verantwortlich für die programmatische Gestaltung der wesentlichen Förderpartnerschaften aus Stiftungs- und insbesondere Unternehmensumfeld. In den Unternehmenspartnerschaften spielte dabei Corporate Volunteering mit den Mitarbeitenden der Partnerunternehmen eine wesentliche Rolle. Aus diesem Engagement und der sich daraus etablierenden Best Practice ist nachfolgender Beitrag abgeleitet. Frau Rasmussen ist zwischenzeitlich zum Analyse- und Beratungshaus PHINEO gAG in das Kommunikationsteam gewechselt. Nebenberuflich ist sie immer wieder als Dozentin tätig, aktuell an der Hochschule Bonn Rhein-Sieg für den Fachbereich Nonprofit Management.

Gestaltung von CV-Programmen und Auswahl geeigneter sozialer Organisationen

Claudia Schluckebier

1 Strategische Positionierung von CV-Programmen

1.1 Mehrwert von Corporate Volunteering

Bei der Konzeption eines Corporate-Volunteering-Programms gibt es verschiedene Interessenslagen. Das Unternehmen möchte die Wahrnehmung seiner gesellschaftlichen Verantwortung nach innen sowie außen darstellen, Partizipation daran schaffen und seine Fach- und Führungskräfte weiterbilden (Business Value). Die Mitarbeiter möchten sich engagieren, Neues lernen und eine Abwechslung im Alltag und Anerkennung erleben (Personal Value). Die sozialen Organisationen möchten ihre gesellschaftliche Mission erfüllen und dafür ihre Ressourcen erweitern (Social Value) (Abb. 1).

Business Value von Corporate Volunteering

Für den Engagementbericht der Bundesregierung 2012 wurde festgestellt, dass Corporate Volunteering bei Unternehmen zunehmend beliebter wird (Deutscher Bundestag 2012). Unternehmen fördern mit Corporate Volunteering freiwillige Tätigkeiten ihrer Mitarbeiter durch die Ausschreibung von Engagementangeboten und/oder durch monetäre Unterstützung für deren Engagementprojekte. Einige Unternehmen stellen auch anteilige Arbeitszeit für das Engagement bereit.

Viele Unternehmen möchten durch Corporate-Citizenship-Aktivitäten bzw. Philanthropie ihr Verständnis gesellschaftlicher Verantwortung als „guter Bürger" mit konkreten Taten zum Ausdruck bringen (Blohm et al. 2012). Daneben bietet sich Corporate Volunteering auch als Fortbildungs- oder Motivationsmaßnahme für die Mitarbeiter an. Empathiefähigkeit und Sozialkompetenzen werden gefördert, Kreativität und Motivation gesteigert

C. Schluckebier (✉)
Proboneo gGmbH
Reetwerder 5, 21029 Hamburg, Deutschland
E-Mail: claudia.schluckebier@proboneo.de

S. Dreesbach-Bundy und B. Scheck (Hrsg.), *CSR und Corporate Volunteering*,
Management-Reihe Corporate Social Responsibility,
https://doi.org/10.1007/978-3-662-54092-3_17

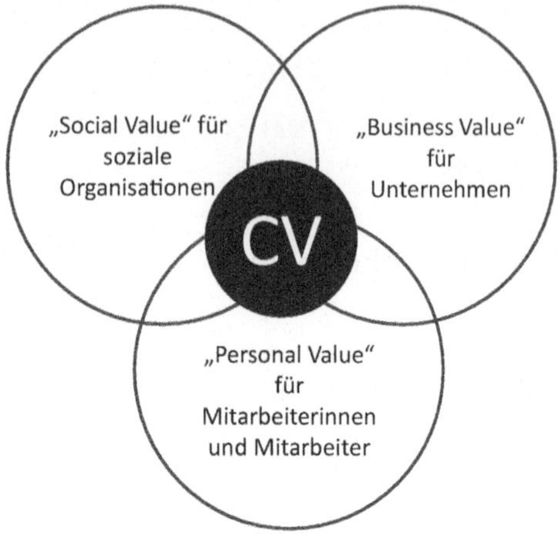

Abb. 1 Mehrwert von Corporate Volunteering für die Stakeholder

und bei Teameinsätzen wird zusätzlich das Gemeinschaftsgefühl erhöht. Darüber hinaus trägt Corporate Volunteering zur Reputationspflege des Unternehmens bei (1. American Chamber of Commerce in Germany und Roland Berger Strategy Consultants 2011) und kann Vorteile bei der Rekrutierung neuer Mitarbeiter verschaffen (Gentile et al. 2008).

Für Unternehmen gibt es umfangreiche Vorteile bei der Mitarbeitergewinnung und -weiterbildung. 66 % der Erwerbstätigen der Generation Y geben an, dass sie es bevorzugen würden, in einem Unternehmen zu arbeiten, das ihnen Möglichkeiten bietet, ihre Fähigkeiten anzuwenden, um soziale Organisationen zu unterstützen (Deloitte und Touche USA LLP 2007). 90 % der Teilnehmer eines Engagementprogrammes geben an, dass sich ihre professionellen Fähigkeiten durch ihre CV-Erfahrung verbessert hätten (Emerging World 2015), beispielsweise ihre Kundenbetreuungsfähigkeiten, die Führungskompetenzen sowie ihre Präsentationsfähigkeiten. Die „out of the box“-Erfahrung ermöglicht es den Mitarbeitenden, Annahmen zu hinterfragen und innovativer zu denken (Emerging World 2015). Durch den häufig stattfindenden team- und abteilungsübergreifenden Austausch werden die Beziehungen zwischen Mitarbeitenden bzw. Teams gestärkt und vermehrt Möglichkeiten für Abteilungen, sich gegenseitig zu unterstützen, geschaffen (LBG Associates 2009; Deutscher Bundestag 2012).

Personal Value von Corporate Volunteering

Viele Freiwillige haben eine große intrinsische Motivation und suchen das Gefühl persönlicher Sinngenerierung. In der Forschung konnten fünf Hauptmotive für ehrenamtliches Engagement belegt werden (Haumann 2014):

- die Freude am Engagement,
- der Wunsch, etwas für andere zu tun,
- die Ausrichtung auf eine besondere Gruppe oder ein besonderes Anliegen,
- die Möglichkeit, etwas mit dem Engagement zu bewegen, und
- der Wunsch, Dinge zu verändern.

In der Befragung des Instituts für Demoskopie Allensbach (Haumann 2014) geben 95 % der Freiwilligen an, dass für sie die Freude an der Tätigkeit für andere im Vordergrund steht. Die große Mehrheit der Freiwilligen wird zudem durch die Wünsche motiviert, anderen zu helfen (86 %) oder sich für bestimmte Anliegen oder Gruppen einzusetzen (82 %). Viele werden auch aktiv, weil sie das Gefühl haben, gebraucht zu werden (82 %), mit der eigenen Tätigkeit etwas zu bewegen (83 %) oder das Leben an ihrem Wohnort attraktiver zu machen (70 %).

Zusammen mit diesen altruistischen Antrieben spielen für die große Mehrheit der Freiwilligen aber zugleich selbstbezogene Motive eine Rolle. Verbreitet sind insbesondere die Erwartungen, bei der freiwilligen Tätigkeit Leute zu treffen und Kontakte zu pflegen (82 %), Abwechslung zum Alltag zu erleben (67 %) sowie den eigenen Interessen und Neigungen nachzugehen (75 %). Nicht zuletzt die Suche nach einer sinnvollen Aufgabe (65 %) hat viele der Freiwilligen zur Beteiligung motiviert.

Generell zieht sich das meist private Engagement in Deutschland quer durch alle Schichten und Altersklassen (Deutscher Bundestag 2012). Häufige Engagementbereiche sind die Themen „Sport und Bewegung“, „Kindergarten und Schule“ sowie „Religion und Kirche“.

Social Value von Corporate Volunteering

Der soziale Sektor deckt in Deutschland unter anderem die gesellschaftlichen Aufgaben Daseinsvorsorge, Katastrophenhilfe, Kultur und Medien, Sport, Freizeit und Gesellschaft, Wissenschaft und Forschung, Bildung und Erziehung, Gesundheitswesen, Kirche und religiöse Vereinigungen, internationale Solidarität sowie Umweltschutz ab (Krimmer und Priemer 2013). Er umfasst in Deutschland mindestens 620.000 Organisationen, die in ihrer Größe, Reichweite und Finanzierung stark variieren (Krimmer und Priemer 2013). Von diesen Organisationen sind 580.000 in der Rechtsform Verein organisiert, etwa 20.000 als Stiftungen, 10.000 als gGmbH und weitere 10.000 als Genossenschaften. Von den Organisationen haben zwei von drei ein Jahresbudget unter 20.000 Euro. Nur jede siebte Organisation hat ein Jahresbudget über 100.000 Euro. Besonders die Bereiche Bildung, Sport und Kunst sind überwiegend ehrenamtlich organisiert, dort kommen auf eine hauptamtliche Kraft im Schnitt 300 freiwillig Engagierte. In den stärker verberuflichten Bereichen Gesundheit und Vorsorge kommen auf eine hauptamtliche Kraft durchschnittlich drei Freiwillige (Krimmer und Priemer 2013). Typische Vertreter des sozialen Sektors sind Wohlfahrtsverbände, Hilfsorganisationen, internationale NGOs, Stiftungen, Sportvereine oder Fördervereine. In Deutschland gibt es keine einheitliche Definition des Begriffs soziale Organisationen, die auch als gemeinnützige Organisationen, Non-Profits oder Sozialunternehmen bezeichnet werden.

Die Welt der sozialen Organisationen ist von chronischer Unterfinanzierung geprägt, sie arbeiten unter schlechteren organisatorischen Bedingungen als Unternehmen. Durch die häufig nicht oder nur schwach ausgeprägten Geschäftsmodelle und die engen Mittelverwendungsrichtlinien der Gemeinnützigkeit sowie den Overheadmythos (BBB Wise

Giving Alliance und Charity Navigator GuideStar 2013) stehen weniger Ressourcen zur Verfügung.

Viele soziale Organisationen sehen deswegen in Unternehmen in erster Linie einen Fundraisingkanal und fragen nach Spenden. Von diesen Spenden werden wiederum Personal und externe Dienstleister bezahlt. Durch CV-Programme eröffnet sich für soziale Organisationen die Chance, die benötigten Ressourcen für ihre Arbeit durch die Gewinnung von Fachkräften zu erhalten. Für soziale Organisationen in Deutschland werden Unternehmenskooperationen und der Einsatz von Freiwilligen über CV-Angebote zunehmend bedeutungsvoller. Für soziale Organisationen ist es außerdem interessant, neue Freiwillige für ihre Mission zu gewinnen, sei es für die konkrete Arbeit wie auch für Gremien und ehrenamtliche Leitungstätigkeiten. Zusätzlich kann CV-Engagement eine Möglichkeit bieten, neue Fähigkeiten im Team hinzu zu gewinnen (Blanke und Lang 2010).

Für soziale Organisationen ist die Zusammenarbeit mit Unternehmen immer eine gemeinsame Aktivität, die zur Erfüllung der gesellschaftlichen Aufgabe der sozialen Organisation beitragen soll. Wird dieser Umstand von Unternehmen vernachlässigt, sieht sich die soziale Organisation zur Eventagentur degradiert.

1.2 Zielebenen und Position von CV-Programmen

Mit Corporate Volunteering werden die Ziele und Entwicklungsfelder des Unternehmens mit bürgerschaftlichem Engagement verknüpft. Um beide Aspekte zu berücksichtigen, müssen die Bedarfe sozialer Organisationen bei der Programmgestaltung ebenso berücksichtigt werden wie innerbetriebliche Belange. Es müssen interne und externe Stakeholder eingebunden und als Unterstützer des Programms gewonnen werden.

Zielebenen
Für die Verankerung eines CV-Programms im Unternehmen muss das Programm nach innen kommuniziert werden und Ziele und Modalitäten müssen für alle Stakeholder transparent dargestellt werden. Hat sich ein CV-Programm etabliert, kann es auch in der Außenkommunikation verwendet werden. Fünf Ebenen sind für die Zielbestimmung wichtig, sie gehen mit sehr unterschiedlichen Motiven der Stakeholder einher. In Tab. 1 sind die fünf Zielebenen Strategie, Mitarbeiter, Innen- und Außenwirkung sowie die sozialen Organisationen eines CV-Programmes aufgelistet. Die Motivlage gibt an, welche Ziele Unternehmen mit einem CV-Programm verfolgen können.

Ansiedlung von Corporate-Volunteering-Programmen im Unternehmen
CV-Programme können in Unternehmen sowohl beim Vorstand, in CSR, Kommunikation oder HR aufgehängt sein. Wichtig ist in jedem Fall die Unterstützung durch die Vorstandsebene. Hilfreich ist die Zusammenarbeit der betroffenen Abteilungen, da CV viele Zielebenen eines Unternehmens betrifft.

Tab. 1 Zielebenen von CV-Programmen

Zielebene	Motivlage
Strategie	Übergeordnete Unternehmensziele, inhaltliche Fokussierung, Verknüpfung oder Synergien mit existierenden Programmen
Mitarbeiter	Entwicklung von Sozialkompetenz, Führungskompetenz, Perspektivenwechsel, Selbstwirkung erfahren, Verantwortungsübernahme
Innenwirkung	Employer Branding, Retention
Außenwirkung	Kommunikation des Engagements, gesteigerte Arbeitgeberattraktivität, transparente Verantwortungsübernahme
Soziale Organisationen	Zusätzliche Ressourcen, Wirkungssteigerung, bedarfsorientierte Unterstützung, Kontakte zu Unternehmen

2 Format und Inhalt von CV-Programmen

Ein CV-Programm bietet eine Vielzahl an Gestaltungsmöglichkeiten, zwischen denen Unternehmen je nach Zielsetzung wählen können. Projekte können in verschiedenen Formaten, wie zum Beispiel 1-Tages-Workshops, Telefonberatung oder als Projektteams, angeboten werden. Eine Fokussierung auf bestimmte soziale Herausforderungen wie Bildung, Umwelt oder Demografie ist möglich. Es können je nach Zielstellung die Kompetenzen der Angestellten eingebunden oder Leadership- und Persönlichkeitsentwicklung gefördert werden. Über Pro-bono-Engagement können gezielt die beruflichen Kompetenzen der Mitarbeiter für soziale Organisationen zur Verfügung gestellt werden. Wurden bereits langjährige Erfahrungen mit CV-Programmen innerhalb eines Unternehmens gesammelt, können die Aktivitäten in Flagship-Programmen gebündelt oder länderübergreifend ausgerollt werden.

2.1 Dauer und Umfang von einzelnen CV-Projekten

In den vergangenen Jahren hat sich eine Vielzahl von geeigneten CV-Formaten herausgebildet. Die Projekte können – je nach Bedarf der sozialen Einrichtungen und den Kapazitäten der Freiwilligen – punktuell, das heißt über wenige Stunden, oder über mehrere Monate stattfinden (Hartman und Park 2013).

(1) Kurzes Engagement
- Im Rahmen einer *Telefonberatung* werden gezielte Fragestellungen einer gemeinnützigen Organisation durch einen Experten beantwortet
- Bei *Aktionstagen/Social Days* führen Freiwillige für die Dauer von ein oder zwei Tagen Reparatur-, Reinigungs- oder Bauunterstützung bei gemeinnützigen Organisationen durch

- Während eines eintägigen *Kreativmarathons* kommen gemeinnützige Organisationen mit Experten aus verschiedenen Fachbereichen zusammen, die ihr Fachwissen für ein konkretes Anliegen der Organisation einsetzen

(2) Befristetes Engagement
- Kontingente von *Dienstleistungen*, z. B. Rechtsberatung, Design, PR, werden von Unternehmen für gemeinnützige Organisationen zur Verfügung gestellt
- Mehrmonatige Vollzeiteinsätze von Freiwilligen in gemeinnützigen Organisationen können etwa durch *Praktika, Secondments* (Freistellung der Mitarbeitenden für konkrete Projekte bei voller Bezahlung) gewährleistet werden
- *Entwicklungsprojekte* führen mehrere Freiwillige mit verschiedenen Funktionen und Verantwortlichkeiten zusammen, um über einen bestimmten Zeitraum hinweg ein konkretes Vorhaben einer gemeinnützigen Organisation umzusetzen, z. B. Buchhaltungsprogramm einführen, Rechtsfrage lösen, Kampagne erarbeiten

(3) Längerfristiges Engagement
- In Form *regelmäßiger Mitarbeit* stellen viele Freiwillige ihre Arbeitskraft einmal oder mehrmals wöchentlich, monatlich oder in anderen regelmäßigen Abständen für gemeinnützige Einrichtungen zur Verfügung. Eine besondere Form der regelmäßigen Mitarbeit stellt die *Gremienarbeit* dar, etwa in Form eines ehrenamtlichen Vorstandes oder mit der Übernahme einer Schirmherrschaft
- Vertreter der gemeinnützigen Organisation und eine Fachkraft aus der Wirtschaft tauschen sich über mehrere Monate hinweg regelmäßig im Rahmen eines *Funktionstandems* über ein Aufgabengebiet, beispielsweise Kommunikation, IT oder Personal, aus und übertragen Know-how auf das Arbeitsfeld des jeweils anderen
- Freiwillige beraten einige Stunden pro Monat einzelne Personen, z. B. Schüler/Auszubildende, in ihrer persönlichen Entwicklung und stehen als *Mentoren* zur Verfügung

CV-Programme können aus einem oder mehreren dieser Formate gestaltet werden (Leißner und Stolze 2016). Für die Standardisierung, die Vereinfachung der Prozesse und die Qualitätssicherung hat sich die Fokussierung auf ein konkretes Format bewährt, für das wiederverwendbare Materialien entwickelt werden.

2.2 Auswahl der Freiwilligen

Bei der Auswahl der Zielgruppe der Freiwilligen können Unternehmen entweder die gesamte Belegschaft ansprechen oder sich an einzelne Gruppen gezielt wenden. Zum Teil gibt es dedizierte Programme für Nachwuchsführungskräfte (Trainees) und/oder Auszubildende, zum Beispiel im H&M Social Day für Auszubildende. Andere Programme richten sich explizit an Führungskräfte, wie zum Beispiel das SAP Social Sabbatical Programm. Wieder andere Unternehmen setzen auf interdisziplinäre Teams (verschiedene

Hierarchien und Abteilungen), wie zum Beispiel das IBM-Programm „Corporate Service Corps“, oder Tandems aus erfahrenen Mitarbeitern und Nachwuchsführungskräften.

Für die Verankerung in der Belegschaft haben sich folgende Aspekte als hilfreich erwiesen:

- einfache, transparente Teilnahmemöglichkeiten,
- Bereitstellung von Arbeitszeit durch das Unternehmen,
- Vorbildwirkung durch die Teilnahme hochrangiger Führungskräfte an den Projekten,
- bereitgestellte Argumentationshilfen gegenüber den Vorgesetzten,
- authentische Gestaltung des Programms und strategische Einbettung in die Unternehmensziele,
- eine Auswahl aus verschiedenen Engagementmöglichkeiten, die zu den individuellen Vorlieben der Mitarbeiter passen.

2.3 Auswahl von Fokusthemen

Auch bei CV-Programmen ist eine strategische Fokussierung sinnvoll. Dies kann entweder der Tätigkeitsbereich, ein lokaler Bezug oder die Art der sozialen Organisationen sein.

Viele Unternehmen haben für ihre CV-Aktivitäten Fokusthemen festgelegt, die nah an ihrem Kerngeschäft sind. Das können zum Beispiel Bildung, Sport, Kultur, internationale Verständigung, Ernährung oder Demografie sein. Das Versicherungsunternehmen Generali hat sich dem Thema Demografiewandel verschrieben. Häufig wurde im Rahmen einer allgemeinen CSR-Strategie bereits eine inhaltliche Festlegung getroffen, die für das CV-Programm übernommen wird. Seit Herbst 2015 können Unternehmen sich auch an den Sustainable Development Goals der UN beteiligen (UN Sustainable Development Goals 2015) und eines oder mehrere für ihr CV-Programm auswählen, beispielhaft geht BASF vor.

Ein regionaler Bezug, zum Beispiel um einen Firmenstandort herum oder in Ländern, in denen ein Unternehmen aktiv ist, ist ebenfalls möglich. Dies ergibt sich unter Umständen auch aus der Entstehung eines CV-Programms, das auf Initiative einzelner Mitarbeiter startet.

Bei der Auswahl der sozialen Organisationen (s. auch Abschn. 4), die an einem CV-Programm teilnehmen, ist eine Fokussierung auf kleinere soziale Initiativen (ehrenamtliche Vereine, Bürgerinitiativen, Social Start-ups) oder auf etablierte Organisationen mit mehreren Vollzeitstellen (Wohlfahrtsorganisationen, kirchliche Verbände etc.) möglich.

2.4 Kompetenzen für soziale Organisationen

Freiwillige können in sozialen Organisationen sowohl in der inhaltlichen Arbeit, für organisationsinterne Aufgaben als auch in Gremien tätig werden. Aus den unterschiedlichen

Einsatzzwecken ergibt sich eine grobe Unterteilung in praktisches (engl. „non-skilled volunteering") und professionelles (engl. „skilled") Engagement, Letzteres wird auch als *pro bono*[1] bezeichnet. Bei praktischen Engagements steht die eingebrachte Zeit im Vordergrund, beispielsweise die Betreuung einer Ferienfreizeit, das Vorlesen für Kinder oder das Pflanzen neuer Bäume auf einem Spielplatz. Bei professionellem Engagement steht der Einsatz der beruflichen Kompetenzen im Vordergrund, so übernimmt zum Beispiel eine Steuerberaterin die Steuererklärung für einen gemeinnützigen Verein oder der Personalchef eines Unternehmens konzipiert im Auftrag eines Jugendclubs Bewerbertrainings (Abb. 2).

In Deutschland stehen bisher praktische CV-Einsätze im Vordergrund. Da soziale Organisationen auch Unterstützung in Marketing, IT, Administration, Strategie, Finanzen oder Personal benötigen, bieten sich Unternehmen neben praktischem Engagement auch Möglichkeiten zu Pro-bono-Engagement.

Unternehmen und soziale Organisationen können zusammenarbeiten, ein Kampagnenkonzept oder einen Businessplan für eine soziale Organisation erarbeiten und bei der Umsetzung mit IT-Infrastruktur, nützlichen IT-Tools und Datenbanken oder Budgetplanung unterstützen. Die Münchner Unternehmensgruppe Clevis engagiert sich auf diese Weise seit vielen Jahren. Professional Service Firms, wie Anwaltskanzleien, Marketingagenturen oder Steuerberatungen, bieten ihre Dienstleistungen für soziale Organisationen kostenlos oder zu reduzierten Sätzen an und engagieren sich auf diese Weise. Beispielhaft kann hier Freshfields Bruckhaus Deringer LLP genannt werden.

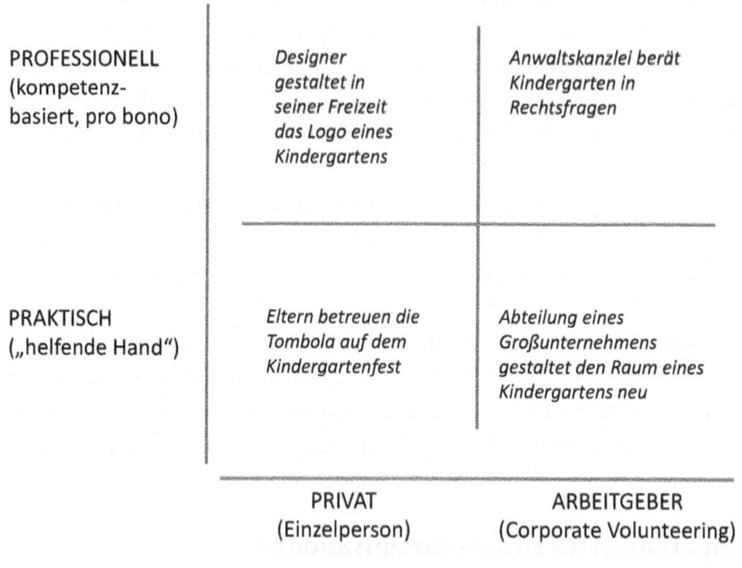

Abb. 2 Beispiele zu den Arten von Freiwilligenarbeit. (Leißner und Stolze 2016)

[1] Von lat. *pro bono publico*, „zum Wohle der Öffentlichkeit".

2.5 Stärkung des existierenden privaten Engagements

Möchte ein Unternehmen sich nicht eingrenzen oder Vorgaben machen, gibt es die Möglichkeit, das existierende private Engagement der Mitarbeiter zu stärken und Arbeitszeit und/oder Geld zur Verfügung zu stellen.

Das ING Diba „We care"-Programm, die ACT-Plattform der Allianz SE oder das Henkel Engagementprogramm ermöglichen auf diese Weise ihren Angestellten ein Engagement nah an ihren Interessen. Wichtig ist in diesem Fall die kommunikative Einbindung des CV-Programms in die CSR-Strategie und die Verankerung in der Mitarbeiterschaft, da es eine hohe Eigeninitiative seitens der Mitarbeiter voraussetzt.

2.6 Leadership-Programme

Steht die Entwicklung der Mitarbeiter im Vordergrund, kann ein CV-Programm auch unter Leadership-Gesichtspunkten gestaltet werden. Lernen und die Entwicklung einer persönlichen Führungskultur findet in herausfordernden oder unbekannten Settings statt (Mc Call et al. 1998). Leadership-Programme mit CV-Anteil können diese Lernerfahrung auf eine geordnete und lebensechte Weise bereitstellen. Die Begleitung durch Coaches fördert die Persönlichkeitsbildung und Festigung des Gelernten.

Im deutschsprachigen Raum bieten beispielsweise das „Capability Program" von Bookbridge oder das „Social Excellence Program" von Proboneo diesen Ansatz.

2.7 Flagship-Programme und Umsetzung internationaler CV-Programme in Landesgesellschaften

Die meisten CV-Programme starten mit lokalem Bezug, aus einem konkreten Anlass und manchmal auch auf Initiative einzelner Mitarbeitenden. Ein neuer Trend ist die Einführung von Flagship-Programmen (Corporate Citizenship 2016), die alle Corporate-Citizenship-Elemente unternehmensweit miteinander verbinden und auf die Lösung einer gesellschaftlichen Frage ausrichten. Lokale Unternehmenseinheiten adaptieren das Kernthema und tragen so ihren Teil dazu bei.

So möchte die Kellog Company den Hunger weltweit durch die Bereitstellung von Frühstücksangeboten bekämpfen, Microsoft schafft für 300 Mio. junge Menschen Teilhabe durch Technologie und Unilever möchten für 1 Mrd. Menschen die hygienischen Bedingungen durch die Einführung von Händewaschritualen verbessern. Alle drei haben ein Nischenthema gefunden, das sinnvoll durch ihre CV-Strategie bearbeitet werden kann. Dazu werden weltweit alle Spenden- und CV-Aktivitäten sowie das Marketing darauf ausgerichtet.

Auch wenn kein Flagship-Programm angestrebt ist, gibt es vielfach eine internationale CV-Strategie und Vorgaben zur Umsetzung in den jeweiligen Landesgesellschaften.

Um das Rad nicht neu zu erfinden, kann für international tätige Unternehmen auch die Adaption von CV-Programmen aus anderen Ländern infrage kommen.

2.8 Zusammenarbeit mit Partnern

Bei der Umsetzung ihrer CV-Programme können Unternehmen mit Partnern zusammenarbeiten. Es bieten sich Freiwilligenagenturen oder Programme mit Engagementmöglichkeiten an.

Freiwilligenagenturen
Freiwilligenagenturen, von denen es über 500 in Deutschland gibt (www.bagfa.de), bieten meist eine breite Palette an Engagementangeboten für unterschiedliche soziale Organisationen. Viele bieten sogenannte Social Days, 1-Tages-Engagements für Teams, die komplett durch die Agentur vor- und nachbereitet werden. Einige Freiwilligenagenturen agieren auch deutschlandweit (Stiftung Gute-Tat, Proboneo) oder sind spezialisiert (You-vo, Seitenwechsel).

Engagementprogramme
Einige Programme bieten Engagement für eine bestimmte gesellschaftliche Aufgabe, wie zum Beispiel Joblinge (gegen Jugendarbeitslosigkeit), wellcome (Familien mit Neugeborenen), Myfinancecoach (Finanzbildung für Jugendliche), Balu und Du (Mentoring) oder die SOS-Kinderdörfer (Waisenkinder). Diese Partner übernehmen das Programmmanagement, die Qualitätssicherung und bieten langfristige Engagementangebote in gleichbleibender Qualität.

3 Die Auswahl sozialer Organisationen für ein CV-Programm

Die Zusammenarbeit mit sozialen Organisationen kann für Unternehmen sehr bereichernd sein, wenn Bedarf und Konzept gut aufeinander abgestimmt sind. Unternehmen können Kriterien für die Auswahl passend zu ihrem CV-Programm entwickeln, um sicherzustellen, dass die soziale Organisation zum Unternehmen passt, das Reputationsrisiko gering und das konkrete CV-Projekt durchführbar ist und Aussicht auf Erfolg hat.

3.1 Wirkungsorientierung

Wichtiges Erfolgskriterium für soziale Organisationen ist die gesellschaftliche Wirkung, die sie für ihre Zielgruppe erreichen, anders als für Unternehmen steht nicht die Gewinnerzielungsabsicht im Vordergrund. Sie richten ihre Aktivitäten deshalb wirkungsorientiert aus. Nach der Analyse der Beschaffenheit und Größe des gesellschaftlichen Problems werden gezielt Maßnahmen entwickelt und die kurz-, mittel- und langfristige Wirkung bestimmter Angebote evaluiert. Die Anwendung einer solchen Wirkungslogik (Phineo gAG 2013a) ist auch bei der Gestaltung von CV-Programmen sinnvoll, da auch diese beitragen, gesellschaftliche Herausforderungen zu lösen (Phineo gAG 2013b).

3.2 Kriterien zur Auswahl sozialer Organisationen

Um eine gerechte und transparente Verteilung von CV-Ressourcen sicherzustellen, ist es sinnvoll, ein Prüfraster für die Auswahl von und Zusammenarbeit mit sozialen Organisationen zu entwickeln. Ziel ist aus Sicht der Unternehmen die Prüfung der Bedürftigkeit, der Schutz vor Überraschungen (negative Presse, staatsfeindliche Verstrickungen von Be-

Tab. 2 Kriterien für die Auswahl sozialer Organisationen für die Aufnahme in ein CV-Programm

Organisation	– Juristische Person (Verein, gGmbH, Stiftung etc.) oder soziale Initiative, keine private Einzelperson – Firmierung, Sitz, Kontaktdaten – (Voraussichtliches) Gründungsjahr – Gemeinnützigkeit (aktueller Freistellungsbescheid) und/oder sozialer Zweck – Gesellschaftsrechtliche Verbundenheit mit Dritten, z. B. ausgegliederter Wirtschaftsbetrieb, Partnerorganisation
Soziale Vision und Wirkungslogik	– Vision, Mission, Werte – Welche gesellschaftliche Herausforderung löst die Organisation? Ausmaß und Dringlichkeit der Herausforderung? Größe und Bedürftigkeit der Zielgruppe? – Passt das Tätigkeitsfeld zur CV-Strategie des Unternehmens – Klarheit der eigenen Wirkungsorientierung in der Kommunikation – Mittelherkunft (Spenden/Förderbeiträge/Einkünfte aus wirtschaftlichem Geschäftsbetrieb) – Mittelverwendung (überwiegend für den gemeinnützigen Zweck?) – Strategie zur Erreichung der mittel- und langfristigen Vision
Ressourcen	– Geschäftsmodell/Finanzierungsstruktur – Anzahl der Mitarbeiter (hauptamtliche, ehrenamtliche, Honorarkräfte) – Hausinterne Ressourcen für die Koordination des CV-Projekts (Personal/Zeit/Sachleistungen/Geld) – Vorstands- oder Geschäftsführerzustimmung zum CV-Projekt
Seriosität und Transparenz	– Ansprechpartner für das Projekt (Position, Qualifikation, Kontaktdaten) – Webseite und Onlinepressecheck – Teilnahme an der „Initiative Transparente Zivilgesellschaft" oder Phineo-Wirkt!-Siegel, stifter-helfen.de-Akkreditierung o. a. vorhanden – Transparenz der Informationen zu Projektarbeit, Governance und Finanzen – Ausschluss: Organisationen, die die Diskriminierung bestimmter Personengruppen unterstützen oder praktizieren
CV-Projekt	– Durchführbarkeit – Potentieller Nutzen für die Organisation

Tab. 3 Kriterien für die Auswahl von Freiwilligen und Unternehmen aus der Sicht einer sozialen Organisation

Einzelpersonen	– Berufserfahrung – Lebenslauf – Motivation – Zeitliche und räumliche Verfügbarkeit – Empfehlungen – ggf. Webseite und Onlinepressecheck – Bisherige Engagementerfahrung
Unternehmen	– Ansprechpartner für das Projekt/CV-Programm (Position, Qualifikation, Kontaktdaten) – Webseite und Onlinepressecheck – Geschäftsmodell/Finanzierungsstruktur/Anteilseigner – Anzahl der Mitarbeiter – Struktur des CV-Programms – Weitere Leistungen (z. B. Geldspenden) – Strategische (inhaltliche) Bedeutung für die Arbeit der sozialen Organisation – Ausschluss: Organisationen, die die Diskriminierung bestimmter Personengruppen unterstützen oder praktizieren

teiligten etc.) und Transparenz über die gesellschaftliche Wirkung der sozialen Organisation. Tab. 2 gibt Beispiele für Kriterien für die Auswahl sozialer Organisationen.

Umgekehrt prüfen auch soziale Organisationen, mit welchen Unternehmen und Personen sie zusammenarbeiten werden, und achten auf Faktoren, wie in Tab. 3 dargestellt.

Jedes Unternehmen und jede soziale Organisation werden für sich festlegen, welche Kriterien für die eigenen Belange die passenden sind. Es empfiehlt sich, zunächst mit leicht zu überprüfenden Kriterien (Gemeinnützigkeit, aktuelle Satzung/Gesellschaftsvertrag, Eigendarstellung der Organisation) zu starten und diese nach einiger Zeit, wenn genügend Erfahrungen gesammelt wurden, ggf. anzupassen.

3.3 Auftrags- und Zielklärung zur Anbahnung von CV-Projekten

Ist geklärt, welche sozialen Organisationen für die Teilnahme an einem CV-Programm infrage kommen, geht es um die spezifische Passung. Im Rahmen einer Auftrags- und Zielklärung können die Programmverantwortlichen in Vorgesprächen interessierten sozialen Organisationen das Programm vorstellen und prüfen, welche Erwartungen die Organisationen mit einer möglichen Teilnahme verknüpfen. Welche Herausforderung soll gelöst werden, was wurde schon unternommen, wie dringend ist das Problem?

Für Unternehmen ist es ratsam, ihre Ziele und den Ressourceneinsatz rechtzeitig und transparent zu kommunizieren. Es muss im Vorfeld geklärt werden, wie viele Freiwillige für das Vorhaben überhaupt sinnvoll sind – und wie viele die Organisation managen kann.

Da sie ihre eigenen Bedürfnisse und Anforderungen an eine CV-Maßnahme selbst kaum oder gar nicht artikulieren können, agieren sie oft abwartend.

Die Klärung dieser Fragen hilft, die gegenseitigen Erwartungen abzustimmen und die entsprechenden Ressourcen einzuplanen. Nachfolgend ist eine Übersicht über Fragen, mit denen eine Auftrags- und Zielklärung durchgeführt werden kann, gegeben. Auch im Corporate Volunteering steigen die Möglichkeiten zur virtuellen Zusammenarbeit. Auftrags- und Zielklärungen lassen sich gut per Telefon durchführen. Das gilt auch für viele CV-Projekte, die per E-Mail und Telefon und daher ortsunabhängig bearbeitet werden können.

1. Was macht Ihre Organisation, wie wirkt sie?
2. Welchen Bedarf haben Sie aktuell?
3. Was haben Sie schon selbst versucht? Was hat gut funktioniert, was nicht?
4. Was passiert, wenn Sie das Thema nicht angehen würden?
5. Welche internen Ressourcen haben Sie, um diese Entwicklungen anzustoßen?
6. Mit welchem Ergebnis wären Sie am Ende des Projekts zufrieden?
7. Haben Sie bereits mit Freiwilligen zusammengearbeitet? Welche positiven oder negativen Erfahrungen haben Sie gemacht?
8. Wie dringend ist der Bedarf, gibt es Fristen?
9. Was können wir darüber hinaus für Sie tun?

Aufgrund ihrer finanziellen Situation sind soziale Organisationen die Zusammenarbeit mit externen Dienstleistern nicht in dem Umfang gewohnt wie beispielsweise internationale Konzerne. Eine große Gefahr bei CV-Projekten ist die „Alles-gleichzeitig-Falle". Besser ist die Fokussierung auf eine Aufgabe. Ist diese gelöst, können im Rahmen der Partnerschaft weitere vorgenommen werden. Manchmal erwarten soziale Organisationen, oft ohne es reflektiert zu haben, von einem CV-Projekt Antworten, welche nur die soziale Organisation selbst finden kann.

4 Organisation von CV-Programmen

Ressourcen

Wie auch bei anderen Initiativen innerhalb eines Unternehmens benötigt man für ein CV-Programm ein gutes Projektmanagement, eindeutige Zuständigkeiten und eine Allokation von Ressourcen. Häufig sind CV-Programme in Vorstandsnähe, in Marketingteams oder – falls vorhanden – in CSR-Abteilungen aufgehängt.

Bei der Gestaltung eines CV-Programms ist zu klären, welchen Umfang das Programm in Bezug auf Anzahl der teilnehmenden Mitarbeitenden, das Zeitinvestment pro Mitarbeiter, das Budget, die Laufzeit sowie die Anzahl der sozialen Organisationen haben soll.

Eine Regelung, wie viel Arbeitszeit für CV-Einsätze bereitsteht, ist hilfreich, aber kein Muss. Viele Unternehmen stellen erfahrungsgemäß zwischen 4 und 20 Stunden pro Jahr pro Mitarbeiter zur Verfügung. Auch wenn in der Gesamtbevölkerung in Deutschland die

Engagementquote bei einem Drittel der Bevölkerung (Deutscher Bundestag 2012) liegt, ist die Teilnahmequote an CV-Programmen erfahrungsgemäß eher im einstelligen Prozentbereich. Sinnvoll ist ein unternehmensübergreifendes Kontingent, das gemeinsam von den teilnehmenden Mitarbeitern ausgeschöpft werden kann.

Nach dem Motto „think big, start small" hat es sich bewährt, für neu eingeführte Programme einen Erprobungszeitraum und mehrere Testzyklen festzulegen. Mit den ersten Absolventen gewinnt das Unternehmen meist wohlwollend kritische Unterstützer, die wertvolle Hinweise für die Weiterentwicklung geben können und Fürsprecher für die Verankerung im Unternehmen sind.

Ein gutes CV-Programm benötigt entsprechende Ressourcen und der CV-Programmverantwortliche sollte ein festes Zeitbudget haben, das auf die Programmorganisation verwendet werden kann. Darüber hinaus braucht es unter Umständen finanzielle Ressourcen für das interne Marketing, die Zusammenarbeit mit Partnern oder begleitende Spenden für die sozialen Organisationen.

Governance

CV-Programme bieten die Möglichkeit, abteilungsübergreifend Mitarbeiter bei der (Weiter-)Entwicklung einzubinden. Bereits die Planung kann in divers zusammengesetzten Projektteams oder sogar im Rahmen eines kollektiven Brainstormings beginnen. Später kann ein Programmbeirat gebildet werden, der die Programmverantwortlichen in der strategischen Ausgestaltung begleitet und aus Mitarbeitern verschiedener Abteilungen und Professionen sowie einem Sponsor aus dem Vorstand zusammengesetzt ist. Wenn ein Betriebsrat existiert, ist es ratsam, diesen ebenfalls von Anfang an einzubinden und arbeitsrechtliche Voraussetzungen für ein CV-Programm zu klären.

Rechtliches

Findet das Engagement der Mitarbeiter in deren Freizeit statt, ist die soziale Organisation für die Unfall- und Haftpflichtversicherung zuständig. Findet das Engagement in der Arbeitszeit oder über Freistellungen statt, haftet das Unternehmen über seine Betriebshaftpflichtversicherung.

Um den Umgang mit den Ergebnissen der Engagements und die Zusammenarbeit zu regeln, bietet sich eine schriftliche Vereinbarung mit der sozialen Organisation an.

Bei CV-Projekten fallen oft weitere Ausgaben an – z. B. für Materialien. Wenn das Unternehmen eine „Gegenleistung" erhält – z. B. die Kompetenzerweiterung der Mitarbeiter oder den Reputationseffekt für das Unternehmen –, können die Aufwendungen als Betriebsausgaben verbucht werden. Wichtig: Es darf dann keine Spendenbescheinigung durch die Organisation ausgestellt werden (Phineo gAG (Przybylski) 2013b)!

Internes Marketing und Anerkennung

Um Teilnehmer für ein CV-Programm zu gewinnen, braucht es häufig eine dedizierte Teilnahmewerbung im Intranet, in der Kantine, in Mailings und über den Flurfunk. Geschichten über vergangene Engagements, Erklärungen, Videobotschaften von Vorständen oder gemeinsame Challenges machen das Engagement greifbar und verständlich. Marketingmaterialien für die Teilnehmer sowie die Vorgesetzten, die über die Vorteile und Rahmenbedingungen aufklären, verstärken die Akzeptanz.

Kehren die Teilnehmer von ihren Einsätzen zurück, sind sie voller Eindrücke und neuer Erfahrungen. Diese möchten sie teilen und verarbeiten. Bei der Programmentwicklung sollte deshalb auch die Rückkehrerbetreuung (z. B. in Form von Folgeveranstaltungen, Schreibtischawards) eine Rolle spielen, die wichtig für die Reflexion und Festigung der neuen Kompetenzen ist. Die Alumni des CV-Programms können nachfolgend immer wieder gesondert als Multiplikatoren und Fürsprecher angesprochen werden.

Evaluation der Wirkung

Ein CV-Programm wird nur erfolgreich sein, wenn es die angestrebte Wirkung auch erfüllen kann. Die Messvariablen des Erfolgs, auch Indikatoren genannt, werden vor Beginn des Programms gesammelt und laufend überprüft und analysiert.

Umfragen, Beobachtungen, Interviews und Beurteilungen können für die Datenerhebung genutzt werden. Mit diesen Informationen ist es möglich, den Einfluss des Programms auf das Unternehmen, die Teilnehmer, die sozialen Organisationen und die Öffentlichkeit zu verstehen. In regelmäßigen Abständen können Lerneffekte und Verbesserungspotenziale identifiziert, innerbetrieblich verankert und in Veränderungsvorschläge umgesetzt werden.

Zur Wirkungsanalyse von CV-Programmen können die gleichen Frameworks wie für soziale Organisationen herangezogen werden (Phineo gAG (Przybylski) 2013b). Der Social Reporting Standard (www.social-reporting-standard.de) bietet einen hilfreichen Leitfaden für die Darstellung der Wirkungslogik eines CV-Programms sowie der Aktivitäten und erzielten Wirkungen im Berichtszeitraum. Darüber hinaus ist eine Einbettung in die Nachhaltigkeitsberichterstattung des Unternehmens möglich.

5 Ausblick

Die Entwicklung und Organisation eines CV-Programms ist eine herausfordernde Aufgabe mit viel Gestaltungsspielraum. Passend zum Unternehmen und zu dessen Zielen können Programmverantwortliche ihre Handlungsfelder definieren, Erfahrungen sammeln und ihr Programm im Laufe der Zeit weiterentwickeln.

So wird es gelingen, Corporate Volunteering zum viel beschworenen Gewinn für alle Seiten zu gestalten und langfristige gesellschaftliche Wirkung zu erzeugen.

Literatur

American Chamber of Commerce in Germany, Roland Berger Strategy Consultants (2011) Corporate Volunteering in Deutschland. Ergebnisse einer Befragung von Unternehmen in Deutschland. http://www.amcham.de/fileadmin/user_upload/Presse/2011/Corporate_Volunteering_Studie_2011_Final.pdf. Zugegriffen: 15. Febr. 2015

Associates LBG (2009) Pro bono volunteering research report

BBB Wise Giving Alliance und Charity Navigator GuideStar (2013) www.overheadmyth.com. Zugegriffen: 29. Mai 2017

Blanke M, Lang R (2010) Soziales Engagement von Unternehmen als strategische Investition in das Gemeinwesen. In: Hardtke A, Kleinfeld A (Hrsg) Gesellschaftliche Verantwortung von Unternehmen. Von der Idee der Corporate Social Responsibility zur erfolgreichen Umsetzung. Gabler, Wiesbaden, S 242–272

Blohm G, Frey D, Traut-Mattausch E (2012) Ein psychologisches Rahmenmodell zur Beschreibung von Wirkprozessen der organisierten Freiwilligentätigkeit in Betrieben (Corporate Volunteering). Wirtschaftspsychologie 14(1):60–69

Corporate Citizenship (2016) Flagship programs

Deloitte & Touche USA LLP (2007) Volunteer IMPACT study

Deutscher Bundestag (2012) Erster Engagementbericht 2012: Für eine Kultur der Mitverantwortung. Zentrale Ergebnisse – Engagementmonitor 2012. Bundesministerium für Familie, Senioren, Frauen und Jugend, Berlin

Emerging World (2015) CISL impact benchmark study: setting a new standard for measuring impact

Gentile GC, Lorenz C, Wehner T (2008) Schwerpunkt Corporate Social Responsibility – Corporate Volunteering – Das hohe C der unternehmerischen Verantwortung. Potenziale und Herausforderungen. ZfO 77(6):352–359

Hartman J, Park J (2013) Taproot foundation, San Francisco. www.taprootfoundation.org/sites/default/files/8_Models_Whitepaper.pdf. Zugegriffen: 29. Mai 2017

Haumann W (2014) Motive des Bürgerschaftlichen Engagements. Bundesministerium für Familien, Senioren, Frauen und Jugend, Berlin

Krimmer H, Priemer J (2013) ZiviZ – Zivilgesellschaft in Zahlen. SV gemeinnützige Gesellschaft für Wissenschaftsstatistik mbH, Berlin

Leißner C, Stolze J (2016) Zeitspenden-Fundraising. In: Fundraising Akademie (Hrsg) Fundraising Handbuch. Springer Gabler, Wiesbaden

Mc Call MW, Lombardo M, Morrison AM (1998) The lessons of experience: how successful executives develop on the job. Lexington Books, Lanham

Phineo gAG, Kurz B, Kubek D (2013a) Kursbuch Wirkung. Phineo, Berlin

Phineo gAG, Przybylski J (2013b) Ratgeber für wirkungsvolles Corporate Volunteering in Unternehmen. Phineo, Berlin

Social Reporting Initiative e. V. (2016) www.social-reporting-standard.de. Zugegriffen: 29. Mai 2017

Stanford Graduate School of Business (2004) MBA graduates want to work for caring and ethical employers

UN Sustainable Development Goals (2015) https://sustainabledevelopment.un.org/majorgroups/businessandindustry. Zugegriffen: 29. Mai 2017

Claudia Schluckebier geb. Leißner, Jahrgang 1985; Diplom-Chemikerin; Geschäftsführerin und Gründerin der Proboneo gGmbH, einer Vermittlungsplattform für fachspezifisches Pro-bono-Engagement (www.proboneo.de). Zuvor war sie Investmentmanagerin bei der Förderorganisation Auridis und Strategieberaterin bei der Unternehmensberatung McKinsey. Sie hat im Rahmen ihrer Tätigkeit bei der gemeinnützigen Auridis gemeinsam mit weiteren Förderstiftungen und Sozialinvestoren den Social Reporting Standard (www.social-reporting-standard.de) mit entwickelt - ein einfaches Instrument zur jährlichen Berichterstattung und die transparente Kommunikation mit Spendern und Förderern. Für neue Vorhaben hat sie aufbauend auf dem Social Reporting Standard den Wirkungsplan entwickelt, eine Anleitung zur Businessplanung für soziale Organisationen.

Akteure im Corporate Volunteering – Mittler/Intermediäre und Netzwerke

Corporate Volunteering aus Intermediärsicht

Jürgen Grenz und Lorenz Lauer

1 Einleitung

Die Knappheit der finanziellen Mittel im gemeinnützigen „dritten" Sektor infolge des Spardrucks der öffentlichen Hand führen zu personellen Engpässen bei sozialen Organisationen (Priller et al. 2012). Der GfK-Spendenmonitor 2015 zeigt zusätzlich, dass der Anteil der Spender an der Bevölkerung weiterhin stagniert (Infratest 2015). Auch in Zukunft ist keine Besserung der Lage zu erwarten, da die allgemeinen Herausforderungen unserer Gesellschaft wie die Flüchtlingskrise und der demografische Wandel gerade auch den gemeinnützigen Sektor betreffen. Gleichzeitig sind viele Unternehmen bereit, hier einen Beitrag zu leisten, und werden auch zunehmend von Staat, Kunden und Arbeitnehmern in die Pflicht genommen, sich als gesellschaftlicher Akteur mit Verantwortung zu positionieren (vgl. Bartscher et al. 2012, S. 30–34; Boccalandro 2010; Stierl und Lüth 2015).

Allerdings fehlt es den Unternehmen häufig an Kenntnissen der gemeinnützigen „Szene" in ihrer Stadt und Region. Zusätzlich haben Unternehmen und NGOs in der Regel grundverschiedene Kulturen, sie „ticken" anders. So vermissen Unternehmen manchmal die gewohnte Verbindlichkeit und Termintreue oder fühlen sich moralisch von oben herab mit dem Zeigefinger zurechtgewiesen. Auf der anderen Seite nehmen NGOs Unternehmen oftmals lediglich als „notwendiges Übel" auf dem Weg zur Spende oder zum Sponsoringvertrag wahr. Daraus resultiert ein erhebliches Potenzial für Missverständnisse (vgl. Boccalandro 2010).

Diese Kluft zu überbrücken, ist die erklärte Aufgabe von Intermediären. Intermediäre oder Mittlerorganisationen sind Anlaufstellen für Menschen, die sich engagieren wollen,

J. Grenz · L. Lauer (✉)
Stiftung Gute-Tat
Zinnowitzer Str. 1, 10115 Berlin, Deutschland
E-Mail: l.lauer@gute-tat.de

S. Dreesbach-Bundy und B. Scheck (Hrsg.), *CSR und Corporate Volunteering*,
Management-Reihe Corporate Social Responsibility,
https://doi.org/10.1007/978-3-662-54092-3_18

und gemeinnützige Organisationen, die Freiwillige für ihre Arbeit benötigen. Sie gewährleisten gute Rahmenbedingungen für gesellschaftliches Engagement, schaffen Netzwerke und Partizipationsmöglichkeiten und versuchen, das Ehrenamt nachhaltig in der Gesellschaft zu verankern. Zusätzlich informieren sie über die rechtlichen Rahmenbedingungen und den Best Practice im Umgang mit Ehrenamtlichen. Da Intermediäre in kontinuierlichem Austausch mit den sozialen Organisationen vor Ort stehen, für sie ehrenamtliche Helfer gewinnen, betreuen und fortbilden, verfügen sie über eine eingehende Kenntnis der Situation des lokalen gemeinnützigen Sektors.

Laut Bundesarbeitsgemeinschaft der Freiwilligenagenturen e. V. (BAGFA) gibt es in Deutschland über 500 Mittlerorganisationen (Brandhorst 2010).[1] Diese sind von ihrer Struktur und Personalausstattung her äußerst divers; man findet hier Freiwilligenagenturen, Nachbarschaftshäuser, (Bürger-)Stiftungen und Initiativen (Backhaus-Maul et al. 2012; Bertelsmann Stiftung 2010). Gelegentlich übernehmen auch die Kommunen die Förderung und Weiterverbreitung freiwilligen Engagements. Manche von ihnen gewinnen ihre Ehrenamtlichen vor allem online, andere gewinnen ihre Freiwilligen über Informationsveranstaltungen oder Kooperationen mit der Presse. Vereint sind sie jedoch in ihrer Aufgabe, Menschen, die sich engagieren wollen, mit Projekten, die diese Hilfe benötigen, zusammenzubringen. Darunter fällt auch die Funktion, die sich fremden Welten der Unternehmen und des dritten Sektors miteinander zu verknüpfen und so gesellschaftlichen Mehrwert zu schaffen.

2 Corporate Volunteering

Eine gute Möglichkeit, solch einen Mehrwert zu schaffen, ist das in diesem Buch behandelte Corporate Volunteering (CV), die Freistellung von Mitarbeitern für die Übernahme von Aufgaben in einer gemeinnützigen Organisation. Der klassische Begriff des „Unternehmensengagements“ wird zunehmend von der englischen Bezeichnung Corporate Volunteering ersetzt. Hier existieren zahlreiche Formate. Grundsätzlich lässt sich zwischen dem klassischen und dem Skills-Based Volunteering unterscheiden. Beim Skills-Based Volunteering oder Pro-bono geht es darum, die spezifischen Kenntnisse des Unternehmens und der Mitarbeiter gewinnbringend in die Organisation einzubringen. Ein Beispiel hierfür ist das Design von Flyern durch eine Werbeagentur. Demgegenüber geht es beim klassischen Volunteering eher um allgemeine Helfertätigkeiten, beispielsweise Streichen von Räumen oder Gärtnern. Die Übergänge sind hier selbstverständlich fließend.[2]

Auch der Zeitrahmen kann sich von Projekt zu Projekt unterscheiden. So stellen manche Unternehmen einzelne Mitarbeiter für eine gewisse Anzahl an Stunden im Monat

[1] Siehe auch http://www.bagfa.de/freiwilligenagenturen.html.

[2] In Erfahrung der Stiftung Gute-Tat wünschen sich gerade Mitarbeiter mit Schreibtischtätigkeiten eine Abwechslung vom Büroalltag und übernehmen gerne körperliche Tätigkeiten wie Gärtnern oder Renovieren.

frei.[3] In anderen Fällen gibt der Arbeitgeber gesamten Abteilungen für einen oder mehrere Tage im Jahr die Möglichkeit, sich während der Arbeitszeit als Team gesellschaftlich einbringen zu können.

CV birgt das Potenzial einer Win-win-win-Situation, aus der sich Vorteile für die gemeinnützige Organisation, das Unternehmen und die Gemeinschaft ergeben. Im Weiteren werden die möglichen positiven Effekte aus Sicht der jeweiligen Seite diskutiert.

3 Effekte von Corporate Volunteering

Für die gemeinnützige Organisation liegt der Vorteil auf der Hand. Durch die Inanspruchnahme von ehrenamtlichem Unternehmensengagement erhält die Organisation Dienstleistungen, die sonst kaum oder gar nicht finanzierbar wären. Ein guter Einsatz von Pro-bono-Ressourcen, bspw. ein kostenloses Training im Projektmanagement oder eine Verschönerung des Gartens, setzt Mittel für andere Zwecke frei und erlaubt es dem Verein, der Stiftung oder dem Verband, sich weiterzuentwickeln, die eigene Zielgruppe besser zu unterstützen und zu versorgen. Davon profitiert wiederum die Gesellschaft als Ganze.

Hierbei ist allerdings zu beachten, dass Unternehmensengagement zwar kostenlos, aber eben doch nicht umsonst ist. Die Organisation muss Personalressourcen zur Anbahnung der Projekte sowie zur Beratung und Begleitung des Partners bereitstellen. Gerade bei komplexeren Aufgaben und der Zielstellung, ein Projekt nachhaltig zu gestalten, sind erhebliche Anstrengungen in der Projektentwicklung, Vorbereitung, Durchführung und Verstetigung notwendig (Bertschi 2015; Brüggemann 2013; Grant 2012). Bedarfe müssen klar kommuniziert und abgestimmt werden, denn die Tätigkeiten während des Einsatzes sollen sinnvoll sein und den Mitarbeitern gleichzeitig Freude bereiten. Gelingt dies, dann haben solche Projekte das Potenzial, einen positiven Einfluss auf die Mitarbeitermotivation und das Betriebsklima zu nehmen.

Grundsätzlich stellt die Forschung einen klaren Zusammenhang zwischen prosozialem Verhalten – insbesondere durch ehrenamtliches Engagement – und der Lebenszufriedenheit sowie der Gesundheit von Menschen fest (Davidson und Smith 2014). Gleiches gilt für die Mitarbeitermotivation, wo der Effekt des gemeinsamen gesellschaftlichen Engagements durch eine höhere Nachhaltigkeit sogar die klassische Gehaltserhöhung übertrifft (Anik et al. 2013; Do Paço und Nave 2013). Corporate Volunteering als Maßnahme führt demnach zu stolzen und motivierten, vielleicht sogar gesünderen Mitarbeitern (Deloitte Consulting LLP 2011).

Im Vergleich zur reinen finanziellen Unterstützung durch eine Spende bietet der gemeinsame Einsatz den Mitarbeitern einen größeren Grad an Involviertheit. Die Arbeitnehmer erfahren am eigenen Leib, wofür die geleistete Arbeit und die damit häufig verknüpfte (Material-)Spende verwendet wird.

[3] In manchen Fällen, wie Einsätzen oder Fortbildungen im Rettungs- und Katastrophenschutz, ist der Arbeitgeber sogar gesetzlich zur Freistellung verpflichtet.

Als „soziales Teamevent“ für das gesamte Unternehmen schweißt die gemeinsame Tätigkeit die Mitarbeiter zusammen und führt zu neuen abteilungsübergreifenden Kontakten und Freundschaften (Brüggemann 2013; Simmel und HG 2003). Skills-Based Volunteering bietet sich vor allem als Training für gemischte Teams von erfahrenen und neuen Mitarbeitern an, Letztere können so neues Wissen erwerben, erproben und zeigen (McCallum et al. 2013). Manche Unternehmen, wie beispielsweise Oliver Wyman, nutzen dieses Werkzeug gezielt, um zukünftige Führungskräfte herauszufordern und zu fördern.[4] Erzielte Resultate wie eine umprogrammierte Website oder die Steuererklärung einer gemeinnützigen GmbH machen stolz auf das eigene Unternehmen ob der eigenen Leistung und des sozialen Engagements. Soziale Teamevents sind somit ein interessantes Werkzeug nicht nur für die CSR-, sondern auch die Personalabteilung.

Zusätzlich führt der Wertewandel in der Gesellschaft dazu, dass das Unternehmensengagement zunehmend auf dem Absatz- und Arbeitsmarkt honoriert und sogar erwartet wird (Boccalandro 2010). Gerade junge und gut ausgebildete Arbeitnehmer, zum Beispiel im IT-Bereich, können häufig zwischen verschiedenen Arbeitgebern und der Selbstständigkeit wählen. Soziales Engagement bietet hier dem Unternehmen die Chance, sich als attraktiver Arbeitgeber zu positionieren (sog. Employer Branding; vgl. Bartscher et al. 2012; Comelli und von Rosenstiel 2003). Umfragen der Taproots Foundation und der Stiftung Gute-Tat selbst bestätigen dies (Brüggemann 2013; Deloitte Consulting LLP 2011; Kassi-Vivier et al. 2012). Mehr als gesteigerte Verkaufszahlen erzählt soziales und ökologisches Engagement eine Geschichte darüber, für was ein Unternehmen über die eigentliche Geschäftstätigkeit hinaus steht.

Vor diesem Hintergrund erscheint es lohnenswert, den gemeinsamen sozialen Einsatz von Mitarbeitern und Pro-bono-Einsätze in Deutschland weiterzuverbreiten. Laut Statistischem Bundesamt existieren in Deutschland über 375.000 Unternehmen mit zehn oder mehr Mitarbeitern (Söllner 2011). Eine Verbreitung des Corporate-Volunteering-Konzepts gerade bei den kleinen und mittelständischen Unternehmen als Alternative zu konventionellen Firmenausflügen und Teamevents (Kanutouren, Hochseilgarten) hätte sowohl für die Unternehmen selbst als auch für die Gesellschaft insgesamt ein großes Potenzial für positive Veränderungen (Herzig 2006).

4 Die Rolle von Mittlerorganisationen

Die Durchführung eines gelungenen CV-Events ist jedoch oft komplexer als zuerst erwartet. Die Recherche einer zum Unternehmen und CSR-Konzept passenden gemeinnützigen Organisation, Zielgruppe und Tätigkeit stellt gerade Firmen, die keinen regelmäßigen Kontakt zum dritten Sektor haben, vor erhebliche Schwierigkeiten. Zusätzlich ist es eine durchaus nicht banale Herausforderung, ein sinnvolles Projekt zu identifizieren, welches

[4] http://www.oliverwyman.de/careers/your-career/non-profit-fellowships.html.

ein echtes Bedürfnis in der Organisation erfüllt und den zeitlichen und inhaltlichen Rahmenbedingungen des Unternehmens entspricht.

Auf der anderen Seite überfordert die direkte Anfrage von Unternehmen gerade kleine oder unerfahrene soziale Einrichtungen häufig schnell (Bertschi 2015; Boccalandro 2010). Die mit einem CV-Projekt verbundenen Fragestellungen werden dann innerhalb der Organisation herumgereicht, währenddessen müssen die verantwortlichen Mitarbeiter im Unternehmen warten und fühlen sich mit ihrem Anliegen nicht ernst genommen. Oft fühlt die betreffende Organisation sich aufgrund der Angst, das Unternehmen als zukünftigen Förderer zu verprellen, genötigt, ein beliebiges Projekt zu erfinden. Bekannt sind die Anekdoten von sog. Streichzimmern in Kitas und Seniorenheimen, die immer wieder von Helfern gestrichen werden, ohne einen wirklichen Mehrwert zu generieren. Beratung ist hier notwendig, insbesondere in Hinblick auf das, was möglich und auch sinnvoll ist. Einen Mehrwert haben hierbei insbesondere die Projekte, die von den Bedürfnissen der Organisation ausgehen. Dabei müssen diese sich ihrer Bedürfnisse häufig selbst zunächst in einem Reflexionsprozess klar werden.[5] Einige Charakteristika lassen sich allerdings ausmachen. Ein sinnvolles Projekt hilft der Organisation, die gesetzten Kernaufgaben besser zu erfüllen. Darunter fällt beispielsweise die Renovierung der Spielgeräte und der Räume in einem Jugendzentrum, am besten unter Einbeziehung der Familien, aber auch die Neukonzeption der Website, sodass diese die Informationen und Funktionen enthält, die für die Zielgruppe wichtig sind. Sinnvoll sind aber auch Projekte, die gemeinnützige Akteure in die Lage versetzen, neue Geschäftsbereiche zu erschließen, zusätzlichen Zielgruppen zu helfen, Kosten einzusparen oder Zugang zu weiteren finanziellen Mitteln zu erhalten. Im günstigsten Fall entwickelt sich hier eine langfristige Partnerschaft mit gegenseitiger Beratung und Unterstützung. So könnte zum Beispiel das Jugendzentrum den Mitarbeitern einer Buchhaltungsabteilung Kurse zum Umgang mit Konflikten mit schwierigen Auszubildenden anbieten und im Gegensatz werden Organisationsmitarbeiter in den Grundlagen guter Buchhaltung ausgebildet.

Hieraus ergibt sich die Rolle der Intermediäre. Als Mittler zwischen den Non-Profit- und For-Profit-Welten beraten, unterstützen, organisieren und schulen sie sowohl Unternehmen als auch gemeinnützige Akteure im Aufbau und Management von sinnvollen, erfolgreichen Engagements. Durch ihre Kontakte zu diversen gemeinnützigen Einrichtungen mit verschiedenen Schwerpunkten kennen sie die Bedarfe und haben zumeist eine Liste mit offenen Projekten vorliegen. Gleichzeitig kümmern sie sich um das Qualitätsmanagement. Durch eine direkte Vermittlung oder über Veranstaltungen wie den sozialen Marktplatz ermöglichen sie Unternehmen und gemeinnützigen Institutionen, miteinander in Kontakt zu treten und im persönlichen Gespräch Kooperationen aufzubauen (Backhaus-Maul et al. 2012; Jakob et al. 2009).

Eine weitere Herausforderung bei Unternehmensengagement in der Form eines sozialen Teamevents ist die Koordination bzw. Planung eines Termins, der Anfahrt, der

---

[5] Zu diesem Zweck wurden Fortbildungsreihen wie beispielsweise „Gute Sache" entwickelt: http://www.gute-sachen.org/.

zeitlichen und inhaltlichen Tätigkeiten vor Ort, des benötigten Materials und der Verpflegung der Mitarbeiter. Sowohl Unternehmen als auch soziale Organisationen tendieren dazu, hier den Aufwand zu unterschätzen. Auch die mediale und anderweitige Nachbereitung eines solchen Events (Erstellung eines PR-Beitrags, Abfrage der Zufriedenheit, Verankerung in der CSR-Strategie etc.) benötigt Zeit und Erfahrung.

Aufgrund der angeführten Aspekte und Besonderheiten bei der Organisation eines erfolgreichen CV-Events sind diese auch für die Intermediäre sehr zeitintensiv (Bertschi 2015). Nicht nur die Projektübersicht muss gepflegt und aktuell gehalten werden, oft besteht ein hoher Beratungsbedarf sowohl bei den gemeinnützigen Organisationen als auch bei den Unternehmen. Scheitert ein Engagement wegen der unzureichenden Vorbereitung eines der beiden Partner oder, weil die Vorstellungen einfach nicht übereinstimmen, kann dies die Motivation der Mitarbeiter, an zukünftigen Corporate-Volunteering-Aktivitäten teilzunehmen, erheblich senken. Die Zwischenschaltung der professionellen Mittler erhöht hier die Erfolgswahrscheinlichkeit für einen für beide Seiten zufriedenstellenden Ablauf.

Leider hält sich trotz des teilweise erheblichen Organisationsaufwands bei vielen Unternehmen die Sichtweise, dass die Organisation des Engagements durch Intermediäre kostenlos sein muss. Dem zugrunde liegt wohl das Vorurteil, dass „Gutes" nichts kosten darf (Palotta 2008). Dabei ist eine professionelle Organisation eines reibungslos ablaufenden CV-Events nur durch hauptamtliche und erfahrene Mitarbeiter zu leisten (Schöffmann 2010). Die grundlegende Frage ist demnach: Wenn das Unternehmen nicht zahlt, wer dann? Da bei den sozialen Organisationen eine Reduzierung der Kosten das Hauptargument für die Durchführung eines solchen Tages ist, kommen diese als Finanziers in den allermeisten Fällen nicht infrage. Eine Subventionierung der Organisation des Unternehmensengagements durch Staat und Stiftungen war in der Vergangenheit im Rahmen von ESF-Programmen zeitweise eingeschränkt möglich, scheitert jedoch grundsätzlich und nachhaltig ebenfalls am Einsparungsdruck und würde auch zu einem teilweisen Verlust des Engagementcharakters führen.

Demzufolge bleiben aus heutiger Sicht nur die Unternehmen als Kostenträger für die Organisation von CV-Events über Intermediäre übrig. Dabei gilt es, Corporate Volunteering aus den Spendenbudgets herauszuführen und die Aspekte Personalentwicklung, Teambuilding und Außendarstellung in den Mittelpunkt zu stellen. Die Kosten eines CV-Events liegen zumeist unter denen eines Betriebsausflugs oder eines herkömmlichen Teamevents, während die Wirkungen nach Umfragen vergleichbar bis besser sind. Die Sichtweise, dass CV-Events für Unternehmen primär eine Investition in die eigene Personalentwicklung und in die Wirkung nach außen als gesellschaftlich engagierter Arbeitgeber darstellt, hilft in Zeiten eines zunehmenden Fachkräftemangels, finanzielle Ressourcen für eine Professionalisierung des CV unter Einbeziehung von Intermediären als Spezialisten zu leisten. Dies öffnet den Weg zu einer Ausweitung eines bewährten Instrumentariums zum Nutzen aller Beteiligten und zu einer weiteren Förderung des ehrenamtlichen Engagements in Deutschland.

5 Fazit

Mit der EU-weiten Pflicht zur Verfassung eines Nachhaltigkeitsberichtes für große Unternehmen ist Corporate Social Responsibility mittlerweile im Gesetz angekommen. Corporate Volunteering ist dabei ein wichtiger Teil der Strategie des Unternehmens. Die niedrigschwelligste Möglichkeit, sich als Unternehmen gesellschaftlich zu engagieren, ist der Einsatz von Mitarbeitern in einer gemeinnützigen Einrichtung für einen Tag in Form eines „sozialen Teamevents". Richtig organisiert, kann so ein Beitrag zur Lösung gesellschaftlicher Problemstellungen geleistet werden. Auch für das Unternehmen ergeben sich einige Vorteile, da soziales Engagement einerseits eine Möglichkeit darstellt, lokale Verbundenheit zu demonstrieren und positive öffentliche Aufmerksamkeit zu generieren. Andererseits ist CV aber insbesondere ein effektives Tool zur Mitarbeitermotivation, Teambildung und der Kommunikation von grundlegenden Unternehmenswerten in Zeiten des Fachkräftemangels.

Die Rolle des Intermediärs ist es, passende Engagementmöglichkeiten in Abhängigkeit von den Rahmenbedingungen des Unternehmens zu finden und das CV-Event professionell zu organisieren, damit es für alle Beteiligten zu einem Erfolg wird. Mit einem realistischen Blick auf vorhandene Finanzierungsmöglichkeiten ist es daher in der Zukunft eine zentrale Aufgabe, die Vorteile des CV und des Einsatzes von Intermediären für die Unternehmen selbst noch deutlicher herauszuarbeiten, um die Deckung der hierfür notwendigen Kosten für die Arbeit aus vorhandenen Personal- und Marketingbudgets zu gewährleisten.

Literatur

Anik L, Aknin L, Norton M, Dunn E, Quoidbach J (2013) Prosocial bonuses increase employee satisfaction and team performance. PLOS ONE 8(9):e75509

Backhaus-Maul H, Friedrich P, Krohn M, Speck K (2012) Freiwilligenagenturen in Deutschland: Potenziale und Herausforderungen einer vielversprechenden intermediären Organisation. VS, Wiesbaden

Bartscher T, Stöckl J, Träger T (2012) Personalmanagement – Grundlagen, Handlungsfelder, Praxis. Pearson, Hallbergmoos

Bertelsmann Stiftung (2010) Grenzgänger, Pfadfinder, Arrangeure. Bertelsmann Stiftung, Gütersloh

Bertschi C (2015) Ohne Kosten, aber mit Mühen. Stiftung 4(15):40–44

Boccalandro B (2010) Ein Angebot oder ein Angriff? Wie der Non-Profit-Sektor auf das zunehmende soziale Engagement von Unternehmen reagieren kann. CCCD Centrum für Corporate Citizenship Deutschland Debatte 5. Eigenverlag, Berlin, S 1–20

Brandhorst K (2010) bagfa: Bundesarbeitsgemeinschaft der Freiwilligenagenturen im Bereich des unternehmerischen bürgerschaftlichen Engagements. In: Stiftung B (Hrsg) Grenzgänger, Pfadfinder, Arrangeure: Mittlerorganisationen zwischen Unternehmen und Gemeinwohlorganisationen. Bertelsmann Stiftung, Gütersloh, S 59–66

Brüggemann I (2013) Mitarbeiter bevorzugen Arbeitgeber die sich sozial engagieren. In: Gesellschaftliche Verantwortung im Mittelstand – Eine Auswahl an Expertinnen und Experten stellt sich vor. Bertelsmann Stiftung, Gütersloh, S 28–31

Comelli G, von Rosenstiel L (2003) Führung zwischen Stabilität und Wandel. Vahlen, München

Davidson H, Smith C (2014) The paradox of generosity: giving we receive, grasping we lose. Oxford University Press, New York

Deloitte Consulting LLP (2011) 2011 Deloitte volunteer IMPACT survey. Deloitte Consulting LLP, New York

Do Paço A, Nave A (2013) Corporate volunteering : a case study centred on the motivations, satisfaction and happiness of company employees. Empl Relations 35(5):547–559

Grant A (2012) Giving time, time after time: work design and sustained employee participation in corporate volunteering. Acad Manag Rev 37(4):589–615

Herzig C (2006) Corporate volunteering in Germany: survey and empirical evidence. Int J Bus Environ 1(1):51–69

Infratest T (2015) Deutscher Spendenmonitor. TNS Infratest, Bielefeld

Jakob G, Kinds H, Placke G (2009) Gute Geschäfte – Marktplatz für Unternehmen und Gemeinnützige. Bertelsmann Stiftung, Gütersloh

Kassi-Vivier Y, Pawlowski J, Guttery C (2012) Demonstrating the business value of pro bono service. Taproot Foundation, San Francisco

McCallum S, Schmid M, Price L (2013) CSR: a case for employee skills-based volunteering. Social Responsibility Journal 9(3):479–495

Palotta D (2008) Uncharitable: how restraints on nonprofits undermine their potential. University of New England, Lebanon

Priller E, Alscher M, Droß P, Paul F, Poldrack C, Schmeißer C et al (2012) Dritte-Sektor-Organisationen heute: Eigene Ansprüche und ökonomische Herausforderungen. Discussion Paper SP IV 2012–402, S 1–58

Schöffmann D (2010) Corporate Volunteering: Beratung und Vermittlung mit Gewinnorientierung. In: Stiftung B (Hrsg) Grenzgänger, Pfadfinder, Arrangeure: Mittlerorganisationen zwischen Unternehmen und Gemeinwohlorganisationen. Bertelsmann Stiftung, Gütersloh, S 209–112

Simmel M, HG U (2003) Teamentwicklung durch Outdoor Training: Verfremden, um zu erkennen. In: Stumpf S, Thomas A (Hrsg) Teamarbeit und Teamentwicklung. Hogrefe, Göttingen, S 623–634

Söllner R (2011) Auszug aus Wirtschaft und Statistik. DeStatis, Wiesbaden

Stierl M, Lüth A (2015) Corporate social responsibility und marketing. Gabler, Wiesbaden

Jürgen Grenz, Diplom-Kaufmann, ist Gründer und ehrenamtlicher Vorstand der Stiftung Gute-Tat, die es sich unter dem Motto „Jeder kann helfen!“ zur Aufgabe gemacht hat, das freiwillige Engagement von Privatpersonen und Unternehmen zu fördern. Der Fokus der Stiftung liegt dabei auf der passgenauen Vermittlung von zeitlich begrenzten Engagements. Als geschäftsführender Gesellschafter der index-Gruppe hat er einschlägige Erfahrung mit Personalthemen und der Informationsbereitstellung unter Einsatz des Internets. Herr Grenz gründete die Stiftung im Jahr 2000, nachdem er sich selbst ehrenamtlich engagieren wollte, aber keine passenden Angebote im Internet fand. Jürgen Grenz wurde von der Robert Bosch Stiftung in das Netzwerk „Die Verantwortlichen“

aufgenommen und 2011 für sein Engagement mit der Bundesverdienstmedaille ausgezeichnet. Er ist mehrfacher Familienvater und wohnt in Berlin.

Lorenz Lauer, MA Philosophy & Economics und MA Philosophy, Science & Values, leitet den Bereich „Teamevent-Plus“ der Stiftung Gute-Tat und bringt gemeinnützige Organisationen und Unternehmen zusammen. Zusätzlich leitet er seit mehreren Jahren die Fortbildungsreihe „Gute Sache“ in Berlin und macht so Organisationen fit für Unternehmenskooperationen. Vorher hat er bei Irrsinnig Menschlich e.V. im Bereich Non-Profit-Aufbau, Management und Evaluation gearbeitet. Er hat kürzlich seine Promotion zum Thema Effektiver Altruismus und Peter Singer abgeschlossen.

Die **Stiftung Gute-Tat** unterstützt gemeinnützige Organisationen darin, ausreichende personelle Ressourcen zur Erfüllung ihrer Aufgaben bekommen und diese effektiv einsetzen zu können. Dies tun wir durch die direkte Vermittlung von passenden Ehrenamtlichen, die Verbreitung von sozialen Projekten über unsere Website sowie die Bereitstellung des Ehrenamtsmanagers, eines Tools zur Verwaltung von Ehrenamtlichen. Darüber hinaus fördern wir die Verbreitung des bürgerschaftlichen Engagements allgemein, durch Bereitstellung einer umfangreichen Onlinebibliothek und Videothek und den Einsatz von Öffentlichkeitsarbeit und Social Media. Nicht zuletzt motivieren wir Unternehmen zu sozialen Einsätzen über unser Angebot von sozialen Teamevents und den alljährlichen Gute-Tat Marktplatz in Berlin. Bislang hat die Stiftung Gute-Tat in fünf Jahren rund 200 soziale Teamevents an drei verschiedenen Standorten (Berlin, Hamburg und München) durchgeführt, wobei das Engagement von Jahr zu Jahr erheblich zugenommen hat. Die Zufriedenheitsquote bei diesen Events liegt laut nachläufigen Onlineumfragen bei 95 %.

UPJ-Netzwerk für Corporate Citizenship und CSR

Ellen Sturm

Das bundesweite UPJ-Netzwerk ist seit 20 Jahren mit Informationen, Vernetzung, Beratung und konkreten Projekten für CSR und Corporate Citizenship aktiv und seit gut 15 Jahren Ansprechpartner für Corporate Volunteering in Deutschland. Zahlreiche unterschiedliche Projekte – mit fünf bis 500 Freiwilligen für mittelständische und große Unternehmen wie beispielsweise ERGO, Generali, KPMG, Rolls Royce, SAP oder Telefónica, von Teameinsätzen über mehrwöchige Know-how-Transfers bis hin zu längerfristigen Patenschaften – und die Kooperation mit Unternehmen und regionalen Mittlern im UPJ-Netzwerk sind die Grundlage für eine langjährige praxisorientierte Zusammenarbeit mit Unternehmen, gemeinnützigen Organisationen und öffentlichen Verwaltungen in Bund, Ländern und Kommunen.

1 UPJ-Netzwerk

Ziel des UPJ-Netzwerks ist die Förderung des gesellschaftlichen Engagements von Unternehmen in sozialen Kooperationen mit gemeinnützigen Organisationen und der öffentlichen Verwaltung (Corporate Volunteering, Corporate Citizenship) sowie von verantwortlicher Unternehmensführung (CSR – Corporate Social Responsibility).

- Im UPJ-Netzwerk wirken knapp 40 größere und mittelständische Unternehmen mit, die durch den Austausch von Erfahrungen und gegenseitige kollegiale Unterstützung ihre Performance in den genannten Bereichen verbessern, die aber auch die Entwicklung in der Wirtschaft insgesamt voranbringen wollen (www.upj.de/Unternehmensnetzwerk.55.0.html).

E. Sturm (✉)
UPJ
Brunnenstraße 181, 10119 Berlin, Deutschland
E-Mail: ellen.sturm@upj.de

S. Dreesbach-Bundy und B. Scheck (Hrsg.), *CSR und Corporate Volunteering*,
Management-Reihe Corporate Social Responsibility,
https://doi.org/10.1007/978-3-662-54092-3_19

- Zudem haben sich im UPJ-Netzwerk über 25 regionale Mittlerorganisationen zusammengeschlossen – eigenständige frei gemeinnützige Organisationen und Kommunen in 15 Bundesländern, die mit unterschiedlichen Konzepten praktische Engagementaktivitäten von Unternehmen in ihrer Region initiieren, begleiten und die Unternehmen auch als Ansprechpartner für die Vermittlung geeigneter Partner für ein spezifisches Engagement am Standort zur Verfügung stehen (www.upj.de/Mittlernetzwerk.110.0.html).
- Auch mit nationalen und internationalen Akteuren ist das UPJ-Netzwerk verbunden und kann so neue Entwicklungen, Konzepte und Erfahrungen frühzeitig kennenlernen und transferieren.
- In den Büros in Berlin und Frankfurt/Main organisiert das derzeit 13-köpfige UPJ-Team den vertrauensvollen Austausch über strategische Themen ebenso wie zu praktischen Alltagsfragen bei der Umsetzung und den Transfer von Konzepten und Erfahrungen im Netzwerk. Alle Mitglieder haben eine feste Ansprechperson als Helpdesk. Über je zwei Sprecherinnen bzw. Sprecher sind Unternehmens- und Mittlernetzwerk im Vorstand des gemeinnützigen UPJ e. V. vertreten und bringen deren Perspektiven und Interessen in die Entwicklung der Gesamtorganisation ein.

Die Arbeit von UPJ stützt sich auf einen breiten Mix aus Ressourcen: Projektförderungen öffentlicher Zuwendungsgeber und privater Stiftungen, Förderbeiträge, Spenden und Pro-bono-Leistungen von Unterstützern sowie Einnahmen aus Leistungen für Unternehmen, öffentliche und gemeinnützige Auftraggeber, die die vielfältige ideelle Arbeit des gemeinnützigen UPJ e. V. ermöglichen.

2 Corporate Volunteering: Beratung, Durchführung, Kommunikation

Corporate Volunteering ist für viele Unternehmen der Einstieg in systematischere CSR-Aktivitäten sowohl nach innen (Strategie, Verantwortlichkeiten, Kapazitäten, Prozesse etc.) wie nach außen in der Kooperation und Kommunikation mit Stakeholdern über die Bearbeitung relevanter gesellschaftlicher Themen (s. den Beitrag „Formate, Akteure, Praxis: Zum Stand von Corporate Volunteering" von Lang und Sturm in diesem Band). Entsprechend ist Corporate Volunteering seit der Gründung des UPJ-Netzwerks 1996 ein wichtiger Arbeitsschwerpunkt.

Mitarbeiterengagement ist passgenau

Jedes Unternehmen ist anders, jede Zielsetzung, jedes Team, jedes Projekt. Gemeinsam mit den Unternehmen entwickelt UPJ maßgeschneiderte Strategien und Konzepte, die die spezifischen Rahmenbedingungen des jeweiligen Unternehmens erfüllen und ihm gleichermaßen auch ein Differenzierungsmerkmal gegenüber anderen Unternehmen verschaffen können. Ausgehend von der jeweiligen Zielstellung werden passende Mitarbeiterengagementprojekte in erfahrenen Organisationen mit einem echten Unterstützungsbedarf recherchiert oder neue Formate entwickelt, die für das Unternehmen, die gemeinnützigen Organisationen und deren Zielgruppen sowie für die beteiligten Mitarbeiterinnen und Mitarbeiter einen Mehrwert bieten. Entsprechend variieren die Formate – mal geht es ums Anpacken, mal um persönliche Begegnung, mal um spezifische Kompetenzen. Wenn es um Engagementlernen und Personalarbeit geht, führt UPJ Projekte mit erfahrenen Trainerinnen und Trainern durch.

Nutzen entsteht durch Qualität

Beratung, Vermittlung, Begleitung oder die Übernahme des Projektmanagements – die Prozesse, Steuerungsabläufe, Instrumente und Checklisten von UPJ zur Unterstützung der Durchführung von Corporate Volunteering sind vielfach erprobt. Das Qualitätsverständnis von UPJ geht jedoch darüber hinaus: Der Fit zur CSR-Strategie des Unternehmens, angemessene Rahmenbedingungen, passende Partner, konkrete Bedarfe im Gemeinwesen und der spezifische Beitrag des Unternehmens, Sinnstiftung und persönliche Kontakte zu Mitarbeitenden und Adressaten der Organisationen bei der Durchführung sowie transparente Ziele aller Beteiligten sind ebenso relevant für erfolgreiche Projekte wie die Logistik, formale Rahmenbedingungen wie etwa Versicherung, Haftung, Datenschutz und eine angemessene Auswertung. Viele dieser Kriterien und deren praktische Ausgestaltung wurden im UPJ-Netzwerk „on the job" in den letzten Jahren mitentwickelt und verbreitet.

Die Durchführung von Corporate Volunteering findet vor Ort statt

Um einen reibungslosen Ablauf sicherzustellen, sorgt UPJ für eine detaillierte Vorbereitung der Beteiligten auf Organisations- wie auf Unternehmensseite. Alle Projekte werden vor Ort selbst oder gemeinsam mit erfahrenen regionalen Mittlerorganisationen begleitet. Zusätzlich kann der Einsatz der Software „Volunteering Manager" Einsteiger wie Fortgeschrittene bei der Durchführung von mehreren Projekten oder an mehreren Standorten – ob zeitgleich oder über das Jahr verteilt – effizient unterstützen, Prozesse rationalisieren, von zeitintensiven organisatorischen Aufgaben entlasten, jederzeit auf Knopfdruck einen exakten Überblick aller Beteiligten über den Stand der Auslastung liefern und die Zusammenarbeit mit Externen auf das erforderliche Maß begrenzen (www.volunteering-manager.de/).

UPJ arbeitet bundesweit, lokal und international

Als bundesweites Netzwerk ist UPJ per se auf flexible und offene Strukturen ausgerichtet. Die Zusammenarbeit mit regionalen Partnern in mehr als 30 Städten, die das Gemeinwesen und die Akteure vor Ort kennen, ist erprobt. Bundesweit und über ein starkes internationales Netzwerk können auch weitere kompetente Ansprechpartner gefunden und eingebunden werden. Je nach Bedarf werden Projekte sowohl lokal wie in der Fläche, zentral und mit den Unternehmen gemeinsam gesteuert. Das gilt auch für die komplette formale und fachliche Abwicklung bei einer Zusammenarbeit mit mehreren Kooperationspartnern.

Corporate Volunteering braucht freien Informationsfluss
Erfolgreiches Mitarbeiterengagement lebt in hohem Maße vom Wissens-, Gedanken- und Erfahrungsaustausch. Etablierte UPJ-Praxisworkshops zur Einführung in Corporate Volunteering (www.upj.de/volunteering-pws), Plattformen für den vertraulichen kollegialen Erfahrungsaustausch, Publikationen und Fachveranstaltungen, wie z. B. die erste internationale Konferenz in Deutschland zu Skills-based-Volunteering, regionale CSR-Praxistage zu Lieferkettenmanagement und Berichterstattung und die Jahrestagung des UPJ-Netzwerks im Roten Rathaus in Berlin (www.upj.de/jahrestagung) sorgen für einen permanenten Informationstransfer rund um aktuelle Programme und Trends. Der UPJ-Newsletter, Zugänge zu Fachmedien und das Portal www.upj.de unterstützen die Kommunikation. Natürlich steht Unternehmen auch die Mitwirkung im UPJ-Netzwerk mit einer engeren partnerschaftlichen Zusammenarbeit offen.

UPJ bringt Corporate Volunteering voran
Die langjährige Expertise und Erfahrung bringt UPJ darüber hinaus in die Feldentwicklung und den politischen Prozess ein – als Mitglied im CSR-Forum der Bundesregierung, im Resonanzkreis zur Begleitung der Engagementstrategie des BMFSFJ, in Fachgesprächen mit Europäischer Kommission, Bundesministerien, Ländern und Kommunen ebenso wie durch Praxisforschung und die Entwicklung und Erprobung übertragbarer Projekte. In den letzten drei Jahren wurden allein 80 mittelständische Unternehmen in acht Regionen bei der strategischen Entwicklung ihres gesellschaftlichen Engagements qualifiziert und beraten, zahlreiche Akteure in vielfältigen Workshops sensibilisiert und trainiert und an der Entwicklung und Verankerung des Erfolgsfaktors Nummer 1 – einer adäquaten regionalen Infrastruktur – gearbeitet.

3 Regionale Infrastruktur für Corporate Volunteering

Zur Verbreitung und Vertiefung von Corporate Volunteering in wirksamen, und das heißt in qualitativ ausgerichteten, fachlichen Kooperationen in der Fläche braucht es regional verankerte kompetente Protagonisten, die Begegnungen zwischen den einander nach wie vor fremden „Welten" von Wirtschaft, Zivilgesellschaft und Staat organisieren, die informieren, qualifizieren, beraten, vermitteln, vernetzen und vor allem praktische Impulse geben, Mitarbeiterengagement initiieren und begleiten.

Diese neue Aufgabe wird wahrgenommen von einer wachsenden Zahl gemeinnütziger Bürgerstiftungen, Freiwilligenagenturen, Wohlfahrtsverbände, Stiftungen sowie von kommunalen Stellen, die in den vergangenen Jahren mit viel Energie und Engagement damit begonnen haben, als Erweiterung ihrer bisherigen sozialraumbezogenen Arbeit, die Aufgabe eines regionalen Mittlers für Corporate Volunteering und Corporate Citizenship wahrzunehmen.

Das UPJ-Netzwerk hat diese Entwicklung von Beginn an intensiv begleitet und mit vorangebracht. Viele der bereits aktiven regionalen Mittlerorganisationen haben in UPJ-

Projekten ihr „Handwerk" gelernt, Geschäftsmodelle entwickelt und anschließend ein eigenständiges Leistungsangebot in ihrer Region aufgebaut. UPJ unterstützt diesen Prozess nach wie vor durch Informationen, Beratung, Qualifizierung, einen Helpdesk und die Organisation eines regelmäßigen bundesweiten Erfahrungsaustauschs bereits aktiver und potenzieller regionaler Mittler für den Transfer erprobter Programme und die Weiterentwicklung von Konzepten, Geschäftsmodellen und Qualität.

Um Corporate Volunteering und neue soziale Kooperationen mit ihrem Potenzial für die Engagementförderung in einem vitalen Gemeinwesen und die zukunftsfähige Entwicklung von Unternehmen, Organisationen und Regionen fruchtbar zu machen, könnten sich insbesondere auf regionaler Ebene Unternehmen, Kammern, Verbände, Politik und Verwaltung noch stärker als bisher aktiv in diesen Prozess einbringen. Wenn diese Publikation dazu einen Beitrag leisten kann, wäre ein wichtiger Schritt getan.

Ellen Sturm ist verantwortliche Projektmanagerin für Corporate Volunteering bei UPJ. Im Mittelpunkt der Arbeit des Netzwerks stehen Projekte, die zur Lösung gesellschaftlicher Probleme beitragen, indem sie neue Verbindungen zwischen Unternehmen, gemeinnützigen Organisationen und öffentlichen Verwaltungen schaffen. Diese Akteure unterstützt der gemeinnützige UPJ e. V. darüber hinaus mit Informationen und Beratung bei der Entwicklung und Umsetzung ihrer Aktivitäten für Corporate Volunteering, Corporate Citizenship und Corporate Social Responsibility.

Unternehmen für München: Das Unternehmensnetzwerk in der Landeshauptstadt München

Kristina Dengler und Verena Reichl

Das Netzwerk „Unternehmen für München" wurde 2009 von der in München ansässigen Unternehmensberatung Roland Berger GmbH ins Leben gerufen.

Das Ziel der Gründung bestand zu Beginn v. a. darin, Gleichgesinnte zu finden und Erfahrungen mit der Organisation von Corporate-Volunteering-Projekten auszutauschen. Neben der Herausarbeitung von Erfolgsfaktoren bei der Umsetzung ging es den Gründerinnen, Kristina Dengler und Dr. Verena Reichl, vor allem auch darum zu erfahren, wie die Begeisterung im Unternehmen für dieses Thema geweckt und Mitarbeiter und Führungskräfte langfristig zur Projektteilnahme motiviert werden können.

Schon bald merkten die beiden Gründerinnen, dass sie auf der Suche nach Interessenten für das Netzwerk offene Türen einrannten, denn vielen CSR-Verantwortlichen oder Ansprechpartnern für den Bereich Mitarbeiterengagement ging es genauso, dass auch sie Austauchpartner suchten. So wuchs das Netzwerk in den darauffolgenden Jahren immer mehr und aus dem losen Zusammenschluss von knapp zehn Firmen wurde bald ein stabil funktionierendes Netzwerk mit um die 30 renommierten Münchner Unternehmen, mit festen Strukturen und klar definierten Zielen. Vor allem Verantwortliche aus den Bereichen Nachhaltigkeit/CSR, Personal und Kommunikation vertreten ihre Firmen bei „Unternehmen für München".

Die Mitgliedsunternehmen von „Unternehmen für München" treffen sich viermal im Jahr im Rotationsverfahren immer bei einem der Mitglieder. Neben dem Erfahrungsaustausch beschäftigen sich die Teilnehmer mit Themen wie Wirkungsmessung, interner und externer Kommunikation, Mitarbeitermotivation, Personalentwicklung oder effizienten Organisation von Social Days und längerfristigen Engagements.

K. Dengler (✉) · V. Reichl
Roland Berger GmbH
Sederanger 1, 80538 München, Deutschland
E-Mail: kristina.dengler@rolandberger.com

S. Dreesbach-Bundy und B. Scheck (Hrsg.), *CSR und Corporate Volunteering*,
Management-Reihe Corporate Social Responsibility,
https://doi.org/10.1007/978-3-662-54092-3_20

Neben den Treffen findet auch regelmäßiges gemeinsames Engagement statt, so z. B. bei der Organisation der Jubiläumsfeier eines Münchener Kinderheims oder bei der Versorgung von Flüchtlingen.

2016 waren folgende Unternehmen regelmäßige Teilnehmer des Netzwerks:

Adobe Systems Software Ireland Limited, Allianz SE, Bayern LB Anstalt des öffentlichen Rechts, BMWGroup AG, Deutsche Bank AG, Develey Senf & Feinkost GmbH, Ernst & Young GmbH, GlaxoSmithKline AG, W. L. Gore & Associates GmbH, HP GmbH, Gert Hoffmann GmbH & Co. Catering KG, Hypo Vereinsbank AG, Knorr-Bremse AG, KPMG Bayrische Treuhandgesellschaft AG, Landeshauptstadt München, Linde Group AG, MAN SE, MSD SHARP & DOHME GmbH, MeineMarke24, Munich RE AG, nexpera GmbH, Oracle Deutschland B. V. & Co. KG, Osram GmbH, PAYBACK GmbH, Roland Berger GmbH, Siemens AG, Stadtsparkasse München, State Street bank GmbH, Schneider Bräuhaus München Verwaltungs GmbH, The Walt Disney Company (Germany) GmbH.

Ein solcher Unternehmenszusammenschluss ist bisher in Deutschland einzigartig, und bringt den Unternehmen genauso wie den gemeinnützigen Organisationen als Kooperationspartner viele Vorteile:

1 Professionalisierung

Durch den Austausch untereinander wird soziales Engagement von Unternehmen immer selbstverständlicher. Die Unternehmen profitieren voneinander – aber auch von Impulsen durch Vorträge und Kontakt mit Experten – und können dadurch ihr Engagement immer wirkungsvoller einsetzen – sowohl in die gemeinnützigen Einrichtungen hinein als auch zur Mitarbeiterentwicklung innerhalb des eigenen Unternehmens.

2 Effizienz durch Netzwerkvorteile

Simpel gesagt: Gemeinsam kann man mehr bewirken und die Organisation von Projekten vereinfacht sich. Aktionen können besser gefunden und unterschiedliche Anforderungen erfüllt werden. Die im Netzwerk verbunden Unternehmen helfen sich aber auch gegenseitig durch Erfahrungsaustausch und Weitergabe von Know-how. Durch den regelmäßigen Austausch mit Vertretern der Landeshauptstadt München wissen die Mitglieder des Netzwerkes genau, was lokal benötigt wird und wo und wie sie sich am sinnvollsten engagieren können. Umgekehrt erlangen aber auch die öffentlichen Stellen Kenntnis darüber, welche Voraussetzungen Unternehmen benötigen, um die Mitarbeiter wirkungsvoll für gesellschaftliches Engagement freizustellen.

3 Verbesserte Außenwirkung

Gemeinsam können sich die Firmen für das Thema Unternehmensengagement in der Öffentlichkeit besser stark machen und durch gebündelte Kompetenzen mehr Projekte stemmen. Das erhöht die Glaubwürdigkeit und macht mehr Unternehmen Mut, sich ebenfalls zu engagieren. Auch die Durchführung von offenen Veranstaltungen zum Thema Unternehmensengagement oder auch zu aktuellen Themen wie „Berufseinstieg von Geflüchteten“ zeigt die vielfältigen Möglichkeiten und den Nutzen von Unternehmensengagement in der Öffentlichkeit.

„Unternehmen für München“ ist außerdem Mitglied im Fachbeirat „Bürgerschaftliches Engagement“ und kann dadurch den Blickwinkel von Unternehmen direkt in den Stadtrat einbringen. Der Beirat beobachtet Entwicklungen zum bürgerschaftlichen Engagement in München sowie bundesweit und wertet diese für die kommunale Ebene aus. Er stößt innovative Entwicklungen an und achtet auf eine nachhaltige Umsetzung. Alle zwei Jahre erstattet der Fachbeirat für BE dem Münchner Stadtrat Bericht, wie das bürgerschaftliche Engagement gefördert werden sollte.

4 Herausforderungen

Die wesentlichen Herausforderungen liegen in einem engagierten Organisationsteam, das das Netzwerk zusammenhält und für die regelmäßigen Treffen auch inhaltliche Schwerpunkte setzt. Dies ist mit einem entsprechenden Zeit- und Kostenaufwand verbunden.

Um ein solches Netzwerk auch in einer anderen Stadt zu gründen, lohnt es sich im ersten Schritt, den Kontakt zu anderen engagierten Unternehmensvertretern zu suchen. Dann sollte in losen und offenen Treffen das Interesse ausgelotet werden, bevor man sich einen festen organisatorischen Rahmen gibt. Auch die enge Verdrahtung mit der Stadt ist ein entscheidender Erfolgsfaktor. Nur so kann man garantieren, sich als Unternehmen auch für die wirklichen sozialen Bedarfe in der eigenen Stadtgesellschaft einzusetzen.

Zum 1. Januar 2016 wurde „Unternehmen für München“ zum Verein und die lose Netzwerkstruktur weicht einer festen Rechtsform.

Die Gründungsmitglieder des Vereins sind:
Bayern LB Anstalt des öffentlichen Rechts, GlaxoSmithKline AG, HP GmbH, Gert Hoffmann GmbH & Co. Catering KG, KPMG Bayrische Treuhandgesellschaft AG, Osram GmbH, Roland Berger GmbH, State Street bank GmbH, Schneider Bräuhaus München Verwaltungs GmbH

Mehr Informationen unter:
http://www.unternehmen-fuer-muenchen.de/

Kristina Dengler gründete gemeinsam mit **Dr. Verena Reichl** im Herbst 2009 das Netzwerk „Unternehmen für München". Beide koordinieren die Corporate Volunteering Aktivitäten von Roland Berger am Standort München. Zudem konzipieren sie bei Roland Berger Kundentrainings mit innovativen Workshopformaten zum Thema digitale Transformation und Innovation. Sie sind für das deutschlandweite Startup- und Innovatorennetzwerk von Roland Berger und dem Digital Hub Spielfeld – der Innovationswerkstatt von Roland Berger – verantwortlich. Verena Reichl studierte Diplompsychologie sowie Personalmanagement und promovierte im Bereich Gesundheitsökonomie. Kristina Dengler studierte Germanistik, Romanistik und Politologie an der LMU München.

Das Team Türen Öffnen in Nürnberg

Zusammenarbeit fördern – Gemeinwohl stärken

Birgit Kretz

1 Warum Türen Öffnen?

Bürgerschaftliches Engagement findet nicht abgekoppelt von Politik und Wirtschaft statt. Es kristallisiert sich dort, wo sich kulturelle und gesellschaftliche Räume auftun, oder dort, wo soziale Gruppen das Wohl des Gemeinwesens in Gefahr sehen. Bürgerschaftliches Engagement dient zudem der sozialstaatlichen Daseinsvorsorge (vgl. Röbke 2014). Hier sind Unternehmen als aktive Bürger gefragt. Dieser Erkenntnis folgend gründete Dr. Thomas Röbke 2002 das Team Türen Öffnen im Zentrum Aktiver Bürger (ZAB). Türen Öffnen versteht sich seither als Mittler für soziale Kooperationen (vgl. Lang und Sturm 2015) und als Ansprechpartner für Unternehmen, die sich mit der Ressource Personal über das Markthandeln hinaus für gesellschaftliche Belange engagieren wollten (vgl. Schöffmann 2003). Die Arbeit von Türen Öffnen wendet sich dabei an Unternehmen ebenso wie an Gemeinnützige. Grundlage jeder Unternehmenskooperation ist ein konkreter Unterstützungsbedarf im Gemeinwesen.

2 Arbeitsweise und Erfolgsfaktoren von Türen Öffnen

Hinter Türen Öffnen steht ein zehn- bis 15-köpfiges Freiwilligenteam und ein Büroteam mit zwei hauptamtlich Beschäftigten. Das Team kennt den Bedarf sozialer Einrichtungen und die Vorstellungen von Unternehmen und verfügt über mehr als zehn Jahre Erfahrung in der Entwicklung sinnstiftender sozialer Kooperationen.

Der Schlüssel zum Erfolg: ein intensiver Austausch über die jeweiligen Ziele und Erwartungen und ein passgenaues Matching. Türen Öffnen begleitet Unternehmen und die

B. Kretz (✉)
Türen Öffnen, ISKA gGmbH
Gostenhofer Hauptstraße 61, 90443 Nürnberg, Deutschland
E-Mail: tueren-oeffnen@iska-nuernberg.de

S. Dreesbach-Bundy und B. Scheck (Hrsg.), *CSR und Corporate Volunteering*,
Management-Reihe Corporate Social Responsibility,
https://doi.org/10.1007/978-3-662-54092-3_21

kooperierenden gemeinnützigen Einrichtungen hierbei intensiv. Dazu besucht das Freiwilligenteam alle beteiligten Einrichtungen mehrfach und bindet auch Volunteers aus den Unternehmen in die Vorbereitungen ein. Um sich als Lieferant für Konzerne zu qualifizieren, wurde in der gemeinnützigen Träger-GmbH, dem Institut für Soziale und Kulturelle Arbeit, ein transparenter Prozess zur Vertragsabwicklung erstellt.

Ein weiterer Erfolgsfaktor ist die Entwicklung klar umrissener Angebote. Partnerschaftstage und Hospitationswochen für Führungskräfte bilden bis heute den Kern der Tätigkeiten. Formate wie soziale Marktplätze oder der Creative Service Jam als Plattform für Pro-bono-Engagement ergänzen das Angebot. Zudem setzt Türen Öffnen auf Kooperationen, um Wissen zu teilen und Expertise gemeinsam aufzubauen. So war Türen Öffnen von 2011 bis 2014 regionaler Partner der Bundesinitiative UPJ bei CSR Regio.Net und führte gemeinsam mit UPJ Workshops und CSR-Beratungen für mittelständische Unternehmen in der Region Nürnberg durch.

3 Wie wirkt die Arbeit von Türen Öffnen?

Auch wenn Corporate Volunteering in vielen CSR-Berichten eine nachrangige Rolle spielt, hat es eine bedeutende Funktion für das Unternehmen. Corporate Volunteering und die damit verbundenen Kooperationen mit dem Gemeinwesen setzten bei den Beschäftigten als besonders kritische und bedeutsame Stakeholder-Gruppe an. Die Evaluation unserer Angebote zeigt, dass das Engagement positiv auf die Mitarbeiterzufriedenheit wirkt und die Attraktivität des Unternehmens steigert. Umfangreichere Formate erhöhen die sozialen Kompetenzen und fördern das kooperative Arbeiten in Teams. Dementsprechend haben viele mit Türen Öffnen kooperierende Unternehmen ihr gesellschaftliches Engagement mittlerweile strategisch verankert und befassen sich im nächsten Schritt mit einer CSR-Strategie. Corporate Volunteering ist demnach ein Türöffner für CSR, der die Beschäftigten in den Mittelpunkt stellt.

Literatur

Lang R, Sturm E (2015) Neue Verbindungen schaffen. Unternehmenskooperationen für gemeinnützige Organisationen. UPJ e.V., Berlin

Röbke T (2014) Bürgerschaftliches Engagement und kommunale Daseinsvorsorge – Eine spannungsreiche Beziehung Gastbeitrag In: eNewsletter Wegweiser Bürgergesellschaft 24/2014 vom 05.12.2014. http://www.buergergesellschaft.de/fileadmin/pdf/gastbeitrag_roebke_141205.pdf. Zugegriffen: 11. Jan. 2016

Schöffmann D (Hrsg) (2003) Wenn alle gewinnen. Bürgerschaftliches Engagement von Unternehmen. edition Körber Stiftung, Hamburg

Birgit Kretz ist Kulturwissenschaftlerin und Sozialpädagogin und leitet seit 2008 unter der Überschrift Türen Öffnen den Bereich Unternehmensengagement beim Zentrum Aktiver Bürger in Nürnberg. Das gemischt haupt- und ehrenamtlich aufgestellte Team Türen Öffnen fördert seit 2002 das bürgerschaftliche Engagement von Unternehmen und bietet dazu unterschiedliche Projektformate und Angebote an. Birgit Kretz ist Mitinitiatorin des Unternehmen Ehrensache – Das Corporate Volunteering Netzwerk Nürnberg und ist seit dessen Gründung Mitglied im Kümmererkreis des Netzwerks.

Corporate Citizenship multiplizieren

Das Corporate-Volunteering-Netzwerk Unternehmen Ehrensache

Birgit Kretz

1 Im Netzwerk voneinander lernen

Insgesamt 98 Nachhaltigkeitsnetzwerke identifizierte die Technische Hochschule Nürnberg kürzlich in einer Befragung relevanter Netzwerkakteure im nordbayerischen Raum (Ebinger, in Veröffentlichung). Das Nürnberger Corporate-Volunteering-Netzwerk Unternehmen Ehrensache zählt dabei zu den 15 bekanntesten regionalen Netzwerken. Den Anstoß zur Gründung im Jahr 2011 gaben Dr. Uli Glaser vom Sozialreferat der Stadt Nürnberg und Birgit Kretz vom Team Türen Öffnen des Zentrums Aktiver Bürger.

Ziel des Netzwerkes ist es, Corporate-Volunteering-Aktivitäten in der Region Nürnberg auszubauen und die beteiligten Unternehmen und gemeinnützigen Organisationen zu qualifizieren. Darüber hinaus soll eine Plattform für Informationsaustausch geschaffen und das öffentliche Bewusstsein für das Thema Corporate Volunteering gesteigert werden.

Das Netzwerk ist trilateral aufgebaut und umfasst mittlerweile knapp 50 Unternehmen, 30 gemeinnützige Organisationen und acht Körperschaften des öffentlichen Rechts (Kommunen und Hochschulen). Kern der Aktivitäten sind gemeinsame Veranstaltungen, die sich thematisch neben Corporate Volunteering mit vielfältigen Aspekten von Corporate Citizenship und immer häufiger auch mit CSR-Fragestellungen befassen. Alle Aktivitäten werden durch einen Kümmererkreis gesteuert.

2 Erfolgsfaktoren: Begegnung und Austausch

Unabhängig vom Austausch über fachliche Themen spielt die Begegnung von Akteuren aus Wirtschaft und Gesellschaft eine zentrale Rolle. Bei jeder Veranstaltung ist ausrei-

B. Kretz (✉)
Türen Öffnen, ISKA gGmbH
Gostenhofer Hauptstraße 61, 90443 Nürnberg, Deutschland
E-Mail: tueren-oeffnen@iska-nuernberg.de

S. Dreesbach-Bundy und B. Scheck (Hrsg.), *CSR und Corporate Volunteering*,
Management-Reihe Corporate Social Responsibility,
https://doi.org/10.1007/978-3-662-54092-3_22

chend Zeit für ein persönliches Kennenlernen und vertiefende Gespräche. Besonders in den ersten Jahren wurden am Rand der Veranstaltungen intensive Kooperationen geknüpft. So entstand u. a. ein inklusiver Arbeitsplatz bei einem teilnehmenden Unternehmen. In der jüngsten Vergangenheit brachten sich auch die mit dem Thema verbundenen Hochschulen und Lehrstühle vermehrt ein, u. a. durch fachliche Beiträge und die Vernetzung mit engagierten Studierendengruppen.

Für die Förderung solcher Begegnungen veranstaltet das Netzwerk seit 2013 seinen eigenen Einsatztag. Unternehmen Ehrensache IN AKTION findet jährlich in einem Nürnberger Stadtteil statt. 2015 nahmen 200 Beschäftigte aus 17 Unternehmen teil. Die Konzentration auf ein bestimmtes Quartier hat zwei Gründe: Sie ermöglicht zum einen kurze Wege zwischen den beteiligten Einrichtungen. Zudem werden Stadtteile mit sozialem und städtebaulichem Entwicklungsbedarf durch gezielt eingebrachtes Engagement wirkungsvoll unterstützt und erhalten Aufmerksamkeit von leistungsstarken Unternehmen – eventuell auch über den Einsatztag hinaus.

3 Zukunftsperspektiven

Das Netzwerk, das ohne Rechtsform, Budget und eigene Verwaltungsstruktur nur durch das Engagement der beteiligten Kümmerer betrieben wird, hat viel erreicht. Es muss aber, um weiterhin attraktiv zu bleiben, kontinuierlich aktuelle Themen identifizieren und diese für den Großraum Nürnberg in Form von Veranstaltungen zugänglich machen. Dazu sind v. a. die Verbindungen zu anderen Netzwerken – z. B. zum Nürnberger CSR-Netzwerk oder zur Bundesinitiative UPJ e. V. – von hoher Bedeutung, da sich die Anforderungen an Unternehmen und Gemeinnützige laufend verändern und auch mögliche Formen der Kooperation einem ständigen Wandel unterworfen sind. Ebenso bedeutsam für die Identifizierung neuer Themen und Herausforderungen ist die Einbindung von Forschung und Lehre. Impulse von außen sind daher ebenfalls immer willkommen.

Literatur

Ebinger F (in Veröffentlichung) Nachhaltige Metropolregion Nürnberg. Analyse zum Stand von Nachhaltigkeitsnetzwerken in der Metropolregion Nürnberg. Technische Hochschule Georg Simon Ohm, Nürnberg

Birgit Kretz ist Kulturwissenschaftlerin und Sozialpädagogin und leitet seit 2008 unter der Überschrift Türen Öffnen den Bereich Unternehmensengagement beim Zentrum Aktiver Bürger in Nürnberg. Das gemischt haupt- und ehrenamtlich aufgestellte Team Türen Öffnen fördert seit 2002 das bürgerschaftliche Engagement von Unternehmen und bietet dazu unterschiedliche Projektformate und Angebote an. Birgit Kretz ist Mitinitiatorin des Unternehmen Ehrensache – Das Corporate Volunteering Netzwerk Nürnberg und ist seit dessen Gründung Mitglied im Kümmererkreis des Netzwerks.

Operative Umsetzung von Corporate Volunteering in Unternehmen

Von der Pilotierung zur erfolgreichen Umsetzung von Corporate Volunteering

Heike Poganaz und Magdalena Marx

1 Einleitung[1]

Als verantwortungsbewusstes Unternehmen leistet ERGO konkrete Beiträge zur Lösung gesellschaftlicher Probleme. Diesen Anspruch an die eigene unternehmerische Verantwortung hat ERGO fest in ihr Unternehmensleitbild und damit auch in die daraus abgeleitete Corporate-Responsibility-Strategie integriert. Das erklärte Ziel: ökonomische, ökologische und soziale Gesichtspunkte miteinander in Einklang zu bringen.

Für alle Corporate-Responsibility-Aktivitäten des Versicherungsunternehmens gilt: Wir möchten spürbar etwas bewegen. Ob mit finanziellen Mitteln oder durch das freiwillige Engagement der Mitarbeiter – für die Menschen vor Ort soll sich durch konkrete Maßnahmen etwas zum Besseren verändern.

Dieser Anspruch sollte auch bei der Einführung eines Corporate-Volunteering-Programmes bei ERGO berücksichtigt werden. Verschiedene interne und externe Faktoren unterstrichen darüber hinaus die Notwendigkeit für ein solches Angebot. So waren Programme zur Förderung von Mitarbeiterengagement zum damaligen Zeitpunkt bei vielen Unternehmen in Deutschland bereits weitverbreitet. Auch unternehmensintern mehrten sich die Anfragen und machten den Bedarf der Mitarbeiter für eine unternehmensseitige Unterstützung ehrenamtlichen Engagements deutlich. Daher entschied der Vorstand 2014, zunächst mit einem Pilotprojekt zu starten. Die aus diesem Piloten gewonnenen Erfahrungen und Erkenntnisse sollten anschließend ausgewertet werden und in ein Um-

[1] Aufgrund einer konzeptionellen Neuausrichtung der Corporate Responsibility-Strategie hat ERGO das Corporate Volunteering-Programm Ende 2016 auslaufen lassen. Ziel ist es, ein entsprechendes Angebot zukünftig inhaltlich neu aufzusetzen.

H. Poganaz (✉) · M. Marx
ERGO Group AG
Victoriaplatz 2, 40477 Düsseldorf, Deutschland
E-Mail: heike.poganaz@arcor.de

S. Dreesbach-Bundy und B. Scheck (Hrsg.), *CSR und Corporate Volunteering*, Management-Reihe Corporate Social Responsibility,
https://doi.org/10.1007/978-3-662-54092-3_23

setzungskonzept für einen späteren Rollout einfließen. Die Anforderungen an ein solches Konzept wurden klar definiert: Ein Corporate-Volunteering-Angebot bei ERGO soll interessierten Mitarbeitern den Einstieg in ein ehrenamtliches Engagement ermöglichen, dass dann gegebenenfalls auch außerhalb des Unternehmens auf privater Basis fortgeführt wird. Die Teilnahme basiert daher auf Freiwilligkeit. Dem Unternehmen war es in diesem Zusammenhang wichtig, dass es ein Beteiligungsmodell ist, in dem Arbeitgeber und Mitarbeiter sich zu gleichen Teilen einbringen. Letztlich sollte eine Win-win-win-Situation entstehen, in der Mitarbeiter und Unternehmen sowie Hilfsbedürftige gleichermaßen profitieren. Das Thema Bedarfsgerechtigkeit war deswegen eine weitere zentrale Anforderung an ein Corporate-Volunteering-Angebot der ERGO Group.

Nach erfolgreicher Pilotierung entschied der Vorstand 2015 über die Einführung des Corporate-Volunteering-Programmes unter dem Motto „Mitmachen, Mut machen!".

2 „Mitmachen, Mut machen!" – Das CV-Programm der ERGO im Überblick

Das Corporate-Volunteering-Programm der ERGO bietet interessierten Mitarbeitern die Möglichkeit, sich gemeinsam mit Kollegen einen ganzen Tag lang in sozialen Einrichtungen zu engagieren. Unter dem Motto „Mitmachen, Mut machen!" wurde das Programm im Jahr 2015 erstmalig bundesweit angeboten und richtet sich an interessierte Mitarbeiter im Innen- und Vertriebsinnendienst. Die Skalierung des Angebots auf den angestellten Außendienst wird derzeit noch geprüft. Aktuell ist das Angebot auf Deutschland beschränkt.

Das Umsetzungskonzept sieht vor, dass pro Jahr zwei Corporate-Volunteering-Aktionsmonate – jeweils im Juni und November – angeboten werden. Im Rahmen dieser zwei Aktionsmonate werden an den sieben großen Innendienststandorten von ERGO (das sind derzeit: Düsseldorf, Köln, Hamburg, Berlin, Mannheim, München und Nürnberg) jeweils 20 Projekte und damit in jedem Jahr insgesamt 40 Projekte durchgeführt. Die Anzahl der angebotenen Projekte an den Standorten variiert; sie richtet sich nach Größe und Mitarbeiterzahl des jeweiligen Standorts. Die Teilnehmerzahl ist begrenzt auf maximal 500 Mitarbeiter p. a., d. h., je Aktionsmonat erhalten bis zu 250 Mitarbeiter die Möglichkeit, sich im Rahmen eines Engagementprojektes ihrer Wahl zu engagieren. Die Projekte bzw. Einsatztage finden jeweils an Arbeitstagen und damit während der regulären Arbeitszeit statt. Als Arbeitszeitregelung wurde ein Beteiligungsmodell gewählt: Einen halben Urlaubstag bringen die teilnehmenden Mitarbeiter selbst ein, für den Rest der Projektdauer werden sie vom Unternehmen freigestellt.

Je nach persönlichem Interesse und Bedürfnislage stehen den Mitarbeitern drei verschiedene Arten von Einsatzformaten mit verschiedenen Zielgruppen zur Auswahl. Ob handwerklicher Einsatz, Begegnungsprojekte oder Know-how-Vermittlung – es besteht die Wahl zwischen verschiedenen Projektarten mit unterschiedlichen Zielgruppen (z. B. Senioren, behinderte Menschen, Kinder, benachteiligte Jugendliche oder Flüchtlinge).

Die drei Projektkategorien sind wie folgt definiert:

- „Anpacken":
  Projekte, bei denen gemeinsame „handwerkliche" Aufgaben, für deren Umsetzung der gemeinnützigen Organisation sonst die Ressourcen fehlen, im Mittelpunkt stehen (z. B. Bau-, Renovierungs- und Gartenarbeiten). Die Anleitung wird sichergestellt, Werkzeuge etc. liegen bereit und – soweit möglich – findet eine gemeinsame Aktivität mit den Adressaten der Organisation oder zumindest ein Austausch statt
- „Begegnen":
  Projekte, bei denen die Begegnung und ein intensiver 1:1-Kontakt mit der Zielgruppe einer gemeinnützigen Organisation im Vordergrund stehen; oft reichen die Ressourcen der gemeinnützigen Organisationen nicht aus, um über den regulären Alltag hinaus aktiv zu werden
- „Kompetenz spenden":
  Projekte, bei denen die freiwilligen Teilnehmer ihre fachliche Expertise bzw. ihre beruflichen Kompetenzen in kleinen Expertengruppen einbringen und die gemeinnützige Organisation mit ihrem Know-how unterstützen (z. B. Entwicklung/Prüfung und Optimierung eines Konzeptes, Durchführung eines Workshops oder einer Schulung)

Jede gemeinnützige Organisation bzw. Einrichtung wird zusätzlich durch eine pauschale Spende unterstützt, um die für den Einsatztag notwendigen Einkäufe (Materialien, Verpflegung, Eintritt etc.) abzudecken.

Bei der Auswahl geeigneter Organisationen und Einrichtungen sowie bei der Organisation und Umsetzung der einzelnen Projekte selbst erhält ERGO Unterstützung von UPJ e. V. sowie lokalen Mittlerorganisationen. Zur Erleichterung und effizienteren Gestaltung des Projekt- und Teilnehmermanagements stellt UPJ zusätzlich eine Onlineplattform[2] zur Verfügung.

3 Pilotierung: Erfahrungswerte sammeln und evaluieren

Vor einem erstmaligen bundesweiten Rollout des Corporate-Volunteering-Programmes bei ERGO entschieden Vorstand und Fachbereich, ein entsprechendes Angebot zunächst im Rahmen eines Pilotprojektes anzubieten. Die Möglichkeit, sich an einer Corporate-Volunteering-Maßnahme zu beteiligen, sollte in einem ersten Schritt nur den Mitarbeitern im Ressort des Vorstandsvorsitzenden angeboten werden. Ziel des Piloten war es, fehlen-

[2] Das Onlinetool ermöglicht durch ein einfaches und effizientes Projekt- und Teilnehmermanagement die übersichtliche Verwaltung von Projekten und Organisationen und garantiert dabei eine hohe Datensicherheit. Interessierte Mitarbeiter können sich online gezielt über Projekte an den jeweiligen Standorten informieren, sich für ihr Wunschprojekt an- bzw. abmelden oder sich gegebenenfalls auf die Warteliste setzen lassen.

de praktische Erfahrungswerte zu sammeln und mögliche potenzielle Umsetzungsrisiken bei einem späteren Rollout zu minimieren bzw. ganz zu vermeiden.

Als Eckdaten des Pilotprojektes legte man einen dreimonatigen Projektzeitraum (September bis November) fest. Innerhalb dieser drei Monate wurden insgesamt sieben Einsätze an drei verschiedenen Standorten (Düsseldorf, Köln und Hamburg) durchgeführt. Kalkuliert wurde dafür zunächst einmal mit einer Teilnehmerquote von 25–30 % der angesprochenen Mitarbeiter. Die Anzahl der Projekte sowie die Projektauswahl wurden mithilfe einer Interessenabfrage validiert und entsprechend angepasst. Die Interessenabfrage wurde im Rahmen einer internen Ressortinformationsveranstaltung durchgeführt. Hier informierte der Vorstandsvorsitzende die Mitarbeiter seines Ressorts über die Möglichkeit, sich freiwillig in Teams bei gemeinnützigen Organisationen engagieren zu können. Insgesamt nahmen 67 der insgesamt 193 Kollegen aus dem Vorstandsressort die Gelegenheit wahr und an einem der sieben angebotenen Engagementprojekte teil. Dies entspricht einer Beteiligungsquote von 34,7 %.

Analog zum ursprünglich entwickelten Konzept konnten die Teilnehmer je nach ihren individuellen Bedürfnissen aus den drei Projektformaten „Anpacken", „Begegnen" sowie „Kompetenz spenden" auswählen. Die Akquise der dafür geeigneten sozialen Organisationen sowie die Vorbereitung und Umsetzung der jeweiligen Projekte wurde in Zusammenarbeit mit dem Netzwerkpartner UPJ ausgearbeitet. Die Informationen zu den jeweiligen Engagementprojekten sowie die Anmeldung der Teilnehmer für die einzelnen Projekte erfolgten über das von UPJ zur Verfügung gestellte Onlinetool. Die Teilnehmer selbst investierten einen halben Urlaubstag ihres Urlaubskontingents, für den Rest des Tages wurden sie vom Unternehmen freigestellt. Die gemeinnützigen Organisationen erhielten, wie im Konzept des Corporate-Volunteering-Programmes vorgesehen, auch im Rahmen der Pilotierung zusätzlich eine pauschale Spende, um die an den Einsatztagen anfallenden Aufwände zu begleichen.

Wichtiger Bestandteil des Piloten war darüber hinaus eine begleitende Evaluation. Nur so konnte sichergestellt werden, dass wichtige Erfahrungswerte und mögliche Optimierungspotenziale aus dem Piloten identifiziert und bei der Vorbereitung eines anschließenden Rollouts berücksichtigt werden können. Daher erhielt jeder Teilnehmer am Ende des Projekttages einen Feedbackbogen.

4 Reflexion – Herausforderungen und Chancen des Pilotprojektes

Da an anderen Stellen im Unternehmen der Net Promotor Score (NPS)[3] als wichtiger Indikator zur Messung der Kundenzufriedenheit bereits eine hohe Relevanz hatte, entschied

[3] Mithilfe des NPS (Net Promoter Score) messen Firmen die Weiterempfehlungsbereitschaft ihrer Kunden. Bei der Berechnung des NPS wird der Prozentwert der Kritiker vom Prozentwert der begeisterten Kunden (Promotoren oder „Empfehler") des betreffenden Unternehmens abgezogen. Der Wertebereich des NPS liegt somit zwischen plus 100 % und minus 100 %. Ein Wert von +100 % ist extrem gut, −100 % dagegen extrem schlecht.

man sich auch bei der Evaluation der Corporate-Volunteering-Ergebnisse, auf diese Messgröße zu setzen. Eine gute Entscheidung, wie sich zeigte: Die Evaluationsergebnisse des Corporate-Volunteering-Piloten im Vorstandsressort zeigten eine sehr hohe Zufriedenheit der Teilnehmer mit dem konkreten Angebot. Dies spiegelte sich in einer sehr hohen Empfehlungsrate (NPS +92, „auf jeden Fall weiterempfehlen") sowie einer hohen Bereitschaft (94 %), sich erneut im Rahmen eines Corporate-Volunteering-Angebotes zu engagieren, wider. Als Hauptmotivation gaben die Teilnehmer die gemeinsame sinnstiftende Arbeit („etwas Gutes tun") mit Kollegen („mit KollegInnen arbeiten") und die damit verbundene Herausforderung für die eigene Sozialkompetenz an. Die Teilnehmer schrieben dem Corporate-Volunteering-Angebot eine starke Wirkung auf Arbeitgeberattraktivität, Mitarbeiterbindung, Stimmung und externe Wahrnehmung zu. Alle Teilnehmer befürworteten das Engagement und das konkrete Angebot von ERGO (100 %) und akzeptierten dabei auch die zeitliche Selbstbeteiligung in Form eines halben Urlaubstages in vollem Maße (97 %). Eine große Mehrheit der Teilnehmer gab außerdem an, sich zuvor noch nicht sozial engagiert zu haben und dass das Angebot ein guter Weg sei, Mitarbeiter an gesellschaftliches Engagement heranzuführen. Ein ERGO-weiter Rollout des Corporate-Volunteering-Programmes wurde von den Teilnehmern sehr befürwortet.

Eine wesentliche Herausforderung für den Erfolg des Pilotprojektes und damit auch für den Erfolg des Corporate-Volunteering-Programmes besteht darin, das Programm bzw. seine Rahmenbedingungen für die Teilnehmer so attraktiv wie möglich zu gestalten. Besonders wichtig für die Attraktivität des Programmes sind dabei vor allem das Projektangebot sowie die Arbeitszeitregelungen.

Grundsätzlich sollte das Projektangebot außerdem eine gewisse Projektvielfalt widerspiegeln. Je breiter das mögliche Betätigungsfeld und je vielfältiger das Projektangebot, desto mehr und unterschiedliche Mitarbeitergruppen fühlen sich durch das Corporate-Volunteering-Programm angesprochen. Prioritäten, Interessen und Hemmschwellen sind sowohl die Art und Weise des ehrenamtlichen Engagements (Anpacken vs. Begegnung vs. Kompetenz spenden) als auch die Zielgruppen betreffend individuell von Person zu Person unterschiedlich. Um eine möglichst große Anzahl von Mitarbeitern zu motivieren und für einen Corporate-Volunteering-Einsatz zu gewinnen, empfiehlt sich daher bei der Konzeption des Programmes die Wahl eines Portfolioansatzes mit unterschiedlichen Projektformaten.

Da die Teilnahme an den Projekten freiwillig ist und die Projekte bzw. Einsatztage jeweils an Arbeitstagen stattfinden, spielt die Wahl der Arbeitszeitregelung eine entscheidende Rolle, um möglichst viele Mitarbeiter für eine Teilnahme zu gewinnen. Bereits im Vorfeld der Pilotierung entschied man sich daher für ein Beteiligungsmodell: Einen halben Urlaubstag bringen die Teilnehmer selbst ein, für den Rest der Projektdauer werden sie vom Unternehmen freigestellt. Der obligatorische Eigenanteil zeigt zum einen bereits bei der Projektanmeldung die tatsächliche Bereitschaft des Teilnehmers, sich einen Tag ehrenamtlich engagieren zu wollen, und verhindert dadurch mögliche „Fehlbesetzungen" bei einer nur begrenzten Anzahl von Projektplätzen. Zum anderen befürworten die Teilnehmer die Freistellung durch den Arbeitgeber und werten sie als Ausdruck von Wertschätzung und Befürwortung des Mitarbeiterengagements durch das Unternehmen.

5 Fazit und Handlungsempfehlungen

Sowohl die Pilotierung des Corporate-Volunteering-Programmes als auch die Auswertung der Teilnehmerfeedbacks waren eine wichtige Basis für die anschließende Konzeption des bundesweiten Corporate-Volunteering-Programmes „Mitmachen, Mut machen!" bei ERGO. Der Pilot bekräftigte die Entscheidung, bei der Konzeption des Programmes auf eine zeitliche Bündelung des Angebotes zu setzen. Die Dauer der einzelnen Aktionszeiträume legte man auf einen Monat fest. Außerdem entschloss man sich nach der Pilotierung für eine Kontingentierung des Angebotes. Die erfolgreiche Durchführung und Auswertung der Teilnehmerfeedbacks aus dem Piloten haben gezeigt, dass seitens der Mitarbeiter großes Interesse an einer Weiterführung und ERGO-weiten Ausweitung des Programmes bestand. Die sehr positiven Evaluationsergebnisse des Corporate-Volunteering-Piloten waren zentraler Bestandteil der Entscheidungsvorlage für den Vorstand und haben wesentlich dazu beigetragen, dass schließlich auch der unternehmensweite Rollout des Programmes beschlossen wurde.

Daher ist nicht nur die Pilotierung, sondern in jedem Fall auch eine frühzeitige Evaluation der Pilotprojekte empfehlenswert.

Zur Sicherstellung eines möglichst großen und vielfältigen Projektangebotes sowie für die Gesamtattraktivität des Programmes erwies sich darüber hinaus auch die Unterstützung durch einen externen Dienstleister als hilfreich. Als Kooperationspartner unterstützte UPJ im Rahmen der Pilotierung sowohl bei der Projektsuche und Projektauswahl als auch bei der Organisation und Durchführung der Engagementprojekte, stellte Vorlagen für rechtliche Rahmenbedingungen (z. B. Vereinbarung Haftungs-/Gewährleistungsausschluss) bereit und bot durch die Bereitstellung eines Onlinetools darüber hinaus den technischen Support für ein effizientes Teilnehmermanagement.

Mit dem erstmaligen bundesweiten Angebot des Corporate-Volunteering-Programmes für alle Mitarbeiter im Innen- und Vertriebsinnendienst 2015 wurde ein erster großer Meilenstein erreicht. Dennoch gibt es bereits jetzt verschiedene Ideen und Möglichkeiten, wie Corporate Volunteering bei ERGO zukünftig noch weiterentwickelt bzw. ausgebaut werden könnte. Das derzeitige Angebot ist skalierbar und könnte in der Zukunft auch auf eine größere Anzahl von Mitarbeitern im Innendienst oder aber auch den Außendienst erweitert werden. Zum anderen bestünde die Möglichkeit einer Internationalisierung der Projekte: Das Corporate-Volunteering-Programm könnte auf Standorte außerhalb Deutschlands ausgedehnt werden und damit auch internationalen Mitarbeitern die Gelegenheit bieten, sich zu engagieren. Umgekehrt hätten Kollegen aus Deutschland die Option, an internationalen Corporate-Volunteering-Projekten teilzunehmen.

Der wichtigste nächste Schritt ist jedoch, das Corporate-Volunteering-Programm an den deutschen Standorten weiter zu etablieren und die hohe Beteiligung der Mitarbeiter dauerhaft zu erhalten. Eine umfassende interne Berichterstattung sowie begleitende Kommunikationsmaßnahmen können dazu beitragen, dass die Bekanntheit und gleichzeitig auch die interne Anerkennung von Corporate Volunteering bei ERGO kontinuierlich gesteigert werden.

Heike Poganaz hat nach kaufmännischer Ausbildung und Studium der BWL und VWL in Düsseldorf und Wuppertal in diversen Unternehmen in den Bereichen PR, Presse- und Öffentlichkeitsarbeit sowie Finanzkommunikation gearbeitet. 2001 wechselte sie zu ERGO, einer der großen Versicherungsgruppen in Deutschland und Europa. Nach verschiedenen Funktionen und Tätigkeiten im Bereich Unternehmenskommunikation baute sie dort 2011 das Thema Corporate Responsibility auf und leitete anschließend die neue Organisationseinheit.

Magdalena Marx hat nach ihrem Studium in Mannheim und Bayreuth als Referentin für Corporate Responsibility bei ERGO gearbeitet. Dort war sie u.a. mit verantwortlich für das Corporate-Volunteering-Programm.

Festlegung von Ressourcen und Verantwortlichkeiten: Mitarbeiterengagement bei Freshfields Bruckhaus Deringer LLP

Karina Fletcher und Nicole Lieb

1 Über Freshfields Bruckhaus Deringer LLP

Freshfields Bruckhaus Deringer LLP („Freshfields") ist eine globale Anwaltssozietät in Form einer Partnerschaft. Wir unterstützen seit Langem erfolgreich die führenden Industrie- und Finanzunternehmen, Institutionen und Regierungen bei ihren komplexen Projekten, Transaktionen und Herausforderungen, ob aus unseren eigenen Büros in den wichtigsten Wirtschafts- und Finanzzentren weltweit oder mit führenden Kanzleien vor Ort. Mehr als 2500 Anwälte beraten wirtschaftsrechtlich umfassend und bündeln ihre Kompetenz zu entscheidenden Rechts- und Branchenlösungen für unsere Mandanten.

Mitarbeiterengagement hat bei Freshfields eine lange Tradition, die in den deutsch-angelsächsischen Wurzeln der Sozietät begründet liegt. Freshfields hat früh das verbindende und identitätsstiftende Potenzial von Mitarbeiterengagement erkannt und dieses in den Jahren nach den Zusammenschlüssen von zwei deutschen und einer englischen Kanzlei genutzt. In Deutschland wurde dieser Bereich seit 2004 programmatisch auf- und ausgebaut. Das Mitarbeiterengagement ist bei Freshfields Teil der Gesamtstrategie „responsible business" (verantwortungsbewusste Geschäftsführung). Es umfasst die Ausprägungen „Community Investment" (CI; soziale Projekte mit Kooperationspartnern, Freshfields-interne Bezeichnung für Corporate Volunteering), „Pro-bono-Rechtsberatung" (unentgeltliche Rechtsberatung) und „Professional Skills Pro Bono" (unentgeltliche Unterstützung mit beruflicher Expertise von nichtjuristischen Mitarbeitern) für Kooperationspartner aus dem sozialen Sektor.

Als Dienstleister liegt der natürliche Fokus der gesellschaftlichen Verantwortung auf den Mitarbeitern, deren Expertise und Zeit. Daher bildet Mitarbeiterengagement einen wesentlichen Bestandteil von „responsible business" bei Freshfields.

K. Fletcher (✉) · N. Lieb
c/o Freshfields Bruckhaus Deringer LLP
Bockenheimer Anlage 44, 60322 Frankfurt am Main, Deutschland
E-Mail: Karina.Fletcher@freshfields.com

S. Dreesbach-Bundy und B. Scheck (Hrsg.), *CSR und Corporate Volunteering*,
Management-Reihe Corporate Social Responsibility,
https://doi.org/10.1007/978-3-662-54092-3_24

2 Erfahrungen aus der Praxis

Mitarbeiterengagement ist wie die anderen Elemente von „responsible business" eher ein Marathon denn ein Sprint. Mitarbeiterengagement bewegt sich häufig im Spannungsfeld, man mag sogar sagen, in Zielkonflikten mit reiner Geschäftstätigkeit. Grundlegend sind die Betrachtung der eigenen Ressourcen (Größe des Mitarbeiterpools, dessen Expertise und zeitliche Spielräume, verfügbare finanzielle Mittel) und die Entscheidung, wie man die begrenzten Ressourcen passend zu den Zielen des eigenen Unternehmens einsetzen möchte.

Wir bei Freshfields haben uns dafür entschieden, für alle Mitarbeitergruppen, aber auch gruppenübergreifend passende Programme aufzusetzen, in denen sich Mitarbeitende während der Arbeitszeit engagieren können, entweder mit oder ohne den Einsatz von beruflichen Kompetenzen. Mit dieser Entscheidung spiegeln wir die unterschiedlichen Interessenslagen und Motivationen bei unseren Mitarbeitenden und decken gleichzeitig verschiedene Bedarfe im sozialen Sektor ab. Nicht immer möchten Mitarbeitende auch im freiwilligen Engagement ihre beruflichen Kompetenzen einbringen und Organisationen benötigen hin und wieder auch einfach tatkräftige Unterstützung, die nicht zwingend berufliche Kompetenzen erfordert.

Im Selbstverständnis unserer Sozietät als Experte, Wissensnavigator und globaler Netzwerker ist das gesellschaftliche Engagement als Kompetenzzentrum aufgebaut. Wir arbeiten daher mit führenden Organisationen in diesem Bereich zusammen und fördern deren Arbeit, auch als strategische Berater. Wir bieten Mitarbeiterengagement die folgenden Rahmenbedingungen.

2.1 Organisationsstrukturen und personelle Ressourcen

CR (Corporate Responsibility, hier: Dachbegriff für Mitarbeiterengagement) ist global sowie regional im Managementbereich der Kanzlei angesiedelt. Dabei liegen die direkten Verantwortlichkeiten bei den Entscheidungsgremien innerhalb der Partnerschaftsstruktur sowie bei einzelnen Partnern. Letztere übernehmen angeknüpft an die Strukturen der Sozietät spezielle Aufgaben: Sie kümmern sich als CR-Partner ganzheitlich um das Engagement in ihren Regionen bzw. an ihren Bürostandorten, sind als sogenannte Client-Relationship-Partner federführend für einzelne Pro-bono-Mandanten verantwortlich oder übernehmen als Projektpartner Patenschaften für bestimmte Community-Investment-Projekte an ihren Standorten. Die Partner von Freshfields haben auch im Mitarbeiterengagement eine Vorbildfunktion für alle Mitarbeitergruppen und ganz besonders für die Anwälte. Aktives Engagement von Partnern steigert das Engagement von Mitarbeitern.

Mit der Professionalisierung des Mitarbeiterengagements ging bei Freshfields die Schaffung von Expertenstellen („CR-Manager") mit globaler und regionaler Verantwortung Hand in Hand. Sie beraten das Management sowie die einzelnen Partner und sind für die operative Umsetzung des Engagements verantwortlich. In Deutschland wurden im Laufe der Jahre zwei Stellen geschaffen, die sich ausschließlich mit „responsible business“-Themen und dabei zu ca. 70 % mit Mitarbeiterengagement in den verschiedenen Ausprägungen beschäftigen („CR-Team“). Die CR-Manager übernehmen neben der Unterstützung der verantwortlichen Partner vorrangig die Rolle von Impulsgebern und Netzwerkern. Sie arbeiten mit den verantwortlichen Anwälten, lokalen Freiwilligenteams, anderen Abteilungen sowie externen Akteuren zusammen, koordinieren das Engagement und liefern Ideen zur Weiterentwicklung. Um die konkreten Ziele der Sozietät im Bereich Mitarbeiterengagement zu erreichen und die Ergebnisse dieses Engagements zu messen, auszuwerten und zu dokumentieren, reichte es nicht aus, dass Mitarbeitende diese Aufgaben neben ihrer eigentlichen Arbeit erledigten. Die Koordination der CI- und Pro-bono-Aktivitäten sowie die Informations-, Datensammlung und -pflege, die Evaluation, die Kommunikation sind mit einem hohen Zeitaufwand verbunden und keinesfalls nebenbei zu bewältigen. Zudem erfordert die wichtige interne und externe Netzwerkarbeit zusätzliche zeitliche Ressourcen, die nicht zu unterschätzen sind.

Dabei haben sich global und regional zwei Kernexpertisen entwickelt: im Engagement von nichtjuristischen Mitarbeitern und in der Pro-bono-Rechtsberatung.

Ergänzt wird die Umsetzung des Mitarbeiterengagements durch lokale Freiwillige und -teams an den Bürostandorten, die CI-Projekte organisieren. Pro-bono-Mandate und PSPB-Projekte (PSPB – Professional Skills Pro Bono, „skills-based volunteering“, Projekte mit unentgeltlicher Unterstützung unter Einsatz beruflicher Expertise für Kooperationspartner und Pro-bono-Mandanten) werden nach Übernahme federführend von den beratenden Anwalts- und Mitarbeiterteams geführt.

Vor allem diese engagierten und interessierten Mitarbeitenden tragen das Thema CI und Pro Bono in die Mitarbeiterschaft. Es ist wichtig, diese Freiwilligenstrukturen gut zu durchmischen. In unserem Fall heißt das, sowohl anwaltliche als auch nichtanwaltliche Mitarbeiter für diese Aufgaben zu gewinnen, um dadurch sowohl den Kontakt zwischen den unterschiedlichen Mitarbeitergruppen zu ermöglichen als auch den Zusammenhalt zu stärken.

Zusammengefügt bieten diese Strukturen eine Kontinuität für die Umsetzung von Mitarbeiterengagement und das Beziehungsmanagement für Kooperationspartner und Pro-bono-Mandanten. Sie sind nicht einfach zu schaffen, aber das Ergebnis ist sehr lohnenswert. Essenziell ist stetiges „Am-Ball-Bleiben“, d. h. den regelmäßigen Kontakt zu denjenigen, die Engagement als zusätzliche, freiwillige Aufgabe koordinieren und organisieren, zu suchen und ihnen ihre Aufgaben so einfach wie möglich zu machen. Der Wechsel bzw. die Fluktuation von freiwilligen Verantwortlichen erfordern es außerdem, regelmäßig neue Mitarbeiter für die Aufgaben zu gewinnen.

2.2 Austausch und Schulungen

Um diese teilweise freiwilligen Strukturen über mehrere Standorte erfolgreich aufzubauen und zu betreuen, braucht es eine gute interne Vernetzung und regelmäßigen Austausch. Das Engagement steht und fällt mit freiwilligen Verantwortlichen außerhalb des CR-

Teams, die sich engagieren und ihre Kollegen zum Mitmachen motivieren und inspirieren. Daher organisieren wir an unseren Standorten regelmäßig Mittagessen mit allen freiwilligen Verantwortlichen und quartalsweise deutschlandweite Telefonkonferenzen.

Um die Verankerung und Bewerbung der CR-Aktivitäten an den Standorten zu unterstützen, werden zusätzlich einmal jährlich Informationsveranstaltungen in Form von Mitarbeiterlunches organisiert. Diese dienen dazu, Freiwillige für das Mitarbeiterengagement und dessen Organisation zu gewinnen, und geben den CR-Verantwortlichen vor Ort darüber hinaus die Gelegenheit, ein breiteres Publikum direkt, nicht nur über E-Mail-Korrespondenz oder Aushänge anzusprechen und einzubinden.

Alle 18 Monate finden darüber hinaus eine deutsche und eine globale Schulungs- und Netzwerkkonferenz statt. Eingeladen werden alle regionalen und lokalen Projektverantwortlichen. Die Inhalte decken u. a. interne Themen wie die strategische Ausrichtung des Engagements, Vorstellung von gelungenen Projektbeispielen und erfolgreichen Prozessen ab. Hinzu kommt die Information zu über Mitarbeiterengagement hinausgehende Themen im Bereich „responsible business", wie beispielsweise Entwicklungen auf globaler und europäischer Ebene. Wichtig sind jedoch über die Inhalte hinaus vor allem das gegenseitige Kennenlernen und der Austausch unter den Teilnehmern.

2.3 Finanzielle Ressourcen

Zu den angemessenen Rahmenbedingungen für Mitarbeiterengagement gehören auch finanzielle Ressourcen. Sie sollen das Engagement begleitend unterstützen, aber nicht im Vordergrund stehen. Der Einsatz der Ressource Zeit ist in unseren Augen besonders wertvoll, allerdings kann Engagement ohne Budget nicht wirkungsvoll werden.

Finanzielle Ressourcen bei Freshfields ermöglichen zum einen den wichtigen internen Austausch. Außerdem spielen sie bei der Verwirklichung von Projekten sowie bei der Unterstützung der Arbeit der Kooperationspartner und Pro-bono-Mandanten eine tragende Rolle. Hinzu kommt die Förderung von Infrastruktur, die Engagement teilweise erst ermöglicht und zu dessen Weiterentwicklung beiträgt. Ein Beispiel dafür ist die finanzielle (und ideelle) Förderung von Plattformen für die Vermittlung von Pro-bono-Rechtsberatungsmandaten und CR-Netzwerken.

Für Mitarbeiterengagement gibt es bei Freshfields neben globalen Ressourcen für Leuchtturmprojekte eigene regionale Budgets. Die Höhe der regionalen Gesamtbudgets ist historisch gewachsen. Für die Standorte richten sie sich nach Mitarbeiterzahlen, wobei auch die Zahl der Projekte des jeweiligen Vorgeschäftsjahres berücksichtigt wird. Für soziale Projekte und die Förderung von Partnerorganisationen gibt es Durchschnittsrichtwerte (pro Projekt, pro Partnerschaft). Das Budget berücksichtigt auch Posten für den internen und externen Austausch (z. B. für interne Mittagessen und Informationsveranstaltungen sowie Netzwerktreffen mit externen Partnerorganisationen).

2.4 Administratives

Neben finanziellen und personellen Ressourcen braucht Mitarbeiterengagement Regelungen für den zeitlichen Rahmen des Engagements und dessen administrative Abwicklung. Für die Teilnahme an sozialen Projekten werden Mitarbeitende während der Arbeitszeit bis zu einem Tag pro Jahr freigestellt. Analog zur Mandatsbearbeitung können Mitarbeitende ohne feste zeitliche Begrenzung angenommene Pro-bono- und PSPB-Projekte fertigstellen. Der Umfang der Beratung wird in jedem Einzelfall vorher geschätzt und die Annahme u. a. von den verfügbaren Ressourcen abhängig gemacht.

Die Umsetzung bzw. Ermöglichung der Freistellung liegt in der Verantwortung der jeweiligen Leitpartner bzw. Abteilungsleitenden.

Alle Arten des Mitarbeiterengagements werden in den von der Personalabteilung durchgeführten Mitarbeitergesprächen berücksichtigt. Dies dient ausschließlich einer positiven Anerkennung des Engagements.

Sämtliche Kooperationspartner und Pro-bono-Mandanten unterliegen administrativen Prüfprozessen wie Reputationschecks, die in der Verantwortung der entsprechenden „Risk & Compliance"-Teams liegen. Darüber hinaus werden von den jeweiligen Verantwortlichen für die Mandate und Projekte Vereinbarungen über Umfang, Haftung und Ziele abgeschlossen. Das CR-Team unterstützt hier je nach Bedarf.

2.5 Regionale/lokale vs. globale Verantwortlichkeiten

Mitarbeiterengagement ist von regionalen Unterschieden geprägt. Diese können u. a. in unterschiedlichen, drängenden gesellschaftlichen Herausforderungen oder in unterschiedlichen Ausprägungen der lokalen Bürokultur liegen. Über diese lokalen Herausforderungen regelmäßig zu sprechen und die Vorteile und Chancen von Mitarbeiterengagement zu diskutieren, gehört zu erfolgreichem Mitarbeiterengagement. Dies gilt sowohl für den regionalen Austausch als auch für den Austausch zwischen regionalen CR-Teams und globalen Teams. Nicht jede Form des Engagements kann in allen Regionen bzw. an allen Standorten gleichermaßen erfolgreich organisiert werden. Bei Freshfields werden die globale Strategie, die Themen und Zielgruppen, die Formate des Engagements sowie strategische Kooperationspartner global festgelegt. Allerdings können regionale CR-Teams hierauf Einfluss nehmen. Als deutsches CR-Team versuchen wir, stets die globalen Vorgaben zwar im Kern umzusetzen, aber die Eigenständigkeit von regionalen und lokalen Ideen ebenso zu erhalten und zu unterstützen. Als CR-Team sind wir also Impuls- und Ideengeber, müssen aber gleichzeitig die globale Weichenstellung immer im Blick haben und uns für eine Balance einsetzen.

3 Mitarbeiterengagement heute und in Zukunft

Mitarbeiterengagement in Zeiten globaler und regionaler Herausforderungen erfordert Experten – und damit Stellen in diesem Bereich –, die Trends erkennen und sinnvoll für ihr Unternehmen und die Gesellschaft insgesamt einordnen, sich intern und extern vernetzen, Impulse aufnehmen, weitergeben und in Programme umsetzen können. Hierzu gehört auch weiterhin – und noch stärker – der Austausch mit Experten unterschiedlicher Branchen sowie aus dem sozialen Sektor. Trisektorale Arbeitskreise und strategische Kooperationen werden wichtiger und müssen entsprechend besetzt werden, um wirkungsvolle Lösungen zu entwickeln.

Für die interne Unternehmenssteuerung wird es noch wichtiger werden, Mitarbeiterengagement strategisch in alle Unternehmensbereiche einzubinden, also auch außerhalb von CR-Teams Verantwortlichkeiten für Mitarbeiterengagement festzulegen. Engagement kann Mitarbeiterpotenziale fördern und entwickeln, in Personalprozesse eingebunden werden – z. B. durch Mentorenprogramme für neue Mitarbeitergruppen.

Als Unterfütterung des Engagements braucht es ein unantastbares Basisbudget, das auch in wirtschaftlich schwächeren Zeiten Bestand hat und in Zukunft noch stärker mit externen und internen Wirkungsindikatoren belegt werden kann.

Karina Fletcher hat eine abgeschlossene Ausbildung zur Rechtsanwalts- und Notarfachangestellten und ist darüber hinaus zertifizierte Managementassistentin bSb – Schwerpunkt Kommunikation. Sie studiert derzeit berufsbegleitend Wirtschaftsrecht. Seit 2004 hat sie den Bereich Corporate Responsibility für Freshfields Bruckhaus Deringer LLP in Deutschland mit aufgebaut, zunächst mit dem Schwerpunkt Corporate Volunteering, später in der Nachhaltigkeitsberichterstattung und der Pro-bono-Rechtsberatung. Sie ist als deutsche Schnittstelle Mitglied der global verantwortlichen CR-Arbeitsgruppen der Sozietät. Im Rahmen ihrer Expertise übernimmt sie verschiedene externe Beratungs- und Koordinationsfunktionen für gemeinnützige Organisationen. So war sie u.a. bis Anfang 2017 Co-Sprecherin des Unternehmensnetzwerks von UPJ e.V. Seit Herbst 2015 bekleidet sie das Amt der Generalsekretärin des Pro Bono Deutschland e.V.

Nicole Lieb ist ausgebildete Fremdsprachenkorrespondentin und seit 1997 bei Freshfields (damals Deringer Tessin Herrmann & Sedemund) beschäftigt. Sie absolviert derzeit ein berufsbegleitendes Eventmanagement Studium. Seit 2005 hat sie den Bereich Community Investment für die deutschsprachigen Büros von Freshfields Bruckhaus Deringer LLP mit aufgebaut und ist seit 2012 Hauptverantwortliche für diesen Bereich. Extern steht sie mit über 10jähriger Erfahrung als Projektkoordinatorin und -Organisatorin regelmäßig anderen CR-Unternehmensvertretern und gemeinnützigen Organisationen als Ideen- und Impulsgeber zur Verfügung.

Freshfields Bruckhaus Deringer LLP unterstützt als globale Anwaltssozietät mit mehr als 2500 Anwältinnen und Anwälte, wirtschaftsrechtlich umfassend führende Industrie- und Finanzunternehmen, Institutionen und Regierungen.

Praxisbeispiel KPMG. Etablierung von Corporate-Volunteering-Programmen in Unternehmen

Vorbereitung und Betreuung von Corporate Volunteers

Claudia Frenzel

1 Einleitung

In vielen großen und mittelständischen Unternehmen ist Corporate Volunteering (CV) mittlerweile ein fester Teil der CSR-Aktivitäten. Dabei verfolgen die Unternehmen ganz unterschiedliche Zielsetzungen und haben entsprechende Programmformate entwickelt. Diese Programme müssen nicht nur im Unternehmen geplant und kommuniziert werden. Genauso gilt es, die teilnehmenden Mitarbeiter auf ihren freiwilligen Einsatz vorzubereiten und während ihres Engagements zu betreuen.

In diesem Beitrag werden zunächst zwei CV-Programme von KPMG vorgestellt: der „Make a Difference Day" (MaDD) und „My Finance Coach" (MFC).[1] Die Konzepte beider Programme sind repräsentativ für CV-Formate, wie sie in anderen Unternehmen ähnlich durchgeführt werden. Der zweite Abschnitt widmet sich den Anforderungen an die Einführung von CV-Programmen in Unternehmen – etwa allgemeine Erfolgsfaktoren auf der Basis unserer langjährigen Erfahrung sowie die spezifischen Anforderungen an die Einführung der genannten KPMG-Programme. Schließlich wird dargelegt, wie Volunteers bei KPMG auf ihr Engagement vorbereitet und im weiteren Verlauf betreut werden.

[1] Dieser Beitrag ist im Jahre 2016 entstanden. Bei Drucklegung des Buches gab es eine strategische Neuausrichtung der CV-Programme bei KPMG, weshalb der Make a Difference Day nicht mehr Teil der aktiven Strategie ist. Nichtsdestotrotz sind die Angaben inhaltlich korrekt.

C. Frenzel (✉)
Corporate Sustainability, KPMG AG Wirtschaftsprüfungsgesellschaft
Klingelhöferstraße 18, 10785 Berlin, Deutschland
E-Mail: cfrenzel@kpmg.com

S. Dreesbach-Bundy und B. Scheck (Hrsg.), *CSR und Corporate Volunteering*,
Management-Reihe Corporate Social Responsibility,
https://doi.org/10.1007/978-3-662-54092-3_25

2 Corporate Volunteering bei KPMG

„Wir fühlen uns der Gemeinschaft gegenüber verpflichtet", ist einer der zentralen Werte von KPMG, die unsere Unternehmenskultur bestimmen. Diesem Wert folgend fördert KPMG in Deutschland seit 2004 die partnerschaftliche Zusammenarbeit mit gemeinnützigen Organisationen – auch Non-Profit-Organisationen genannt (im Folgenden: NPO) – und das bürgerschaftliche Engagement von Mitarbeitenden durch verschiedene Engagementprogramme. Dabei liegt der inhaltliche Schwerpunkt auf den Themen Bildung, soziale Integration und Umwelt. Jeder Mitarbeitende kann monatlich für bis zu vier Stunden von der Arbeitszeit für ehrenamtliche Tätigkeiten freigestellt werden – eine Regelung, die KPMG als eines der ersten Unternehmen in Deutschland eingeführt hat, um die Effektivität der CV-Programme zu steigern. Die Wirksamkeit hat dabei eine interne wie externe Dimension: Nach innen geht es um Aspekte der Personalentwicklung, um die Stärkung von Teamgeist und um die Erweiterung des eigenen Horizonts. Nach außen sind es wirksame und dankend angenommene Unterstützung aufseiten der NPO sowie ein Beitrag zu unserer Glaubwürdigkeit und zur Verankerung am Standort. Allein im Geschäftsjahr 2016 engagierten sich insgesamt 853 Mitarbeiter und leisteten so insgesamt 7205 Stunden ehrenamtliche Arbeit.

2.1 Praxisbeispiel: Make a Difference Day

Der Make a Difference Day (MaDD) ist ein firmeninterner Freiwilligentag. Er bietet allen KPMG-Mitarbeitern die Gelegenheit, sich einen Tag lang in gemeinnützigen, von KPMG organisierten Projekten zu engagieren. Die Projekte sind dabei so konzipiert, dass sie unterschiedliche Interessen und Fähigkeiten ansprechen: Bei Aktivprojekten geht es um körperlichen Einsatz wie den Bau eines Kräutergartens in einer Kita. Bei Begegnungsprojekten steht der direkte Kontakt zwischen den Mitarbeitern auf der einen und den Menschen einer NPO auf der anderen Seite im Fokus – beispielsweise bei einem gemeinsamen Ausflug mit behinderten Menschen. Die dritte Kategorie bilden Kompetenzprojekte, bei denen berufliche und fachliche Kompetenzen gefragt sind. Hier führen zum Beispiel Mitarbeitende aus der Personalabteilung ein Bewerbungstraining mit Flüchtlingen durch oder beraten ein NPO-Team im Rahmen eines Workshops zu betriebswirtschaftlichen Fragestellungen.

Im Einzelnen löst unser Engagement ein Problem oder einen kurzfristigen Bedarf einer NPO. Bezogen auf die jährlich wiederkehrende Initiative wird das Engagement unserer Mitarbeiter zu einer nachhaltigen Aktion für und mit dem Gemeinwesen, führt zur Stärkung der Zivilgesellschaft an unseren Standorten und unserer Unternehmenskultur, was einen Beitrag zur Horizonterweiterung, zur Sensibilität für andere Lebenswelten, zur Akzeptanz und Stimulanz für Engagement leisten soll.

Der MaDD findet an einem Arbeitstag statt. Dabei erstrecken sich die Projekte über vier bis maximal acht Stunden. Jedes Projekt wird mit acht bis zwölf Mitarbeitenden besetzt, sodass während des MaDD auch ein Beitrag zum Teambuilding geleistet wird. Neben dem Engagement der Mitarbeiter unterstützt KPMG die Projekte zusätzlich mit einer Spende, um die bei der Durchführung anfallenden Kosten zu decken – etwa Kosten für Transport, Verpflegung oder Materialien. Beim 12. MaDD im Herbst 2016 engagierten sich 621 Mitarbeitende an 24 Standorten in 68 sozialen Projekten. Unterm Strich waren das 3900 ehrenamtliche Stunden zugunsten sozialer Projekte – davon 1400 von den Mitarbeitern persönlich gespendete Stunden.

2.2 Praxisbeispiel: My Finance Coach

Die gemeinnützige Initiative My Finance Coach (MFC) unterstützt mit ihrem Angebot die ökonomische Grundbildung von Kindern und Jugendlichen – insbesondere den verantwortungsbewussten Umgang mit Geld. Sie will junge Menschen für ökonomische Zusammenhänge begeistern und dadurch das erforderliche Wissen vermitteln, um schließlich kompetent und eigenverantwortlich mit Geld umzugehen. Damit wirkt MFC der Verschuldung und Überschuldung junger Menschen entgegen. Für KPMG sind diese Themen ebenso selbstverständliche wie grundsätzliche Anliegen – ein Grund, weshalb KPMG die Initiative bereits seit 2012 fördert.

Im Rahmen von Klassenbesuchen vermitteln speziell geschulte Volunteers in Zusammenarbeit mit den Lehrkräften sowie anhand methodisch wie didaktisch aufbereiteter Trainingsmaterialien Finanzwissen aus erster Hand. Die Volunteers erhalten einen Einblick in die Schullandschaft und können gleichzeitig Berufs- und Lebenserfahrung weitergeben. Regelmäßige wissenschaftliche Untersuchungen durch Prof. Dr. Joachim Winter von der Ludwig-Maximilians-Universität München bestätigen die positive Wirkung der Klassenbesuche (www.myfinancecoach.de). Auch Suska Dreesbach von der Fakultät Wirtschafts- und Sozialwissenschaften an der Universität Hamburg stellte im Rahmen einer Projektevaluation positive Auswirkungen bei teilnehmenden Volunteers fest (vgl. den Beitrag von S. Dreesbach in diesem Band).

Die Klassenbesuche sind auf jeweils 90 min ausgelegt und können schulformübergreifend und deutschlandweit das ganze Jahr über erfolgen. Die Volunteers machen mindestens zwei Klassenbesuche jährlich. 2016 beteiligten sich 148 Volunteers von KPMG an ca. 390 Klassenbesuchen.

3 Etablierung von CV-Programmen in Unternehmen

3.1 Allgemeine Erfolgsfaktoren

Corporate-Volunteering-Programme sind naturgemäß in hohem Maße von der Akzeptanz der Mitarbeitenden abhängig. Umso wichtiger ist eine sorgfältige und auf die jeweilige Unternehmenskultur abgestimmte Einführung eines CV-Programms. In diesem Abschnitt geht es um die allgemeinen Erfolgsfaktoren sowie konkrete Anforderungen an firmeninterne Freiwilligentage und Programmpartnerschaften.

Einbettung in die CSR-Strategie

Um ein CV-Programm zielgerichtet und wirkungsvoll zu etablieren, sollte es integraler Teil einer CSR-Strategie sein (Schwerk 2012). Es empfiehlt sich, in einem ersten Schritt die Interessen aller Beteiligten zu identifizieren – also die des Unternehmens, der beteiligten Mitarbeiter und die der jeweiligen NPO. Die Schnittmenge der Interessen stellt dann den Ausschnitt dar, bei dem alle profitieren[2] (Schöffmann 2001) (s. Abb. 1). So standen die CSR-Verantwortlichen von KPMG stets im intensiven Austausch mit der Zivilgesellschaft und sozialen Mittleragenturen, um deren Bedarfe, Interessen und Anliegen zu erfahren. Zudem wurden die Vorstellungen des KPMG-Vorstands eingeholt und KPMG-interne Veranstaltungen für Befragungen der Mitarbeiter genutzt, um ein möglichst breites Meinungsbild zu erhalten.

Einbindung der Unternehmensführung

Ohne die Unternehmensführung hinter sich zu wissen, ist gesellschaftliches Engagement von Unternehmen nicht umsetzbar. Sowohl bei der Etablierung des MaDD als auch von MFC war die KPMG-Unternehmensführung deshalb frühzeitig in die strategischen Entscheidungsprozesse eingebunden. Im weiteren Verlauf nahmen Führungskräfte als „Pio-

Abb. 1 Die Schnittmenge der Interessen

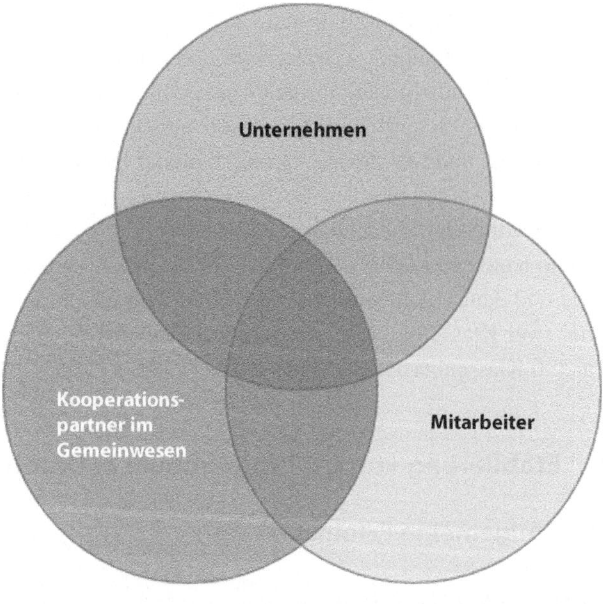

[2] Siehe auch weitere Informationen im Beitrag von Koch et al. (UPJ) zu Corporate Volunteering in diesem Band.

niere“ an den Programmen teil. Sie fungierten als interne Sponsoren und warben unter den Mitarbeitenden – insbesondere in der Startphase – für eine Beteiligung. Als sogenannte Leuchttürme repräsentieren sie die Unterstützung der Unternehmensführung, was positiv von den Mitarbeitenden wahrgenommen wird. Nach wie vor nehmen Führungskräfte regelmäßig an beiden Programmen teil, um die Unterstützung der Unternehmensführung nachhaltig deutlich zu machen.

Erforderliche Ressourcen bereitstellen

Die Entwicklung eines CV-Programms, dessen Etablierung, Betreuung und Weiterentwicklung können nicht „nebenbei“ organisiert werden. Es braucht Personalressourcen, das heißt Mitarbeiter in der CSR-Abteilung, die für das Management der CV-Programme verantwortlich sind und die über entsprechende zeitliche Ressourcen verfügen. Soll das Mitarbeiterengagement zudem während der Arbeitszeit erfolgen, müssen entsprechende Freistellungsregelungen getroffen werden. Darüber hinaus fallen im Rahmen der Umsetzung Kosten an, wie etwa Honorarkosten für die Leistung sozialer Mittler, Fotografen oder anderer Dritter. All diese personellen, zeitlichen und finanziellen Ressourcen müssen geplant und budgetiert werden.

Erst Pilot, dann Rollout

Den ersten Umsetzungsschritt bei beiden Programmen markierten Piloteinsätze an ausgewählten Standorten mit kleinen Gruppen interessierter Mitarbeiter aus unterschiedlichen Hierarchieebenen und verschiedenen Unternehmensbereichen. Auf diese Weise konnten interne Abläufe und die Zusammenarbeit mit der NPO geprobt werden und Erfahrungswerte in die Prozesse einfließen. Erst nach erfolgreichem Pilot wurden die Programme auf weitere Standorte ausgedehnt. Dieser Rolloutprozess sollte von Anfang an „mitgedacht“ werden.

Klärung rechtlicher Aspekte

Wichtig ist es auch, Versicherungsschutz und Haftungsfragen zu klären. Grundsätzlich sollte geprüft werden, ob ein gesetzlicher Unfallversicherungsschutz während des Einsatzes bereits besteht. Gegebenenfalls sollte der Abschluss einer entsprechenden Versicherung seitens des Unternehmens in Erwägung gezogen werden. Ferner sollte das Unternehmen Vorsorge treffen, dass es nicht weiter als nötig haftbar gemacht wird, zum Beispiel für die von den Volunteers oder externen Teilnehmern erbrachten Leistungen oder etwaigen Folgeschäden. Haftung und Gewährleistung für die „Leistungen“ der Volunteers bzw. externer Teilnehmer können zum Beispiel durch eine entsprechende Vereinbarung zwischen Unternehmen und NPO im Vorhinein ausgeschlossen oder zumindest begrenzt werden.

Erfolg messen und Wirkung analysieren

Von Anfang an sollte überlegt werden, anhand welcher Indikatoren der Erfolg des CV-Programms gemessen werden soll. Im Rahmen von MaDD und MFC führt KPMG regelmäßig individuelle bzw. standardisierte Befragungen der Volunteers nach dem Engagement durch. Die interne Umfrage zum MaDD 2016 ergab, dass der weitaus überwiegende Teil der Mitarbeiter der Meinung ist, dass der MaDD die Teamzusammengehörigkeit fördert, er ihnen Gelegenheit gibt, ihre Kompetenzen zu stärken und er einen Beitrag zur Arbeitgeberattraktivität leistet. Die Befragung der NPOs, von denen sich viele bereits mehrmals beteiligten, ergab, dass 92 % eine konkrete positive kurz- oder langfristige Wirkung des Freiwilligeneinsatzes für ihre Einrichtung erfahren haben.

Viele KPMG-Mitarbeiter kommen über die CV-Programme erstmals mit bürgerschaftlichem Engagement in Berührung. Für viele ist dies ein Impuls für regelmäßiges Engagement. Anders ausgedrückt: Die Programme leisten einen Beitrag zur wirksamen Förderung des bürgerschaftlichen Engagements. Auf die Wirkung von CV-Programmen geht Kap. 29 in diesem Band ausführlich ein.

Unterstützung durch lokale Koordinatoren im Unternehmen
Im Rahmen der CV-Programme von KPMG unterstützen bundesweit sogenannte MaDD-Koordinatoren bzw. MFC-Koordinatoren die lokale Programmorganisation. Denn insbesondere bei Unternehmen mit mehreren Niederlassungen kann es eine Herausforderung darstellen, aus der Zentrale heraus die Mitarbeiter aller Niederlassungen für Engagementeinsätze zu mobilisieren. Die lokalen Koordinatoren reichen in ihre Teams und internen Netzwerke hinein, sie wirken als Multiplikatoren und geben dem Engagement vor Ort „ein Gesicht".

Partnerschaftliche Zusammenarbeit mit gemeinnützigen Organisationen und Initiativen
Ein wichtiges Element im Rahmen des Engagements bildet die partnerschaftliche Zusammenarbeit mit gemeinnützigen Organisationen und Initiativen. Diese agieren an der Schnittstelle von Wirtschaft und Gemeinwesen und verfügen über entsprechende Erfahrungen im Bereich Unternehmensengagement. So arbeitet KPMG im Rahmen des MaDD mit sozialen Mittlerorganisationen (in der Folge: Mittler) wie Freiwilligenagenturen und Bürgerstiftungen zusammen. Im Rahmen des Programms MFC übernimmt die Stiftung My Finance Coach die Mittlerrolle und stellt den Kontakt zwischen Schulen und Volunteers her. Prinzipiell sollten Kooperationen zwischen Unternehmen und NPO von Wertschätzung, Respekt und Vertrauen geprägt sein und sich „auf Augenhöhe" bewegen.

3.2 Etablierung eines firmeninternen Freiwilligentages am Beispiel des MaDD

Der MaDD ist ein von KPMG entwickeltes Programm. Ein firmeneigenes Design bietet den Vorteil, dass die Rahmendaten des Programms selbst definiert, passend zum Unternehmen gestaltet und vorab festgelegt werden können. Tab. 1 stellt exemplarisch die Rahmendaten des MaDD dar.

Tab. 1 Rahmendaten für einen firmeninternen Freiwilligentag. (Quelle: eigene Darstellung)

Rahmendaten	Möglichkeiten am Beispiel des MaDD
Handlungsfeld	Bildung, Soziales, Umwelt
Projekt- und Einsatzarten	Aktivprojekte, zum Beispiel Bau eines Sinnespfades für und mit Menschen mit körperlicher Behinderung. Bei diesen Projekten werden eine starke Ergebnisorientierung und/oder ein Lerneffekt angestrebt
	Begegnungsprojekte, wie ein Ausflug mit Bewohnern einer Einrichtung für behinderte Menschen, die auf besondere Betreuung angewiesen sind
	Projekte mit Kompetenzspende, bei denen die Freiwilligen des Unternehmens die NPO bei der Lösung eines organisatorischen oder betriebswirtschaftlichen Problems unterstützen und ihre Expertise einbringen
Zielgruppe	Kinder/Jugendliche, behinderte Menschen, Senioren, Flüchtlinge
Zeitraum	Identifizierung eines geeigneten Tages/Monats unter Berücksichtigung möglicher Konflikttermine (zum Beispiel Ferien)
Teilnehmer	8–12 pro Projekt
Dauer des Projekts	4 bis max. 8 Stunden
Qualitätsanforderungen an die Projekte	Begegnung zwischen Menschen der NPO und Volunteers sicherstellen, Projekt an einem Tag realisierbar, sichtbares und sinnvolles Ergebnis am Ende des Tages, Schlechtwetteralternative

Der Mittler ist von der Vorbereitung über die Durchführung bis zur Nachbereitung in allen Projektphasen eng eingebunden. Anhand der Rahmendaten recherchiert er lokale NPOs mit entsprechendem Bedarf. Die Entwicklung des Projekts in seinen Grundzügen liegt in der Verantwortung der NPO, die hierbei vom Mittler unterstützt wird. Die Detailplanung erfolgt zudem unter Mitwirkung des MaDD-Koordinators von KPMG, damit auch die Wünsche auf Unternehmensseite Berücksichtigung finden. Ist die konkrete Projektidee fixiert, erstellt der Mittler eine Projektbeschreibung, die wiederum der Vorbereitung der Volunteers dient (s. Abschn. 4.1). Besondere Aufmerksamkeit bei der Projektplanung sollte den Qualitätsanforderungen geschenkt werden. Diese sollten auch in das Abschlussgespräch zwischen MaDD-Koordinator, NPO und Mittler einfließen.

Die Planung eines firmeninternen Freiwilligentages erfordert eine enge Abstimmung zwischen Unternehmensvertreter, NPO und Mittler. Daher sollten etwaige Unwägbarkeiten und Missverständnisse offen angesprochen und ausreichend Zeit eingeplant werden.

Der Mittler erbringt dabei eine Dienstleistung, für die ein Honorar anfällt. Dieses ist jedoch eine gute Investition, insbesondere wenn das Unternehmen noch unerfahren im Bereich CV ist. Wie bei allen Prozessen stellen sich aber mit der Zeit Erfahrungswerte ein oder es bilden sich Partnerschaften zwischen Unternehmen und NPO, an die im Folgejahr angeknüpft werden kann. Die Perspektive sollte es daher sein, dass die Projekte im Rahmen eines Freiwilligentages zunehmend eigenständig organisiert werden und die Mittler nur noch begleitend im Sinne der Qualitätssicherung zur Seite stehen.

Nach dem zuvor beschriebenen Muster startete der KPMG-interne MaDD 2004 zunächst an einem Standort. Erfahrungen der ersten Jahre flossen regelmäßig in das Projektmanagement ein. Nach und nach wurde der MaDD auf weitere Standorte ausgeweitet und findet seit 2011 bundesweit an allen KPMG-Standorten statt.

3.3 Etablierung eines Programms im Rahmen einer Programmpartnerschaft

Die gemeinnützige Initiative My Finance Coach (MFC) wird von mehr als 60 Unternehmen und Organisationen unterstützt. Aus Sicht von KPMG geht es bei MFC um eine Programmpartnerschaft.

Unbestritten bietet diese Art von CV-Programm den Vorteil, dass keine umfänglichen zeitlichen Ressourcen für die Programmentwicklung und -organisation notwendig sind: Es existiert bereits ein definierter Rahmen, dem man sich sozusagen „nur noch anschließen braucht". Im Fall von MFC wurde das Programmdesign von My Finance Coach entwickelt. Durch die Vielzahl der Unterstützer ergaben sich zudem verschiedene Synergieeffekte. Beispielsweise können die Kooperationspartner voneinander lernen, wie das Programm im Unternehmen etabliert wurde, wie die Unternehmensführung eingebunden wurde oder welche Kommunikationskanäle sich innerhalb des Unternehmens als geeignet erwiesen haben. Zudem bieten Programmpartnerschaften eine gute Möglichkeit für Networking. Ein Klassenbesuch im Rahmen dieses Programms wird beispielsweise häufig gemeinsam von zwei Vertretern verschiedener Unternehmen durchgeführt, die sich dadurch wiederum wertvolle externe Kontakte erschließen.

Unternehmenskulturen berücksichtigen
Bei Programmpartnerschaften stoßen unterschiedliche Unternehmenskulturen aufeinander. Jeder Programmpartner verfolgt unterschiedliche Interessen und Ziele, die es zu vereinen gilt. Von daher sollte vorab geprüft werden, ob die Kulturen der beteiligten Partner zum eigenen Unternehmen passen. Gegen eine bestimmte Partnerschaft kann beispielsweise sprechen, dass bereits ein Wettbewerber beteiligt ist oder dass man Partnerschaften nur mit Unternehmen einer bestimmten Größe oder Branche eingehen möchte. Auch bedingt die Zusammenarbeit mehrerer Programmpartner immer einen erhöhten Abstimmungsaufwand.

Als kritische Erfolgsfaktoren haben sich ein grundsätzliches Vertrauen und Wertschätzung aller Beteiligten untereinander erwiesen. Das Fundament dafür bilden unter anderem eine klare Festlegung und Verteilung der Rollen und Aufgaben, die Definition der Zusammenarbeit und der von den jeweiligen Partnern einzubringenden Ressourcen. Transparenz, schnelle Kommunikation und gute Erreichbarkeit sind ebenfalls wichtige Erfolgsfaktoren. Bringen alle Beteiligten eine offene Lernkultur ein, profitieren davon das Programm selbst, die eigentliche Zielgruppe und zudem alle Programmpartner.

4 Vorbereitung und Betreuung von Volunteers

Grundsätzlich beginnt die Vorbereitung der Volunteers mit der Ankündigung des CV-Programms. Sinnvoll ist dazu eine „Top-down"-Kommunikation: Die Unternehmensführung macht in diesem Zusammenhang auch deutlich, dass ein Engagement der Mitarbeiter ausdrücklich gewünscht ist und von der Führungsebene unterstützt wird. Die Kommunikation sollte motivierend formuliert sein und zum Engagement einladen. Dem Mitarbeitenden sollten sich die Sinnhaftigkeit bzw. die „Bedürftigkeit" der sozialen Projekte, der individuelle Nutzen ebenso wie der gesellschaftliche Beitrag schnell und deutlich erschließen. Gute Unterstützung leisten hier persönliche Erlebnisberichte und Fotos von Pilotteilnehmern. Sie sorgen für Authentizität und lassen das CV-Programm „lebendig" werden. Als unterstützende Kommunikationskanäle bieten sich Berichte im Intranet, Poster oder Hinweise in Mitarbeiterzeitungen an. Nachfolgend wird vorgestellt, wie die Volunteers bei KPMG im Rahmen des MaDD bzw. MFC auf ihren Einsatz vorbereitet und anschließend begleitet werden.

4.1 Vorbereitung und Betreuung von Volunteers im Rahmen des MaDD

Da der MaDD ein „firmeneigenes" CV-Programm ist, erfolgt die Vorbereitung der Volunteers auf ihren Einsatz auf internem Weg.

Bei der Vorbereitung werden verschiedene interne Kommunikationskanäle bedient. Im Rahmen einer Save-the-date-E-Mail kündigt die Unternehmensführung den Termin des MaDD frühzeitig an. Parallel dazu planen der MaDD-Koordinator, der Mittler und die NPO die konkreten Einsätze anhand der in Tab. 1 dargestellten Rahmendaten.

Etwa sechs Wochen vor dem Termin werden die Volunteers erneut an den MaDD erinnert. Im Intranet finden sie zu diesem Zeitpunkt detaillierte Beschreibungen – über die einzelnen Projekte, über die zugehörigen Einrichtungen, über die Teilnehmer am Projekt und über den zeitlichen Rahmen. Für jedes Projekt wird ein Projektpate ausgewählt, der als „Team-Captain" für das Projekt fungiert und an den sich die Volunteers bei Rückfragen wenden können. Das Intranet ist benutzerfreundlich konzipiert, sodass eine Anmeldung schnell und unkompliziert möglich ist. Ein paar Wochen vor dem Einsatz wird nochmals eine Reminder-E-Mail verschickt, die an den Termin erinnert.

Wechsel von unpersönlicher zu persönlicher Kommunikation
Bis zu diesem Zeitpunkt verläuft die Vorbereitung der Volunteers auf unpersönlicher Ebene, geht aber kurz vor dem Einsatz durch die Kontaktaufnahme des Projektpaten mit „seinem Team" in eine persönliche Ebene über. Aufgabe des Projektpaten ist es, die Teilnehmer seines Projekts mit einem „Infopackage" zu Treffpunkt, Kleidung, Verpflegung usw. zu versorgen. Diese Informationen vermitteln dem Volunteer Sicherheit in dieser doch ungewohnten Situation, steigern das Commitment und sorgen für Vorfreude auf den Freiwilligentag.

Am eigentlichen Freiwilligentag geht die Phase der Vorbereitung gleitend in die Betreuung der Volunteers über. Die Betreuung erfolgt auf drei Wegen: durch die NPO, in der der Einsatz stattfindet, durch den Projektpaten und durch den Mittler.

NPO in der Schlüsselrolle

Eine Schlüsselrolle bei der Vorbereitung und Betreuung am Freiwilligentag nimmt die NPO ein. Der Einrichtungsleiter begrüßt zu Projektbeginn die Volunteers und – sofern anwesend – auch die Menschen, mit denen bzw. für die der Einsatz stattfindet. Die Einrichtungsleitung gibt sozusagen den Startschuss und vermittelt durch ihre Anwesenheit den Volunteers Wertschätzung. Eine kurze Vorstellung der Einrichtung, der Zielgruppe und der täglichen Arbeit stimmt die Beteiligten auf den Tag ein. Dem folgt eine Einweisung in den zeitlichen Ablauf und die Tätigkeiten des Tages. Anspruchsvolle Tätigkeiten werden zunächst geprobt, beispielsweise handwerkliche Tätigkeiten von einem anwesenden Hausmeister vorgeführt oder es wird – wenn zum Beispiel ein Ausflug mit Rollstuhlfahrern geplant ist – vorab ein Rollstuhltraining durchgeführt. Nach der Einweisung ist mindestens ein Ansprechpartner der NPO ganztägig am Projekt beteiligt und steht den Volunteers als Betreuer zur Seite.

Der Projektpate fungiert am MaDD als Bindeglied zwischen NPO und Team. Er ist aktiv am Projekt beteiligt, er ist Ansprechpartner für das Team und die NPO, er hat die Aufgaben im Blick und sorgt gemeinsam mit der NPO für einen reibungslosen Ablauf und einen harmonischen, ergebnisorientierten Tag.

Mittler im Hintergrund aktiv

Der Mittler schaut am Einsatzort vorbei, ist ganztags telefonisch erreichbar und kann bei Problemen eingreifen. Dadurch wird eine Qualitätssicherung gewahrt, die sich positiv auf das Projekt und auf die Betreuung der Volunteers, die hier indirekt stattfindet, auswirkt.

Die Betreuung der Volunteers endet mit einem gemeinsamen Abschluss. Hierfür bietet sich ein Dankeswort der Einrichtungsleitung an, das beispielsweise mit einem gemeinsamen Kaffeetrinken und einem Gruppenfoto verknüpft werden kann. Eine Feedbackrunde gibt Gelegenheit, erste Eindrücke der Volunteers zum Einsatztag einzuholen. Der Kreis schließt sich wiederum zum Unternehmen: Per E-Mail dankt der Regionalvorstand oder Niederlassungsleiter den Volunteers für ihren Einsatz.

4.2 Vorbereitung und Betreuung von Volunteers im Rahmen von My Finance Coach

Aufgrund der Programmpartnerschaft werden die Volunteers bei MFC einerseits durch KPMG und andererseits durch die Initiative My Finance Coach vorbereitet und betreut. KPMG übernimmt die unternehmensinterne Steuerung des Programms, informiert in regelmäßigen Abständen über die Initiative als solche bzw. über ihre Aktivitäten. Dadurch werden kontinuierlich neue Volunteers (hier Finance Coaches) gewonnen und gleichzeitig bereits aktive Finance Coaches über Neuerungen informiert. Darüber hinaus fungieren sogenannte MFC-Koordinatoren als Ansprechpartner, die selbst aktiv sind und lokal in den Niederlassungen das Programm vertreten, Kontakt zu den Finance Coaches halten und jederzeit für Rückfragen rund um einen Klassenbesuch zur Verfügung stehen.

Die inhaltliche Vorbereitung von angehenden Finance Coaches liegt in der Verantwortung der Initiative MFC. Ein dreistündiges Einführungstraining durch Mitarbeiter der Initiative bereitet die Volunteers auf die Klassenbesuche vor. Sie lernen die verschiedenen Unterrichtsmodule und -materialien kennen, erfahren, wie der Klassenbesuch organisiert wird, und erhalten praktische Tipps für den Umgang mit den Schülern.

Kombination aus Einführungstraining und Selbststudium

Das Einführungstraining vermittelt den Finance Coaches das notwendige grundlegende Rüstzeug für ihren Klassenbesuch. Steht dieser dann tatsächlich an, werden seitens der Initiative die notwendigen Trainingsmaterialien, wie beispielsweise eine Präsentation, zur Verfügung gestellt. Der Finance Coach bereitet sich nun im Selbststudium anhand der Präsentation gemeinsam mit seinem Tandempartner auf den Unterricht vor. Ein Handbuch, in dem alle notwendigen Schritte für die Vorbereitung des Klassenbesuchs verankert sind, dient als Nachschlagewerk.

Den eigentlichen Klassenbesuch nehmen die beiden Finance Coaches gemeinsam wahr. Im Unterschied zum MaDD erfolgt im Rahmen des Einsatzes keine Betreuung. Eine Lehrkraft ist während des Unterrichts immer anwesend. Bei Fragen oder Unklarheiten sind entweder der KPMG-Koordinator oder die Initiative selbst immer ansprechbar.

Kontinuierliche Betreuung der Finance Coaches

Die Betreuung der Finance Coaches ist ein kontinuierlicher Prozess. Die Initiative informiert in regelmäßigen Abständen in Newslettern über Neuigkeiten. Für die MFC-Koordinatoren finden vierteljährlich Telefonate statt sowie einmal jährlich ein partnerübergreifender Workshop, der zum Austausch von Erfahrungen bzw. Best Practices und zur Weiterentwicklung der Initiative dient. Besonders aktive Finance Coaches werden jährlich ausgezeichnet und erhalten als Anerkennung eine Urkunde.

Die über die Telefonate gewonnenen Informationen bzw. die Erkenntnisse aus dem Workshop fließen durch die lokalen Koordinatoren in persönlichen Gesprächen mit den Finance Coaches an diese weiter. Parallel berichtet KPMG regelmäßig in Newslettern und im Intranet über die Initiative als solche, über Neuigkeiten (beispielsweise über die wissenschaftlichen Untersuchungen von MFC, die die positive Wirkung und die mittelfristigen Effekte bestätigen) und über konkrete Klassenbesuche.

Diese kontinuierliche Kommunikation verfolgt zwei Ziele: die durchgehende Begleitung der aktiven Finance Coaches und die Rekrutierung neuer Finance Coaches mithilfe einer glaubwürdigen und motivierenden Kommunikation.

5 Zusammenfassung und Ausblick

Das Spektrum an CV-Programmen ist groß – es gibt nicht das Standardprogramm. Jedes Unternehmen sollte das für sich passende Programm finden bzw. entwickeln, und zwar abgestimmt auf die jeweilige CSR-Strategie sowie die verfügbaren finanziellen und personellen Ressourcen.

Corporate Volunteering ist bei KPMG mittlerweile ein fester Bestandteil des gesellschaftlichen Engagements: Die Programme sowie die zugehörigen Prozesse sind ausgereift. Die Zahlen der Beteiligten sind konstant. Auf Knopfdruck ist dieser Status allerdings nicht zu erreichen. Vielmehr dauert es mehrere Jahre, bis ein CV-Programm in seinen Prozessen etabliert und ausgereift ist und bis aus der Umsetzung heraus notwendige Verbesserungen greifen.

Corporate Volunteering sollte daher nicht kurzfristig angelegt sein, zumal sich auch bei erfolgreicher Umsetzung in der Praxis immer wieder Verbesserungspotenziale auftun – etwa durch den Austausch mit anderen engagierten Unternehmen in CSR-Netzwerken. Denn daraus können sich nicht nur Anregungen für weitere Prozessverbesserungen, sondern auch für eigene Projekte ergeben.

Die Förderung von Mitarbeiterengagement, auch durch die kontinuierliche Weiterentwicklung der Instrumente, lohnt sich. Ja, sie ist sogar ein wichtiger Ansatzpunkt, um Herausforderungen wie dem demografischen Wandel und den Erwartungen der Generation Y erfolgreich zu begegnen: Engagement bietet immaterielle Anreize. Es ist gesellschaftlich unverzichtbar, steigert die Arbeitgeberattraktivität und stiftet dem Einzelnen Sinn. Damit liegt Mitarbeiterengagement im Interesse der Mitarbeiter, der Gesellschaft und der Unternehmen gleichermaßen.

Literatur

Schöffmann D (2001) Wenn alle gewinnen. Bürgerschaftliches Engagement von Unternehmen. Edition Körber-Stiftung, Hamburg

Schwerk A (2012) Strategische Einbettung von CSR in das Unternehmen. In: Corporate Social Responsibility. Verantwortungsvolle Unternehmensführung in Theorie und Praxis. Springer, Berlin Heidelberg

Claudia Frenzel ist seit 2008 bei der KPMG AG Wirtschaftsprüfungsgesellschaft im Bereich Corporate Sustainability tätig und verantwortet insbesondere die Koordinierung der bundesweiten Corporate-Citizenship-Aktivitäten des Unternehmens. Zu ihren Schwerpunkten zählen die strategische Weiterentwicklung und Implementierung verschiedener bundesweiter Corporate Volunteering-Programme, deren Steuerung und Evaluierung, die interne Kommunikation sowie das Reporting und Controlling der Corporate-Citizenship-Aktivitäten im Zuge des Nachhaltigkeits-Reportings. Sie steht in engem Erfahrungsaustausch mit ausländischen KPMG-Ländergesellschaften und ist in externen CSR-Netzwerken und Expertenkreisen vertreten. Frau Frenzel ist selbst im Rahmen des in diesem Fachbuch vorgestellten Programms „My Finance Coach" ehrenamtlich tätig.

Connected to Care – Ein Praxisbeispiel für globales Mitarbeiterengagement bei BASF

Shantala Bauer und Thomas Schiller

BASF steht seit mehr als 150 Jahren für Ideen und Innovationen. Bahnbrechende Entdeckungen wie die Ammoniaksynthese oder das ressourcensparende Verbundprinzip unserer Produktion demonstrieren dies seit 1865. Auch heute unterstreichen wir mit unserem Unternehmenszweck „We create chemistry for a sustainable future" den Anspruch, mit unseren Produkten und Lösungen zu einer nachhaltigen Zukunft beizutragen.

Kreative Ideen sind auch beim gesellschaftlichen Engagement (Corporate Citizenship) von Unternehmen gefragt und notwendig. Als Teil der Gesellschaft ist BASF – insbesondere im Umfeld der Standorte – mit vielfältigen sozialen Herausforderungen konfrontiert, zu deren Bewältigung Corporate-Citizenship-Projekte einen Beitrag leisten können. Der Mehrwert des unternehmerischen gesellschaftlichen Engagements liegt dabei unter anderem in der gezielten Unterstützung innovativer Projekte, die neue und damit auch risikoreiche Ansätze aufnehmen, für die eine öffentliche Förderung häufig fehlt. Auch können Unternehmen ihr Know-how und das ihrer Mitarbeiter nutzen.

Ein wichtiges Instrument, um innovative Ansätze im Bereich des gesellschaftlichen Engagements zu realisieren, ist deshalb Corporate Volunteering (Mitarbeiterengagement): Das freiwillige Engagement von Mitarbeitern ermöglicht nicht nur die Realisierung sozialer Projekte, sondern kann auch intern zur Mitarbeiterentwicklung und zur Stärkung des Teamzusammenhalts genutzt werden. BASF führt bereits an zahlreichen Standorten Corporate-Volunteering-Aktivitäten in unterschiedlichen Ausprägungen durch. So geben zum Beispiel BASF-Mitarbeiter in China Kindern aus benachteiligten Familien Englischkurse, es beteiligen sich Kollegen in den USA an der Umgestaltung von Kindergärten und

S. Bauer (✉)
BASF SE, Teamleitung Betriebliches Eingliederungsmanagement
Anilinstr. 7, 67056 Ludwigshafen, Deutschland
E-Mail: shantala.bauer@basf.com

T. Schiller
Verband kommunaler Unternehmen e.V.
Invalidenstraße 91, 10115 Berlin, Deutschland

S. Dreesbach-Bundy und B. Scheck (Hrsg.), *CSR und Corporate Volunteering*,
Management-Reihe Corporate Social Responsibility,
https://doi.org/10.1007/978-3-662-54092-3_26

Schulen oder es werden in Deutschland soziale Projekt im Rahmen des Teambuilding verwirklicht. Dieses vielfältige Engagement sollte im Rahmen des 150. Jubiläums von BASF nicht allein wertgeschätzt, sondern auch als Teil des globalen Corporate-Citizenship-Portfolios strategischer ausgerichtet werden.

1 Der Kontext: 150 Jahre BASF

Das Jubiläum im Jahr 2015 stand im Zeichen von Co-Creation: Vergleichbar mit Open Innovation wird Co-Creation in Innovations- und Managementprozessen verwendet. Damit wird ein Innovationsansatz beschrieben, der gemeinschaftliche Wertschöpfung ermöglichen soll. Diese kann rein intern stattfinden, also mit Mitarbeitern aus unterschiedlichen Einheiten, oder auch unter Einbeziehung externer Partner, wie z. B. von Kunden, Lieferanten, Wissenschaftlern oder gemeinnützigen Einrichtungen. Um Co-Creation erlebbar zu machen, wurden fünf unterschiedliche Formate verwendet: Business Solution Design, Jamming, Idea Contest, Pitch und Empathic Design.

Für das Thema Corporate Volunteering erschien das Format des Idea Contest (Ideenwettbewerb) am besten geeignet, um die beiden Ziele „strategische Ausrichtung" und „Wertschätzung" des Mitarbeiterengagements zu erreichen. Darüber hinaus wurde der Co-Creation-Ansatz gezielt für die praktische Ausgestaltung des Wettbewerbs und der Volunteering-Aktivitäten genutzt.

2 Der Ansatz: Der Ideenwettbewerb Connected to Care

Zentrale Idee von Connected to Care – dem globalen Wettbewerb zum Mitarbeiterengagement – war, dass sich BASF-Beschäftigte mit Kollegen und Freunden zusammenschließen, um im Sinne von Co-Creation gemeinsam mit einer gemeinnützigen Einrichtung ein soziales Projekt zu erarbeiten. Die Auswahl von 150 Gewinnerprojekten erfolgte durch eine weltweite Onlineabstimmung, an der sich alle 115.000 Mitarbeiter von BASF beteiligen konnten. Die Projekte mussten sich thematisch an den drei Jubiläumsthemen von BASF, „Städtisches Leben", „Ernährung" und „Intelligente Energie", orientieren. Die Einreichung der Projektideen fand über eine globale Onlineplattform statt und konnte in der jeweiligen Landessprache oder in Englisch erfolgen. Die Mitarbeiter konnten auf vielfältige Unterstützung zählen: So wurden Übersetzungshilfen angeboten oder die Ausformulierung von Projektideen unterstützt, um Chancengleichheit bei der späteren Abstimmung sicherzustellen. Insgesamt wurde die stolze Zahl von 500 Projekteinreichungen erreicht, die von mehr als 3000 Mitarbeitern erarbeitet wurden.

An der Abstimmung beteiligten sich über 35.000 Mitarbeiter. Sie vergaben insgesamt 127.000 Stimmen an die Projekte, die sie am meisten überzeugten. Die globale Umsetzung des Wettbewerbs erfolgte durch ein kleines Steuerungsteam und regionale Ansprechpartner.

Die 150 Siegerprojekte aus allen Kontinenten erhielten jeweils bis zu 5000 € an monetärer Unterstützung. Zusätzlich wurden alle am Projekt beteiligten BASF-Mitarbeiter für die Umsetzung ihrer Projekte einen Tag bezahlt freigestellt.

Die meisten Stimmen vergaben die Mitarbeiter für Projektvorschläge aus dem Bereich städtisches Leben. Soziale Projekte zur Unterstützung und Einbeziehung von Flüchtlingen kamen in diesem Themenfeld besonders gut an. Unter den beliebtesten Projekten aus Europa war die Idee von einem „Näh- und Strickcafé", das Mitarbeiter in Zusammenarbeit mit der Caritas Mannheim aufbauen. Dort sollen Flüchtlinge, Migranten und Einheimische kreativ arbeiten und sich austauschen. Ein Team aus Indien, das jungen Witwen und Flüchtlingsfrauen in Sri Lanka durch gezielte Schulungsmaßnahmen dabei hilft, ihr eigenes kleines Unternehmen zu gründen und zu führen, erhielt die meisten Stimmen in der Region Asien-Pazifik. In Nordamerika war das Projekt „Bee – The Connection", das einen Gemeinschaftsansatz mit den Themen Nahrung, Gesundheit und Umwelt verbindet, am beliebtesten. Hier werden Bienenstöcke in einen gemeinschaftlich genutzten Garten integriert, um Produktion und Ertrag nachhaltig zu steigern und um damit Menschen zu helfen, die nicht genug zu essen haben. Viele Stimmen wurden auch für ein Projekt aus Südamerika vergeben, das sich für bessere Entwicklungschancen für junge Menschen in São Paolo und Rio de Janeiro einsetzt. Hinter dem Titel „Technology for Education" verbirgt sich die Idee, durch Kultur-, Technik- und Englischunterricht den Weg in eine bessere Zukunft zu ebnen.

Zusätzlich zu den eingereichten beeindruckenden Projektideen löste der Ideenwettbewerb unter den Mitarbeitern eine Dynamik aus, die zwar Intention des Co-Creation-Ansatzes war, aber in ihrem Ausmaß nicht vorhergesehen werden konnte. So hatten Mitarbeiter auf der Onlineplattform Projekte entdeckt, an denen sie sich beteiligen wollten – und dies, obwohl sie selbst kein Projekt eingereicht hatten. Darüber hinaus schlossen sich engagierte Mitarbeiter über Länder, ja sogar Kontinente hinweg zusammen, da ihre Projekte ein ähnliches Ziel verfolgten. So wurde aus vier Einzelprojekten aus den USA, China, England und Brasilien ein gemeinschaftliches Projekt zum Thema „gesunde Ernährung in Kindergärten" entwickelt und die Kollegen erarbeiteten ein Konzept zu diesem Thema.

3 Strategische Einbettung: Wirkungsorientierung

Ein wichtiges Ziel war die Einbindung von Connected to Care in den strategischen Ansatz des gesellschaftlichen Engagements von BASF. Ein zentraler Baustein dabei ist die Wirkungsorientierung von Engagementaktivitäten, sowohl intern mit Blick auf unternehmerische Zielsetzungen wie auch extern bezogen auf gesellschaftliche Wirkungsziele. Der gesamte Ideenwettbewerb wurde deshalb wirkungsorientiert auf der Basis der IOOI-Methode (Input, Output, Outcome, Impact) aufgesetzt. Für Connected to Care wurden sechs Wirkungsziele vom Projektteam definiert und auch mit externen Partnern überprüft:

1. >75 % der Befragten bewerten es positiv, dass BASF den Wettbewerb als Instrument des gesellschaftlichen Mitarbeiterengagements angeboten hat
2. >50 % der Befragten sehen einen positiven Einfluss auf die persönlichen Kompetenzen der Projektteammitglieder als Ergebnis der Teilnahme am Wettbewerb und der Umsetzung des gemeinnützigen Projekts
3. >50 % der Befragten werten die Möglichkeit, ein gemeinnütziges Projekt umzusetzen, als positiven Einfluss auf die Attraktivität der BASF als Arbeitgeber
4. >50 % der Befragten bewerten es positiv, wenn Unternehmen gesellschaftliches Engagement von Mitarbeitern fördern
5. >50 % der Befragten haben den Ansatz des Co-Creation als Element des 150. Jubiläums bewusst erlebt und haben das Gefühl, einen Beitrag dazu geleistet zu haben
6. >50 % der Befragten wollen sich aufgrund von Connected to Care weiterhin ehrenamtlich engagieren

Eine mehrstufige, professionelle interne wie externe Evaluation ermöglichte es, die Erreichung der Wirkungsziele zu überprüfen. So wurden in einer ersten Phase – direkt nach Ende des Wettbewerbs – sowohl die 150 Gewinnerteams als auch 150 Nichtgewinner befragt. Den Schwerpunkt dieser Evaluation bildeten Fragen zum Ablauf des Wettbewerbs, zur Kommunikation, zur Handhabung des Onlinetools und zur Einordnung von Connected to Care in den Gesamtzusammenhang des BASF-Jubiläums. Die zweite Befragung im Sommer 2016 wird sich zum einen erneut an die 150 Gewinnerteams, zum anderen aber auch noch zusätzlich an die 150 gemeinnützigen Organisationen wenden, mit denen die Gewinnerprojekte umgesetzt werden. Das Erkenntnisinteresse zielt hier vor allem auf die Erfahrungen ab, die sowohl die Mitarbeiter als auch die externen Partner während der Projektumsetzung gemacht haben. Erste Rückmeldungen aus den Projektberichten zeigen bereits deutlich, dass die gesellschaftliche Wirkung von den externen Partnern als hoch eingeschätzt wird. Auch wird in Dankesbriefen von gemeinnützigen Organisationen hervorgehoben, dass ihre Projekte ohne die Hilfe von BASF und deren Mitarbeiter nicht umgesetzt hätten werden können.

Ein Großteil der Mitarbeiter bewertet in der ersten Befragung den Wettbewerb als geeignete Maßnahme, gesellschaftliche Verantwortung von Unternehmensseite zu zeigen: „Wir möchten uns bei der BASF für Connected to Care und das vorbildliche Engagement sowie die Unterstützung recht herzlich bedanken. Wir, als Mitarbeiter, schätzen die gesellschaftliche Verantwortung der BASF. Es erfüllt uns mit Stolz, ein Teil des Teams zu sein" (Bayram Türkoglu, BASF Ludwigshafen). Ein sehr positives Feedback kam auch aus den USA. „It's great that BASF gave us this opportunity to fund and help our local communities through the Connected to Care program. It can be difficult to commit to an entire day away from the office, but we all returned to the office more energized after having volunteered for a good cause" (Susan Jackson, BASF Florham Park/USA). Auch gibt es einige BASF-Kollegen, die trotz des Endes des Wettbewerbs mit ihrem Engagement weitermachen wollen: „We learned that pure mind moves all people's heart. Children's pure mind made our heart be warm. Our colleagues in BASF Korea wanted to continue this activity with the partner organization. After sincere discussion, we formed an informal support group. Now we can support the partner with about € 5000 per year continuously, which we would say as miracle from loving mind" (Hong Xu, BASF China). Es zeigte sich auch, dass der globale Charakter des Ideenwettbewerbs bei den Beteiligten das Zusammengehörigkeitsgefühl über Kontinente hinweg gestärkt hat. Damit wurde ein Kerngedanke der HR-Strategie der BASF „We form the best team in industry" nachhaltig unterstützt.

Beide Evaluationsphasen decken so die internen wie auch externen Wirkungsziele ab. Damit soll zum einen der Erfolg von Connected to Care als Projekt gemessen wie auch dessen Einbettung in die strategische Ausrichtung des gesellschaftlichen Engagements von BASF verdeutlicht werden. Das Unternehmen richtet sein Engagement weltweit auf eine sichtbarere Wirkungsorientierung aus und fokussiert den Einsatz seiner Ressourcen stärker auf ausgewählte Themen. Dabei kommt auch der verstärkten Einbindung der Mitarbeiter in Aktivitäten des gesellschaftlichen Engagements – und damit Corporate Volunteering – eine große Bedeutung zu: Unsere Mitarbeiter sind die besten Botschafter, um Glaubwürdigkeit und Nachhaltigkeit unseres Ansatzes zu vermitteln.

4 Nächster Schritt: Vom Wettbewerb zum Programm

Dieser – mit Blick auf die interne wie externe Dimension – messbare Erfolg des Ideenwettbewerbs hat BASF bestärkt, Connected to Care als globales Corporate Volunteering-Programm fortzuführen. Hierbei bleiben die Kernprinzipien, die sich im Wettbewerb bewährt haben, erhalten: Stärkung des Teamgedankens, Zusammenarbeit mit einer gemeinnützigen Organisation, Wirkungsorientierung und Evaluierung der Maßnahmen. Damit wird auch der zentrale strategische Ansatz „Lernen" integriert, der der Strategie des gesellschaftlichen Engagements von BASF weltweit zugrunde liegt. Hinzu kommt ein weiterer Aspekt aus der Strategie: Alle Aktivitäten werden auf globaler wie auch auf regionaler Ebene künftig stärker thematisch fokussiert, um den gesellschaftlichen Bedarfen im direkten Umfeld unserer Standorte besser Rechnung tragen zu können.

Durch den nahtlosen Übergang vom Wettbewerb Connected to Care zum Connected-to-Care-Programm können die Energie, Motivation und das großartige Engagement der Mitarbeiter weiter genutzt werden. Hierdurch wird ein Beitrag zur Lösung von gesellschaftlichen Herausforderungen wie auch zur Mitarbeiterentwicklung und zum Teamzusammenhalt geleistet. Unser Mitarbeiterengagement trägt so dazu bei, den Unternehmenszweck von BASF – „We create chemistry for a sustainable future" – mit Leben zu füllen. Dies unterstreicht auch Margret Suckale, Mitglied des Vorstands von BASF: „Eine lebendige Gesellschaft braucht engagierte Menschen. Mitmachen. Anpacken. Anderen helfen. Darum geht's. Damit wir mitgestalten, was uns wichtig ist."

Shantala Bauer, geboren 1980 in Ichenhausen/Bayern, studierte von 2000 bis 2004 Kommunikationspsychologie und Medienpädagogik an der Universität Koblenz-Landau, Abtlg. Landau. Nach ihrem Abschluss war sie zunächst bei BASF in der Kommunikation tätig, wechselte 2005 in den Bereich Human Resources, wo sie für das Thema „Corporate Citizenship am Standort Ludwigshafen" verantwortlich war. Anschließend leitete Sie 5 Jahre den Bereich „Vereinbarkeit von Beruf und Familie". 2014 übernahm sie im Rahmen des 150jährigen BASF-Jubiläums die Ausgestaltung und Durchführung des Corporate Volunteering-Wettbewerbs „Connected to Care". Seit 2016 leitet sie das Team „Betriebliches Eingliederungsmanagement" bei BASF SE. Sie ist verheiratet und hat drei Kinder.

Thomas Schiller, geboren 1972 in Regensburg, studierte von 1992 bis 1998 Politische Wissenschaft, Volkswirtschaftslehre und Geschichte an den Universitäten Regensburg und München. Er ist zudem Absolvent des Institut d'Etudes Politiques de Paris (Diplom). Seine berufliche Laufbahn begann er als Wissenschaftlicher Mitarbeiter an der Stiftung Wissenschaft und Politik. Er arbeitete ferner als Referent für Außen- und Europapolitik in der CDU/CSU-Fraktion im Deutschen Bundestag sowie als Referent in der Europaabteilung der Bayerischen Staatskanzlei. Von 2007 bis 2011 war er Leiter des Regionalprogramms Maghreb der Konrad-Adenauer-Stiftung e.V. mit Sitz in Rabat/Marokko. Von 2012 bis 2016 leitete er das Team Spenden & Sponsoring sowie Stiftungskoordination der BASF SE/Ludwigshafen. Seit 2016 ist er Geschäftsführer und Leiter der Zentralabteilung des Verbands Kommunaler Unternehmen (VKU) e.V. in Berlin.

Corporate Volunteering: von Philanthropie zum Wachstumsmotor

Peter Kusterer

Corporate Responsibility und auch Corporate Volunteering stehen häufig unter dem Verdacht, nur stattzufinden, um der Reputation eines Unternehmens zu dienen. Gutes Tun führt zu gutem Leumund. Und selbstverständlich dürfen Unternehmen auch einen Zugewinn an Reputation erwarten.

Aber: Das direkte Abzielen auf Reputations- und Anerkennungsgewinn – dem übrigens die vielen CSR-Preise Rechnung tragen und sowohl Staat als auch Zivilgesellschaft damit der Gefahr unterliegen, diesen Wettbewerb anzuheizen – widerspricht tatsächlich dem Nachhaltigkeitsgedanken. Und man muss auch fragen: Zahlen Einzelaktionen auf Unternehmensmarken überhaupt messbar ein?

„Character is like a tree, reputation is like its shadow. … the tree is the real thing"[1]. Dieses Abraham Lincoln zugeschriebene Zitat ist die Leitlinie, mit der IBM weltweit seit vielen Jahren ihre Markenentwicklung betreibt – Substanz erzeugt Reputation, nicht umgekehrt. Der Erfolg gibt uns recht: Trotz des Verkaufs wesentlicher Teile des Unternehmens, wie Anfang der 2000er-Jahre der PC-Sparte an Lenovo, tat das dem guten Markenimage keinen Abbruch - obwohl „IBM" in den 1980er-Jahren im Markt als Name Synonym einer ganzen Gattung von Rechnern war, nämlich dem „IBM-kompatiblen PC".

Im Brandmonitor von Interbrands[2] ist IBM seit Jahrzehnten die wertvollste Business-to-Business-Marke. Und obwohl IBM somit keinen direkten Kontakt zu Endbenutzern hat, haben Kampagnen wie „Think!", „e-Business" oder „Smarter Planet" ihren Weg in den allgemeinen Sprachgebrauch gefunden.

[1] Zitiert nach http://www.quotationspage.com/quote/29760.html.
[2] http://interbrand.com/best-brands/best-global-brands/2015/.

P. Kusterer (✉)
Corporate Citizenship & Corporate Affairs, IBM Deutschland
IBM Allee 1, 71139 Ehningen, Deutschland
E-Mail: kusterer@de.ibm.com

S. Dreesbach-Bundy und B. Scheck (Hrsg.), *CSR und Corporate Volunteering*,
Management-Reihe Corporate Social Responsibility,
https://doi.org/10.1007/978-3-662-54092-3_27

„Smarter Planet“ zeigt besonders gut, wie geschäftliche und gesellschaftliche Agenda eines Unternehmens Hand in Hand arbeiten, ja im Grunde zwei Seiten der gleichen Medaille sind. Mit dieser Initiative leitete IBM Ende 2007 eine weitere ihrer Transformationen ein. Im Lichte einer zunehmend digitalisierten Welt war die Aufforderung von Smarter Planet „Let's start a conversation“ nicht nur die Abkehr von dem „Lösungsmantra“[3] eines Unternehmens, sondern die Wertschöpfungskette wurde bis hinein in die großen gesellschaftlichen Herausforderungen (Umwelt, Gesundheit, Bildung, Städte, Verkehr usw.) gedacht. Wenn eine Firma mit ihren Dienstleistungen und Produkten direkt gesellschaftliche Herausforderungen adressiert, ist das dann „Business“ oder „Corporate Responsibility“?

1 Wie definiert sich „gesellschaftliche Verantwortung von Unternehmen"?

Das hängt wesentlich von der eigenen Definition von „gesellschaftlicher Verantwortung von Unternehmen“ ab. Gerade in Deutschland hat sich über viele Jahre die Meinung verankert, dass ein Unternehmen nur dann gesellschaftlich verantwortlich handelt, wenn es etwas komplett Wesensfremdes macht. Auch heute noch herrschen solche Stereotypen vor. So sehen viele bei dem Corporate-Volunteering-Format „Seitenwechsel“, das primär als Personalentwicklungsmaßnahme entwickelt wurde, ein etwas sozialromantisch verklärtes Bild des Managers, der den Drückerraum im Bahnhofsviertel reinigt, vor sich, dem Geschäftsmann, der so endlich auch mal die Wirklichkeit trifft. Zum einen sind auch Manager normale Bürger, die in aller Regel ihr Selbst nicht an der Eingangstür des Unternehmens abgeben und durchaus im Leben stehen. Zum anderen sind die Haupttriebfeder der Unternehmen, die ihren Mitarbeitern solche Erfahrungen ermöglichen, der Perspektivenwechsel und die Selbsterfahrung durch das Verlassen gewohnter Komfortzonen. Und das wiederum zahlt auf die Leistungsfähigkeit des Managers im Joballtag ein. Natürlich ist dabei der gesellschaftliche Effekt des Kennenlernens von Randgruppen und/oder der Spende von Arbeitszeit und -kraft auch Ziel des Unternehmens.

[3] Wird in der kritischen Literatur auch als „solutionism“ bezeichnet. (Fast) Jedes Unternehmen liefert „Lösungen“: „Da haben wir etwas für Sie.“ Dabei wird fast immer rein „inside-out“ gedacht, als könne ein Unternehmen allein die Komplexität der Welt begreifen und dann dafür die (einzige) Lösung anbieten. Die alles durchdringende Digitalisierung („instrumented“ in der Sprache von Smarter Planet), mit Sensoren, die in Echtzeit Zustände melden und vernetzt agieren („interconnected“), gibt einerseits neue Mittel an die Hand, z. B. Verkehrsströme nach aktueller CO_2-Belastung über dynamische Mautgebühren, Apps zur intermodalen Mobilität usw. zu steuern, aber eine effiziente, den intendierten Wirkungen gemäße Steuerung („intelligent“) ist komplex, hat viele konfligierende Parameter zu beachten und muss daher alle Stakeholder einladen, mitzumachen, um Wirksamkeit und Akzeptanz in der Gesellschaft auch zu erreichen. Das kann ein Unternehmen alleine nicht, das geht nur in der – ergebnisoffenen – Diskussion und Zusammenarbeit mit vielen Partnern. Genau das meint „Let's start a conversation“: das Zu- resp. Eingeständnis, dass es ein Unternehmen alleine nicht kann.

Aber es liegt solchen Formaten im Unternehmen auch ein – wenn auch nicht notwendig per Tabellenkalkulation explizit auszuweisender – „business case“ zugrunde. Und genau darin liegt ein wichtiger Aspekt der Nachhaltigkeit: Wäre die „Einzahlung“ auf den Unternehmenswert jenseits eines reinen Reputationsgewinns nicht gegeben, dann würde das Programm in kritischen Zeiten sofort zur Disposition stehen. Es degenerierte dann zur Residualgröße nach dem Motto: Wenn (viel) übrig bleibt, dann machen wir das, sonst … ?

2 Corporate-Volunteering-Programme als Teil der Unternehmenskultur

Mit der Verknüpfung zum Geschäftszweck dagegen bekommen die Corporate-Volunteering-Programme einen ganz anderen Charakter: Sie werden eins mit dem Unternehmen, Teil seiner Kultur. Und je enger dies gelingt, desto mehr profitiert Gesellschaft: eben nicht nur von der aktuellen Zeit-, Sach- oder Geldspende, sondern von der Kreativität und der Innovationskraft des Unternehmens. Und – und hier liegt das Besondere gerade von Corporate-Volunteering-Programmen – sie profitieren vom Know-how der engagierten Mitarbeiter und damit von all jenen Investitionen in Ausbildung und Erfahrung, die ein Unternehmen in eben diese Mitarbeiter über viele Jahre geleistet hat. Gesellschaft partizipiert also nicht nur vom aktuellen Reichtum des Unternehmens, sondern auch von allen Erfolgen der Vergangenheit.

Die Mitarbeiter sind am Ende der wahre Reichtum – Analysten und Investmentbanker nennen „Reichtum“ „Asset“ – jedes Unternehmens. Das gilt auch für kapitalintensive Industrien: Je weniger Mitarbeiter ein Unternehmen hat, desto wertvoller und wichtiger ist jeder Einzelne. Und Corporate Volunteering ist damit nicht nur eine wichtige Ressource für, sondern auch Antenne in die Gesellschaft. Es ist gleichzeitig Ausdruck der Kultur, ja der Stimmung in einem Unternehmen. Denn im Corporate Volunteering verbindet der Mitarbeiter seine eigene Reputation als engagierter Bürger in seiner Gemeinschaft mit der Marke des Unternehmens. Warum sollte er das tun? Sicher, Anerkennungsprämien und Spenden sind Anreize, aber ein Mitarbeiter, der mit seinem Unternehmen hadert, wird hier eher eine klare Trennung vollziehen und das Unternehmen nicht mit in „sein“ Engagement nehmen. So „atmet“ das Corporate Volunteering eines Unternehmens in seiner Breite auch mit der Stimmung im Unternehmen.

Die Mitarbeiter und ihre Entwicklung waren und sind schon immer Bestandteil der Unternehmenskultur der IBM[4]. Das stellt hohe Anforderungen auch an Corporate Volun-

[4] Unter https://www.youtube.com/watch?v=0ruPddoO48s findet sich ein Videoclip, der alle CEOs der IBM seit ihrer Gründung vor über 100 Jahren zeigt, die einem gemeinsamen Bild folgen: dem Dienst an der Welt („a culture of service“). Corporate Volunteering in seinen verschiedenen Formaten ist dabei ein Werkzeug, diese Kultur im ganzen Unternehmen weltweit erfahrbar zu machen. Virgina Rometty, zum Zeitpunkt der Erstellung dieses Artikels Chairwoman und CEO der IBM Corporation, betont das auch immer wieder, siehe z. B. https://www.youtube.com/watch?v=9b3T1_jAbLI.

teering. Nur mit „Social Days", dem in Deutschland unter „Kindergartenstreichen" in der Zivilgesellschaft am häufigsten wahrgenommenen Format, kann diese Wirkung für das Unternehmen nicht geleistet werden. Daher haben sich über die Zeit die verschiedensten Formate entwickelt – und entwickeln sich mit der Transformation des Unternehmens von Hardware über Software und Services zu Cloud und Cognitive Computing stetig weiter.

3 Von impulsivem Engagement hin zu kompetenzbasiertem Engagement

Die **On Demand Community** (ODC) ist unser ältestes und mit über 250.000 registrierten Mitarbeitern und Pensionären[5] und fast 20 Mio. geleisteten Stunden seit Neuformulierung in 2004 größtes Corporate-Volunteering-Programm. Gewachsen aus den Employee Engagement Days in den USA wurde es in 2004 strategisch neu aufgesetzt. In Einklang mit der Unternehmensstrategie „On Demand"[6] wurde das Engagement der Mitarbeiter als „on demand" auf gesellschaftlichen Anforderungen in ihren örtlichen Gemeinschaften begriffen und das unternehmensseitige Programm zur Förderung dieses Mitarbeiterengagements neu konzipiert. Weg von diffusem, meist nur zu bestimmten vorgegebenen Tagen – den landesweiten Employee Engagement Days – organisiertem oder impulsivem Engagement hin zu kompetenzbasiertem Engagement. Dies wird durch Handreichungen und moderne Onlineplattformen mit Marktplätzen, die auch Teambildung fördern, so unterstützt, wie es die Mitarbeiter in ihrem Tagesgeschäft für Schulungen oder aus ihrer täglichen Arbeit im Unternehmen kennen. Dabei werden gleichzeitig Eigeninitiative und Eigenverantwortung gestärkt, indem nicht zentral Themen vorgegeben werden, sondern Mitarbeiter sich selbst ihr Engagementfeld suchen können. Diese werden dann durch zentrale Angebote zur zusätzlichen Aktivierung von bürgerschaftlichem Engagement ergänzt, wie beispielsweise aktuell (2016) im Rahmen von Integrationsarbeit in Sachen Migration und Flucht mit Patenmodellen oder Sprachbegleitung.

Einen Höhepunkt erreichte die ODC 2011, als IBM ihr 100-jähriges Bestehen mit der „Celebration of Service" beging. Der Startschuss fiel mit dem „IBM Services Jam" im Herbst 2010. Mehr als 15.000 externe Teilnehmer aus 119 Ländern – darunter mit gemeinnützigen Partnerorganisationen ausgewählte Experten der internationalen Engagementszene und Persönlichkeiten aus Politik, wie z. B. George Bush sen.[7] – diskutierten

[5] Mit dem Einbezug von Mitarbeitern im Ruhestand hat die ODC bis dato ein weiteres Alleinstellungsmerkmal. Der Einbezug ist aufgrund der Unternehmenskultur („a culture of service") natürlich und folgerichtig.

[6] Ausdruck des Wandels der Informationstechnologie vom (hardwarelastigen) Kapazitätsaufbau für Spitzenzeiten zu „IT aus der Steckdose", d. h. IT-Infrastrukturen, die mit den Kapazitätsanforderungen je nach aktuellem Bedarf („on demand") wachsen oder auch wieder schrumpfen können – Vorläufer von Cloud.

[7] Als sicher weltweit bekanntester Teilnehmer. Die Partner waren aber sehr bewusst weltweit ausgewählt, um einen möglichst breiten und relevanten Diskurs zu befördern, darunter aus Deutschland

auf Basis modernster Technologie online in parallelen Diskussionen unter Einsatz semantischer Analysetools drei Tage lang. Sie überlegten und konzipierten Wege, wie sich „Service" im Sinne von „Dienst an Gesellschaft" entwickeln wird: „Making the world work better through service."

Auch hier stand die enge Verknüpfung mit der Geschäftsstrategie Pate: Daten sind der Rohstoff der Welt. Ideen, Meinungen, Kommentare von 15.000 Diskutanten über 72 Stunden zu sammeln, zu analysieren und in kurzer Zeit in einen Bericht[8] zu verdichten – ohne Technologie unmöglich. Die gleiche Technologie, die IBM schon 2004 im ValueJam eingesetzt hatte, um alle Mitarbeiter an der Weiterentwicklung der IBM-Werte zu beteiligen. 40.000 beteiligten sich aktiv mit Kommentaren. 2013 waren es schon 100.000, als IBM im „Client Experience Jam" die Werte nochmals beleuchten und in neun Handlungsanweisungen detaillieren ließ – oder besser: gemeinsam detaillierte.

4 Peace Corps für Unternehmen

Aufgerufen sich mit ihren Kompetenzen zum Jahre des 100-jährigen Bestehens in besonderem Maße für Gesellschaft zu engagieren beteiligten sich über 300.000 IBM-Mitarbeiter und hielten über 3,2 Mio. Stunden in einem Jahr nach[9]. Und die Triebfeder für Celebration of Service war wieder kein Altruismus: Service war zum wichtigsten Geschäftsfeld der IBM geworden. Interbrands listet IBM in 2015 nicht mehr unter „Electronics" oder „Technology", sondern unter der Kategorie „Business Services". Mitarbeitern, aber gerade auch Kunden und Öffentlichkeit wird so die stetige Transformation des Unternehmens kommuniziert, ja erfahrbar gemacht – mächtiger als jede reine Reputations- oder Imagewerbekampagne es könnte. Die Marke „IBM" ist erfahrbar durch die IBMer[10].

Das bleibt aber nicht beim eigenen, freiwilligen, rein durch die Mitarbeiter selbst bestimmten Format, wie es die ODC darstellt, stehen. Mit dem *Corporate Service Corps* (CSC) wurde im Jahr 2008 ein weiteres innovatives Format entwickelt. Angelehnt an die Idee des Peace Corps, sind auch hier IBMer weltweit aufgerufen, sich gesellschaftlichen Herausforderungen in Wachstumsländern des globalen Südens und Ostens zu engagieren. In Teams von 12–15 Teilnehmern bringen sie ihre professionellen Kompetenzen ein. Sei es als Anwältin, als Controller, als Webdesigner oder Vertrieblerin, als Personalbeauftragte oder auch Mitarbeiter des betriebsärztlichen Dienstes, als Technikerin oder als Change-

z. B. Dr. Michael Bürsch, 1998 bis 2002 Vorsitzender der Enquête-Kommission Zukunft des Bürgerschaftlichen Engagements und von 2002 bis 2009 des Unterausschusses Bürgerschaftliches Engagement, siehe auch http://www.ibm.com/ibm/responsibility/minijam/special_guests.html.

[8] Siehe auch http://www.ibm.com/ibm/responsibility/minijam/overview.html.

[9] Ergebnisse siehe unter http://www-03.ibm.com/ibm/history/ibm100/us/en/service/.

[10] „Experienced by", ein wesentlicher Aspekt erfolgreichen Markenmanagements. Während andere Unternehmen Produkte, Design oder Events zum Kern der Erfahrung ihrer jeweiligen Marke erhoben haben, steht bei IBM der Mitarbeiter im Vordergrund. Corporate Volunteering wird so ein strategisches und kein reines Corporate-Philanthropy-Programm.

Management-Berater – sprich: Sie kommen aus allen Bereichen des Unternehmens, um konkrete Herausforderungen dieser Länder zu adressieren.

Das sind beispielsweise die Mütter- und Säuglingssterblichkeit im Niger-Delta, der Katastrophenschutz auf den Philippinen, die Entwicklung der Tourismusindustrie als zusätzliches Standbein neben der Agrarindustrie in Tansania, mittelständische Produzenten in Vietnam, die Bildung für sozial schwache Gruppen in Südafrika oder die Übertragung von HIV auf Kinder in Ghana.

Die Einsatzländer und Felder sind, in enger Abstimmung mit Verantwortlichen aus Regierungen und Nichtregierungsorganisationen (NRO) der Länder, aber auch den Geschäftsbereichsverantwortlichen für diese Wachstumsmärkte in der IBM, vorgegeben. Die Teams werden bewusst sehr gemischt über verschiedene Bereiche und Herkunftsländer in der IBM zusammengestellt. Ziel dabei ist, über gemeinsame interkulturelle Erfahrung und gemeinsame Projektarbeit auch zu üben, in globalen Teams innerhalb kürzester Zeit zusammenzufinden, klare Zielvorgaben in Abstimmung mit dem Kunden zu entwickeln und innerhalb von vier Wochen Ergebnisse abzuliefern, die lokal als Mehrwert wahrgenommen werden.

5 Corporate Volunteering als Teil der Unternehmensstrategie

Hier ist eine ganz enge Verzahnung von geschäftlicher und gesellschaftlicher Agenda gegeben. Folgerichtig werden die Mitarbeiter für den Einsatz freigestellt, ihren Managern im Herkunftsland Kosten- und Ergebnisdruck durch das Fehlen kritischer Qualifikationen gepuffert. Gleichzeitig kann sich jeder IBMer bewerben – es findet keine Nominierung durch das Management statt. Damit soll in einem Großunternehmen wie IBM sichergestellt werden, dass Talente aufgrund von „Betriebsblindheit" der Personal- und Führungskräfte nicht unentdeckt bleiben: Corporate Volunteering als Teil der Personalentwicklungsstrategie. Mit jährlich Tausenden von internen Bewerbern, fast 3000 Alumni in über 200 Teams in 30 Ländern, die mehr als 140.000 Menschen vor Ort erreicht haben, ist das CSC das größte und eines der erfolgreichsten Pro-bono-Programme weltweit[11] und zahlt so auch auf Mitarbeiterloyalität und Arbeitgeberattraktivität ein. In vielen Einsatzländern der CSC-Teams hat IBM in der Folge neue Büros eröffnet. Eine Form des Marktzugangs, der klassische, kostenintensive Strategien, in neue Länder zu diversifizieren, um Längen schlägt.

Auch Führungskräfte können von solchen Einsätzen persönlich profitieren, gleichzeitig ihre eigene fachliche Qualifikation weiterentwickeln und neue Geschäftsbereiche unterstützen. Mit der **Smarter Cities Challenge** (SCC) hat IBM 2011 aufbauend auf dem CSC nachgelegt. Hier bewerben sich initial nicht Mitarbeiter und IBM sucht mit NROs und Regierungen nach möglichen Einsatzfeldern, sondern Städte bewerben sich um die 3-

[11] Siehe auch Journal of Management Development: http://www.emeraldinsight.com/doi/abs/10.1108/JMD-04-2014-0034?mobileUi=0&journalCode=jmd.

wöchigen Pro-bono-Einsätze der IBM Executives und Distinguished Engineers[12], indem sie Vorschläge machen, in welchen Feldern sie Hilfe suchen, eine Herangehensweise an spezifische Herausforderungen der Stadt(-gesellschaft) zu adressieren – seien es Gesundheit, Verkehr, Umwelt, Arbeitsmarkt oder Bildung. So bewarb sich die Stadt Dortmund 2012 erfolgreich um die Teilnahme, um Wege zu finden, wie die vom Oberbürgermeister neu ins Leben gerufene Initiative Dortmunder Talent ihre Arbeit effektiver gestalten kann. In über 100 Interviews aus allen Interessensgruppen der Stadtgemeinschaft – Politik, Gewerkschaft, Kirche, Administration, Vereine, Universitäten, Jugend- und Migrantenorganisationen u. a. – destillierte das fünfköpfige Expertenteam in drei Wochen sechs konkrete Handlungsempfehlungen, die der Initiative Dortmunder Talent zur Leitlinie in ihrer weiteren Arbeit wurden.[13]

Auch hier waren Timing und Inhalte des Citizenship-Programms nicht zufällig gewählt: Im Rahmen der Smarter-Planet-Initiative, die die strategische Neuausrichtung des Unternehmens in den Jahren 2007 ff. begleitete, waren Städte als neues Geschäftsfeld identifiziert. Mit der SCC trug IBM somit nicht nur zur Entwicklung von über 100 Stadtgesellschaften weltweit bei, sondern lernte aus erster Hand Probleme und Herausforderungen der Städte rund um den Globus kennen, die beteiligten Mitarbeiter bauten ihre eigene Erfahrung und ihr Wissen aus, IBM als Unternehmen positionierte sich in Marktsegmenten, die sie zuvor nur wenig adressiert hatte, und es entstand ein Netzwerk von Entscheidern, die den Mehrwert, den IBM und IBMer bieten können, kennen und schätzen lernte.[14]

„Smarter Planet“ war in diesem Sinne ein weiterer Meilenstein in der immer engeren Verzahnung von geschäftlicher und gesellschaftlicher Agenda. Einerseits legte die Initiative die Basis, die bevorstehende Transformation von Wirtschaft und Gesellschaft durch die immer tiefere Durchdringung mit Informationstechnologie als Chance zu begreifen, neue Geschäftsfelder, ja komplett neue Produkte und Dienstleistungen – heute unter „Cloud“, „Internet der Dinge“, „Industrie 4.0“ usw. bereits erheblich ausdifferenzierter – vorwegzunehmen und vorzubereiten, andererseits änderte sich mit „Let's start a conversation“ auch die Herangehensweise. Da es sich im Grunde bei allen Themen um große gesellschaftliche Herausforderungen, Umwelt, Gesundheit, Arbeit, Bildung u. v. m., handelt, können nur gemeinschaftliche Herangehensweisen in „Ökosystemen“ von Kunden, Produzenten, Lieferanten, Geschäftspartnern, öffentlicher Hand – im Grunde alle Stakeholder – zum Erfolg führen.

---

[12] Distinguished Engineers sind in IBM ausgewiesene Fachleute im Executive-Rang, aber ohne direkte Personalverantwortung.

[13] Siehe http://www.dortmund.de/de/rathaus_und_buergerservice/buergerinteressen/talent/ibm_smarter_cities_challenge/index.html.

[14] Siehe hierzu auch https://www.youtube.com/watch?v=9b3T1_jAbLI.

6 Vom Lösungslieferanten zum Projektpartner

„Erfolg“ wird auch nie absolut sein, denn man wird solche Probleme nie lösen, sondern nur sukzessiv angehen können. IBM ist nicht mehr Lösungslieferant, sondern Projektpartner. Das Ziel: bessere Lebensqualität für alle. Ist das nicht das Ideal eines verantwortlich handelnden Unternehmens? Nun wird verantwortliches Handeln selbst zum zentralen Geschäftsfeld – ganz so, wie es UN-Generalsekretär Ban Ki Moon bei der Verabschiedung resp. Präsentation der Sustainable Development Goals 2015 formulierte: „Now is the time to mobilize the global business community as never before. The case is clear. Realizing the Sustainable Development Goals will improve the environment for doing business and building markets. Trillions of dollars in public and private funds are to be redirected towards the SDGs, creating huge opportunities for responsible companies to deliver solutions.“[15]

Und es zeigt unmittelbar, welche strategische Bedeutung eine Citizenship-Funktion hat, die es sich zur Aufgabe gemacht hat, die Stärken des Unternehmens in den Dienst der großen Herausforderungen der Menschheit zu stellen. Schon seit den 1990er-Jahren entwickelte sich IBM immer mehr von einer Hardwarefirma und techniknahen Software- und Beratungsfirma zu einem anwendungsorientierten Software- und Managementberatungshaus.

Folgerichtig änderten sich auch die Corporate-Citizenship-Programme. Waren früher, insbesondere zur Zeit des PCs, auch Hardwarespenden erheblicher Teil der Ausgaben und damit der Programme, wurde auch hier im Sinne der Unternehmensstrategie das Portfolio stetig weiterentwickelt. Da nunmehr auch Know-how, eben Beratung, immer mehr im Vordergrund stand, wurden Wege gesucht, wie jenseits der großen Projekte im Rahmen von CSC und SCC auch kleinere Projekte oder Workshops für eine Vielzahl von Organisationen unterstützt werden konnten.

Pro-bono-Einsätze[16] erfuhren eine erhebliche Ausdehnung durch die sogenannten Services Grants[17]. Innovation und Beratung galt es, zusammen zu denken. Das, was IBM auch als Unternehmen auszeichnet, führte zu paketierten Angeboten, um beispielsweise NROs im Projektmanagement, bei der Planung und dem Schutz der informationstechnologischen Infrastruktur, dem Design von Webseiten, der Entwicklung einer Social-Media-Strategie oder auch einer konkreten Social-Media-Analyse mit modernsten Werkzeugen zu unterstützen. So hat zum Beispiel die Deutsche AIDS-Hilfe 2013 mittels einer Social-Media-Analyse sehen können, wie und wo im Social Web über Infektionswege von HIV gesprochen wird und welchen Anteil sie selbst an diesem Diskurs hat (Kusterer 2014,

[15] Zitiert nach http://www.un.org/sg/statements/index.asp?nid=9020.

[16] Es bleibt der eigenen Definition überlassen, ob man „pro bono“ dem Begriff „Corporate Volunteering“ zuordnet oder daneben stellt. In jedem Fall geht es immer darum, wie Kompetenzen der Mitarbeiter für Gesellschaft verfügbar gemacht werden können.

[17] Später „Impact Grant“ genannt, da immer das Ergebnis, die Wirkung, nicht das Tun an sich im Vordergrund stehen soll.

S. 217 ff.). „Daten sind der Rohstoff der Zukunft“, formulierte die Bundeskanzlerin drei Jahre später.[18]

Und auch hier ist Citizenship wieder eng mit der strategischen Ausrichtung des Unternehmens verbunden: Das Jahr des 100. Bestehens der IBM war auch die Geburtsstunde von IBM Watson. Dem heute (2016) fortschrittlichsten Angebot der IBM, den Rohstoff „Daten“ für die Welt nutzbar zu machen – mittels kognitiven Computing.

Und wieder: In ihrer Keynote zum World Health Care Congress am 12.04.2016 in Washington, D. C., positionierte Virginia Rometty[19] IBM Watson nicht nur als zukunftsweisende Strategie und Angebot der IBM, sondern auch als neues Teammitglied des IBM **HealthCorps** – ein dem CSC und der SCC angelehnten Corporate-Volunteering- respektive Pro-bono-Programm der IBM.[20]

Literatur

Kusterer P (2014) Den Menschen erreichen, bewegen und einbinden. In: Wagner R, Lahme G, Breitbarth T (Hrsg) CSR und Social Media. Springer Gabler, Wiesbaden

Peter Kusterer verantwortet seit 2008 den Bereich Corporate Citizenship & Corporate Affairs der IBM in Deutschland. Unterbrochen von Auslandsaufenthalten und selbstständiger Tätigkeit als Berater, ist er seit über 30 Jahren bei der IBM Deutschland und war zuvor in verschiedenen leitenden Vertriebspositionen an unterschiedlichen Standorten in Deutschland und international tätig. Er hat einen Abschluss als Diplom-Kaufmann der Universität zu Köln (1983). Als verantwortlicher Leiter der Citizenship-Funktion der IBM Deutschland, Mitglied der Steuerungsgruppe der Initiative „Wirtschaft. Initiative. Engagement.“, Mitglied des BBE und verschiedener regionaler CSR-Netzwerke widmet er sich insbesondere der Weiterentwicklung von Corporate Volunteering als eigener Form des bürgerschaftlichen Engagements. Weitere Schwerpunkte seiner Arbeit sind die Bedeutung der digitalen Transformation für Bildung und Zivilgesellschaft, sowie aktuell des Beitrags von Wirtschaft in der Bewältigung der Herausforderung durch Flüchtende, die nach Deutschland kommen. Privat engagiert er sich ehrenamtlich im Asylkreis seiner Gemeinde. Er ist verheiratet und hat zwei Kinder.

[18] http://www.tagesspiegel.de/wirtschaft/digitalisierung-der-wirtschaft-merkel-daten-sind-der-rohstoff-der-zukunft/12312978.html.

[19] Siehe https://www.youtube.com/watch?v=ExhkdFlEYpI.

[20] http://www.ibmhealthcorps.org.

Kompetenzorientiertes Corporate Volunteering als effektive Personalentwicklungsmaßnahme am Beispiel Social OPEX

Michael Regnet

Im Folgenden wird das Social-OPEX-Programm der Allianz vorgestellt, das Corporate Volunteering (CV) erfolgreich als systemimmanentes Kriterium wirksamer Personalentwicklung im sozialen Kontext einsetzt. Beginnend mit der Schilderung des Gründungsprozesses, der den Programmschwerpunkt von Social OPEX maßgeblich beeinflusst hat, wird die Einbindung des Programms in die Personalstrategie aufgezeigt. Nachfolgend wird das erfolgskritische Zielbild der sogenannten „Win-win-win-Situation" erläutert und mit praxisorientierten Handlungsempfehlungen abgeschlossen.

1 Programmvorstellung Social OPEX

1.1 Gründungsprozess

Anfang 2008 wurde mit der Gründung der Abteilung Allianz4Good die Grundlage für eine stärkere strategische Fokussierung des gesellschaftlichen Engagements der Allianz geschaffen. Ein Kernziel der Organisationsgründung war es hierbei, eine Maximierung des gesellschaftlichen und des betriebswirtschaftlichen Mehrwertes zu erzielen. CV sollte dabei – ausgestattet mit einem Vorstandsmandat – die Entwicklung effektiver Lösungen von sozialen Problemen durch den Einsatz unternehmerischer Kernkompetenzen unterstützen. Hierbei war es für den Organisationserfolg insbesondere entscheidend, dass die CV-Konzepterstellung sicherstellt, dass das eingebrachte unternehmerische Wissen einen zentralen Bedarf im sozialen Sektor deckt und Mitarbeiter gleichzeitig in eine Weiterbildungsmaßnahme eingebunden werden.

M. Regnet (✉)
Allianz4Good, Allianz
Koeniginstr. 28, 80802 München, Deutschland
E-Mail: michael.regnet@googlemail.com

S. Dreesbach-Bundy und B. Scheck (Hrsg.), *CSR und Corporate Volunteering*,
Management-Reihe Corporate Social Responsibility,
https://doi.org/10.1007/978-3-662-54092-3_28

Für die Ermittlung des sozialen Bedarfs wurden Umfragen aufgesetzt, die ermittelten, dass bei sozialen Organisationen eine hohe Nachfrage an unternehmerischer Expertise und Kompetenzen besteht. Diese beruht(e) zum Großteil auf der dynamischen Entwicklung im sozialen Sektor, in dem vermehrt Non-Profit-Organisationen gesellschaftliche Herausforderungen mithilfe unternehmerischer Ansätze zu lösen versuchen, es ihnen für einen nachhaltigen Erfolg aber am dafür benötigten Business-Know-how mangelt. Die durchgeführte Studie machte zudem deutlich, dass es sich beim sozialen Sektor um einen sehr intransparenten Markt handelt, in dem die Vermittlung von Angebot und Nachfrage zwischen Unternehmen und sozialen Organisationen teilweise noch nicht vorhanden bzw. ineffizient organisiert war. Diese Erkenntnisse gepaart mit der Zuversicht, dass die vielfältigen fachlichen Kompetenzen der Allianz-Mitarbeiter einen signifikanten Beitrag für eine erfolgreiche Entwicklung und Professionalisierung von sozialen Organisationen leisten können, führten zu der Entscheidung Social OPEX – ein Konzept zur Förderung von Sozialunternehmern durch Mitarbeiter der Allianz – zu gründen. Entsprechend wurde das Programm 2009 unter Einbindung relevanter betrieblicher Stakeholder (u. a. Personalbereich, Betriebsrat und interne Unternehmensberatung) sowie in Zusammenarbeit mit einer externen Beratung entwickelt.

1.2 Programmschwerpunkt

Social OPEX ermöglicht Teams von zwei bis drei Mitarbeitern nach der Teilnahme an einem mehrtägigen Vorbereitungstraining eine einwöchige Entsendung in ein Sozialunternehmen. Ziel ist es hierbei, gemeinsam über einen vordefinierten Prozess entlang der OPEX-Methode Sozialunternehmer bei ihren aktuellen Herausforderungen bestmöglich zu unterstützen.[1] Jedes Allianz-Team wird dabei über den ganzen Programmablauf hinweg von einem erfahrenen OPEX-Experten aus der internen Unternehmensberatung als Coach begleitet und individuell vorbereitet. Die operative Betreuung des Programmes unterteilt sich in die Phasen „Vorbereitung", „Durchführung" und „Nachbereitung" und wird im Folgenden knapp erläutert.

Die erfolgreiche Vorbereitung basiert auf einer bestmöglichen Auswahl geeigneter Allianz-Teilnehmer und dem adäquaten „Matching" mit passenden Sozialunternehmen. Die Programmteilnahme beruht grundsätzlich auf Freiwilligkeit und steht somit allen Mitarbeitern offen, die ausreichend Berufserfahrung mitbringen. Da eine Teilnahme idealerweise auf Basis eines individuellen Personalentwicklungsplans beruht, der spezifische Qualifizierungsbedarfe einzelner Mitarbeiter adressiert, ist eine Nominierung für Social OPEX (d. h., Mitarbeiter bewerben sich um eine Programmteilnahme) allerdings nur mit vorhergehender Zustimmung des Vorgesetzten möglich. Außerdem werden Ausfallzeiten

[1] Operational Excellence (OPEX) ist der strukturierte Qualitätsmanagementansatz zur kontinuierlichen Verbesserung operativer Prozesse basierend u. a. auf Six Sigma. Die Methode wurde innerhalb der Allianz an die spezifischen Bedürfnisse des Unternehmens als (Finanz-)Dienstleister angepasst.

der Mitarbeiter sowie Unkosten in Form von Teilnahmebeiträgen und anfallenden Reisekosten von der nominierenden Abteilung dezentral getragen.

Sozialunternehmen müssen für eine Teilnahme festgelegte Kriterien erfüllen; bspw. sollte eine Mindestgröße von fünf hauptamtlichen Mitarbeitern nicht unterschritten werden und ein fortgeschrittener Professionalisierungsgrad der Organisation vorliegen. Hierfür werden anerkannte (Qualitäts-)Auszeichnungen für Sozialunternehmer, wie z. B. das Ashoka Fellowship, herangezogen. Die inhaltliche Ausrichtung von Sozialunternehmen wird bei der Auswahl berücksichtigt, spielt aber i. d. R. keine signifikante Rolle. Bei der Identifikation und Selektion der benötigten Sozialpartner für einen Programmdurchlauf werden bestehende Partnerschaften vorrangig behandelt, da eine strategische Partnerschaft stets einer einmaligen Zusammenarbeit vorgezogen wird.[2] Einhergehend mit der finalen Auswahl der Sozialunternehmen wird ein initialer Projektumfang definiert. Dieser orientiert sich vordergründig am Bedarf der Organisation sowie sekundär an den Kompetenzen und Erfahrungen der Teilnehmer.

Eine formelle Übergabe der Projekte an die jeweiligen Teams erfolgt durch die Übersendung des sog. Welcome Packs, welches den Teilnehmern einen Überblick über das anstehende Programm verschafft. Dazu wird jeder Teilnehmer über sein spezifisches Projekt mit dem Sozialpartner und die nächsten Schritte informiert. Im nächsten Schritt nehmen Allianz-Teilnehmer schon vor dem terminierten Training Kontakt mit dem Sozialunternehmen auf, um einen detaillierten Projektumfang auszuarbeiten. Dadurch erhalten sie einen ersten, unbefangenen Eindruck ihrer Partnerorganisation und stellen im Vorfeld ein einheitliches Verständnis von Problem und Ziel des gemeinsamen Projektvorhabens sicher.

Das Vorbereitungstraining für den Einsatz beim Sozialunternehmen setzt sich schließlich aus zwei gleichgewichteten inhaltlichen Schwerpunkten zusammen. Einerseits werden notwendige technische Aspekte des Social-OPEX-Projekts durch ein Auffrischen der OPEX-Methodik und deren spezifischer Verwendung im sozialen Kontext abgedeckt. Andererseits sollen das Bewusstsein und das Verständnis für soziales Engagement durch eine Einführung in den sozialen Kontext und das Sozialunternehmertum im Allgemeinen sowie einen offenen Austausch mit einem Repräsentanten aus dem sozialen Sektor, der bereits Erfahrung mit Social OPEX gesammelt hat, gefördert werden. Daneben wird sowohl der effektive Einsatz von Soft Skills außerhalb der gewohnten Unternehmenswelt (bspw. bei der Moderation von Workshops) thematisiert als auch eine kritische Reflektion mit der eigenen Persönlichkeit der Teilnehmer angeregt.

---

[2] Ziel einer jeden non-monetären Partnerschaft (besser umschrieben mit Freundschaft) im Rahmen von Social OPEX ist die langfristige und vertrauensvolle Zusammenarbeit auf Augenhöhe, in der eine faire Balance zwischen Geben und Nehmen herrscht. Da der prozessbezogene Optimierungsbedarf mit jedem Projekt aufseiten der Sozialorganisation sinkt, besteht die Herausforderung im Aufsetzen weiterer geeigneter Projekte sowie in der nachfolgenden Einbettung des Sozialpartners in ein erweitertes Allianz-Netzwerk, welches über einen längeren Zeitraum beidseitigen Nutzen stiftet.

Nach der eigentlichen Projektdurchführung liegt die Implementierung in der Verantwortung des Sozialpartners, der mit einem Implementierungsplan ausgestattet wird. Dieser regelt innerhalb der Organisation die Verantwortlichkeiten zur Umsetzung des neuen Sollprozesses und definiert die nächsten Schritte zur Erreichung wichtiger Meilensteine.

Falls es im Nachgang des Einsatzes noch Rückfragen gibt oder unerwartete Probleme bei der Implementierung auftauchen, stehen die Allianz-Teams für Telefonate mit ihrem Sozialunternehmen zur Verfügung. Unter dem Motto „Positive Pressure“ werden die Teilnehmer darüber hinaus gebeten regelmäßig bei ihrem Sozialpartner nachzuhaken, ob und wie die Implementierung des neuen Sollprozesses verläuft.

Nach Abschluss aller Projekte eines Programmdurchlaufs erhalten die Allianz-Teilnehmer als Anerkennung ihrer Leistung ein Social-OPEX-Zertifikat. Auf Wunsch vieler Alumni wurde zusätzlich zur ursprünglichen Konzeption eine formelle Möglichkeit der Nachbereitung geschaffen. So berichten Teilnehmer im Rahmen einer zweistündigen „Follow-up-Veranstaltung“ über den Verlauf ihrer Projekte und tauschen sich zu ihren Social-OPEX-Erfahrungen aus.

2 Einbettung in die Personalstrategie

Im Zentrum von Social OPEX steht die Verbindung von kompetenzbasiertem Mitarbeiterengagement mit dem Transfer von Methodenkenntnissen, um die Entwicklung von Sozialunternehmertum sowie Mitarbeitern adäquat zu fördern. Um dem Wunsch eines dauerhaften und letztlich skalierbaren CV-Programms zu entsprechen, wurden folgende Aspekte bei der Konzeption berücksichtigt:

1. effektiver Einsatz der Kernfähigkeiten von Allianz-Mitarbeitern,
2. systematische Einbettung in die Personalentwicklung,
3. Sicherstellung einer angemessenen Mehrwertmaximierung aller Beteiligten.

Dem ausgegebenen Motto von Social OPEX „Business Excellence für den sozialen Sektor“ folgend, bildet die OPEX-Methode der Allianz hierbei die Grundlage für eine kompetenzbasierte Zusammenarbeit mit sozialen Organisationen. Mithilfe des internen Qualitätsmanagementansatzes teilt die Allianz dabei vordergründig ihre Expertise im strukturierten Herangehen an prozessbezogene Probleme mit Sozialunternehmen. Darüber hinaus bringen die entsendeten Mitarbeiter im Idealfall ihr bereits in der unternehmerischen Praxis gesammeltes Wissen und ihre persönlichen Erfahrungen in den zu optimierenden Bereich des Sozialpartners ein. Durch diesen konzeptionellen Grundgedanken wird die Weitergabe von benötigtem Business-Know-how im Rahmen des sozialen Engagements der Allianz sichergestellt.[3]

[3] Da die Sozialpartner für die Implementierung des verbesserten Prozesses selbst verantwortlich sind, steht als Hauptergebnis des Vor-Ort-Einsatzes des Allianz-Teams die detaillierte Projektpla-

Durch die Teilnahme an Social OPEX kommen Mitarbeiter mit gemeinnützigen Unternehmen in Kontakt und lernen dadurch, innovative Lösungsansätze für gesellschaftliche Herausforderungen anzuwenden und flexibel auf neue Zielgruppen einzugehen. Während ihres Einsatzes in dem zugeteilten Sozialunternehmen werden Kernfähigkeiten wie Mediation, interkulturelle Zusammenarbeit, Führung sowie Anpassungsfähigkeit in einem realen Kontext individuell entwickelt.[4]

Social-OPEX-Teilnehmer müssen so in einer vollkommen unbekannten Umgebung mit unterschiedlich gelebten Werten erfolgreich agieren. Sie werden vor die Situation gestellt, das gesamte Team zu einem erfolgreichen Ergebnis zu führen, an dem sich alle beteiligt fühlen, und Entscheidungen zu treffen, die von allen getragen werden. Dieser Perspektivwechsel ist ein starker Treiber für die individuelle Persönlichkeitsentwicklung und wird von den Teilnehmern sehr positiv bewertet.[5]

Eine systematische Einbettung in die Personalentwicklung wurde konzeptionell durch die Integration in das bestehende offizielle Weiterbildungsangebot für Führungskräfte der Allianz erreicht. Hierfür wurden die (zu erwartenden) wesentlichen Personalentwicklungseffekte von Social OPEX mit dem existierenden Kompetenzmodell der Allianz assoziiert und identifizierte Kompetenzen, wie bspw. Diversität stärken, Change und Innovation und unternehmerische Orientierung, als Lernziele definiert und gezielt gefördert.

Des Weiteren wurden wichtige Komponenten aus der Weiterbildung berücksichtigt. So sollte einerseits ein vorbereitendes Training als inhärenter Teil von Social OPEX die Mitarbeiter auf ihren Einsatz im sozialen Kontext vorbereiten. Dabei werden sowohl die Unterschiede der zwei Sektoren herausgearbeitet als auch technische Aspekte für den Projekteinsatz im Sozialunternehmen vor Ort thematisiert (z. B. OPEX-Methodik und Projektplanung). Andererseits wurde der für Social OPEX erforderliche Zeiteinsatz als reine Arbeitszeit im Rahmen von Weiterbildung definiert und eine Gebühr für die Teilnahme erhoben. Diese Maßnahmen stärken die Wahrnehmung von Social OPEX als betriebliche Weiterbildungsmaßnahme und fördern die Bereitschaft und Erwartung, durch das Projekt individuelle Weiterbildungseffekte zu erzielen. Aufgrund der Verknüpfung mit strategisch

---

nung für die Umsetzung von Optimierungsmaßnahmen inkl. eines projektspezifischen Kommunikationsplans. Einer umgehenden Implementierung von sogenannten Quick Wins, die ohne großen Aufwand umgesetzt werden können, steht während des Einsatzes natürlich nichts im Wege.

[4] Ein Teilnehmer verfeinert beispielsweise seine Kommunikationsfähigkeit, ein anderer wiederum verbessert seinen persönlichen Umgang mit dynamischen, d. h. nicht planbaren Situationen. Für Führungskräfte beispielsweise ist es eine besondere Herausforderung in einer Umgebung zu wirken, in der ihre „funktionale" Führungsautorität nicht wie in gewohnter Weise existiert. So kann ein Manager etwa während seines Einsatzes beim Sozialunternehmen nicht alles selbst regeln und die notwendigen Entscheidungen nach eigener Vorstellung treffen. Vielmehr muss er eine Entscheidungsfindung neutral und objektiv moderieren und dadurch eine „natürliche" Autorität als verantwortungs- und zugleich vertrauensvoller Berater aufbauen.

[5] Im Gegensatz zu künstlichen Seminarsituationen, welche sich auf kognitive Wissensvermittlung- und -aneignung konzentrieren, werden konkrete Weiterbildungseffekte bei Social OPEX maßgeblich von individuellen Lernerfahrungen durch das Mitwirken der Teilnehmer in einer gemeinnützigen Organisation und damit in einer reellen Situation determiniert.

relevanten Kompetenzfeldern des Allianz-Kompetenzmodells und der Integration essenzieller Kriterien der Personalentwicklung wurde das Social-OPEX-Programm systematisch in die Personalentwicklung eingebettet und damit gezielt als Teil des Personalbereiches positioniert.

3 Zielbild – Die Win-win-win-Situation

Neben einer strategischen Ausrichtung auf und dem effektiven Einsatz von Kernfähigkeiten von Allianz-Mitarbeitern und der Integration in die Weiterbildung hängt der nachhaltige Erfolg von Social OPEX insbesondere von einer ausgewogen Mehrwertmaximierung aller Beteiligten ab. Dementsprechend soll eine „Win-win-win-Situation" hergestellt werden, bei der Unternehmen, Mitarbeiter und Sozialpartner gleichermaßen profitieren. Um dies zu erreichen, wurden konzeptionell folgende Ziele definiert, die weitestgehend mithilfe von Evaluationsmesspunkten verifizierbar wurden.

Für die Allianz sollte unter der Devise „Business Excellence für den sozialen Sektor" eine Kultur gestärkt werden, in der Mitarbeiter motiviert und befähigt werden, sich im Dienste der (lokalen) Gemeinschaft kompetenzorientiert zu engagieren. Das Programm sollte sich rein auf den (gegenseitigen) Transfer von Wissen und Methoden beschränken (d. h. keine finanzielle Unterstützung für gemeinnützige Partnerorganisationen) und dabei eine möglichst nachhaltige Wirkung entfalten. Neben der Verbesserung der internen und externen Unternehmensreputation sowie des Employer Branding (mit der Zielsetzung Employer of Choice) sollte mit Social OPEX durch die Überbrückung der sektorspezifischen Besonderheiten insbesondere eine nachhaltige Entwicklung der eigenen Belegschaftskultur gefördert werden.[6]

Aufseiten der Mitarbeiter stand die Entwicklung von Fertigkeiten und Kompetenzen im Rahmen von sozialem Engagement, welches auf gegenseitigem Austausch von Wissen und Erfahrung beruht, im Mittelpunkt. Daneben sollte die Arbeitsmotivation durch persönliches Engagement für einen guten Zweck gefördert werden. Die Teilnehmer erhalten darüber hinaus Einblicke in gesellschaftliche Belange.

Da eine monetäre Unterstützung der Sozialunternehmen im Rahmen von Social OPEX ausgeschlossen war, lag der Nutzen der Projektpartner im immateriellen Bereich. Dementsprechend stand die gemeinsame Verbesserung von relevanten operativen Prozessen im Vordergrund der Projektzusammenarbeit. Dies sollte die Effizienz und Effektivität der sozialen Organisation erhöhen und so den angestrebten gesellschaftlichen Beitrag maximieren. Zudem sollte eine eigenständige Verwendung einzelner OPEX-Werkzeuge nach dem gemeinsamen Projekt ermöglicht und damit eine nachhaltige Anwendung der OPEX-

[6] Eine nachhaltige Entwicklung der Unternehmenskultur zielt dabei auf die Erweiterung der Perspektiven verantwortlichen Handelns von Mitarbeitern ab. Das heißt, Mitarbeiter treffen im Arbeitsalltag eigenständige Entscheidungen unter (ethischer) Abwägung wirtschaftlicher, sozialer und umweltrelevanter Kriterien.

Methode im sozialen Sektor gefördert werden. Um die Sozialpartner langfristig an die Allianz zu binden, wurde ihnen der Zugang zum Allianz-Netzwerk mit seiner unternehmerischen Expertise und diversen Kompetenzen verschafft. Social OPEX zielte somit nicht nur darauf ab, sozialen Organisationen kompetenzbasiert zu helfen, sondern darüber hinaus Hilfe zur Selbsthilfe zu ermöglichen, um nachhaltige Effekte auch nach Beendigung des Engagementeinsatzes sicherzustellen.

Ein weiterer konzeptioneller Vorteil in der Anwendung der OPEX-Methode besteht darin, dass die Allianz in erster Linie die Methode einbringt, die Sozialpartner aber zugleich in Bezug auf (prozessuale) Inhalte selbst Experten bleiben. Diese spezielle Konstellation bildet letztlich das Fundament für eine Zusammenarbeit auf Augenhöhe, was den Austausch von Wissen und Fertigkeit zu einer einzigartigen, inspirierenden interkulturellen Erfahrung für alle Beteiligten macht. Aus diesem Grund wurde auch der Fokus in der Zusammenarbeit mit dem sozialen Sektor auf ambitionierte Sozialunternehmen gelegt, wo meist eine besondere Inspiration durch herausragende sozialunternehmerische Persönlichkeiten zum Tragen kommt.

4 Handlungsempfehlung

Der erfolgreiche Einsatz von kompetenzbasiertem CV als betriebliche Weiterbildungsmaßnahme bedarf einer aktiven und professionellen Einbindung in die betriebliche Weiterbildungsstrategie. Infolgedessen sollte das Einbringen von unternehmerischem Know-how im sozialen Sektor idealerweise aus dem Personalbereich heraus als erfahrungsbasierte Fortbildung konzipiert und betrieben werden. Dadurch kann eine weiterhin vorherrschende Trennung von regulärer Weiterbildung und kompetenzbasiertem CV vermieden bzw. überwunden werden und damit können die Synergien beider Disziplinen genutzt werden.

Da die qualifizierte Vorbereitung von Mitarbeitern und deren individuelle Begleitung während des Einsatzes bei Sozialunternehmen erfolgskritisch sind, sollten dafür ausreichend interne Ressourcen vorgehalten werden. Alternativ kann auch auf externe Anbieter zurückgegriffen werden, die das Angebot kompetenzbasierter Weiterbildungsmaßnahmen derzeit ausbauen. Allerdings werden durch ein solches Outsourcing i. d. R. auch die erforderlichen Partnerschaften zu Sozialorganisationen ausgelagert und damit wird auch die Möglichkeit, „kulturelle" Brücken zwischen den Sektoren zu schlagen, verringert. In Anbetracht des aktuell debattierten Kulturwandels von Unternehmen wie der Deutschen Bank und Volkswagen sollte das Potenzial von (kompetenzbasiertem) CV, einen wirksamen Beitrag zum ethisch konformen Verhalten von Mitarbeitern zu leisten, nicht unterschätzt werden und vordergründig von innen heraus erbracht werden.

Nach seinem Betriebswirtschaftsstudium unterstützte **Michael Regnet** zunächst eine NGO in Südafrika als Projektmanager, bevor er 2010 als Consultant bei der internen Unternehmensberatung der Allianz (Allianz Group OPEX) tätig wurde. Von 2012 bis 2016 war Herr Regnet Program Manager Community im Bereich Community Engagement der Allianz SE.

Wirkungsanalyse und Reporting

Corporate Volunteering mit Wirkung

Wie CV-Aktivitäten wirkungsorientiert geplant, analysiert und verbessert werden können

Annelie Beller und Cornelius Schaub

Gesellschaftliches Engagement hat in den letzten Jahren für Unternehmen einen immer bedeutenderen Stellenwert eingenommen. Die unternehmerische Positionierung als Corporate Citizen fußt auf unterschiedlichen Aktivitäten, die durch finanzielle, technische oder strukturelle Mittel bspw. Kindergärten, Naturschutzvereine oder Nachbarschaftsprojekte in ihrer gemeinnützigen Arbeit unterstützen. Unternehmensstiftungen, Social Sponsoring oder Public Private Partnerships sind in diesem Zusammenhang viel zitierte Aktivitäten.

Längst sind diese traditionellen Methoden aber nicht mehr genug, um als „guter" Corporate Citizen zu gelten. Handlungsdruck entsteht neben dem demografischen Wandel und Fachkräftemangel auch durch den Wertewandel, der nicht zuletzt durch die Generation Y immer mehr Bedeutung gewinnen wird. „Eine unternehmerische Mission oder ein besonderes gesellschaftliches Engagement kann ein ganzheitliches Wir-Gefühl erzeugen. Insbesondere für hochqualifizierte Bewerber, die sich ihren Arbeitgeber aussuchen können, ist eine ausgeprägte Corporate Social Responsibility … ein wesentliches Auswahlkriterium" (Schuldt 2015). Für Unternehmen wird es immer relevanter, ihren Mitarbeitenden sinnstiftende Arbeit und die Möglichkeit zu bieten, ihr Leben und ihre Arbeit im Einklang zu führen, wenn sie ihre Mitarbeitenden längerfristig binden wollen (Deloitte 2016).

Eine Ergänzung zu den klassischen Formen des Engagements bietet Corporate Volunteering (CV). Das Schöne an CV: Die Unternehmensressourcen tragen zu gesellschaftlichen Zielen bei, unterstützen die Non-Profit-Organisation (NPO) bei ihrer wirkungsvollen Arbeit und stärken zugleich unternehmerische Ziele. So hat die Bildungsforschung gezeigt, dass für das Stärken von Sozialkompetenzen und die Persönlichkeitsentwicklung ungewohnte Umgebungen und Lernformate, die auf Gruppendynamik fußen, besonders

A. Beller · C. Schaub (✉)
PHINEO gAG
Anna-Louisa-Karsch-Str. 2, 10178 Berlin, Deutschland
E-Mail: cornelius.schaub@phineo.org

S. Dreesbach-Bundy und B. Scheck (Hrsg.), *CSR und Corporate Volunteering*, Management-Reihe Corporate Social Responsibility,
https://doi.org/10.1007/978-3-662-54092-3_29

hilfreich sind. CV stellt also einen Mehrwert für die Gesellschaft, die NPO *und* das Unternehmen dar. Wer eine wirkungsorientierte Haltung bei der Planung der strategischen Kooperation von NPOs und Unternehmen einnimmt und ein wirkungsvolles CV aufsetzt, leistet einen Beitrag zu den sozialen, ökologischen und ökonomischen Zielen der Gesellschaft und überzeugt zugleich als Corporate Citizen.

Doch was bedeutet es, eine wirkungsorientierte Haltung einzunehmen? Und was gilt es, dabei zu beachten? Während bspw. interne Stakeholder in Unternehmen hohe Erwartungen an ihre Wirkung stellen, fußt das CV nur selten auf tatsächlichen Wirkungsmodellen, die eine Wirkungsanalyse zulassen würden (Deloitte 2010). Im Folgenden wird mit der IOOI-Logik (basierend auf der Wirkungstreppe) ein Modell vorgestellt, mit welchem CV von Beginn an wirkungsorientiert geplant, umgesetzt und im Anschluss auch analysiert werden kann. Ein so angelegtes Engagement kann im Ergebnis nicht nur wertvolle Synergien zwischen gesellschaftlichen und unternehmerischen Ressourcen erzielen, sondern vor allem die gewünschten gesellschaftlichen und organisationalen Wirkungen (für Unternehmen und NPO) erzielen.

1 Was ist Wirkung und warum lohnt sich der Fokus darauf von Beginn an?

Viele Menschen engagieren sich täglich, um Dinge zum Positiven zu verändern. Neben Geld- und Sachspenden investieren sie Herzblut, um beispielsweise Sozialbenachteiligte zu fördern, die Kultur oder das Engagement in der Nachbarschaft zu stärken oder die Natur zu schützen. Als Ausgangspunkt steht eine Vision einer besseren Welt, die durch persönliches Engagement entstehen soll. Doch wie ist diese Wirkung zu begreifen? Mit der Wirkungstreppe kann logisch aufgezeigt werden, wie sich Wirkung von der Bereitstellung von Ressourcen über Aktivitäten für Zielgruppen entfalten kann und so Engagement für die Zielgruppen und Gesellschaft einen großen Mehrwert bringen kann. Damit können Unternehmen von Beginn an die unterschiedlichen beabsichtigten Wirkungen für die Gesellschaft, kooperierende NPOs, das Unternehmen und die Mitarbeitenden planen, kontinuierlich reflektieren und weiter verbessern.

1.1 Unterschiedliche Arten von Wirkungen

Unter Wirkungen werden gezielt intendierte Veränderungen, die durch eine Aktivität bei Zielgruppen, deren Lebensumfeld oder der Gesellschaft erreicht werden, verstanden.[1] Bei

[1] Es gibt eine Vielzahl verschiedener Arten von Wirkungen. Wirkungen können kurz-, mittel- und langfristig, direkt und indirekt, beabsichtigt und unbeabsichtigt, erwartet und unerwartet, positiv und negativ, vorübergehend und nachhaltig, subjektiv erlebt und objektiv nachweisbar oder individuell und kollektiv sein. Je nach identifizierter Wirkung, die das Projekt haben soll, lohnt es sich, die Ressourcen, Leistungen sowie Monitoring und Evaluationsinstrumente zu wählen.

den Wirkungen wird zwischen zielgruppenspezifischen Wirkungen, dem Outcome, und indirekten gesellschaftlichen Wirkungen, dem Impact, unterschieden. Beim Outcome lassen sich wiederum verschiedene Wirkungsebenen unterscheiden, z. B. die Veränderung von Bewusstsein, Fähigkeiten, Verhalten oder der Lebenslage der Zielgruppe, wie die Wirkungstreppe in Abb. 1 illustriert. Diese Wirkungen treten infolge von Leistungen ein, d. h. Maßnahmen, Angeboten oder Produkten. Diese werden als Output bezeichnet, welche selbst noch keine Wirkungen, aber die Voraussetzung für jene sind.

Die PHINEO-Wirkungstreppe zeigt die unterschiedlichen Wirkungsstufen innerhalb des Outputs, Outcomes und Impacts.

Wirkungsorientierung bedeutet entsprechend, dass ein Projekt in der Planung, Umsetzung und Evaluation darauf ausgelegt ist, Wirkungen zu erzielen. So werden erwünschte Wirkungen als konkrete Ziele formuliert, an denen sich die gesamte Arbeit des Projektes ausrichtet. Für die wirkungsorientierte Arbeit lassen sich drei Kernschritte identifizieren, die gemeinsam einen Kreislauf bilden: Wirkung planen, Wirkung analysieren und Wirkung verbessern (Abb. 2).

Zunächst muss ein Projekt auf die gewünschte Wirkung hin geplant werden. Herausforderungen, Bedarfe und Wirkungsziele sollten identifiziert und eine Wirkungslogik erarbeitet werden. Um festzustellen, ob das Projekt auf einem zielführenden Weg ist, sollte während des Projektverlaufs kontinuierlich überprüft werden, ob es sich in Hinblick auf die formulierten Ziele der Wirkungstreppe bewegt. Als zentraler Kern der wirkungsorientierten Projektsteuerung sollte also mit geeigneten Monitoring- und Evaluationsinstrumenten eine Wirkungsanalyse durchgeführt werden. Indikatoren helfen zu überprüfen, ob das eigene Projekt noch „auf Kurs" ist. Für die umsetzende Organisation, die Zielgruppen sowie wichtige Stakeholder werden besonders relevante qualitative und quantitative Infor-

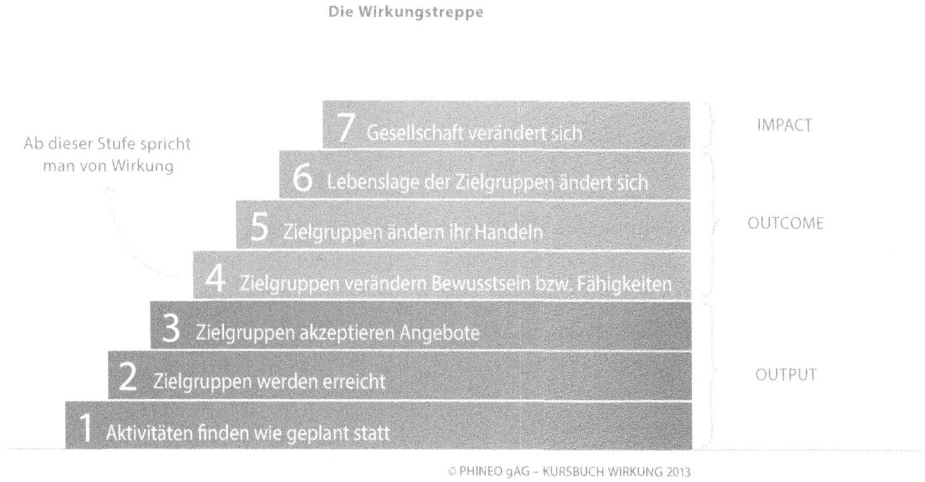

Abb. 1 Wirkungstreppe. (Quelle: Kurz und Kubek 2013)

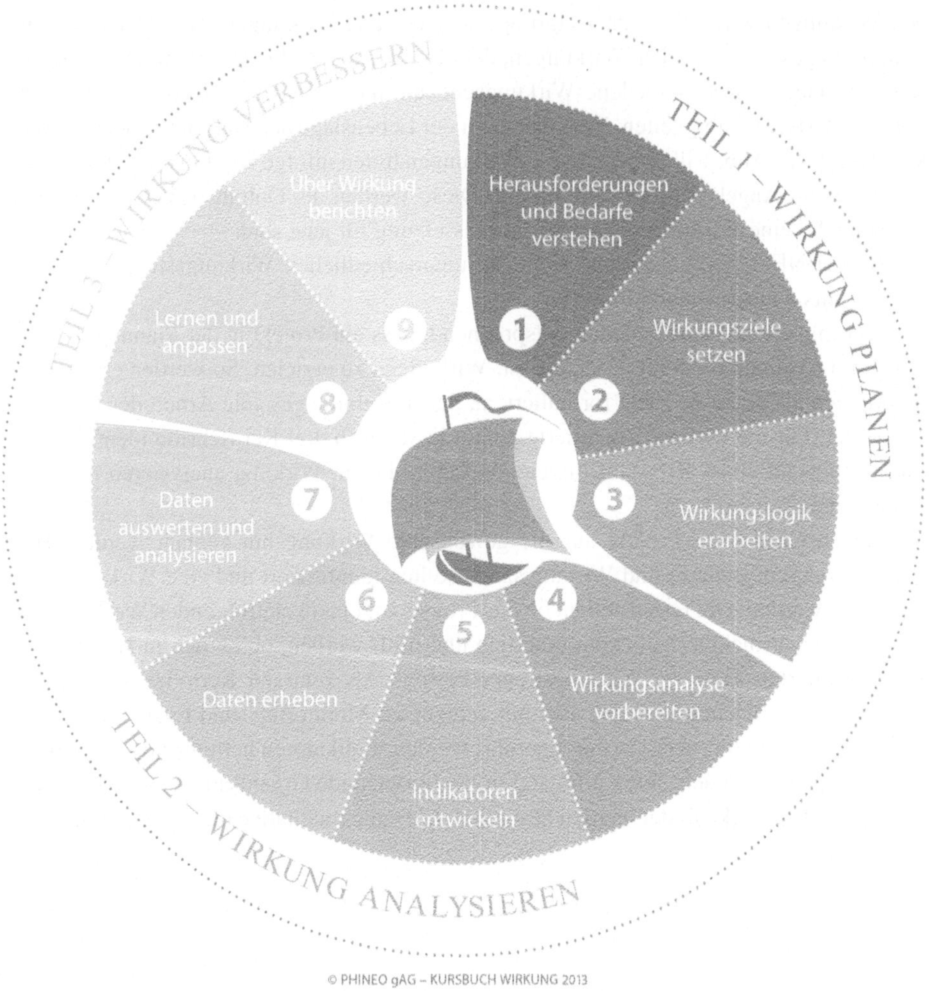

Abb. 2 Wirkungskreislauf. (Quelle: Kurz und Kubek 2013)

mationen zu passenden Zeitpunkten für die identifizierten Indikatoren der Wirkungsziele erhoben. Diese können anschließend gemeinsam ausgewertet und interpretiert werden. In einem letzten Schritt ist es dann möglich, durch die Erkenntnisse der Wirkungsanalyse den Aktivitätenplan ggf. anzupassen und über das Erreichte zu berichten.

1.2 Wirkung im Kontext von CV

Besonders im Kontext von CV-Aktivitäten ist die Differenzierung zwischen Output, Outcome und Impact ein hilfreiches Mittel, um die Wirkung der CV-Aktivität darzustellen –

denn die Zusammenarbeit von gesellschaftlichen Zielgruppen, NPO und Unternehmen im Kontext von CV wird schnell komplex. So kann wirkungsorientiertes Engagement Veränderungen für die Gesellschaft, die NPO, das Unternehmen sowie für die Mitarbeitenden des Unternehmens bewirken. Im Umkehrschluss sollte CV-Planung also die folgenden vier Perspektiven mitdenken (siehe dazu auch: Przybylski 2013):

Gesellschaftliche Perspektive: Ein wirkungsorientiertes CV soll in erster Konsequenz zu einer Verbesserung der gesellschaftlichen Situation führen, bildet die Übernahme gesellschaftlicher Verantwortung doch die Basis der Kooperation zwischen NPO und Unternehmen. Ein wirkungsorientiertes CV kann dabei konkrete Wirkung bei den gesellschaftlichen Zielgruppen und darüber hinaus erzielen. Bewusstsein, Fähigkeiten und Verhalten der Zielgruppen können verändert, eine ganze Gesellschaft für ein bestimmtes Thema sensibilisiert und die Gesellschaft gestärkt werden.

NPO-Perspektive: Für die NPO bedeutet ein wirkungsorientiertes CV, über die zu erzielenden Wirkungen bei der Zielgruppe hinaus auch eigene Organisationsziele zu erreichen. Relevant könnten hier Reputations-, Mitarbeitenden- und/oder Marktziele sein. Zusätzliche personelle, finanzielle und/oder infrastrukturelle Ressourcen können gewonnen, Arbeitsabläufe weiter professionalisiert und das Netzwerk, die Sichtbarkeit und Relevanz der NPO durch die Unternehmenskooperation gestärkt werden. Häufig engagieren sich ehemalige CV-Mitarbeitende der Unternehmen auch nach der konkreten CV-Aktivität noch bei der NPO, diesmal privat. CV kann hier also auch als strategisches Mittel der NPO eingesetzt werden, um nachhaltig wichtige Unterstützung für die Arbeit zu gewinnen.

Unternehmensperspektive: Auch das Unternehmen kann durch ein wirkungsorientiertes CV Outcome und Impact erzielen. So kann die Übernahme von sozialer Verantwortung durch das Unternehmen eine Stärkung des eigenen Rufes bei wichtigen Stakeholdern, Partnern, Investoren bzw. der breiten Gesellschaft erzielen, Mitarbeitende für ihre Arbeitsstelle motivieren, zur Teamstärkung beitragen, ein wichtiges Element in der Personalentwicklung sein und die lokale Vernetzung stärken.

MA-Perspektive: Abschließend verfolgen auch die Mitarbeitenden in den Unternehmen mit der Teilnahme am CV eigene Outcome- und Impact-Ziele. Auch diese Ziele gilt es, bei der wirkungsorientierten Planung und Umsetzung zu berücksichtigen. Sie können ihre Kompetenzen jenseits des Berufes stärken, eigene soziale Netzwerke erweitern oder diese für die Gestaltung des CV nutzen, wollen vielleicht das Meistern einer Herausforderung neben dem beruflichen Alltag erleben oder einfach einer besonders sinnstiftenden Aktivität nachgehen, die ihnen persönlich am Herzen liegt.

Um die verschiedenen Ziele angemessen zu berücksichtigen und zu verbinden, sollten alle relevanten Perspektiven bereits in der CV-Planungsphase transparent gemacht werden. Durch den frühzeitigen Dialog können die Beteiligten Gemeinsamkeiten identifizieren, also Ziele, bei denen sich die jeweiligen Interessen der Partner überlappen, potenzielle Zielkonflikte thematisieren und ein gemeinsames Zukunftsbild formulieren. Voraussetzung dafür ist empathisches Zuhören und die Anerkennung und Wertschätzung der unterschiedlichen Perspektiven.

Im Folgenden wird ein Model vorgestellt, das als Grundlage eines effektiven Erwartungsmanagements dienen kann sowie eine gezielte Wirkungsanalyse ermöglicht.

2 Wie können CV-Aktivitäten wirkungsorientiert geplant werden?

Entsprechend der allgemeinen Definition von Wirkungsorientierung (vgl. Abschn. 1) bedeutet Wirkungsorientierung im CV-Kontext also, dass die CV-Aktivitäten systematisch von Beginn an darauf ausgelegt sind, Wirkungen entsprechend der vier genannten Perspektiven zu erzielen. Es geht also darum, laufend im Blick zu behalten, was man durch das Engagement und die Kooperation erreichen möchte und bei Bedarf nachzusteuern.

Während durch CV vielseitige Wirkungen erzielt werden können, bietet genau diese Vielfältigkeit auch Raum für operative Herausforderungen. Das hier vorgestellte Modell kann genutzt werden, um dieser Herausforderung entgegenzuwirken, da es alle relevanten Informationen, Wünsche und Erwartungen der Beteiligten zu Planungsbeginn in einer Art „Landkarte" strukturiert und transparent festhält. Die Perspektiven der Beteiligten können hier systematisch illustriert und für die weitere Arbeit als Referenzpunkte genutzt werden.

2.1 Die erweiterte IOOI-Logik

Die hier vorgestellte erweiterte „Wirkungsmatrix" (Abb. 3) besteht aus den Elementen „Bedarfsanalyse", „IOOI-Logik" und „Lernen und Verbessern" und kann als Grundlage für ein wirkungsorientiertes Projektmanagement verstanden werden, hat sie doch das Potenzial, Erwartungstransparenz zu schaffen und Gemeinsamkeiten aufzuzeigen. Für die Planung empfiehlt es sich in drei „Cases" zu denken, die die unterschiedlichen Perspektiven bündeln. Gesellschaftliche Wirkungen spiegeln sich im Social Case, Wirkungen für die NPO im Partner Case und Wirkungen für das Unternehmen und die Mitarbeitenden im Business Case wider. Im Folgenden werden grundlegende Fragen der einzelnen Elemente der Wirkungsmatrix für den Social und Business Case vorgestellt. Der Partner Case ist in den Fragestellungen analog zum Business Case.

Bedarfsanalyse und Beweggründe. Es empfiehlt sich, die Planungsphase mit einer Analyse der Bedarfe der Zielgruppen sowie der eigenen Beweggründe für das CV-Engagement zu beginnen. Die Analyse der gesellschaftlichen Ausgangslage und Herausforderungen kann von Experten übernommen werden, um potenzielle Handlungsfelder und Zielgruppen des CV aufzuzeigen und die Impact-Ziele des Social Case zu definieren. Interne Experten können helfen, den Business Case zu formulieren. Folgende Fragen können als Analysegrundlage dienen:

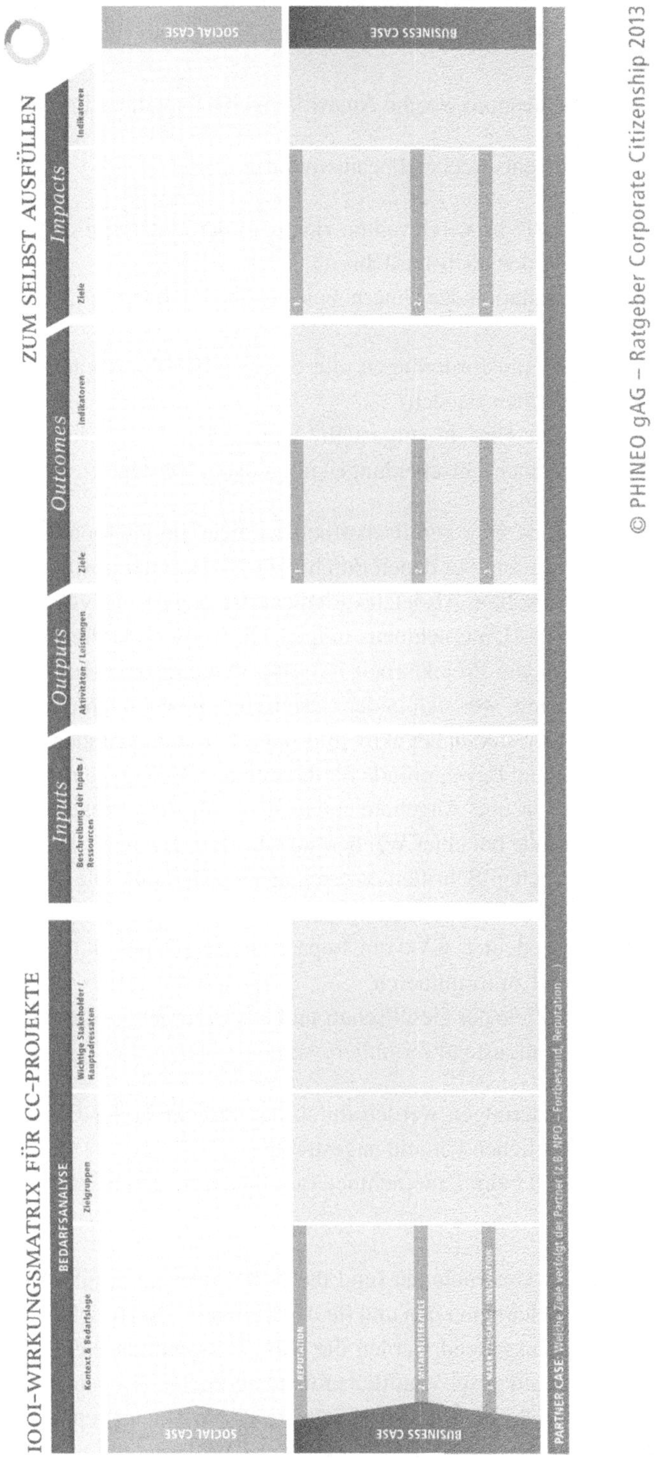

Abb. 3 Wirkungsmatrix für eine transparente Darstellung des Bedarfs, Inputs, Outputs, Outcome und Impact. (Quelle: Fraaß et al. 2013)

- Was sind die relevanten Herausforderungen für die Gesellschaft (vor Ort) in den nächsten Jahren?
- Welche zentralen Ursachen und welche Auswirkungen haben diese Problemlagen?

Das Unternehmen sollte entsprechend beantworten:

- Welche wichtigen Bedarfe bzw. relevanten Herausforderungen gibt es für die eigene Wettbewerbsfähigkeit in den nächsten Jahren?
- Wie steht es um die Reputation des Unternehmens, die Glaubwürdigkeit, die Bekanntheit des Unternehmens?
- Welche Chancen und Herausforderungen gibt es bezüglich der Mitarbeitenden? Was motiviert sie? Was wünschen sie sich?
- Wie ist das eigene soziale Umfeld aufgestellt? Welche Kunden/Märkte sind innovativ und sollten bei Unternehmensentscheidungen mitgedacht werden?

Weiterhin sollten die konkreten gesellschaftlichen sowie die internen Unternehmenszielgruppen identifiziert werden, bei denen durch die CV-Aktivität positive Veränderungen hervorgebracht werden sollen. Als letztes Element der Bedarfsanalyse sollte das Umfeld der Zielgruppen und des Unternehmens mitgedacht werden, da die Einbindung des Umfeldes Erfolgsfaktor für die Projektarbeit ist. Eine wirkungsorientierte Projektsteuerung denkt von Anfang an mit, wer sich in der Gesellschaft bzw. im Unternehmen für die erreichte Wirkung interessiert und daher aktiv informiert bzw. eingebunden werden sollte.

Sobald die Bedarfslage und Beweggründe für das eigene CV-Engagement geklärt sind, können konkrete Ressourcen und Angebote sowie Ziele für die anzusprechenden Zielgruppen definiert werden. Wie bei einer Wanderung wird erst das langfristige Ziel gesetzt und dann überlegt, mit welchen Schritten es erreicht werden kann. Die Wirkungstreppe illustriert die Richtung, in die sich Wirkung entfaltet: vom Output zum Impact. Wirkungsorientierte Planung bedeutet, CV vom Impact aus zu planen und Inputs, Outputs und Outcomes entsprechend zu formulieren.

Impact. Für die Impact-Ziele der Gesellschaft und des Unternehmens sollte jeweils ein angestrebter langfristiger Sollzustand formuliert werden.

- Welche positiven Veränderungen werden durch das Projekt in der Gesellschaft (vor Ort) bzw. im gesellschaftlichen Umfeld angestrebt?
- Welche Wirkungen sollen beim Unternehmen (am Standort) durch die CV-Aktivitäten angestrebt werden?

Auch hier ist es für das Unternehmen (und die NPO) relevant zu überlegen, welche langfristigen Ziele für die Mitarbeitenden und für das Kerngeschäft erreicht werden sollen.

Outcome. Vom Impact ausgehend werden die dafür notwendigen Veränderungen bei den relevanten Zielgruppen auf gesellschaftlicher und Unternehmensebene formuliert. Für beide Cases empfiehlt es sich, die einzelnen Schritte der Wirkungstreppe bei der Zielformulierung auf Outcome-Niveau mitzudenken, da die Wirkungen logisch aufeinander aufbauen und eine solide Grundlage für den zu erzielenden Impact darstellen. Die zentralen Fragen lauten:

- Welche Wirkungen/positiven Veränderungen sollen durch das Projekt bei zentralen gesellschaftlichen bzw. internen und externen Zielgruppen des Unternehmens im Hinblick auf Bewusstsein, Fähigkeiten, Handeln und Lebensumfeld angestrebt werden?

Input und Output. Anschließend können alle Beteiligten gemeinsam angemessene bedarfsorientierte CV-Aktivitäten planen (Output) sowie benötigte Ressourcen identifizieren (Input). Die folgenden Fragen sollten in der Matrix zu den Outputs beantwortet werden, um die Stufen 1–3 der Wirkungstreppe mit Inhalten füllen zu können:

- Welche und wie viele Aktivitäten und Leistungen werden in dem gemeinsamen CV-Projekt umgesetzt?
- Was passiert genau bei den zentralen Aktivitäten und Leistungen für/gemeinsam mit den Zielgruppen?
- Wie viele Personen sollen in den einzelnen Zielgruppen angesprochen bzw. erreicht werden?

Letztlich sollten die benötigten, gemeinsam bereitgestellten Inputs aufgeschrieben werden, um im Rahmen der Wirkungsanalyse ggf. nachsteuern und den Ressourceneinsatz optimieren zu können. Zu den Inputs zählen investierte Ressourcen in Form von z. B. Geldmitteln, Arbeitsstunden der Mitarbeitenden, Kompetenzen, Netzwerken. Wer darstellen kann, dass die eingesetzten Ressourcen Wirkungen erzielt haben, legitimiert den Einsatz der Ressourcen und überzeugt.

3 Wie kann die Wirkung von CV-Aktivitäten analysiert werden?

Die wirkungsorientierte Planung und Umsetzung nach der IOOI-Logik legen die Grundlage für eine anschließende Analyse der Wirkungen. Wirkungsanalyse im engen Sinne bedeutet, dass Daten für Outcomes und Impacts eines Projekts oder eben einer CV-Aktivität erhoben werden. In einem weiteren Verständnis von Wirkungsanalyse umfasst dies auch die Erhebung der erbrachten Leistungen, also der Outputs. Durch dieses erweiterte Verständnis kann nicht nur festgestellt werden, ob das Handeln wirkt, sondern auch welche Faktoren mit der Wirkung in Verbindung stehen. So können sowohl Rückschlüsse für die Projektsteuerung als auch die Wirkungsanalyse gezogen werden.

3.1 Passende Indikatoren identifizieren

Wie kann man nachvollziehen, ob das CV die gesetzten Wirkungsziele erreicht hat? Um Wirkung erfassen und beschreiben zu können, gilt es, passende Indikatoren zu identifizieren. Anhand von Indikatoren kann festgestellt werden, ob ein bestimmter Sachverhalt oder ein bestimmtes Ereignis eingetreten ist. Die Wirkungsmatrix dient hier wiederum als Struktur: Für die definierten Ziele auf Output-, Outcome- und Impact-Ebene kann die Frage gestellt werden, woran man erkennen kann, dass das Ziel erreicht wurde. Ein solcher Indikator dient als Referenzpunkt, der vermuten lässt, dass das angestrebte Ziel tatsächlich erreicht wurde. Fällt die Identifikation eines Indikators schwer, hilft oftmals als Zwischenschritt die Umkehrfrage: Was würde man sehen, wenn es sich verschlechtern würde bzw. wenn wir nichts tun würden?

Jedem Ziel und jedem unterschiedlichen Aspekt eines Ziels können Indikatoren zugeordnet werden. Dafür kann die Kombination von qualitativen und quantitativen Indikatoren hilfreich sein, es sollten jedoch nicht mehrere Indikatoren, die dasselbe messen, ausgewählt werden. Ein Qualitätsmerkmal für Indikatoren sind die Orientierung an den SMART-Kriterien[2] sowie – soweit sinnvoll – die Zuordnung von Sollwerten, um die eigene Zielerreichung nachhalten zu können. Empfehlenswert ist an diesem Punkt eine gemeinsame Erarbeitung mit den Stakeholdern und, wo möglich, Zielgruppen: Der Bereich, der der eigenen Arbeit am nächsten liegt, kann oftmals am besten eingeschätzt werden. So kann sichergestellt werden, dass die passenden Indikatoren identifiziert werden.

Entscheidend ist nach dieser Sammlung eines eher breiten Sets an Indikatoren die nutzenorientierte Priorisierung und Auswahl der wichtigsten Ziele und Indikatoren, sprich, die Antwort auf die Frage, wer die Ergebnisse der Wirkungsanalyse konkret wofür nutzen wird. Dieser Schritt sichert die Angemessenheit der Wirkungsanalyse und damit den effizienten Einsatz der verfügbaren Ressourcen. Auch dieser Schritt der Fokussierung auf die relevantesten Indikatoren sollte idealerweise gemeinsam mit Stakeholdern erfolgen.

3.2 Wirkungen erheben

Nach der Indikatorenentwicklung folgt die Auswahl passender Erhebungsmethoden. Die Vielzahl der Erhebungsmöglichkeiten lässt sich grob und somit nicht differenziert nach möglichen unterschiedlichen Formen und Ausprägungen in vier Gruppen kategorisieren. Diese vier Gruppen stellen die Bandbreite von niedrigschwelligen bis sehr elaborierten Methoden überblicksartig dar.

Anekdotensammlung meint die (unsystematische) Sammlung von persönlichen Erfahrungen, Feedbacks der Zielgruppe oder Fallstudien über einzelne Teilnehmende aus der Zielgruppe. Daraus können erste Einschätzungen über Reaktionen auf das CV-Angebot gezogen werden. Die Sammlung von Anekdoten ist intern einfach ohne viel Aufwand oder Spezialkenntnisse umsetzbar. Dadurch lohnt sie sich in allen Projektkonstellationen. Ihr zentraler Vorteil: Es entstehen so bildhafte Geschichten, die emotional begeistern können (in Abgrenzung zu eher quantitativen Datensätzen).

[2] SMART-Kriterien umfassen spezifische, messbare, akzeptierte, realistische und terminierbare Indikatoren.

Monitoring bezeichnet die laufende Erfassung der eingesetzten Ressourcen, der Nachfrage sowie der Leistungen des CV. Durch diese Form der Beobachtungen können Input und Output gegenübergestellt, Veränderungen im Zeitverlauf identifiziert und dadurch die Projektsteuerung verbessert werden. Für die Erhebung der relevantesten Input- und Output-Indikatoren ist ein solches Monitoring stets angebracht und sinnvoll. Denn es macht sichtbar, welche Ressourcen in die CV-Aktivität eingebracht werden, welche Nachfrage besteht und welche Leistungen erzielt werden.

Durch eine **lernorientierte Befragung** können die Zielgruppen des CV nach ihren Bedürfnissen, ihrer Zufriedenheit und Verbesserungsmöglichkeiten befragt werden. Dies stellt die Bedarfsorientierung und die kontinuierliche Optimierung des Projektes sicher. Damit wird durch eine solche Art der Befragung die Basis für wirksames CV gelegt und es kann ein kommunikativer Mehrwert entstehen: Befragungen signalisieren Wertschätzung für die Zielgruppe. Vorausgesetzt natürlich, es besteht die Bereitschaft, daraus sich ergebende Veränderungen auch umzusetzen. Ohne eine solche Bereitschaft laufen lernorientierte Befragungen ins Leere.

Wirkungsevaluation meint die (häufig wissenschaftliche) Begleitung der CV-Aktivität, sofern umsetzbar auch unter Einsatz von Kontrollgruppen, um zu ermitteln, inwieweit die Wirkungen auf das Corporate Volunteering zurückgeführt werden können. Dadurch kann sichergestellt werden, dass man nicht nur etwas richtig tut, sondern auch das Richtige tut. Eine solche Wirkungsevaluation lohnt sich nur bei sehr großen und langfristigen CV-Programmen oder bei sehr neuen innovativen und daher wenig erprobten Ansätzen. Die Durchführung ist methodisch anspruchsvoll und erfordert eine hohe Methodenexpertise.

Um aus der Vielzahl von Ansätzen und Methoden den passenden Methodenmix für die Erhebung der ausgewählten Ziele und Indikatoren zu finden, eignen sich folgende Fragen. Abhängig von der Fragestellung und dem zugehörigen Indikator muss die passende Methode ausgewählt werden. Dafür können diese vier Fragen hilfreich sein:

1. Wofür werden die Informationen gebraucht?
   In einem ersten Schritt lohnt es sich zu überlegen, wofür genau die Informationen bzw. Ergebnisse anschließend von wem genutzt werden bzw. welchen internen oder externen Stakeholdern (Adressaten) diese kommuniziert werden sollen. Quantitative Daten bieten sich oftmals an, um den Bedarf im Business Case gegenüber internen Stakeholdern darzustellen. Wenn es hingegen darum geht, ein vertieftes Verständnis der Aktivität zu erlangen oder die Qualität des CV weiterzuentwickeln, sind qualitative Methoden unabdingbar.
2. Welche Anforderungen werden an die Belastbarkeit der Aussage gestellt und welcher Aufwand ist angemessen?
   Die zur Auswahl stehenden Methoden unterscheiden sich hinsichtlich der Belastbarkeit ihrer Aussage und auch hinsichtlich des Aufwandes, der für den Einsatz erforderlich ist (Abb. 4).

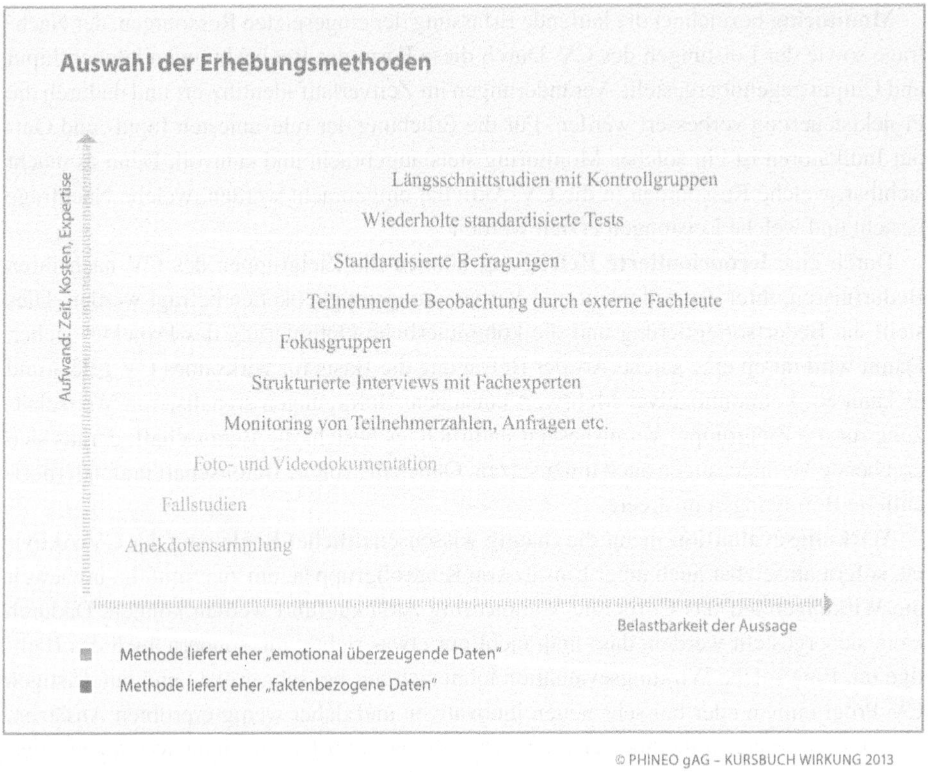

Abb. 4 Matrix zur Auswahl der Erhebungsmethoden. (Quelle: Kurz und Kubek 2013)

3. Welche Informationen werden gebraucht?
   Hier hilft es sich zu vergegenwärtigen, welches Wissen mit der Erhebung generiert werden soll. Soll beispielsweise erhoben werden, wie groß die erreichte Zielgruppe im Social Case ist, eignen sich quantitative Erhebungsmethoden. Soll hingegen erörtert werden, warum sich nur eine bestimmte Gruppe von Mitarbeitenden im Rahmen der CV-Aktivität engagiert, sind qualitative Befragungsformate oft besser geeignet.
4. Wie können passende Daten für den Indikator erhoben werden?
   Eine weitere Entscheidungsgrundlage ergibt sich aus den Fragestellungen der Indikatoren:
   - Kann ich es herauslesen? (Dokumentenanalyse)
   - Kann ich es erfragen? (Befragungen)
   - Kann ich es beobachten? (Beobachtungen)
   - Kann ich es ausprobieren? (Test, Experiment, Messung)

Bei der Datenerhebung kann und sollte auch auf bereits vorhandene Daten zurückgegriffen werden. Viele Informationen liegen bereits vor: Neben externen Quellen, wie beispielsweise offiziellen Statistiken, sind dies vor allem interne Quellen. Für CV können hier insbesondere regelmäßige Mitarbeitendenbefragungen, wie beispielsweise zur Mitarbeitendenzufriedenheit, bestehende Key Performance Indicators (KPIs) z. B. zur Reputation, die kontinuierlich erhoben werden, oder Evaluationen aus Jahresberichten genutzt werden. Empfehlenswert ist daher, dass bei CV-Aktivitäten gemeinsam Daten erhoben werden und jeder Partner für die Erhebung der Indikatoren verantwortlich ist, die für ihn am einfachsten zu erfassen sind. Das bedeutet, dass die Analyse der Ziele im Social Case und NPO-Case eher bei der Non-Profit-Partnerorganisation liegt, während das Unternehmen eher die Zielerreichung im Business Case übernimmt. Je vertrauensvoller und transparenter hier die Zusammenarbeit gelingt, desto präziser sind die Ergebnisse am Ende, die von beiden Seiten genutzt werden können.

Hilfreich ist zudem die gemeinsame Interpretation der qualitativen und quantitativen Daten durch Vertreter der NPO, des Unternehmens sowie der relevanten Zielgruppen. Im Rahmen der gemeinsamen Auswertung finden sich oft mehr und bessere Erkenntnisse zur Weiterentwicklung und überzeugenden Darstellung der Aktivitäten.

4 Wie kann die Wirkung von CV-Aktivitäten verbessert werden?

Wirkungsorientierung im CV endet nicht mit der Analyse der Wirkung. Im Sinne einer wirkungsorientierten Haltung folgen zwei weitere gleichwertige Schritte: Berichten und Lernen.

4.1 Über Wirkung berichten und legitimieren

Berichten und legitimieren meint die Kommunikation der Wirkungen an interne und externe Stakeholder. Die wirkungsorientierte Steuerung ermöglicht eine präzise Kommunikation der erzielten Wirkungen des CV, welches die Unterstützung wichtiger Stakeholder für die NPO und das Unternehmen erhöhen kann (z. B. interner Gremien, Teams, Abteilungen bzw. externer Investoren, Kunden oder der Politik und Verwaltung). Wichtige Finanz- und Unterstützungsquellen können von der Notwendigkeit und Effektivität des Projektes überzeugt und Mitarbeitende motiviert werden. Es gilt hier, eine adressatengerechte Form der Kommunikation zu wählen und zu entscheiden, welche Arten von Daten bzw. Informationen geeignet sind. Sind eher emotional überzeugende Informationen passend, können z. B. Testimonials oder Videodokumentationen eingesetzt werden. Umfrageergebnisse hingegen liefern Daten mit eher informierendem Charakter.

4.2 Lernen und verbessern

Lernen und verbessern betrifft sowohl die Ebene der Einzelaktivitäten als auch das Gesamtportfolio. Unternehmen und NPOs können auf Grundlage der Ergebnisse der Wirkungsanalyse sehen, welche Aktivitäten wie wirksam waren, wie die Wirkung potenziell verbessert werden kann und ggf. auf welche neuen Zielgruppen die Aktivitäten ausgeweitet werden könnten. Aus der Analyse können zudem wichtige Kennzahlen gewonnen werden, die in die Optimierung der Prozesse und Elemente der CV-Aktivität miteinfließen können. Die Ergebnisse der Wirkungsanalyse sichern so einen hohen Qualitätsstandard der CV-Aktivität. Dies erlaubt allen Partnern, ihre Zusammenarbeit zu optimieren und diese noch wirkungsorientierter zu gestalten. So können sie weitere Unterstützer mobilisieren, Ressourcen anpassen und bei den relevanten Zielgruppen noch mehr Wirkung erzielen. Wirkungsorientiertes Corporate Volunteering bedeutet in diesem Sinne also auch, Spielräume für Lernen und Anpassungen zu bieten. Denn wie bei anderen Managementsystemen entstehen erst durch die Analyse und Interpretation der Ergebnisse wichtige Erkenntnisse, die zu Verbesserungen und neuen Lösungen führen können. Organisatorisch ermöglicht ein wirkungsorientiertes CV der NPO und dem Unternehmen die eigenen CV-Portfolios zu bewerten, mit anderen Aktivitäten in Hinblick auf die erzielte Wirkung zu vergleichen und ggf. das eigene Portfolio noch stärker auf die eigene Vision auszurichten.

5 Fazit

Im Ergebnis entsteht durch ein wirkungsorientiert geplantes, umgesetztes und analysiertes CV ein Mehrwert für alle Beteiligten. Das Engagement erreicht Zielgruppen auf mehreren Ebenen, um bei diesen Wirkungen zu erzielen. Es ermöglicht, dass diese unterschiedlichen Ziele und Bedarfe der Beteiligten transparent und entsprechend gewichtet werden. Sollten sich einzelne Annahmen über die Wirkungsweise der CV-Aktivität nicht bewahrheiten, kann dies durch die Analyse aufgezeigt und anschließend lernorientiert aufgriffen und verbessert werden. Eine wirkungsorientierte CV-Kooperation verankert somit von Beginn an die Zufriedenheit der Beteiligten, einen hohen Qualitätsstandard und die Sichtbarkeit der gemeinsamen Erfolge.

Eine solch wirkungsorientierte Haltung bedeutet im Kern also drei Dinge: 1. ein Projekt gemeinsam darauf auszulegen, Wirkungen zu erzielen, es 2. entsprechend zu planen und umzusetzen und 3. trotz aller unvorhergesehenen Dinge, die im Laufe einer Aktivität auftreten können, kontinuierlich das, was man für die Gesellschaft und die eigene Organisation erreichen will, im Blick zu behalten.

Literatur

Deloitte (2010) Deloitte volunteer IMPACT survey 2010

Deloitte (2016) The Deloitte millennial survey 2016

Fraaß B, Hagedorn J et al (2013) Unternehmen in guter Gesellschaft. Ratgeber für strategisches Corporate Citizenship. PHINEO gAG, Berlin

Kurz B, Kubek D (2013) Kursbuch Wirkung. PHINEO gAG, Berlin

Przybylski J (2013) Gemeinsam Stark. Ratgeber für wirkungsvolles Corporate Volunteering. PHINEO gAG, Berlin

Schuldt C (2015) „Das Arbeits-Mindset der Zukunft." Zukunftsinstitut 2016. Frankfurt

Annelie Beller arbeitet bei der PHINEO gAG im Bereich Beratung. Die (u.a. bei Dr. Gunther Schmidt) ausgebildete systemische Organisationsberaterin verfügt über eine mehrjährige Erfahrung in der Konzeption, Steuerung und Durchführung von komplexen Beratungs- und Kooperationsprojekten mit öffentlichen, zivilgesellschaftlichen und For-Profit-Akteuren. Aufbauend auf ihrem Studium der Soziologie, Politischen Wissenschaft und Personal- und Organisationsentwicklung sammelte sie berufliche Erfahrung über verschiedene Stationen in Wissenschaft und Wirtschaft – unter anderem beim Centre for Social Investment der Universität in Heidelberg (CSI) und der gfa public GmbH.

Cornelius Schaub ist Leiter Beratung und Geschäftsfeldentwicklung bei der PHINEO gAG. Seine inhaltliche Expertise umspannt vor allem Themen aus den Bereichen Nachhaltigkeit, Corporate Responsibility, Corporate Citizenship und Volunteering sowie Bildung, Gesundheit und Organisationsentwicklung. Neben seiner Tätigkeit bei PHINEO ist er Gründer und Geschäftsführer der Strategieberatung Decision Institute. Er berät Organisationen aus dem privaten, gemeinnützigen und öffentlichen Sektor in den Bereichen Strategieentwicklung, Stakeholder Engagement, strategische und wirkungsorientierte Steuerung, Impact Assessment und Innovationsprozesse. Beratungserfahrung sammelte er zuvor bei der Boston Consulting Group und der OECD in Paris. Er studierte Volkswirtschaftslehre an der Humboldt Universität zu Berlin und der London School of Economics. Zudem ist er als systemischer Organisationsberater ausgebildet (u.a. bei Prof. Fritz Simon, Prof. Otto Scharmer, Dr. Gunther Schmidt) und lehrt u.a. im Executive Bereich der Hertie School of Governance.

Evaluation einer CV-Initiative: Das Beispiel My Finance Coach

Melanie Lührmann und Joachim Winter

1 Einleitung

Die finanzielle Allgemeinbildung („financial literacy") von Personen, die Finanzentscheidungen in privaten Haushalten treffen, rückte in den vergangenen Jahren zunehmend ins Blickfeld von Wissenschaftlern und Entscheidungsträgern in Politik und Unternehmen. Ungenügendes Finanzwissen wird beispielsweise für finanzielle Schieflagen, die durch Überschuldung sowie unzureichende private Altersvorsorge entstehen, verantwortlich gemacht. Obwohl die Korrelation zwischen dem Finanzwissen und der Qualität finanzieller Entscheidungen inzwischen umfangreich dokumentiert ist, sind die zugrunde liegenden kausalen Wirkungsmechanismen nach wie vor unklar. Offen ist auch die Frage, ob gezielte Interventionen, zum Beispiel Trainingsprogramme in Schulen und Betrieben, die finanzielle Allgemeinbildung und damit Finanzentscheidungen nachhaltig verbessern können.

Konkrete Forschungsbedarfe bestehen somit entlang der postulierten Wirkungskette Finanzwissen – Entscheidungen – Ergebnisse. Besonderes Interesse finden dabei in jüngster Zeit Interventionen zur Verbesserung der finanziellen Allgemeinbildung von Jugendlichen, und zwar aus zwei Gründen: Zum einen kann mit Interventionen in Schulen die gesamte Bevölkerung einer Alterskohorte erreicht werden, was unter Erwachsenen kaum möglich erscheint; zum anderen werden viele für den gesamten Lebenszyklus wichtige finanzielle Entscheidungen bereits von jungen Erwachsenen getroffen.

Zentral ist in diesem Forschungsprogramm die Frage, ob die klassische Wissensvermittlung im Schulunterricht allein ausreicht, um die finanziellen Entscheidungen von

M. Lührmann (✉)
Department of Economics, Royal Holloway, University of London
Egham Hill, TW20 0EX Egham, Großbritannien
E-Mail: melanie.luhrmann@rhul.ac.uk

J. Winter
Department of Economics, University of Munich
Ludwigstr. 33, 80807 München, Deutschland

S. Dreesbach-Bundy und B. Scheck (Hrsg.), *CSR und Corporate Volunteering*,
Management-Reihe Corporate Social Responsibility,
https://doi.org/10.1007/978-3-662-54092-3_30

Schülern und langfristig von Erwachsenen zu verbessern. Eine höhere finanzielle Allgemeinbildung ist umso effizienter zu erreichen, je einfacher der Transfer des vermittelten Wissens in den Alltag ist. Die Übertragung von Wissen in Entscheidungen wird in der Realität jedoch oft von psychologischen Faktoren mitgesteuert. Umfangreiche Studien belegen den Einfluss fehlender Willenskraft und mangelnder Selbstkontrolle, insbesondere in Situationen, in denen intertemporale Entscheidungen wie beispielsweise Sparentscheidungen zu treffen sind. So wollen Individuen häufig sparen, erreichen ihre Sparziele aber nicht, weil sie sich kurzfristig für die Befriedigung von Konsumbedürfnissen entscheiden und ihre Sparpläne nicht durchhalten. Bei Jugendlichen ist ein solcher Mangel an Selbstkontrolle besonders verbreitet, verringert sich aber mit dem Alter.

Diese drängenden Fragen, die ein wichtiger Forschungsgegenstand der aktuellen empirischen Wirtschaftsforschung sind, finden ihren Gegenpart in mehreren gemeinnützigen Initiativen, welche sich die Verbesserung der finanziellen Allgemeinbildung zum Ziel gesetzt haben. Eine Zusammenarbeit zwischen Initiativen zur Verbesserung der finanziellen Allgemeinbildung auf der einen Seite und der Wissenschaft auf der anderen drängt sich auf. Dies gilt insbesondere für die Methodenentwicklung und die Ex-post-Wirkungsanalyse (Evaluation). Kooperationen in diesen Bereichen sind aus mehreren Gründen attraktiv. Sie fördern die dezentrale innovative Entwicklung von Interventionen, wie beispielsweise gezielte, in den schulischen Unterricht integrierte Trainingsmaßnahmen, deren Wirksamkeit dann durch wissenschaftliche gestützte Methoden und in Ex-post-Wirkungsanalysen überprüft werden kann. So entwickeln sich aus dieser Zusammenarbeit heraus Best-Practice-Konzepte, welche dann hochskaliert werden können.

In den vergangenen Jahren haben wir im Rahmen mehrerer Feldstudien die Wirkung von in Schulen der Sekundarstufe in Deutschland durchgeführten Trainingsprogrammen, deren Ziel die Verbesserung der finanziellen Allgemeinbildung von Jugendlichen ist, untersucht. Diese Studien wurden in Zusammenarbeit mit My Finance Coach (MFC), einer von namhaften Unternehmen im Rahmen ihrer CSR-Aktivitäten geförderten gemeinnützigen Stiftung, durchgeführt.

Im vorliegenden Beitrag ordnen wir diese Begleituntersuchungen sowohl in inhaltlicher als auch methodischer Sicht in den wissenschaftlichen Kontext ein. Wir stellen zunächst den Stand der Forschung zur Heterogenität des finanziellen Allgemeinwissens sowie grundsätzliche methodische Fragen der evidenzbasierten Wirtschaftspolitik und -beratung dar. Im Mittelpunkt des Beitrags stehen die Beschreibung der in unseren Studien gewählten methodischen Ansätze sowie eine Zusammenfassung der zentralen Ergebnisse.

2 Heterogenität, Wirkungen und Verbesserung der finanziellen Allgemeinbildung

Angesichts der zunehmenden Komplexität der Finanzmärkte und der Instrumente, die auch privaten Investoren zugänglich sind, und vor dem Hintergrund der steigenden Bedeutung der individuellen privaten Altersvorsorge wird die Fähigkeit, gute Finanzentscheidungen zu treffen, immer wichtiger (Engen et al. 1996; Skinner 2007). Allerdings sorgen viele Haushalte nicht oder nur in geringem Umfang fürs Alter vor (Börsch-Supan et al. 2015) und der Anteil von überschuldeten Haushalten steigt (Lusardi und Tufano 2015). Ebenfalls problematisch ist zum Beispiel, wenn Haushalte wiederholt Überziehungskredite mit hohen Zinssätzen in Anspruch nehmen (Stango und Zinman 2009). Ein großer Teil der vorliegenden empirischen Evidenz zu Finanzentscheidungen von Individuen und Haushalten bezieht sich auf die Vereinigten Staaten, aber auch für Deutschland liegen ähnliche Ergebnisse vor (Bucher-Koenen und Lusardi 2011; Bucher-Koenen und Ziegelmeyer 2014).

Eine häufig vorgebrachte Erklärung für schlechte Finanzentscheidungen ist mangelndes Finanzwissen („financial literacy") der Bevölkerung (Lusardi und Mitchell 2014). In zahlreichen Untersuchungen wurde der Zusammenhang zwischen Finanzwissen und der Qualität finanzieller Entscheidungen belegt (van Rooij et al. 2012; Disney und Gathergood 2013; Klapper et al. 2013; Jappelli und Padula 2013; Brown et al. 2013). Defizite hinsichtlich des finanziellen Allgemeinwissens zeigen sich bereits bei Jugendlichen (Hastings et al. 2013; Lusardi und Mitchell 2014; Lührmann et al. 2014).

Vor diesem Hintergrund wurden in zahlreichen Ländern Initiativen ins Leben gerufen, die auf eine Verbesserung der finanziellen Allgemeinbildung sowohl von Jugendlichen als auch Erwachsenen abzielen. Dazu zählen zum Beispiel Trainingsangebote in Unternehmen und Schulen. Bislang liegen jedoch nur wenige wissenschaftlich fundierte Evaluationen derartiger Maßnahmen vor. Die Mehrzahl dieser Untersuchungen konnte bei Erwachsenen nur mäßige Erfolge nachweisen (Cole et al. 2011; Collins 2013; Fernandes et al. 2014). Zudem ist es schwierig, mit derartigen Trainingsmaßnahmen breite Schichten der erwachsenen Bevölkerung zu erreichen. Trainingsprogramme, die unter Jugendlichen durchgeführt werden, erscheinen Erfolg versprechender, da sie in den Schulunterricht integriert werden können und skalierbar sind. Zudem deuten auch die Ergebnisse der wenigen bislang verfügbaren Evaluationsstudien darauf hin, dass Trainingsmaßnahmen in der Schule stärkere positive Wirkungen auf die finanzielle Allgemeinbildung ausüben (Bernheim et al. 2001; Carpena et al. 2011; Becchetti et al. 2013). Aber auch in diesem Bereich sind die Ergebnisse nicht eindeutig, sodass noch erheblicher Forschungsbedarf besteht.

Angesichts des Forschungsstands sind die Ergebnisse der von uns durchgeführten Begleituntersuchungen der Trainingsmaßnahmen nicht nur für die My-Finance-Coach-Stiftung und die sie unterstützenden Unternehmen, sondern auch für die wissenschaftliche Fachöffentlichkeit von großem Interesse.

3 Die Klassenbesuche von My Finance Coach

Die My-Finance-Coach-Stiftung wurde am 01.10.2010 mit dem Ziel gegründet, einen Beitrag zur finanziellen Allgemeinbildung von Jugendlichen zu leisten und der Verschuldung von Jugendlichen entgegenzuwirken, wobei sich verschiedene Angebote an Schüler der

Sekundarstufe I aller Schulformen richten (My Finance Coach 2011). Die Stiftung verfolgt keine wirtschaftlichen Interessen. Das Engagement der beteiligten Unternehmen ist Teil ihrer Corporate-Social-Responsibility-Aktivitäten.

Ein zentrales Element der Aktivitäten von My Finance Coach sind die Klassenbesuche, bei denen zuvor spezifisch geschulte Finance Coaches jeweils paarweise Schulklassen besuchen. Diese Volunteers sind Mitarbeiter aus verschiedenen Unternehmen, die an diesem Corporate-Volunteering-Programm teilnehmen. MFC stellt für jede Schulklasse ein altersangemessenes Trainingsprogramm zusammen, das Themen wie „Kaufen", „Planen" und „Sparen" abdeckt und in wenigen Unterrichtseinheiten vermittelt werden kann. Die Unterrichtsmaterialien werden von My Finance Coach erstellt und Schülern und Lehrern zur Verfügung gestellt. My Finance Coach betont, dass es die Funktion der Finance Coaches sei, die Lehrer bei der Vermittlung wirtschaftlicher und finanzieller Themen zu unterstützen; sie sollen nicht als Ersatzlehrer fungieren und müssen sich verpflichten, keine Marketing- oder Vertriebsaktivitäten für Firmen oder Produkte zu betreiben (My Finance Coach 2011). Sowohl die Unterrichtsmaterialien als auch die Klassenbesuche sind für die Schulen kostenfrei. Im Jahr 2011 wurden 700 Klassenbesuche durchgeführt, ihre Zahl ist seither stetig gestiegen.

Unsere Begleituntersuchung zielte auf die drei im Rahmen von Klassenbesuchen vermittelten Trainingskomponenten „Kaufen", „Planen" und „Sparen" ab.

4 Zur Methodik von Ex-post-Wirkungsanalysen

Die Nachfrage nach wissenschaftlichen Begleituntersuchungen und Evaluationsstudien im Zusammenhang mit Interventionen ist groß – dies reicht von Regulierungen und staatlichen Eingriffen in den Bereichen der Arbeitsmarkt-, Bildungs-, Gesundheits- und Industriepolitik bis hin zu gemeinnützigen Initiativen, insbesondere in der Entwicklungshilfe (Banerjee und Duflo 2009). Das Paradigma einer evidenzbasierten Wirtschaftspolitik setzt sich immer mehr durch, auch wenn Deutschland im Vergleich zu vielen anderen Ländern etwas hinterherzuhinken scheint (Boockmann et al. 2014).

Gerade angesichts der zunehmenden Verbreitung evidenzbasierter Methoden in der wirtschaftspolitischen Praxis sieht sich die empirische Wirtschaftsforschung aber auch der Herausforderung gegenüber, dass ihre differenzierte Vorgehensweise gelegentlich keine eindeutigen Ergebnisse liefern kann. Selbst wenn klare Handlungsempfehlungen gegeben werden können, bestehen unvermeidbare Beschränkungen der zugrunde liegenden empirischen Analysen und damit der Tragweite ihrer Ergebnisse, die nicht verschwiegen werden dürfen (Schmidt 2014). Dieses Spannungsverhältnis verschärft sich womöglich, wenn im Rahmen einer Evaluationsstudie neben der Ex-post-Wirkungsanalyse auch eine eigenständige wissenschaftliche Fragestellung verfolgt werden soll. Umso wichtiger ist es, dass die Evaluation von Politikmaßnahmen und anderen Interventionen, wie zum Beispiel CV-Programmen, einheitlichen Standards folgt.

Vor diesem Hintergrund hat der Verein für Socialpolitik, ein Zusammenschluss von rund 4000 deutschsprachigen Wirtschaftswissenschaftlern aus über 20 Ländern, der seine Aufgaben insbesondere in der methodischen Weiterentwicklung der Volkswirtschaftslehre sieht, kürzlich „Leitlinien zu Standards von Evaluationen wirtschaftspolitischer Maßnahmen" entwickelt (Verein für Socialpolitik 2015), die sich gleichermaßen an die Auftraggeber von Evaluationsstudien, an Wissenschaftler als Auftragnehmer und an die Öffentlichkeit als Adressat dieser Studien wenden. Im Mittelpunkt der Leitlinien steht die Forderung nach Transparenz hinsichtlich der verwendeten Methoden und der Annahmen, die getroffen werden müssen, damit die Ergebnisse einer Studie auch tatsächlich im Sinne eines kausalen Effekts der Maßnahme interpretiert werden können.

Die zentrale methodische Herausforderung, die im Zusammenhang mit der Evaluation der kausalen Effekte von Interventionen besteht, ist die Vergleichbarkeit von Interventions- und Kontrollgruppe (also der Teilnehmer und Nichtteilnehmer einer Maßnahme). Als Beispiel einer Intervention soll eine fiktive Trainingsmaßnahme dienen, die zum Ziel hat, das Finanzwissen oder die Qualität der finanziellen Entscheidungen von Erwachsenen zu verbessern. Es erscheint plausibel, dass sich diejenigen Personen, die aus eigenem Antrieb an einer solchen Trainingsmaßnahme teilnehmen, ohnehin stärker für dieses Thema interessieren oder sich ihrer Wissensdefizite besonders bewusst sind. Personen, die sich gegen die Teilnahme entschieden haben, dürften wiederum insgesamt weniger daran interessiert sein, gute finanzielle Entscheidungen zu treffen. Ein bloßer Vergleich des Finanzwissens oder der Qualität späterer Finanzentscheidungen zwischen Teilnehmern und Nichtteilnehmern identifiziert daher offenbar nicht die ursächliche Wirkung (den „kausalen Effekt") der Trainingsmaßnahme – vielmehr können ex post beobachtete Unterschiede zwischen diesen Gruppen teilweise oder auch ganz von anderen Faktoren (wie zum Beispiel Unterschieden in Vorwissen oder Motivation) abhängen. Man spricht in den Sozial- und Wirtschaftswissenschaften von einem Selektionsproblem.

Ein methodischer Ansatz, mit dessen Hilfe sich Selektionsprobleme bei Evaluationsstudien vermeiden lassen, ist die zufällige Aufteilung einer zuvor geeignet ausgewählten Stichprobe von Personen auf eine Behandlungs- und eine Kontrollgruppe. In Analogie zu den Naturwissenschaften, insbesondere der klinischen medizinischen Forschung, hat sich für diesen Ansatz der Begriff des Randomized Control Trial (RCT) durchgesetzt. Derartige Studien werden in den Wirtschaftswissenschaften auch als Feldexperimente bezeichnet, um sie von den ebenfalls populären Laborexperimenten abzugrenzen. RCT werden nicht nur zur Evaluation von bereits implementierten Maßnahmen eingesetzt, sondern auch zur Entwicklung und zum Testen von Modellen des ökonomischen Verhaltens, also für „reine" Forschungszwecke (List 2011). Häufig lassen sich beide Zielsetzungen aber auch kombinieren.

Auch Feldexperimente sind in der Praxis nicht frei von Problemen, da ihre Umsetzung gerade in den Wirtschafts- und Sozialwissenschaften nur selten dem Ideal eines echten Zufallsexperiments entspricht. Die Gründe dafür sind vielschichtig, hier seien nur einige Beispiele genannt. Zuweilen steht die Zufallsauswahl von Teilnehmern im Widerspruch zum universellen Leistungsanspruch einer gemeinnützigen Initiative, da Teilnehmer, die in die Vergleichsgruppe randomisiert wurden, nicht oder nur zeitverzögert an der Intervention teilnehmen können. Bei staatlichen Maßnahmen (wie zum Beispiel Fortbildungsprogrammen für Arbeitslose) besteht in der Regel ein gesetzlicher Anspruch, sodass Leistungen nicht ohne Weiteres zufällig vergeben oder vorenthalten werden können. Problematisch wäre es zudem, wenn in einem RCT nicht alle zufällig der Interventionsgruppe zugeordneten Personen auch tatsächlich an der Trainingsmaßnahme teilnehmen wollen – in den seltensten Fällen können sie dazu auch verpflichtet werden. Grundlegender ist der Einwand, dass RCT zwar im besten Fall eine valide Schlussfolgerung hinsichtlich der Wirksamkeit einer Intervention zulassen (ob sie wirkt), aber die zugrunde liegenden Mechanismen unklar bleiben (warum sie wirkt), sodass auch die Verallgemeinerung der Ergebnisse problematisch sein kann (Deaton 2010). Neuere Ansätze bemühen sich jedoch, entweder durch ein innovatives Experimentaldesign oder durch die Kombination von Feldexperimenten mit ökonomischen Modellen, die Wirkungsmechanismen offenzulegen (siehe zum Beispiel die Studien von Bursztyn et al. 2014 und Attanasio et al. 2011).

Trotz dieser Einschränkungen werden RCT weithin als methodischer Goldstandard auf dem Gebiet der Evaluationsforschung gesehen. In Fällen, in denen aus diesen oder anderen Gründen kein echtes Zufallsexperiment vorliegt, ist man auf statistische Methoden angewiesen, um dennoch kausale Effekte bestimmen zu können. Dazu sind zum einen zusätzliche Daten und zum anderen zusätzliche Annahmen erforderlich. (Details finden sich beispielsweise bei diNardo und Lee 2011, aber auch bereits in vielen Lehrbüchern der empirischen Wirtschaftsforschung.) Die erforderlichen zusätzlichen Annahmen, die nicht immer statistisch getestet oder auch nur plausibilisiert werden können, reduzieren tendenziell die Glaubwürdigkeit der Ergebnisse. In jedem Fall, so einer der Grundsätze der Leitlinien des Vereins für Socialpolitik, sollte die Vergleichbarkeit von Interventions- und Kontrollgruppe transparent untersucht und umfassend diskutiert werden. Die bei der statistischen Schätzung des kausalen Effekts einer Intervention getroffenen Annahmen sollen zudem klar und nachvollziehbar dargestellt werden.

An dieser Stelle sei schließlich noch betont, dass in der Praxis durchaus beliebte „Impact-Studien", die sich ausschließlich auf die Beschreibung der von Teilnehmern an einer Maßnahme erzielten Ergebnisse (z. B. deren subjektive Zufriedenheit) beschränken, aus methodischer Sicht so gut wie wertlos sind. Es mag zwar für die Initiatoren oder Geldgeber einer Intervention beruhigend sein, wenn die Teilnehmer im Anschluss berichten, sie seien damit „zufrieden" oder gar „sehr zufrieden" gewesen. Hinsichtlich der kausalen Wirkung dieser Maßnahme kann man daraus aber keine Schlussfolgerungen ziehen: Das eigentliche Ziel einer Intervention ist ja nicht, dass die Teilnehmer im Anschluss zufrieden sind, vielmehr soll sich der Wert einer geeignet definierten, operationalisierten und gemessenen Zielgröße (wie z. B. das Finanzwissen) im Vergleich zu einer hypothetischen Situation, in der eine Person der Intervention nicht ausgesetzt war, erhöhen.

Im Folgenden werden wir erläutern, wie sich methodisch fundierte Evaluationsstudien im Kontext des MFC-Trainingsprogramms umsetzen lassen. Die erste Studie im Jahr 2012 konnte nicht als RCT umgesetzt werden, die zweite Studie im Jahr 2013 implementierte dann mit vergleichsweise großem Aufwand ein RCT.

5 Design, Durchführung und Ergebnisse der Evaluationsstudien der Jahre 2012 und 2013

Das Ziel der beiden Studien, die wir in diesem Beitrag vorstellen, war es, den Erfolg der Klassenbesuche mit wissenschaftlichen Methoden („evidenzbasiert") zu evaluieren. Die Ergebnisse wurden zum einen für My Finance Coach zusammengefasst und zum anderen in Form zweier Papiere für die Veröffentlichung in wissenschaftlichen Fachzeitschriften aufbereitet (Lührmann et al. 2014, 2015).

Im Rahmen der ersten, 2012 durchgeführten Studie wurde noch keine zufällige Aufteilung der teilnehmenden Schulklassen in Interventions- und Kontrollgruppen vorgenommen. Im Mittelpunkt standen zunächst vielmehr die Entwicklung eines Fragebogens, mithilfe dessen das Finanzwissen der Schüler getestet werden sollte, sowie die Erprobung der Abläufe bei einer in Schulen durchzuführenden Evaluationsstudie. Insbesondere sollte die Bereitschaft von Lehrern, Schülern und Eltern, an einer solchen Studie mitzuwirken, ausgelotet werden – auch im Hinblick auf geplante Folgeuntersuchungen, die dann als echte RCT durchgeführt werden sollten.

Dennoch sollte aber schon die erste Studie valide Aussagen zur Wirksamkeit der Intervention (also der Klassenbesuche der Finance Coaches) erlauben. Deshalb wurde eine Kombination von Vorher-Nachher-Vergleich mit dem Vergleich von Interventions- und Kontrollgruppen implementiert (sog. „doppelter Differenzenschätzer"). Insgesamt 32 Klassen gehörten zur Interventionsgruppe. Die Schüler in diesen Klassen wurden zweimal befragt – vor und nach dem Training. Zudem wurde eine Kontrollgruppe von 15 Klassen gebildet, die nicht an den Klassenbesuchen teilgenommen hatten. Auch die Schüler dieser Klassen wurden zweimal befragt, sodass überprüft werden konnte, ob alleine schon die zweimalige Teilnahme an einer solchen Befragung Auswirkungen auf die Selbsteinschätzung des Finanzwissens hat. Diese Befragung wurde von den Forschern ohne Bezug auf das MFC-Trainingsprogramm durchgeführt. Insgesamt wurden die Fragebögen von 1406 Schülern in die statistische Auswertung einbezogen (1126 in der Interventions- und 280 in der Kontrollgruppe).

Die Ergebnisse der Begleituntersuchung zeigten, dass das Finanzbildungsprogramm zu signifikanten Verbesserungen des Wissensstands geführt hat. Zum Beispiel sagten vor den Trainings 26 % der befragten Schüler, ein Smartphone verursache nach der Anschaffung „keine weiteren Kosten". Derartige Fehleinschätzungen können die Ursache dafür sein, dass Jugendliche schon früh in die Schuldenfalle geraten. Nach dem Training, dessen Inhalt unter anderem die Unterscheidung zwischen einmaligen und laufenden Kosten war, ging der Anteil der Befragten, die diese Ansicht vertraten, auf 19 % zurück.

Auch in anderen Dimensionen stieg das Finanzwissen. Die Jugendlichen waren besser in der Lage, riskante von weniger riskanten Anlageformen zu unterscheiden, und ihr Wissensindex, gebildet als Prozentsatz der richtig beantworteten Fragen, stieg an.

Das Interesse daran, sich mit Wirtschafts- und Finanzfragen zu beschäftigen, ist nach den Unterrichtseinheiten ebenfalls deutlich gestiegen. Vor dem ersten My-Finance-Coach-Training gaben mehr als ein Drittel der Schüler an, dass es ihnen wenig Spaß mache, sich mit Finanzthemen zu beschäftigen. Ebenfalls ungefähr ein Drittel der Schüler schätzte die eigene Finanzkompetenz als niedrig ein. Nach dem Training stieg der Anteil der an Finanzthemen interessierten Schüler in der Interventionsgruppe um 20 % an, während er in der Kontrollgruppe unverändert blieb. Eine ähnliche Verbesserung war im Bereich der Selbsteinschätzung des Finanzwissens zu verzeichnen: Der Anteil der Teenager, die sich über Finanzthemen gut informiert fühlten, stieg infolge des Finanztrainings um 21 % an.

Im Rahmen der zweiten Studie sollte dann eine echte Zufallsauswahl der an der Intervention teilnehmenden Klassen erfolgen. Selbstverständlich kamen dabei nur Klassen und Schulen infrage, die ohnehin Interesse an einem Klassenbesuch hatten. Aus Sicht von My Finance war zudem wichtig, dass alle diese interessierten Klassen letztlich auch von Finance Coaches besucht wurden.

Zur praktischen Umsetzung der Randomisierung entwickelten wir ein Webinterface, das im Zuge der Anmeldung interessierter Klassen eingesetzt wurde. Mitarbeiter von MFC kontaktierten die an einer Teilnahme interessierten Klassen und gaben die jeweiligen Klassendaten (Name der Schule und der Klasse) in das Webinterface ein, woraufhin die Software die zufällige Zuweisung zu Kontroll- oder Interventionsgruppe vornahm. Klassen der Interventionsgruppe erhielten einen Trainingstermin zu Beginn des Untersuchungszeitraumes, während der Kontrollgruppe zugewiesene Klassen ein Trainingsdatum nach Ablauf des Studienzeitraumes angeboten bekamen. Durch ein solches Experimentaldesign, in dem die Kontrollgruppe das Training zeitverzögert erhält, konnte ein RCT umgesetzt werden, ohne den universellen Leistungsanspruch von MFC zu kompromittieren.

Um eine mögliche Beeinflussung der Studienergebnisse durch die Finance Coaches auszuschließen, wurden im Rahmen der zweiten Studie alle Befragungen von Mitgliedern der Forschergruppe selbst durchgeführt, die dazu zwischen April und Juni 2013 die insgesamt 55 Klassen in 25 Schulen in den drei Städten Berlin, Düsseldorf und München besuchten. Insgesamt wurden 914 Schüler (492 in der Kontroll- und 422 in der Interventionsgruppe) befragt. Das durchschnittliche Alter der Schüler betrug 14,3 Jahre.

Die Implementierung einer echten Zufallsauswahl bedeutete eine nochmalige Verbesserung der methodischen Standards. Da der zeitliche Abstand zwischen den in der Interventionsgruppe durchgeführten Trainingseinheiten und der Messung der Ergebnisse in der zweiten Befragung auf bis zu zwölf Wochen ausgedehnt werden konnte, konnten zudem auch Schlussfolgerungen über mittelfristige Wirkungen gezogen werden, während die Studie aus dem Jahr 2012 nur kurzfristige Effekte belegen konnte. Allerdings brachte das Design der zweiten Begleituntersuchung aber auch einen erheblichen, vor allem personellen und organisatorischen Aufwand mit sich, der im Rahmen von regelmäßig (zum Beispiel jährlich) durchgeführten Evaluationsstudien kaum geleistet werden kann. Die Sach- und Personalkosten wurden – mit Ausnahme des bei der Zufallsauswahl der Klassen im Rahmen der Rekrutierung für MFC entstehenden zusätzlichen Aufwands und der Druckkosten in geringem Umfang – aus wissenschaftlichen Dritt- und Projektmitteln, die der Forschergruppe zur Verfügung standen, bestritten, um auch insoweit die Unabhängigkeit der Begleituntersuchungen sicherzustellen.

Die Ergebnisse der zweiten Begleituntersuchung bestätigten insgesamt diejenigen der ersten Studie. Insbesondere in den Themenfeldern Ratenkäufe, Schulden und Aktien konnte der Wissensstand der Schüler deutlich verbessert werden. Beispielsweise stieg der Anteil der Schüler, die Ratenkäufen kritisch gegenüberstehen, von 55 % vor dem Training mit den Finance Coaches auf 62 % im Anschluss daran. Dass Aktienkäufe sie zum Miteigentümer eines Unternehmens machen, wussten zunächst nur 40 % der Schüler, nach den Klassenbesuchen wuchs ihr Anteil jedoch auf 50 % an. Von anfänglich 62 % zeigten sich nach Abschluss des Trainings sogar 75 % der befragten Schüler kritisch im Umgang mit Werbung in den Medien.

Ohne Training gaben etwa 40 % der Schüler an, sich „nicht" oder „überhaupt nicht" für Finanzthemen zu interessieren. Dies verdeutlicht das hohe Wirkungspotenzial von Finanzbildungsmaßnahmen. Nach den Treffen mit den Finance Coaches verringerte sich dieser Anteil der Schüler auf knapp unter 30 %. Ähnlich positive Veränderungen waren auch bei Schülern zu beobachten, die ihr Wissen über finanzielle Themen vor den Unterrichtseinheiten als „schlecht" oder „sehr schlecht" eingeschätzt hatten.

Beide Untersuchungen bestätigten im Übrigen das aus der Literatur bekannte Gefälle, das zwischen den Geschlechtern hinsichtlich der Finanzkompetenz („financial literacy") besteht, wobei sich die Daten der Begleituntersuchungen der Jahre 2012 und 2013 auf das Interesse an Finanzthemen und die Selbsteinschätzung des Wissens beziehen. Verbesserungen infolge des MFC-Trainings konnten sowohl bei Mädchen als auch bei Jungen beobachtet werden, die Lücke wurde jedoch nur bei einigen der gemessenen Variablen signifikant kleiner. Beispielhaft zeigt Abb. 1 für die Untersuchung aus dem Jahr 2013 den Anteil der Schüler, die angaben, kein oder wenig „Interesse an Finanzdingen" zu haben

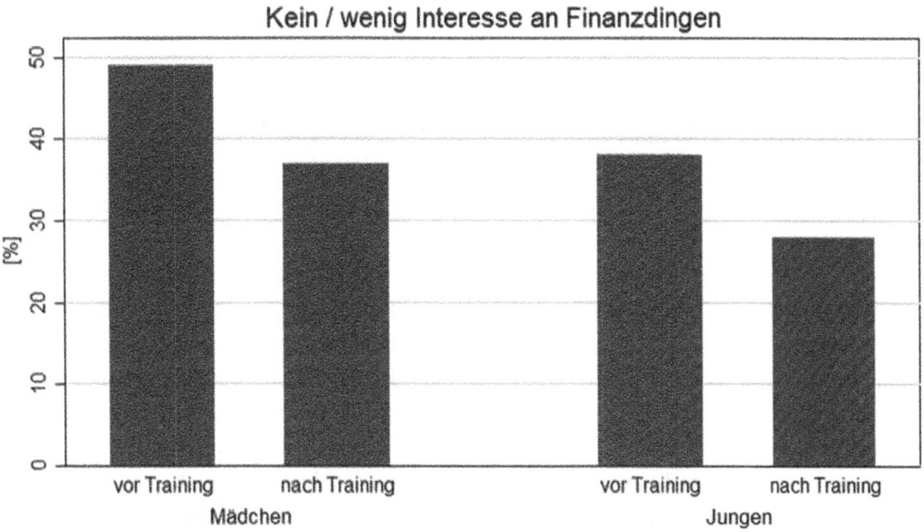

Abb. 1 Ergebnisse der Begleituntersuchung 2013 im Interesse an finanziellen Themen

(die beiden untersten Ausprägungen der verwendeten Fünfpunkteskala). Dieser Anteil war vor der Intervention unter Mädchen deutlich höher als unter Jungen. In beiden Gruppen war er nach dem Training deutlich (und statistisch signifikant) niedriger. Der Abstand zwischen Mädchen und Jungen hat sich allerdings kaum verringert.

Eine Schlussfolgerung, die aus diesem Ergebnis gezogen werden kann, ist, dass ein in Schulen durchgeführtes Finanztraining durchaus auch bei Mädchen das Interesse an Finanzthemen steigern kann. Soll die Lücke geschlossen werden, muss aber vermutlich in noch jüngerem Alter angesetzt werden. Eine weitere naheliegende Schlussfolgerung, dass nämlich Trainingsmaßnahmen spezifischer auf Mädchen zugeschnitten werden sollten, scheint uns hingegen weniger plausibel: Um eine bereits vorhandene Lücke zu schließen, müssten die Verbesserungen bei Mädchen deutlich stärker ausfallen als bei Jungen, die wiederum wohl kaum vom Training ausgeschlossen werden können. Gerade in Bezug auf die Ursachen der zwischen den Geschlechtern beobachteten Unterschiede beim Finanzwissen und anderen damit zusammenhängenden Variablen besteht jedenfalls noch erheblicher Forschungsbedarf; dies gilt auch für das Design und die Wirkungen von spezifisch auf Mädchen zugeschnittenen Interventionen.

6 Zusammenfassung und Ausblick

Die Evaluation der gemeinnützigen Aktivitäten, die Unternehmen im Rahmen ihrer Corporate-Volunteering-Strategie durchführen, ist aus verschiedenen Gründen wichtig. In erster Linie wollen die Initiatoren und Geldgeber natürlich wissen, ob die zur Verfügung gestellten Mittel wirkungsvoll und effizient eingesetzt werden. Wenn Evaluationen zu Beginn einer längerfristig angelegten CSR-Aktivität durchgeführt werden, können ihre Ergebnisse zudem helfen, das Design zu verbessern und verschiedene Stakeholder-Gruppen von einer Beteiligung zu überzeugen. Im Wettbewerb von Initiativen mit ähnlicher Zielsetzung können Evaluationen aufzeigen, welche Ansätze die besten Ergebnisse bringen. Dies ermöglicht die Entwicklung eines Best-Practice-Ansatzes, der dann in größerem Rahmen umgesetzt, also hochskaliert werden kann. Schließlich spielen die Ergebnisse von Evaluationsstudien eine wichtige Rolle bei der Kommunikation von CSR-Aktivitäten gegenüber der Öffentlichkeit.

Eine entscheidende Voraussetzung dafür, dass Evaluationsstudien die CSR-Aktivitäten von Unternehmen auf diese vielfältige Weise unterstützen können, ist deren wissenschaftliche Glaubwürdigkeit und Unabhängigkeit. Sind diese Voraussetzungen gegeben, sind Begleituntersuchungen von CSR-Aktivitäten auch für die beteiligten Wissenschaftler interessant. Ihre Ergebnisse finden Beachtung in der akademischen Fachöffentlichkeit und können durchaus auch zu Veröffentlichungen in international renommierten Fachzeitschriften führen. Der dafür erforderliche Aufwand kann jedoch erheblich sein.

Mit dem vorliegenden Beitrag haben wir am Beispiel unserer Begleituntersuchungen der Aktivitäten der My-Finance-Coach-Stiftung aufgezeigt, wie eine Kooperation zwischen Wissenschaft und Trägern von CSR-Aktivitäten erfolgreich umgesetzt werden kann.

Mit unseren Evaluationsstudien konnten wir belegen, dass die von My Finance Coach durchgeführten Klassenbesuche zu messbaren Verbesserungen des Finanzwissens von Jugendlichen führen und deren Interesse an finanziellen Themen erhöhen.

Literatur

Attanasio O, Meghir C, Santiago A (2011) Education choices in Mexico: Using a structural model and a randomized experiment to evaluate PROGRESA. Rev Econ Stud 79:37–66

Banerjee AV, Duflo E (2009) The experimental approach to development economics. Annu Rev Econom 1:151–178

Becchetti L, Caiazza S, Coviello D (2013) Financial education and investment attitudes in high schools: evidence from a randomized experiment. Appl Financial Econ 23(10):817–836

Bernheim BD, Garrett DM, Maki DM (2001) Education and saving: The long-term effects of high school financial curriculum mandates. J Public Econ 80(3):435–465

Boockmann B, Buch CM, Schnitzer M (2014) Evidenzbasierte Wirtschaftspolitik in Deutschland: Defizite und Potenziale. Perspekt Wirtschaftspolitik 15(4):307–323

Börsch-Supan A, Bucher-Koenen T, Coppola M, Lamla B (2015) Savings in times of demographic change: lessons from the German experience. J Econ Surv 29(4):807–829

Brown M, van der Klaauw W, Wen J, Zafar B (2013) Financial education and the debt behavior of the young. Staff Report No. 634. Federal Reserve Bank of New York, New York

Bucher-Koenen T, Lusardi A (2011) Financial literacy and retirement planning in Germany. J Pension Econ Finance 10(4):565–584

Bucher-Koenen T, Ziegelmeyer M (2014) Once burned, twice shy? Financial literacy and wealth losses during the Financial Crisis. Rev Financ 18(6):2215–2246

Bursztyn L, Ederer F, Ferman B, Yuchtman N (2014) Understanding mechanisms underlying peer effects: evidence from a field experiment on financial decisions. Econometrica 82(4):1273–1301

Carpena F, Cole S, Shapiro J, Zia B (2011) Unpacking the causal chain of financial literacy. Policy Research Working Paper No. 5798. The World Bank, New York

Cole S, Sampson T, Zia B (2011) Prices or knowledge? What drives demand for financial services in emerging markets? J Finance 66(6):1933–1967

Collins JM (2013) The impacts of mandatory financial education: Evidence from a randomized field study. J Econ Behav Organ 95:146–158

Deaton A (2010) Instruments, randomization, and learning about development. J Econ Lit 48:424–455

diNardo J, Lee DS (2011) Program evaluation and research design. In: Ashenfelter O, Card D (Hrsg) Handbook of Labor Economics, Bd. 4a. Elsevier, Amsterdam, S 463–536

Disney R, Gathergood J (2013) Financial literacy and consumer credit portfolios. J Bank Finance 37(7):2246–2254

Engen EM, Gale WG, Scholz JK (1996) The illusory effects of saving incentives on saving. J Econ Perspect 10(4):113–138

Fernandes D, Lynch JG, Netemeyer RG (2014) Financial literacy, financial education, and downstream financial behaviors. Manage Sci 60(4):1861–1883

Finance Coach M (2011) Jahresbericht. My Finance Coach Stiftung, München

Hastings JS, Madrian BC, Skimmyhorn WL (2013) Financial literacy, financial education and economic outcomes. Annu Rev Econom 5:347–373

Jappelli T, Padula M (2013) Investment in financial literacy and saving decisions. J Bank Finance 37:2779–2792

Klapper L, Lusardi A, Panos G (2013) Financial literacy and its consequences: evidence from Russia during the financial crisis. J Bank Finance 37(10):3904–3923

List JA (2011) Why economists should conduct field experiments and 14 tips for pulling one off. J Econ Perspect 25(3):3–16

Lührmann M, Serra-Garcia M, Winter J (2014) The impact of financial education on adolescents' intertemporal choices. Working Paper No. 4925. CESifo, München

Lührmann M, Serra-Garcia M, Winter J (2015) Teaching teenagers in finance: does it work? J Bank Finance 54:160–174

Lusardi A, Mitchell OS (2014) The economic importance of financial literacy: theory and evidence. J Econ Lit 52(1):5–44

Lusardi A, Tufano P (2015) Debt literacy, financial experiences, and over-indebtedness. J Pension Econ Finance 14(4):332–368

van Rooij M, Lusardi A, Alessie R (2012) Financial literacy, retirement planning, and household wealth. Econ J 122:449–478

Schmidt CM (2014) Wirkungstreffer erzielen: Die Rolle einer evidenzbasierten Politikberatung in einer aufgeklärten Gesellschaft. Perspekt Wirtschaftspolitik 15(3):219–233

Skinner J (2007) Are you sure you're saving enough for retirement? J Econ Perspect 21(3):59–80

Stango V, Zinman J (2009) What do consumers really pay on their checking and credit card accounts? Explicit, implicit, and avoidable costs. Am Econ Rev Pap Proc 99(2):424–429

Verein für Socialpolitik (2015) Leitlinien und Empfehlungen des Vereins für Socialpolitik für Ex-post-Wirkungsanalysen. https://www.socialpolitik.de/docs/VfS-Leitlinien_Ex_post-Wirkungsanalysen.pdf. Zugegriffen: 03. Juni 2016

Dr. Melanie Lührmann studierte Wirtschaftswissenschaften an der Universität Mannheim und der University of California at Berkeley. Sie promovierte im Jahr 2006 an der Universität Mannheim, mit Forschungsaufenthalten am Institute for Fiscal Studies (London) und an der European Central Bank. Danach arbeitete sie als Postdoc am Center for Microeconometric Methods and Practice (cemmap) in London. Seit 2009 ist sie Lecturer und seit 2016 Senior Lecturer am Royal Holloway, einem College der University of London. Sie ist außerdem Fellow des Munich Center for the Economics Aging (MEA) und Research Associate des Institute for Fiscal Studies, London. Ihre Forschungsinteressen liegen im Bereich der empirischen Analyse individueller Spar- und Konsumentscheidungen. Dr. Lührmann beschäftigt sich dabei insbesondere mit der Modellierung individueller Heterogenität im Verhalten über den Lebenszyklus und im Alter. Darüber hinaus befasst sie sich mit Feldexperimenten zur Steigerung der Effektivität von Lehre an Universitäten und untersucht die Rolle von Anreizen auf das Lernverhalten. Sie lehrt statistische und ökonometrische Analysemethoden, Finanzwissenschaft und Methoden der empirischen Analyse der Konsumnachfrage auf allen Ebenen bis hin zur Doktorandenausbildung. Sie war bereits beratend für das Bundesfamilienministerium tätig.

Prof. Dr. Joachim Winter studierte von 1987 bis 1993 Wirtschaftswissenschaften an der Universität Augsburg und an der London School of Economics. Er promovierte im Jahr 1997 an der Universität Mannheim und wurde dort 2002 auch habilitiert. Danach war er bis September 2004 stellvertretender Direktor des Mannheimer Forschungsinstituts Ökonomie und Demographischer Wandel. Zum Wintersemester 2004/2005 wurde er an die Volkswirtschaftliche Fakultät der Ludwig-Maximilians-Universität München berufen, wo er das Seminar für empirische Wirtschaftsforschung leitet. Er ist außerdem Senior des Munich Center for the Economics Aging (MEA) und Forschungsprofessor des ifo Instituts für Wirtschaftsforschung, München, und der Deutschen Bundesbank, Frankfurt. Seine Forschungsinteressen liegen im Bereich der empirischen Analyse individueller Spar-, Altersvorsorge- und Versicherungsentscheidungen; daneben beschäftigt er sich mit dem Design von Haushaltsbefragungen zu ökonomischen Entscheidungen und entwickelt statistische Methoden zu deren Auswertung. In der Lehre vertritt er die empirische Wirtschaftsforschung auf allen Ebenen bis hin zur Doktorandenausbildung. Im Jahr 2008 erhielt er den von der Hochschulrektorenkonferenz und dem Stifterverband für die Deutsche Wissenschaft verliehenen Ars-Legendi-Preis sowie den Preis für gute Lehre des Bayerischen Staatsministers für Wissenschaft, Forschung und Kunst.

Corporate Volunteering aus der Mitarbeiterperspektive – Ein Evaluationskonzept mit Fokus auf den betrieblichen Mehrwert

Suska Dreesbach-Bundy

Corporate Volunteering beschreibt das freiwillige, durch den Arbeitgeber unterstützte gesellschaftliche Engagement von Mitarbeitern für gemeinnützige Zwecke (Lorenz et al. 2011). Die Konzeptdefinition bezieht sich somit auf insgesamt drei partizipierende Parteien, die Gesellschaft, Mitarbeiter und Unternehmen, für die im Idealfall ein Teilnahmenutzen entsteht. Dieser mehrfache Nutzeneffekt wird in der Praxis als auch der Forschung häufig mit Begrifflichkeiten wie der Erreichung einer „Win-win-win"-Situation (Caligiuri et al. 2013) oder vereinfacht mit der Realisierung eines gesellschaftlichen Mehrwertes (Social Case) und eines betriebswirtschaftlichen Mehrwertes (Business Case) beschrieben.

Die Messung des gesellschaftlichen Mehrwertes (Social Case) von Corporate Volunteering ist abhängig von den jeweils zugrunde liegenden Programmzielen und ist somit programmspezifisch aufzusetzen. Einen wertvollen Überblick zu dieser Thematik ermöglicht Kap. 29 in diesem Band. Der betriebliche Mehrwert von Corporate Volunteering hingegen erlaubt eine gewisse Pauschalisierung über Programmtypen hinweg. So ist es als wahrscheinlich anzunehmen, dass alle Corporate-Volunteering-Aktivitäten, wenn auch in unterschiedlichen Ausprägungsgraden, ähnliche Konstrukte, wie beispielsweise die Arbeitseinstellung der teilnehmenden Mitarbeiter oder die wahrgenommene Arbeitgeberattraktivität, beeinflussen. Diese Ausgangssituation stellt die Basis eines deutschlandweiten Forschungsprojektes der Universität Hamburg dar, das ein teilstandardisiertes Evaluationsverfahren mit Fokus auf den zu erzielenden betrieblichen Mehrwert von Corporate-Volunteering-Aktivitäten entwickelt hat. Das Verfahren wurde in den Jahren 2013 und 2014 mit insgesamt 588 aktiven Corporate Volunteers aus 36 Unternehmen unterschiedlichster Industrien durchgeführt.

S. Dreesbach-Bundy (✉)
Volunteer Vision GmbH
Amalienstraße 87, 80799 München, Deutschland
E-Mail: suska.dreesbach@volunteer-vision.com

S. Dreesbach-Bundy und B. Scheck (Hrsg.), *CSR und Corporate Volunteering*, Management-Reihe Corporate Social Responsibility,
https://doi.org/10.1007/978-3-662-54092-3_31

Der vorliegende Artikel beschreibt Ausschnitte dieses Forschungsvorhabens und berichtet über erzielte Teilerkenntnisse. Grundlage dieses Forschungsvorhabens ist die Dissertation der Herausgeberin und Autorin dieses Artikels.

1 Der betriebswirtschaftliche Nutzen von Corporate Volunteering (Business Case)

Corporate Volunteering ist, wie in der Einleitung dieses Werkes beschrieben, ein Subthema des übergeordneten Konzeptes Corporate Social Responsibility (CSR). Eine Sichtung der akademischen Entwicklung der CSR-Literatur lässt rasch feststellen, dass sich der Forschungsschwerpunkt von CSR-relevanten Publikationen in den letzten zehn Jahren signifikant verändert hat. Jüngste Literaturanalysen zeigen, dass die Nutzenanalyse von CSR-Aktivitäten eine stark rationalisierende Perspektive eingenommen hat und sich akademische Auseinandersetzungen immer stärker weg von einem ethischen Diskurs hin zu einer Auseinandersetzung mit einer ökonomischen Nutzenmaximierung bewegen. CSR-Aktivitäten werden heutzutage somit überwiegend für strategische Zwecke eingesetzt und aus der zugehörigen Perspektive analysiert. Besonders hohe Aufmerksamkeit erhält in diesem Kontext die Untersuchung der Beziehung von eingesetzten CSR-Ressourcen und der finanziellen Performance von engagierten Unternehmen (Carroll und Shabana 2010; Lee 2008; McWilliams et al. 2006).

Auch das Subfeld Corporate Volunteering ist von dieser Entwicklung betroffen. Anders als bei dem konzeptionell übergeordneten Themenfeld CSR, fokussieren sich Wissenschaftler in diesem Kontext allerdings nicht auf Wirkungsbeziehungen von Variablen auf der Organisationsebene, wie bspw. eine erhöhte Unternehmensreputation oder erzielte Auswirkungen auf relevante Finanzkennzahlen, sondern brechen den Forschungsschwerpunkt auf die personenbezogene Ebene, die Analyse von Auswirkungen auf die teilnehmenden Mitarbeiter hinunter (cf. Dreesbach-Bundy und Scheck 2017). Dieser differierende Fokus scheint nachvollziehbar, da das Konzept Corporate Volunteering wie kein anderes Themenfeld aus dem CSR-Spektrum auf der aktiven Involvierung und dem freiwilligen Engagement von Mitarbeitern und somit dem Engagement des Einzelnen aufbaut. Der Corporate Volunteering Business Case dreht sich folglich um Auswirkungen auf den Corporate Volunteer selbst, der in seiner Rolle als Arbeitnehmer eine für den Unternehmenserfolg hoch relevante Funktion einnimmt.

Während die Messung des gesellschaftlichen Mehrwertes von Corporate-Volunteering-Aktivitäten aufgrund der individuellen Lernziele, Zielgruppencharakteristika und häufig wechselnder Teilnehmerkreise von hoher Komplexität und programmspezifisch zu bestimmen ist, ist die Ausgangssituation für die Messung des betriebswirtschaftlichen Mehrwertes von Corporate Volunteering als homogener einzustufen: Unternehmen erhoffen sich von der Teilnahme ihrer Mitarbeiter zum größten Teil personalentwicklungsrelevante Auswirkungen, die sich vereinfacht in die Kategorien verbesserte Arbeitseinstellung (bspw. erhöhte Arbeitszufriedenheit) und verbessertes Arbeitsverhalten (bspw. Verbesserung von berufsrelevanten Fähigkeiten) einteilen lassen (cf. Bingham et al. 2013; Caligiuri et al. 2013; Veleva et al. 2012). Neben den sich stark überschneidenden Zielkategorien handelt es sich bei Mitarbeitern zudem um ein relativ homogenes Untersuchungsobjekt (im Vergleich zu den stark differierenden sozialen Empfängergruppen), die in der Regel über einen längeren Zeitraum für ein Unternehmen beschäftigt und somit für Befragungen zugänglich sind. Diese Voraussetzungen ermöglichen die Durchführung von teilstandardisierten und somit ressourcenschonenden Messverfahren. Während bestehende wissenschaftliche Publikationen wertvolle Beiträge zu einzelnen Determinanten liefern, ist ein ganzheitliches Evaluationskonzept bisher ausstehend und somit für Unternehmen nicht zugänglich. Mit der Zielsetzung, diese bestehende Lücke zu füllen und Unternehmen die Möglichkeit zu verschaffen, ihre bestehenden Corporate-Volunteering-Aktivitäten zu evaluieren, den betrieblichen Mehrwert zu quantifizieren und so existierende Formate zu optimieren, hat die Universität Hamburg in den Jahren 2013 bis 2015 ein umfangreiches Forschungsprojekt initiiert und durchgeführt. Ergebnis ist ein teilstandardisiertes, zeiteffizientes sowie wissenschaftlich validiertes Messverfahren, das mit insgesamt 36 deutschen Unternehmen unterschiedlicher Industrien durchgeführt wurde. Ausschnitte dieser Studie und erzielte Teilergebnisse sind Inhalt dieses Artikels und werden im Folgenden erläutert.

2 Studienausrichtung

Die im Jahr 2013 konzipierte Studie basiert auf einer eigens für diesen Zweck durchgeführten strukturierten Literaturanalyse. Die Studie analysierte 115 akademische („peer-reviewed“) und 445 praxisnahe („non-peer-reviewed“) Journalartikel aus den Jahren 1990–2015 (cf. Dreesbach-Bundy und Scheck 2017) und befasst sich unter anderem mit dem aktuellen Forschungsstand zur Messung des betrieblichen Mehrwertes von Corporate-Volunteering-Aktivitäten. Die hierbei gewonnenen Erkenntnisse wurden als Studiengrundlage verwendet und dienten als Basis für die selektierten Konstrukte sowie Erhebungsmethoden.

Basierend auf dieser Grundlage wurde ein teilstandardisiertes quantitatives Messverfahren entwickelt, das eine ressourcenschonende Evaluation von Corporate-Volunteering-Aktivitäten mit einem Fokus auf den betrieblichen Mehrwert ermöglicht. Die selektierten Methoden ermöglichen eine zeiteffiziente Studienumsetzung unter gleichzeitiger Berücksichtigung von programm- und unternehmensspezifischen Besonderheiten. Die hierfür ausgewählten Messvariablen wurden über ihre in Studien nachgewiesenen Relevanzen selektiert, die Methoden nach ihrer Umsetzbarkeit und wissenschaftlichen Validität ausgesucht. Das Forschungsprojekt basiert auf einem Messmodell mit insgesamt vier Messkategorien, die im Folgenden kurz vorgestellt werden.

2.1 Messkategorie 1: Teilnahmeauslöser

Die erste Kategorie befasst sich mit den *Teilnahmeauslösern*, sprich der Teilnahmemotivation von in Corporate-Volunteering-Aktivitäten partizipierenden Mitarbeitern. Hierbei wurden, basierend auf der Literatur aus dem Bereich der Motivforschung im privaten Ehrenamt (Clary et al. 1998) sowie einer vorab durch die Herausgeber durchgeführten qualitativen Studie zur Ermittlung von Besonderheiten im Kontext von Corporate Volunteering, sechs Motive selektiert und erhoben:

Das Motiv *Erfahrung* fokussiert sich auf die Erwartung des Mitarbeiters, in einen Perspektivwechsel einzutauchen und sich unterschiedlichen praktischen Lernmöglichkeiten auszusetzen. Das Motiv *Werte gegenüber der Zielgruppe* fokussiert sich auf die empfundene Wichtigkeit, eigene altruistische oder humanitäre Werte zum Ausdruck zu bringen, und fokussiert sich somit auf das Helfen und die Sorge um die Zielgruppe selbst. Das Motiv *Werte gegenüber dem Unternehmen* bezieht sich auf das Bedürfnis, mit dem Corporate-Volunteering-Engagement einen aktiven Beitrag für die Reputation und Wahrnehmung des eigenen Unternehmens zu leisten. Das Motiv *Selbstwert* steht für das Bedürfnis nach dem Gefühl, gebraucht zu werden und sich besser zu fühlen, und fokussiert sich somit auf das Ego der Teilnehmer. Das Motiv *Karriere* reflektiert die wahrgenommene Möglichkeit, über das eigene Engagement berufliche Ziele zu fördern. Das Motiv *soziale Anpassung* fokussiert sich auf den Aufbau von Beziehungen und beschreibt die Wahrnehmung, dass das eigene Engagement von Kollegen erwartet oder positiv bewertet wird. Darüber hinaus werden *externe Faktoren* gemessen. Hierunter versteht man sowohl den *externen Druck*, der durch Kollegen oder Vorgesetzte ausgeübt wird und zu einer Teilnahmeauslösung führen kann, sowie den *Freiwilligkeitsgrad*, zu dem sich Mitarbeiter engagieren.

Kenntnis über die Teilnamemotivation von Mitarbeitern ermöglicht ein dezidiertes Verständnis darüber, warum sich Mitarbeiter ursprünglich für eine Teilnahme als Corporate Volunteers entscheiden und was sie von ihrem Engagement erwarten. Gleichzeitig ermöglichen entsprechende Erkenntnisse darauf aufbauende Ex-post-Messungen, inwieweit die ursprünglich zum Ausdruck gebrachten Teilnahmemotive über das durchgeführte Engagement realisiert werden konnten – eine Determinante, die für die übergreifende Zufriedenheit der teilnehmenden Mitarbeiter von hoher Relevanz ist (s. Abschn. 2.2). Aus praktischer Sicht bildet dieser Erhebungsblock eine validierte Grundlage für ein gezieltes Aufsetzen oder Anpassen von Programmformaten und Kommunikationsstrukturen, die passgenau auf die Erwartungen und Bedürfnisse der Teilnehmer zugeschnitten sind.

Die Erhebung dieses Konstruktes leistet somit keinen direkten Beitrag zur Messung des betrieblichen Mehrwertes von Corporate Volunteering, ermöglicht aber ein tiefer gehendes Verständnis darüber, ob und zu welchem Grad die Erwartungshaltung der teilnehmenden Mitarbeiter erfüllt wird. Dies wiederum steht in einem signifikanten Zusammenhang mit der *Teilnahmeerfahrung*, die wiederum mit den wahrgenommenen *Teilnahmeauswirkungen* korreliert.

2.2 Messkategorie 2: Teilnahmeerfahrung

Die zweite Kategorie, *Teilnahmeerfahrung*, kann als typisches Evaluationskonstrukt eingestuft werden, das die Zufriedenheit der Mitarbeiter mit ihrem erlebten Corporate-Volunteering-Engagement bewertet. Für diese Kategorie wurden zwei Unterkategorien selektiert: die *Motiverfüllung* der in Abschn. 2.1 beschriebenen *Teilnahmeauslöser* sowie die wahrgenommene Qualität der Volunteering-Erfahrung.

Das Konstrukt *Motiverfüllung* misst, inwieweit sich die ursprüngliche Teilnahmemotivation der partizipierenden Mitarbeiter im Laufe des Engagements erfüllt (Clary et al. 1998). Somit können in dieser Kategorie nur dann hohe Werte erzielt werden, wenn Teilnehmer ihr Engagement so erleben, wie sie es sich zu Beginn ihres Einsatzes vorgestellt haben. Nehmen Mitarbeiter beispielsweise mit dem Ziel teil, einen gesellschaftlichen Beitrag zu leisten, ohne sich hierbei beruflich weiterzuentwickeln, und erleben ihr Engagement dann als gesellschaftlich nicht wertstiftend, aber beruflich fördernd, ist der Motiverfüllungsgrad als gering einzustufen. Dieses Vorgehen baut somit darauf auf, dass Mitarbeiter zu Beginn ihrer Tätigkeit ein gutes Verständnis darüber haben, was sie sich von ihrem Engagement erwarten und als wichtig empfinden.

Die zweite Unterkategorie der Kategorie *Teilnahmeerfahrung* beschreibt die Volunteering-Erfahrung der partizipierenden Mitarbeiter. Basierend auf der durchgeführten strukturierten Literaturanalyse wurden für dieses Konstrukt insgesamt vier Variablen selektiert, die sich überwiegend auf bestehende Studien stützen (cf. Rego et al. 2011; Turker 2009). Die *Programmwahrnehmung* beschreibt die wahrgenommene Professionalität der Programmführung, die Qualität der Unterstützung durch das zuständige Corporate-Volunteering-Projektteam oder den zuständigen Intermediär/Mittler sowie die Zufriedenheit mit den operativen Prozessen. Der *wahrgenommene gesellschaftliche Programmnutzen* beschreibt den wahrgenommenen gesellschaftlichen Nutzen, den das eigene Engagement auslöst. Diese Kategorie ist programmspezifisch und fragt die wahrgenommene Erreichung von individuellen, gesellschaftsrelevanten Programmzielen ab. Die *wahrgenommene Programmreputation* bezieht sich auf die Wahrnehmung der Mitarbeiter darüber, wie das eigene Corporate-Volunteering-Programm sowohl von Externen als auch intern von Kollegen, Führungskräften und dem eigenen Topmanagement wahrgenommen wird. Die *wahrgenommene Programmförderung* beschreibt abschließend, inwieweit sich die teilnehmenden Mitarbeiter organisationsübergreifend, von der eigenen Führungskraft sowie vom Topmanagement in ihrem Engagement unterstützt und bestärkt fühlen. Hierzu zählen Faktoren wie die Zurverfügungstellung von Arbeitszeit, Wertschätzung oder sonstigen notwendigen Ressourcen.

Auch die Kategorie *Teilnahmeerfahrung* leistet keinen direkten, sondern einen indirekten Beitrag zur Messung des betrieblichen Mehrwertes von Corporate Volunteering. So konnten zahlreiche Studien aus dem Corporate-Volunteering-Kontext zeigen, dass Konstrukte der Kategorie *Teilnahmeerfahrung* signifikant mit den wahrgenommenen *Teilnahmeauswirkungen* der Mitarbeiter korrelieren. Eine Optimierung der Kategorie *Teilnahmeerfahrung* unterstützt somit eine Maximierung der positiven Auswirkungen von Corporate

Volunteering auf partizipierende Mitarbeiter. Evaluationsergebnisse aus dieser Kategorie weisen für die operativ verantwortlichen Stellen eine hohe Praxisrelevanz auf, da eine Analyse der erzielten Werte, sowohl isoliert als auch im Vergleich mit anderen Corporate-Volunteering-Formaten, eine wertvolle Grundlage für Prozessoptimierungen bietet. Stärken und Schwächen der Programme lassen sich identifizieren und konkrete Handlungsempfehlungen ableiten.

2.3 Messkategorie 3: Teilnahmeauswirkungen

Die dritte Kategorie, die *Teilnahmeauswirkungen*, bildet den Kern der Messung des eigentlichen betrieblichen Mehrwertes von Corporate Volunteering. Die folgende Darstellung fokussiert sich auf die in der Corporate-Volunteering-Literatur am häufigsten diskutierten Determinanten und gibt lediglich einen Teileinblick in das von der Universität Hamburg selektierte Evaluationsspektrum in dieser Kategorie. Bevor die selektierten Konstrukte kurz vorgestellt werden, erfolgt in den Abschn. 2.3.1 und 2.3.2 eine kurze Einführung darüber, was es bei der Messung des betrieblichen Mehrwertes von Corporate-Volunteering-Aktivitäten zu beachten gilt.

2.3.1 Wirkungsebenen

Die Messung von *Teilnahmeauswirkungen* mit der Zielführung eines Nachweises eines betrieblichen Mehrwertes für das partizipierende Unternehmen sollte stets auf zwei Ebenen erfolgen: Die Messung der *Teilnahmeauswirkungen* auf der *Programmebene* sowie auf der *Unternehmensebene*. Eine solch differenzierende Messung erlaubt ein tiefer gehendes Verständnis darüber, ob die erzielten Wirkungseffekte tatsächlich auf die Arbeitsebene rückübertragen werden und somit ein betriebswirtschaftlicher Mehrwert nachzuweisen ist. Dies basiert auf der Annahme, dass Mitarbeiter durchaus positive Auswirkungen infolge ihres Engagements auf der *Programmebene* erleben, diese aber häufig nicht auf den Beruf und somit die *Unternehmensebene* übertragen. Ein Ausbleiben dieser Übertragung führt zu einem Ausbleiben eines betrieblichen Mehrwertes für das Unternehmen, da die *Teilnahmeauswirkungen* auf der Programmebene „stecken bleiben" und der Arbeitgeber folglich nicht davon profitiert.

2.3.2 Wirkungsrelevanz

Neben den zu differenzierenden Wirkungsebenen gilt es, die zu messenden *Teilnahmeauswirkungen* unternehmensspezifisch zu verifizieren und auf ihre Wirkungsrelevanz hin zu überprüfen. Auch wenn Unternehmen, wie in Abschn. 1 dieses Kapitels erwähnt, in der Regel einen hohen Überschneidungsgrad in ihren personalentwicklungsrelevanten Zielen aufweisen, lassen sich in Einzelfällen Abweichungen feststellen. Für eine effiziente Studiendurchführung sollte ex ante sichergestellt werden, dass nur solche Konstrukte der Kategorie *Teilnahmeauswirkungen* inkludiert werden, die vorab durch das zu evaluierende Unternehmen als strategisch relevant eingestuft wurden. Für die praktische Umsetzung empfiehlt sich die Durchführung von kurzen Workshops mit Verantwortlichen aus den Bereichen CSR und Personalentwicklung mit dem Ziel, das gesamte zur Verfügung stehende Evaluationsspektrum auf die unternehmensspezifische Relevanz hin zu überprüfen und strategisch irrelevant klassifizierte Determinanten zu eliminieren.

2.3.3 Arbeitseinstellung

Ein Kernkonstrukt in der Messkategorie *Teilnameauswirkungen* ist die Arbeitseinstellung der teilnehmenden Mitarbeiter. Die in der Corporate-Volunteering-Forschung häufigste Determinante, die in diesem Kontext gemessen und als relevant einzustufen ist, ist die affektive Verbundenheit mit dem Arbeitgeber (Boccalandro 2009; Brammer et al. 2007; De Gilder et al. 2005; Kim et al. 2010; Peterson 2004). Dieses Konstrukt beschreibt das Zugehörigkeitsgefühl und den damit verbundenen Stolz auf das eigene Unternehmen. Eine Sichtung der personalentwicklungsrelevanten Literatur verdeutlicht die Relevanz dieses Konstruktes: Immer mehr Mitarbeiter erleben einen regelmäßigen Arbeitgeberwechsel mittlerweile als selbstverständlich für die persönliche Weiterentwicklung und bauen daher nur zögerlich eine Verbundenheit mit ihrem Arbeitgeber auf. Unternehmen stellt dies vor die Herausforderung, den damit verbundenen kostspieligen Wissensabfluss zu kompensieren sowie kontinuierlich neue Potenzialkandidaten zu identifizieren und anzuwerben. Typische Maßnahmen, die auf eine Stärkung der affektiven Verbundenheit abzielen, wie bspw. die Durchführung von Team-Building-Events, Coachings oder das Zurverfügungstellen von gut ausgestatteten und zentral gelegenen Büroräumlichkeiten, sind für Unternehmen mit dem Einsatz von erheblichen monetären Mitteln verbunden. Corporate-Volunteering-Aktivitäten bieten hier eine vergleichsweise günstige Alternative und erfüllen gleichzeitig das ansteigende Interesse nach einem gesellschaftlich verantwortlich handelnden Arbeitgeber (cf. Absolventa 2016).

Bei der Erhebung der *affektiven Verbundenheit* ist unter Berücksichtigung der Erkenntnisse aus Abschn. 2.3.1 die affektive Verbundenheit mit dem Corporate-Volunteering-Programm (Programmebene) und die affektive Verbundenheit mit dem Arbeitgeber (Unternehmensebene) zu unterscheiden. Unter Berücksichtigung der Wirkungsrelevanz gilt es zudem zu entscheiden, ob das Konstrukt der *affektiven Verbundenheit* für das zu evaluierende Unternehmen als strategisch relevant einzustufen ist und somit in die Evaluationsstudie in- oder exkludiert werden sollte.

2.3.4 Arbeitsverhalten

Das zweite Kernkonstrukt in der Messkategorie *Teilnameauswirkungen* ist das *Verhalten der Mitarbeiter*. Der vorliegende Beitrag fokussiert sich auf das Konstrukt *Mitarbeiterkompetenzen*, das im Corporate-Volunteering-Kontext häufigste zitierte Konstrukt in dieser Kategorie (cf. Booth et al. 2009; Bussell und Forbes 2008; Geroy et al. 2000; Peterson 2004).

Bei der Kompetenzmessung sind unter Berücksichtigung der Erkenntnisse aus Abschn. 2.3.1 die Kompetenzverbesserung im Rahmen des Corporate-Volunteering-Engagements (Programmebene) und die Kompetenzverbesserung im beruflichen Umfeld (Unternehmensebene) zu unterscheiden. Unter Berücksichtigung der Wirkungsrelevanz gilt es zudem zu entscheiden, ob das Konstrukt der *Mitarbeiterkompetenzen* für das zu evaluierende Unternehmen als strategisch relevant einzustufen ist und somit in die Evaluationsstudie in- oder exkludiert werden sollte. Für den Fall der Inklusion muss darüber hinaus festgelegt werden, welche Kompetenzen mit welchem dahinterstehenden Kompetenzverständnis erhoben werden sollen. Da es sich hierbei um ein mehrstufiges Verfahren handelt, das im Vergleich zu anderen Konstrukten nicht auf validierte wissenschaftliche Skalen zurückgreift, wird das für die vorliegende Evaluationsstudie selektierte Erhebungsverfahren in Anlehnung an Erpenbeck (2003) im Folgenden kurz erläutert.

Die im Rahmen dieser Evaluationsstudie durchgeführte Kompetenzdefinition wurde in einem dreistufigen Vorgehen erlangt. In einem ersten Schritt wird dem zu evaluierenden Unternehmen im Rahmen des in Abschn. 2.3.2 beschriebenen Workshops eine umfangreiche Liste an Kompetenzen vorgestellt, die einzeln auf die unternehmensspezifische strategische Relevanz hin diskutiert werden. Für ein zeiteffizientes Vorgehen wurde eine Vorselektion vorgenommen und nur solche Kompetenzen wurden vorgestellt, für die bestehende Studien im Corporate-Volunteering-Kontext bereits einen Entwicklungsnachweis aufzeigen konnten. Ergebnis des ersten Schrittes ist eine Longlist über zehn Kompetenzen, die eine für das Unternehmen signifikante strategische Relevanz aufweisen. In einem zweiten Schritt wird die ermittelte Longlist unternehmensinternen Corporate-Volunteering-Experten zur Verfügung gestellt und auf die Wahrscheinlichkeit hin bewertet, inwieweit die selektierten Kompetenzen tatsächlich in dem zu evaluierenden Corporate-Volunteering-Programm zur Anwendung kommen. Ergebnis des zweiten Schrittes ist eine Shortlist über fünf Kompetenzen, die in die finale Studie aufgenommen werden. In einem dritten und finalen Schritt werden die Kompetenzen der Shortlist inhaltlich definiert. Dieses berücksichtigt, dass jedes Unternehmen eine eigene Interpretation davon hat, unter welchen Handlungen und Fähigkeiten eine positive Kompetenzausprägung verstanden wird. So werden Handlungsanker festgelegt, die eine positive Kompetenzausprägung der selektierten Kompetenzen beschreiben, und schließlich darauf aufbauend Items formuliert, die in die Studie integriert und erhoben werden. Dieses Vorgehen stellt sicher, dass letztlich nur solche Kompetenzen gemessen werden, die a) eine für das Unternehmen strategische Relevanz aufweisen, b) in dem zu evaluierenden Corporate-Volunteering-Programm zur Anwendung kommen und c) auf das Leistungsverständnis des Unternehmens abgestimmt sind. Dieser Prozess wird für jedes Unternehmen individuell durchgeführt und setzt die Einbindung von internen Experten aus dem Personalentwicklungs- sowie Corporate-Volunteering-Bereich voraus.

3 Studienart und Umfang

Ziel dieser Studie war es, ein zeiteffizientes Messverfahren zu entwickeln, das auch bei hohen Beteiligungsquoten von Mitarbeitern durchführbar ist. Hierfür wurde eine quantitative Querschnittsstudie über eine Onlinebefragung (7-stufige Likert-Skala) durchgeführt, die die Selbstwahrnehmung der Teilnehmer misst. Obgleich die Messung der Selbstwahrnehmung eine isolierte Perspektive abbildet, wurden andere Messverfahren aus Gründen der damit verbundenen Ressourcenintensität ausgeschlossen. Auf die Vor- und Nachteile alternativer Messverfahren im Corporate-Volunteering-Kontext (bspw. Problematik der Selbstselektion in Kontrollgruppen, Problematik der Variablenkontrolle bei Pre- und Postmessungen) wird an dieser Stelle nicht näher eingegangen. Auch auf zusätzliche, ergänzende Studien, wie bspw. die Durchführung von qualitativen, semistrukturierten Interviewserien zum Aufgreifen der Fremdperspektive, die in Begleitung zu dieser Studie durchgeführt wurden, wird an dieser Stelle nicht vertiefend eingegangen.

Untersuchungssubjekt waren Corporate Volunteers, die über signifikante Corporate-Volunteering-Erfahrung verfügen sowie in den zwölf Monaten vor der Studiendurchführung mindestens ein internes Engagement wahrgenommen haben. Insgesamt wurden 2036 aktive Corporate Volunteers für eine Studienteilnahme angeschrieben. 588 vollständig ausgefüllte Fragebögen wurden eingereicht (Rücklaufquote von 28,8 %). Die Teilnehmer waren im Schnitt 40 Jahre alt, männlich (62 %), verfügten über einen Studienabschluss (64 %) und waren nicht in einer führenden Position (63 %). Die verwendeten Skalen waren überwiegend wissenschaftlich validiert und wurden für den Studienzweck in ihren Formulierungen angepasst und wenn nötig um selbstformulierte Items, die in Pre-Studien validiert wurden, ergänzt. Items für die Erhebung der jeweiligen Kompetenzgruppen wurden über das in Abschn. 2.3.3 beschriebene Verfahren hergeleitet.

4 Studienergebnisse – Ein Ergebnisausschnitt

Der *Freiwilligkeitsgrad* der teilnehmenden Mitarbeiter ist mit einem Mittelwert (MW) von 6,44 hoch ausgeprägt. Die Messkategorie *Teilnahmeauslöser* inklusive der *Motiverfüllung* ergibt, dass die Motive *Werte gegenüber der Zielgruppe* (MW= 5,43; Motiverfüllung MW= 5,48) und *Erfahrung* (MW= 5,39; Motiverfüllung MW= 4,74) die höchsten Ausprägungsgrade aufweisen. Von weiterer Relevanz sind die Motive *Selbstwert* (MW= 4,53; Motiverfüllung MW= 3,39) sowie *Werte gegenüber dem Unternehmen* (MW= 4,55; Motiverfüllung MW= 4,97). Von lediglich geringer Relevanz sind die Motive *Karriere* (MW= 3,49; Motiverfüllung MW= 4,96) sowie *soziale Anpassung* (MW= 2,64; Motiverfüllung MW= 5,46).

Die Studienteilnehmer engagieren sich primär, um ihren humanitären Werten Ausdruck zu verleihen (Motiv *Werte gegenüber der Zielgruppe*) und um in einen Perspektivwechsel einzutauchen, der ihnen eine Lernmöglichkeit bietet (Motiv *Erfahrung).* Ein weiterer Antrieb ist die Suche nach dem Gefühl, sich gebraucht/besser zu fühlen (Motiv *Selbstwert)* und den Arbeitgeber mit dem eigenen Corporate-Volunteering-Engagement in der öffentlichen Wahrnehmung zu unterstützen (Motiv *Werte gegenüber Unternehmen).* Das Bestreben, den eigenen beruflichen Erfolg zu fördern (Motiv *Karriere*), sowie der Aufbau von interpersonellen Beziehungen (Motiv *soziale Anpassung)* sind hingegen von nur geringer Relevanz.

In der Motiverfüllung erleben die Studienteilnehmer ihr Corporate-Volunteering-Engagement als hoch gesellschaftlich relevant (Motiv *Werte gegenüber der Zielgruppe*) und sehen ihr Streben nach einer positiven Engagementerfahrung (Motiv *Erfahrung*) sowie das Gefühl, den Arbeitgeber mit dem eigenen Engagement zu unterstützen (Motiv *Werte gegenüber Unternehmen*), als erfüllt. Das Motiv *Selbstwert* weist als einziges Motiv einen geringen Erfüllungsgrad auf und verdeutlicht die Relevanz, Mitarbeiter in ihrem Engagement wahrzunehmen und aktiv wertzuschätzen. Eine Übererfüllung findet sich eindeutig in den Motiven *Karriere* und *soziale Anpassung*. Obwohl Mitarbeiter ohne die Erwartungshaltung antreten, einen beruflichen Mehrwert oder den Aufbau von interpersonellen Beziehungen durch ihr Engagement zu erreichen, erleben sie Gegenteiliges und stellen karrierefördernde Effekte sowie den Aufbau von beruflichen Bindungen fest.

In dem Konstrukt *Teilnahmeerfahrung* wurden die folgenden Werte gemessen: *übergreifende Programmwahrnehmung* MW= 5,75, *wahrgenommene gesellschaftliche Wirkungskraft* des eigenen Corporate-Volunteering-Programms MW= 5,60, *wahrgenommene interne Programmreputation* MW= 4,31, *wahrgenommene externe Programmreputation* MW= 4,70, *wahrgenommene Programmförderung – Unterstützung durch Arbeitgeber* MW= 4,71, *wahrgenommene Programmförderung – Unterstützung durch Vorgesetzte* MW= 4,37 sowie *wahrgenommene Programmförderung – Unterstützung durch Topmanagement* MW= 4,37. Wie erwartet konnten positive Korrelationen der Konstrukte der *Teilnahmeerfahrung* zu den Konstrukten der *Teilnahmeauswirkungen* festgestellt werden.

Die *Programmwahrnehmung* sowie die erzielte *gesellschaftliche Wirkung* der eigenen Corporate-Volunteering-Formate sind positiv. Die *interne* und *externe Programmreputation* sowie die *internen Unterstützungsmechanismen* werden als gut wahrgenommen, haben aber durchaus noch Verbesserungspotenzial. Unter Berücksichtigung der Korrelation dieser Konstrukte zu den unten beschriebenen *Teilnahmeauswirkungen*, sollten Unternehmen besonderen Fokus auf eine aktive und visible interne Unterstützung der bestehenden Corporate-Volunteering-Formate legen. Die Wertschätzung von geleisteten Corporate-Volunteering-Einsätzen in jährlichen Zielgesprächen, das eigene Engagement des Topmanagements oder die Zurverfügungstellung von ausreichend Ressourcen und Arbeitszeit für die Durchführung der Volunteering-Aktivitäten sind hier nur einige Beispiele, die positive Effekte erzielen können.

Die gemessenen Werte der Kategorie *Teilnahmeauswirkungen* sind positiv: *Verbundenheit auf Programmebene* MW= 5,42, *Verbundenheit auf Unternehmensebene* MW= 4,84 und *Kompetenzgewinn* (über alle Kompetenzgruppen hinweg) MW= 4,41. Die Ergebnisse auf der Unternehmensebene bestätigen somit die Existenz eines betrieblichen Mehrwertes von Corporate-Volunteering-Aktivitäten. Die teilnehmenden Mitarbeiter fühlen sich über ihr ermöglichtes Corporate-Volunteering-Engagement mit ihrem Arbeitgeber verbundener. Auch die Messung der erlebten Kompetenzgewinnung aufgrund des eigenen Engagements ist über alle gemessenen Kompetenzgruppen (die für jedes Unternehmen sowohl in der Abfrage der Kompetenzarten als auch in der Kompetenzdefinition unterschiedlich und somit nicht vergleichbar sind – s. Abschn. 2.3.3) positiv bewertet worden.

Mitarbeiter erleben somit die Verbesserung von berufsrelevanten Kompetenzen und bestätigen, diese bereits erfolgreich im Arbeitsumfeld eingesetzt zu haben.

Auffällig ist der Effektverlust von der Programm- auf die Unternehmensebene. Während die auf der Programmebene erzielten Effekte hohe Ausprägungen aufweisen, verwässern die Ergebnisse in der Übertragung auf die Unternehmensebene. Welche Maßnahmen für eine Verringerung dieses Verwässerungseffektes vorgenommen werden können und somit für eine Maximierung des betrieblichen Mehrwertes von Corporate Volunteering unternommen werden können, sind den weiteren Publikationen der Autoren zu entnehmen.

5 Fazit

Die im Rahmen einer Forschungsarbeit in den Jahren 2013 und 2014 an der Universität Hamburg durchgeführte Studie hatte zum Ziel, ein Studienformat zu definieren, das auf wissenschaftlich fundierten Skalen basiert und gleichzeitig eine ressourcenschonende Evaluation von Corporate-Volunteering-Aktivitäten mit Fokus auf den betrieblichen Mehrwert aus der Mitarbeiterperspektive ermöglicht. Das Forschungsvorhaben basiert auf einer strukturierten Literaturanalyse und setzt erstmalig ein ganzheitliches Evaluationsmodell auf, das Unternehmen einen fundierten Einblick in die *Teilnahmeauslöser*, *Teilnahmeerfahrung* und *Teilnahmeauswirkungen* ihrer Corporate-Volunteering-Aktivitäten ermöglicht.

Die quantitative Onlinestudie, die auf der Selbstwahrnehmung von 588 Mitarbeitern basiert, zeigt, dass sich die Teilnehmer primär engagieren, um einen gesellschaftlichen Beitrag zu leisten und einen Perspektivwechsel zu erleben. Die Wahrnehmung der eigenen Corporate-Volunteering-Programme ist als positiv einzustufen mit Verbesserungspotenzial in der wahrgenommenen Programmreputation sowie den internen Unterstützungsstrukturen. Die Teilnahmeauswirkungen, der Kern des betrieblichen Mehrwertes, ergeben eine erhöhte Verbundenheit mit dem Arbeitgeber sowie die Förderung von berufsrelevanten Kompetenzen. Die Studie unterstützt somit die Existenz eines betrieblichen Mehrwertes von Corporate Volunteering und ermöglicht die Ableitung von praktischen Handlungsempfehlungen.

Die Herausgeber dieses Sammelbandes bieten unter dem Volunteer Vision Institut (https://www.volunteer-vision.com/institut/) interessierten Unternehmen eine Durchführung dieser Studienart an.

Literatur

Absolventa (2016) https://www.jobnet.de/presse/generation-volunteers

Bingham JB, Mitchell BW, Bishop DG, Allen NJ (2013) Working for a higher purpose: a theoretical framework for commitment to organization-sponsored causes. Hum Resour Manag Rev 23(2):174–189

Boccalandro B (2009) Mapping success in employee volunteering: the drivers of effectiveness for employee volunteering and giving programs and Fortune 500 performance. Boston College Center for Corporate Citizenship. http://www.cnjg.org/s_cnjg/bin.asp?CID=-18173&DID=48999&DOC=FILE.PDF. Zugegriffen: 05. Nov. 2014

Booth JE, Park KW, Glomb TM (2009) Employer-supported volunteering benefits: Gift exchange among employers, employees, and volunteer organizations. Hum Resour Manage 48(2):227

Brammer S, Millington A, Rayton B (2007) The contribution of corporate social responsibility to organizational commitment. Int J Hum Resour Manag 18(10):1701–1719

Bussell H, Forbes D (2008) How UK universities engage with their local communities: a study of employer supported volunteering. Int J Nonprofit Volunt Sect Mark 13(4):363–378

Caligiuri P, Mencin A, Jiang K (2013) Win-Win-Win: the influence of company – sponsored volunteerism programs on employees, NGOs, and business units. Pers Psychol 66(4):825–860

Carroll AB, Shabana KM (2010) The business case for corporate social responsibility: a review of concepts, research and practice. Int J Manag Rev 12(1):85–105

Clary EG, Snyder M, Ridge RD, Copeland J, Stukas AA, Haugen J, Miene P (1998) Understanding and assessing the motivations of volunteers: a functional approach. J Pers Soc Psychol 74(6):1516

Dreesbach-Bundy S, Scheck B (2017) Corporate volunteering: A bibliometric analysis from 1990 to 2015. Business Ethics: A European Review

Erpenbeck J (Hrsg) (2003) Handbuch Kompetenzmessung: Erkennen, verstehen und bewerten von Kompetenzen in der betrieblichen, pädagogischen und psychologischen Praxis. Schäffer-Poeschel, Stuttgart

Geroy GP, Wright PC, Jacoby L (2000) Toward a conceptual framework of employee volunteerism: an aid for the human resource manager. Manag Decis 38(4):280–286

De Gilder D, Schuyt TN, Breedijk M (2005) Effects of an employee volunteering program on the work force: the ABN-AMRO Case. J Bus Ethics 61(2):143–152

Kim HR, Lee M, Lee HT, Kim NM (2010) Corporate social responsibility and employee – company identification. J Bus Ethics 95(4):557–569

Lee MDP (2008) A review of the theories of corporate social responsibility: its evolutionary path and the road ahead. Int J Manag Rev 10(1):53–73

Lorenz C, Gentile G-C, Wehner T (2011) A humanistic stance towards CV: taking a critical perspective on the role of business in society. Int J Bus Environ 4(2):107–120

McWilliams A, Siegel DS, Wright PM (2006) Corporate social responsibility: strategic implications. J Manag Stud 43(1):1–18

Peterson DK (2004) Benefits of participation in corporate volunteer programs: employees' perceptions. Pers Rev 33(6):615–627

Rego A, Legal S, Cunha MP (2011) Rethinking the employees' perceptions of corporate citizenship dimensionalization. J Bus Ethics 104:207–218

Turker D (2009) How corporate social responsibility influences organizational commitment. J Bus Ethics 89(2):189–204

Veleva V, Parker S, Lee A, Pinney C (2012) Measuring the business impacts of community involvement: the case of employee volunteering at UL. Bus Soc Rev 117(1):123–142

Dr. Suska Dreesbach-Bundy: Nach dem Studium der Betriebswirtschaftslehre an der Ludwig-Maximilians-Universität München hat Frau Dreesbach-Bundy für zwei Jahre ein unternehmensübergreifendes Kooperationsprojekt im Bereich Corporate Volunteering mitaufgebaut und das Thema Wirkungsmessung betreut. Frau Dreesbach-Bundy hat an der Universität Hamburg zum Thema Professionalisierung von Corporate Volunteering promoviert und im Rahmen ihrer Arbeit die Corporate-Volunteering-Aktivitäten von 36 Unternehmen evaluiert. Sie ist Mitgründerin und Geschäftsführerin des digitalen Corporate-Volunteering-Anbieters Volunteer Vision.

The manufacturer's authorised representative in the EU is Springer Nature Customer Service Centre GmbH, Europaplatz 3, 69115 Heidelberg, Germany. If you have any concerns regarding our products, please contact ProductSafety@springernature.com

Printed and bound by CPI Group (UK) Ltd, Croydon, CR0 4YY
23/03/2026
02076679-0020